JN120913

公式TOEIC® Listening & Reading 650+ plus

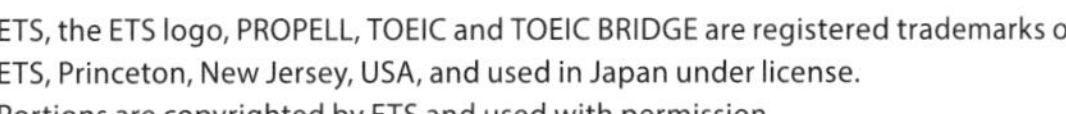

はじめに　～中級の壁突破に必要なこと～

『公式 TOEIC® Listening & Reading 650＋』へようこそ！
本書は、TOEIC® Listening & Reading Test（以下、TOEIC® L&R）で**650点を超え、中級の壁を突破したい方**向けの学習書です。最大の特長は**収録問題数の多さ**です。押さえておきたい**定番の設問タイプ**に数多く触れることで、問題のパターンを見抜き、短時間で正解を見極めるための着眼点とアプローチ法を身に付けることができます。

TOEIC® L&Rの初級者と中級者を隔てる壁は600点です。公開テスト受験者の平均スコアが600点前後であること、600点を含むスコア帯（595～644点）の人数が最多であること（2021年度IIBC調査より）からも、それが見て取れます。本書は、タイトルの『650＋』からも分かるように、600点の壁からまずは**50点以上抜け出す**ことを目指しています。

壁を突破するためにすべきことは、①中級者が留意すべき情報（出題傾向、解き方、解く際の注意点など）を把握すること（本書Section 1で対応）、②中級者が押さえるべき設問タイプ別の解法を知り、演習問題を通して正答率を上げること（Section 2）、③音読練習などを通して英語の情報処理速度を上げること（コラム）、④正答率アップのための学習法を実践すること（コラム）です。初級者から中級者手前までの道のりとは違い、650点超えを狙う行程はなかなか険しく、英語力全般の底上げが必須です。壁を越えた景色をできるだけ早く眺めるためのガイドブックとして本書を活用していただければ幸いです。

本書の特長

3部構成で、650点を超えるために必要なスキルを身に付けることができます。Section 1とSection 2で各パートの出題傾向と設問タイプ別の解法ポイントを押さえ、Section 3でその理解度を本番と同じ形式のテストで試してみましょう。Section 2では、過去のテスト結果のデータに基づいて約半数の受験者が正解した問題を選別し、650点超えのために必ず正解したい問題（必答問題）として集中的に練習できるようになっています。

Section 1～3の掲載問題は全て、ETSが制作したものです。実際のテストと同じレベルの問題に取り組みながら、英語力を効果的に高めることができます。またコラムで紹介されている学習法も参考に、英文理解力を速さ・質ともに上げ、中級の壁を越えてさらに上へとステップアップしましょう。

Section 1	各パートの問題形式と出題傾向を例題とともに解説。	20問（うち11問）
Section 2	過去のテスト結果のデータを基に、必答問題を厳選。 その解法ポイントを丁寧に解説。	262問（うち140問）
Section 3	実際の試験と同形式のTOEIC® L&R 1回分（200問）を掲載。 全ての問題について詳しく解説。 ※レベル的に必答問題と考えられるものにが付いています。	200問（うち92問）

計482問（うち243問）

Contents

公式 TOEIC®
Listening & Reading
650+

目　次

Section

パート別 出題の傾向

Section

2 必答140問 演習

リスニングセクション

Part 1 写真描写問題

Part 2 応答問題

Part 3 会話問題

Part 4 説明文問題

音声について

付属 CD-ROM

付属 CD-ROM には、本書の学習に使用する音声の mp3 ファイルが収録されています。音声ファイルは全部で 211 ファイルあります。各ファイルの収録内容は p. 452〜453 の「mp3 音声ファイル一覧表」をご覧ください。音声ファイル番号は、本書ではアイコン 001 で示されています。

- CD-ROM に収録されている音声ファイルは、CD/DVD ドライブ付きのパソコンで再生することができます。一般的な CD プレーヤーでは再生できませんので、ご注意ください。
- CD-ROM をパソコンの CD/DVD ドライブに入れ、iTunes などの音声再生ソフトで取り込んでご利用ください。詳しい取り込み手順その他は、ご利用になる音声再生ソフトのヘルプページなどでご確認ください。
- CD-ROM に収録されている音声ファイルは、下記の専用サイトでダウンロードや再生をすることもできます。

音声ダウンロード

付属 CD-ROM に収録されている音声は、ダウンロードしてスマートフォン（iPhone 、Android）やパソコンで聞くこともできます。以下の手順に従って mp3 音声ファイルをダウンロードしてください。

音声ダウンロードの手順

※ 株式会社 Globee が提供するサービス abceed への会員登録（無料）が必要です。

1. パソコンまたはスマートフォンで音声ダウンロード用サイトにアクセスします。
右の QR コードまたはブラウザから下記にアクセスしてください。
https://app.abceed.com/audio/iibc-officialprep

2. 表示されたページから、abceed の新規会員登録を行います。
すでに会員の方は、ログイン情報を入力して上記 1. のサイトにアクセスします。

3. 上記 1. のサイトにアクセス後、本書の表紙画像をクリックします。
クリックすると、教材詳細画面へ移動します。

4. スマートフォンの場合は、アプリ「abceed」の案内が出ますので、アプリからご利用ください。
パソコンの場合は、教材詳細画面の「音声」からご利用ください。
※音声は何度でもダウンロードや再生ができます。

ダウンロードについてのお問い合わせは下記にご連絡ください。
E メール：support@globeejphelp.zendesk.com
（お問い合わせ窓口の営業日：祝日を除く、月〜金曜日）

本書の使い方

本書はSection 1～3の3部構成で、TOEIC® L&Rの問題形式と設問タイプに慣れ、短時間で情報を処理して素早く正解を導く力を身に付けられるように作られています。問題は一度解いて終わりにするのではなく、繰り返し音読やリピート練習をするなどして、本書を使って総合的な英語力をバランスよくアップさせましょう。

Section 1 パート別 出題の傾向

問題形式の説明

TOEIC® L&RのPart 1～7の問題形式を確認し、実際の問題冊子に掲載されている指示文を参照しながら、解き方の流れを確認します。

音声アイコン

リスニングセクションで使用する、CD-ROM内の音声ファイル番号です。

出題傾向と解法ポイント

各パートの出題傾向、解き方と注意点のほか、学習のアドバイスも掲載しています。

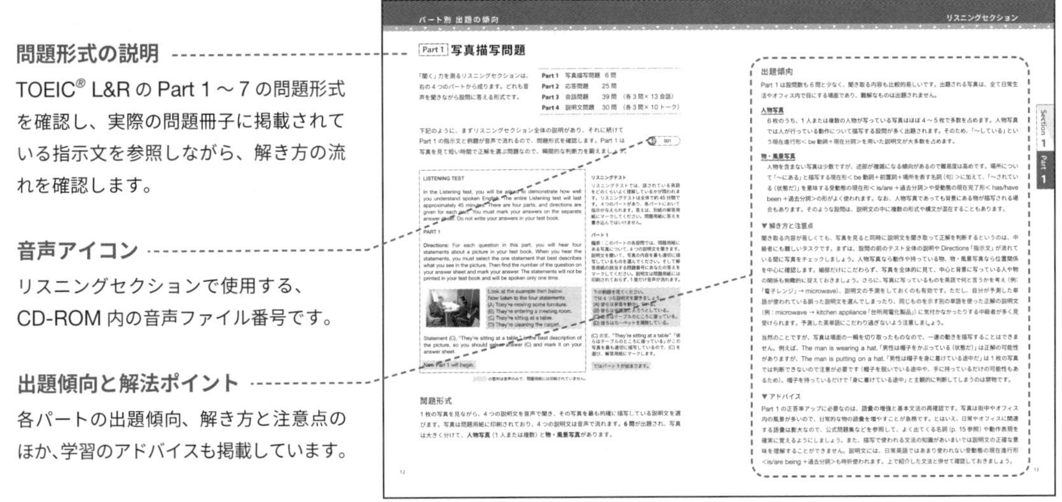

例題

実際のテスト問題を例題として使用し、解き方の流れを確認します。

必答問題アイコン

650点を超えるために確実に正解したい設問として🎯が付いています。

ナレーターの種別

🇺🇸：米国の発音
🇬🇧：英国の発音
🇨🇦：カナダの発音
🇦🇺：オーストラリアの発音

M：男性
W：女性

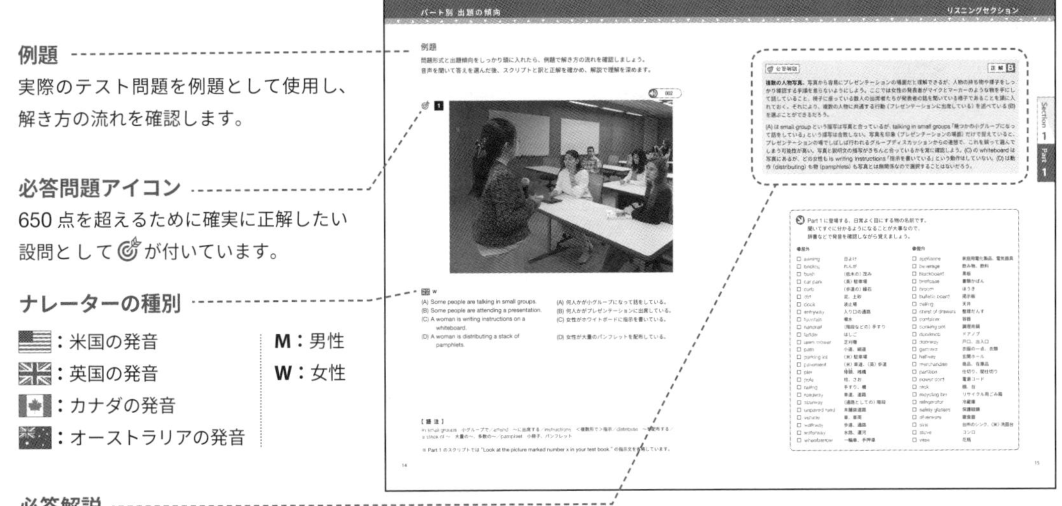

必答解説

必答問題について、設問タイプ、正解の導き方、間違いやすい点などについて丁寧に解説しています。

※ Section 1では、必答問題以外の設問にも解説が付いています。

Section 2 必答 140 問 演習

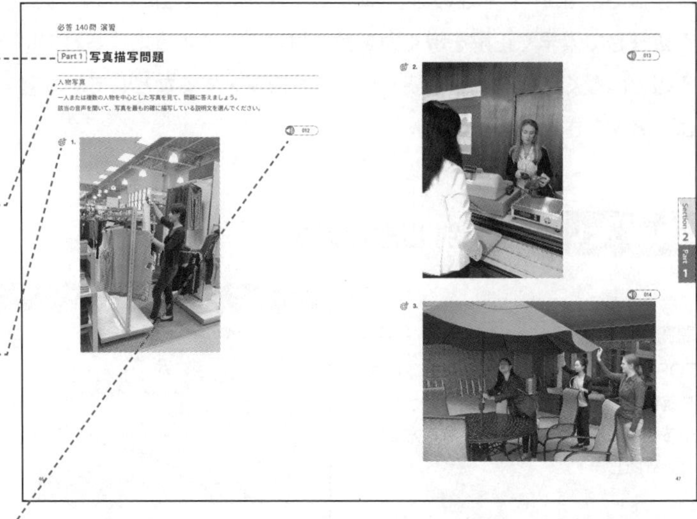

必答問題演習

Part 1～7 の全 262 問が掲載されており、特にその中の必答問題 140 問を中心に学習します。

設問タイプ

必答問題は設問タイプ別に章立てされています。1 つのタイプに集中して取り組み、解法パターンを身に付けましょう。

必答問題アイコン

650 点を超えるために確実に正解したい設問に 🎯 が付いています。Part 3、4、6、7 の設問の中にはこのアイコンが付いていないものもあります。

音声アイコン

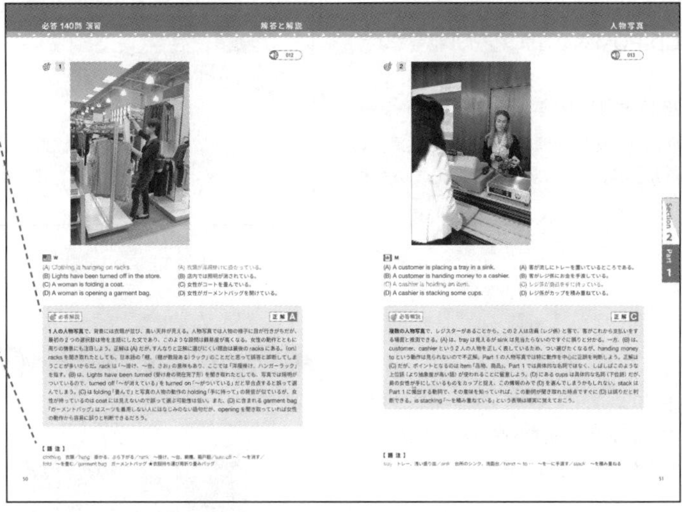

必答解説

必答問題について、設問タイプ、正解の導き方、間違いやすい点などについて丁寧に解説しています。

※ Section 2 では、必答問題以外の設問には解説は付いていません。

語注

英文中の難しい語について語義を掲載しています。

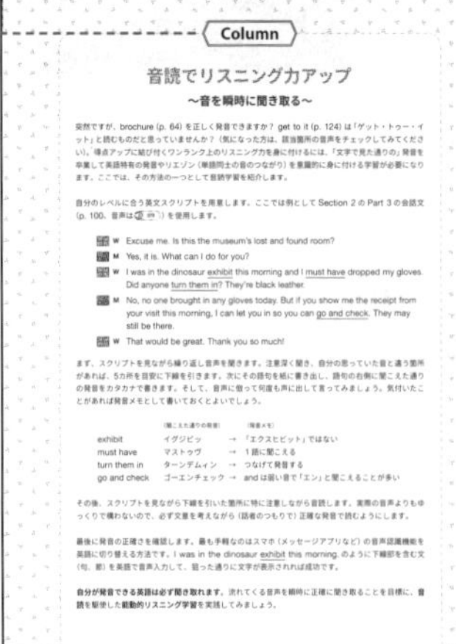

コラム

中級者に特に効果的な学習法や復習のコツなどについてアドバイスしています。

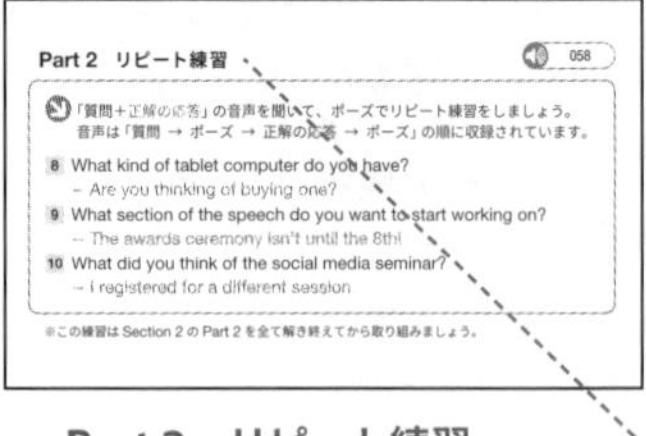

Part 2　リピート練習

Section 2 の Part 2 では「質問＋正解の応答」の音声ペアをリピート練習できます。

Section 3 本番形式テスト 200問

本番形式テスト 200問

TOEIC® L&R のテスト1回分（200問、約2時間）に挑戦しましょう。効果的な学習のために、一定期間を置いて何度かこのテストに挑戦し、最終的には制限時間内に全ての問題を解き切ることを目指して、集中力と判断力を養いましょう。

※巻末のマークシート（p. 455）を利用して解答します。

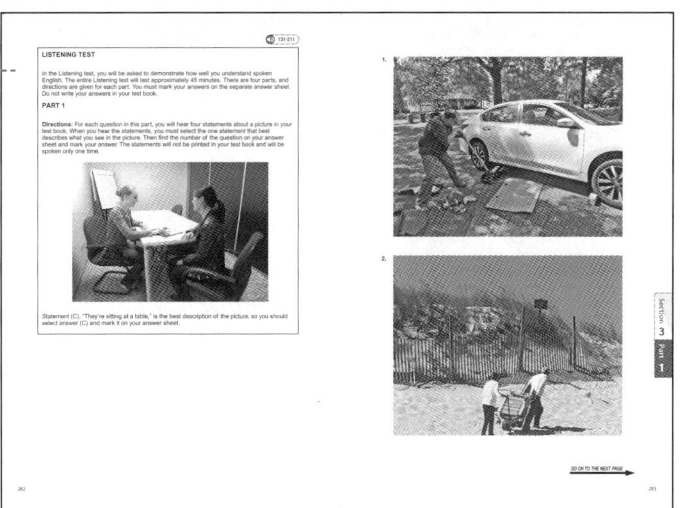

正解一覧

本番形式テスト全200問の正解一覧です。

参考スコア範囲の換算表

参考スコア範囲は、「本番形式テスト200問」の正答数に基づく本番テストでの予想スコアの範囲です。

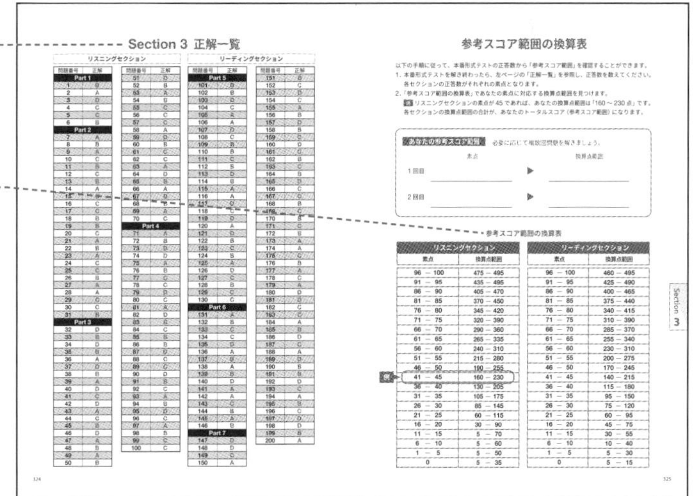

解答と解説

テストの解答と解説のページです。解説を読み、間違った問題や解答に自信がなかった問題を確認し、疑問点を解消しましょう。必答問題と考えられる設問に🎯と必答解説が付いています。

※ Section 3 では、全ての設問に解説が付いています。

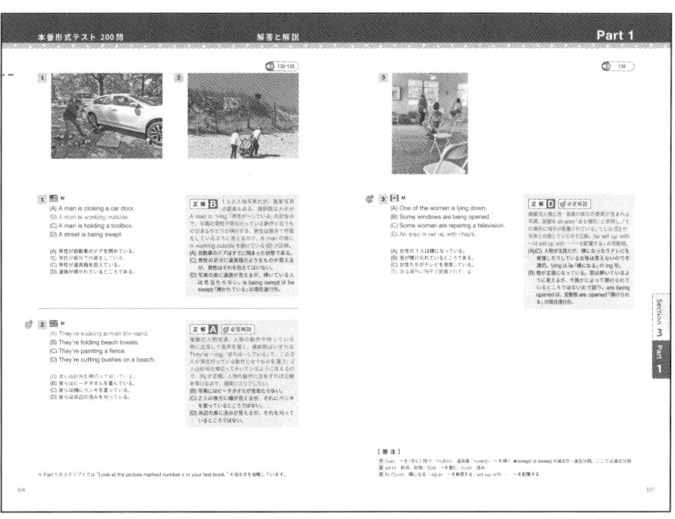

TOEIC® Listening & Reading Test について

TOEIC® Listening & Reading Testについて

TOEIC® Listening & Reading Test（以下、TOEIC® L&R）は、TOEIC® Program のテストの一つで、英語における Listening（聞く）と Reading（読む）の力を測定します。結果は合格・不合格ではなく、リスニングセクション 5～495 点、リーディングセクション 5～495 点、トータル 10～990 点のスコアで評価されます。スコアの基準は常に一定であり、英語能力に変化がない限りスコアも一定に保たれます。知識・教養としての英語ではなく、オフィスや日常生活における英語によるコミュニケーション能力を幅広く測定するテストです。特定の文化を知らないと理解できない表現を排除しているので、誰もが公平に受けることができる「グローバルスタンダード」として活用されています。

問題形式

- リスニングセクション（約 45 分間・100 問）とリーディングセクション（75 分間・100 問）から成り、約 2 時間で 200 問に解答します。
- テストは英文のみで構成されており、英文和訳や和文英訳といった設問はありません。
- マークシート方式の一斉客観テストです。
- リスニングセクションにおける発音は、米国・英国・カナダ・オーストラリアが使われています。

※テスト中、問題用紙への書き込みは一切禁じられています。

リスニングセクション（約 45 分間）

パート	Part Name	パート名	問題数
1	Photographs	写真描写問題	6
2	Question-Response	応答問題	25
3	Conversations	会話問題	39
4	Talks	説明文問題	30

リーディングセクション（75 分間）

パート	Part Name	パート名	問題数
5	Incomplete Sentences	短文穴埋め問題	30
6	Text Completion	長文穴埋め問題	16
7	・Single Passages ・Multiple Passages	1 つの文書 複数の文書	29 25

TOEIC® Listening & Reading 公開テストのお申し込み

IIBC 公式サイト https://www.iibc-global.org にてテスト日程、申込方法、注意事項をご確認の上、申込受付期間内にお申し込みください。試験の実施方法などに変更があった場合には IIBC 公式サイト等でご案内いたします。

お問い合わせ　一般財団法人 国際ビジネスコミュニケーション協会　IIBC 試験運営センター
〒100-0014　東京都千代田区永田町 2-14-2　山王グランドビル
TEL：03-5521-6033（土・日・祝日・年末年始を除く 10:00～17:00）

Section 1

パート別
出題の傾向

英語の「聞く」「読む」力を測るTOEIC® Listening & Reading Testは、Part 1～4のリスニングセクション（約45分間・100問）とPart 5～7のリーディングセクション（75分間・100問）の、7つのパートから構成されています。各パートについて、問題の形式や出題の傾向を見ていきましょう。

Part 1 写真描写問題

「聞く」力を測るリスニングセクションは、右の 4 つのパートから成ります。どれも音声を聞きながら設問に答える形式です。

Part 1	写真描写問題	6 問	
Part 2	応答問題	25 問	
Part 3	会話問題	39 問	（各 3 問× 13 会話）
Part 4	説明文問題	30 問	（各 3 問× 10 トーク）

下記のように、まずリスニングセクション全体の説明があり、それに続けて Part 1 の指示文と例題が音声で流れるので、問題形式を確認します。Part 1 は写真を見て短い時間で正解を選ぶ問題なので、瞬間的な判断力を鍛えましょう。

LISTENING TEST

In the Listening test, you will be asked to demonstrate how well you understand spoken English. The entire Listening test will last approximately 45 minutes. There are four parts, and directions are given for each part. You must mark your answers on the separate answer sheet. Do not write your answers in your test book.

PART 1

Directions: For each question in this part, you will hear four statements about a picture in your test book. When you hear the statements, you must select the one statement that best describes what you see in the picture. Then find the number of the question on your answer sheet and mark your answer. The statements will not be printed in your test book and will be spoken only one time.

Look at the example item below.
Now listen to the four statements.
(A) They're moving some furniture.
(B) They're entering a meeting room.
(C) They're sitting at a table.
(D) They're cleaning the carpet.

Statement (C), "They're sitting at a table," is the best description of the picture, so you should select answer (C) and mark it on your answer sheet.

Now Part 1 will begin.

リスニングテスト

リスニングテストでは、話されている英語をどのくらいよく理解しているかが問われます。リスニングテストは全体で約 45 分間です。4 つのパートがあり、各パートにおいて指示が与えられます。答えは、別紙の解答用紙にマークしてください。問題用紙に答えを書き込んではいけません。

パート 1

指示：このパートの各設問では、問題用紙にある写真について、4 つの説明文を聞きます。説明文を聞いて、写真の内容を最も適切に描写しているものを選んでください。そして解答用紙の該当する問題番号にあなたの答えをマークしてください。説明文は問題用紙には印刷されておらず、1 度だけ音声が流れます。

下の例題を見てください。
では 4 つの説明文を聞きましょう。
(A) 彼らは家具を動かしている。
(B) 彼らは会議室に入ろうとしている。
(C) 彼らはテーブルのところに座っている。
(D) 彼らはカーペットを掃除している。

(C) の文、"They're sitting at a table"「彼らはテーブルのところに座っている」がこの写真を最も適切に描写しているので、(C) を選び、解答用紙にマークします。

ではパート 1 が始まります。

（網掛け）の箇所は音声のみで、問題用紙には印刷されていません。

問題形式

1 枚の写真を見ながら、4 つの説明文を音声で聞き、その写真を最も的確に描写している説明文を選びます。写真は問題用紙に印刷されており、4 つの説明文は音声で流れます。**6 問**が出題され、写真は大きく分けて、**人物写真**（1 人または複数）と**物・風景写真**があります。

出題傾向

Part 1は設問数も6問と少なく、聞き取る内容も比較的易しいです。出題される写真は、全て日常生活やオフィス内で目にする場面であり、難解なものは出題されません。

人物写真

6枚のうち、1人または複数の人物が写っている写真はほぼ4～5枚で多数を占めます。人物写真では人が行っている動作について描写する設問が多く出題されます。そのため、「～している」という現在進行形＜be動詞＋現在分詞＞を用いた説明文が大多数を占めます。

物・風景写真

人物を含まない写真は少数ですが、述部が複雑になる傾向があるので難易度は高めです。場所について「～にある」と描写する現在形＜be動詞＋前置詞＋場所を表す名詞（句）＞に加えて、「～されている（状態だ）」を意味する受動態の現在形＜is/are＋過去分詞＞や受動態の現在完了形＜has/have been＋過去分詞＞の形がよく使われます。なお、人物写真であっても背景にある物が描写される場合もあります。そのような設問は、説明文の中に複数の形式や構文が混在することもあります。

▼解き方と注意点

聞き取る内容が易しくても、写真を見ると同時に説明文を聞き取って正解を判断するというのは、中級者にも難しいタスクです。まずは、設問の前のリスニングセクション全体の説明とPart 1の指示文が流れている間に写真をチェックしましょう。人物写真なら動作や持っている物、物・風景写真なら位置関係を中心に確認します。細部だけにこだわらず、写真を全体的に見て、中心と背景に写っている人や物の関係も俯瞰的に捉えておきましょう。さらに、写真に写っているものを英語で何と言うかを考え（例：「電子レンジ」→ microwave）、説明文の予測をしておくのも有効です。ただし、自分が予測した単語が使われている誤った説明文を選んでしまったり、同じものを示す別の単語を使った正解の説明文（例：microwave → kitchen appliance「台所用電化製品」）に気付かなかったりする中級者が多く見受けられます。予測した英単語にこだわり過ぎないよう注意しましょう。

当然のことですが、写真は場面の一瞬を切り取ったものなので、一連の動きを描写することはできません。例えば、The man is wearing a hat.「男性は帽子をかぶっている（状態だ）」は正解の可能性がありますが、The man is putting on a hat.「男性は帽子を身に着けている途中だ」は1枚の写真では判断できないので注意が必要です（帽子を脱いでいる途中や、手に持っているだけの可能性もあるため）。帽子を持っているだけで「身に着けている途中」と主観的に判断してしまうのは禁物です。

▼アドバイス

Part 1の正答率アップに必要なのは、語彙の増強と基本文法の再確認です。写真は街中やオフィス内の風景が多いので、日常的な物の語彙を増やすことが急務です。とはいえ、日常やオフィスに関連する語彙は膨大なので、公式問題集などを参照して、よく出てくる名詞（p. 15参照）や動作表現を確実に覚えるようにしましょう。また文法面では、Part 1の説明文には、日常英語ではあまり使われない受動態の現在進行形＜is/are being＋過去分詞＞も時折登場します。上で紹介した文法と併せて確認しておきましょう。

例題

問題形式と出題傾向をしっかり頭に入れたら、例題で解き方の流れを確認しましょう。
音声を聞いて答えを選んだ後、スクリプトと訳と正解を確かめ、解説で理解を深めます。

002

 **1**

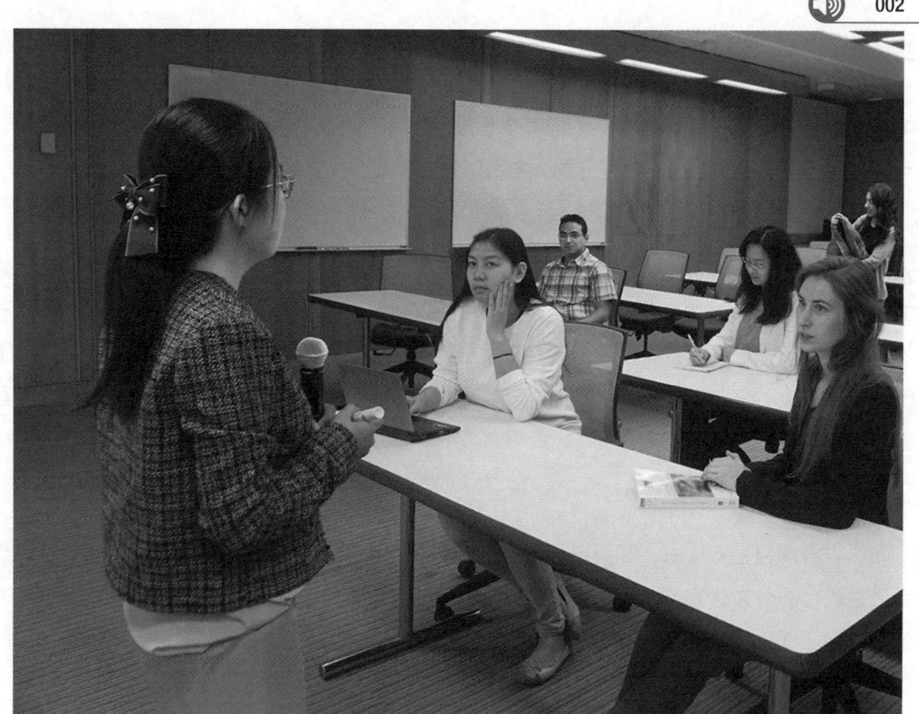

W

(A) Some people are talking in small groups.
(B) Some people are attending a presentation.
(C) A woman is writing instructions on a whiteboard.
(D) A woman is distributing a stack of pamphlets.

(A) 何人かが小グループになって話をしている。
(B) 何人かがプレゼンテーションに出席している。
(C) 女性がホワイトボードに指示を書いている。
(D) 女性が大量のパンフレットを配布している。

【語注】

in a small group　小グループで／attend　～に出席する／instructions　＜複数形で＞指示／distribute　～を配布する／a stack of ～　大量の～、多数の～／pamphlet　小冊子、パンフレット

※ Part 1 のスクリプトでは "Look at the picture marked number x in your test book." の指示文を省略しています。

必答解説　　**正解 B**

複数の人物写真。写真から容易にプレゼンテーションの場面だと理解できるが、人物の持ち物や様子をしっかり確認する手順を怠らないようにしよう。ここでは女性の発表者がマイクとマーカーのような物を手にして話していること、椅子に座っている数人の出席者たちが発表者の話を聞いている様子であることを頭に入れておく。それにより、複数の人物に共通する行動（プレゼンテーションに出席している）を述べている(B)を選ぶことができるだろう。

(A)は small group という描写は写真と合っているが、talking in small groups「複数の小グループになって話をしている」という描写は合致しない。写真を印象（プレゼンテーションの場面）だけで捉えていると、プレゼンテーションの場でしばしば行われるグループディスカッションからの連想で、これを誤って選んでしまう可能性が高い。写真と説明文の描写がきちんと合っているかを常に確認しよう。(C)の whiteboard は写真にあるが、どの女性も is writing instructions「指示を書いている」という動作はしていない。(D)は動作（distributing）も物（pamphlets）も写真とは無関係なので選択することはないだろう。

Part 1 に登場する、日常よく目にする物の名前です。
聞いてすぐに分かるようになることが大事なので、
辞書などで発音を確認しながら覚えましょう。

●屋外

- □ awning　日よけ
- □ brick(s)　れんが
- □ bush　（低木の）茂み
- □ car park　〈英〉駐車場
- □ curb　（歩道の）縁石
- □ dirt　泥、土砂
- □ dock　波止場
- □ entryway　入り口の通路
- □ fountain　噴水
- □ handrail　（階段などの）手すり
- □ ladder　はしご
- □ lawn mower　芝刈機
- □ path　小道、細道
- □ parking lot　〈米〉駐車場
- □ pavement　〈米〉車道、〈英〉歩道
- □ pier　埠頭（ふとう）、桟橋
- □ pole　柱、さお
- □ railing　手すり、柵
- □ roadway　車道、道路
- □ stairway　（通路としての）階段
- □ unpaved road　未舗装道路
- □ vehicle　車、車両
- □ walkway　歩道、通路
- □ waterway　水路、運河
- □ wheelbarrow　一輪車、手押車

●屋内

- □ appliance　家庭用電化製品、電気器具
- □ beverage　飲み物、飲料
- □ blackboard　黒板
- □ briefcase　書類かばん
- □ broom　ほうき
- □ bulletin board　掲示板
- □ ceiling　天井
- □ chest of drawers　整理だんす
- □ container　容器
- □ cooking pot　調理用鍋
- □ doorknob　ドアノブ
- □ doorway　戸口、出入口
- □ garment　衣服の一点、衣類
- □ hallway　玄関ホール
- □ merchandise　商品、在庫品
- □ partition　仕切り、間仕切り
- □ power cord　電源コード
- □ rack　棚、台
- □ recycling bin　リサイクル用ごみ箱
- □ refrigerator　冷蔵庫
- □ safety glasses　保護眼鏡
- □ silverware　銀食器
- □ sink　台所のシンク、〈米〉洗面台
- □ stove　コンロ
- □ vase　花瓶

Part 2 応答問題

Part 2 は、短い質問または発言とそれに対する 3 つの応答の組み合わせがたくさん続きます。質問も応答も音声のみで流れるため、音声を聞き逃さないよう、一問一問集中して臨みましょう。

Part 2 が始まる前に、このパートの指示文が流れます。
問題形式を確認しましょう。

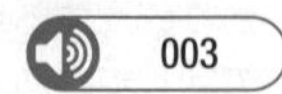
003

PART 2

Directions: You will hear a question or statement and three responses spoken in English. They will not be printed in your test book and will be spoken only one time. Select the best response to the question or statement and mark the letter (A), (B), or (C) on your answer sheet.

Now let us begin with question number 7.

パート 2

指示：英語による 1 つの質問または発言と、3 つの応答を聞きます。それらは問題用紙には印刷されておらず、1 度だけ音声が流れます。質問または発言に対して最も適切な応答を選び、解答用紙の (A)、(B)、または (C) にマークしてください。

では問題 7 から始めましょう。

の箇所は音声のみで、問題用紙には印刷されていません。

問題形式

1 つの質問または発言と、それに対する 3 つの応答を聞いて、最もふさわしいものを選びます。質問も応答も問題用紙に印刷されておらず、音声のみを聞いて正解を選びます。英文自体はとても短く、日常生活のさまざまな場面でのやりとりが中心です。**25 問**が出題されます。

出題傾向

Part 2 は、写真や選択肢などの視覚情報がなく、他のパートと異なり選択肢が 3 つしかないのが特徴です。質問に対する正しい応答を選ぶ Q&A 問題と捉えがちですが、質問のパターンは以下のように多岐にわたります。また、それに対する正解の返答も**直接的な応答**もあれば**間接的な応答**もあります。なお、近年は間接的な応答が増加する傾向にあります。

WH 疑問文

What did you order to eat? 「あなたは食事に何を注文しましたか」
→ Pasta with meat sauce. 「ミートソースパスタです」【直接的】

Yes/No 疑問文

直接的な応答は、「はい」または「いいえ」を示すものになります。
Did you hire a new store manager? 「あなたは新しい店長を雇いましたか」
→ Yes, she starts on Monday. 「はい、彼女は月曜日に勤務を始めます」【直接的＋補足説明】

※ Part 2 ～Part 7 の「出題傾向」の設問文は全て『公式 TOEIC® Listening & Reading 問題集』から引用しています。

否定疑問文

相手に確認をしたり、意外な気持ちを表したりする疑問文です。Yes/No 疑問文と同様に、直接的な応答は「はい」または「いいえ」を示すものになります。

Don't you have a gym membership? 「あなたはジムの会員資格を持っていないのですか」
→ No, I just canceled it. 「持っていません。ちょうどそれを解約したところです」【直接的＋補足説明】

付加疑問文

平叙文の文末に「〜ですよね？」に相当する語句が付きます。基本的には Yes/No 疑問文の変形ですが、「はい」や「いいえ」を示さない応答もあります。

You offer a senior discount, don't you? 「そちらではシニア割引を提供していますよね？」
→ Yes, I just need to see some identification.
「はい、ただし身元証明証を拝見する必要があります」【直接的＋補足説明】

選択疑問文

or で結んだ 2 つの選択肢について尋ねる疑問文です。直接的な応答は 2 つのうちどちらかを選ぶものになり、間接的な応答はその 2 つ以外の事を述べる応答になります。

Is it going to rain tomorrow, or will it be sunny? 「明日は雨が降りそうですか、それとも晴れますか」
→ I think it's supposed to rain. 「雨が降る見込みだと思います」【直接的】

依頼・提案・申し出の疑問文

疑問文の形で依頼・提案・申し出をする文です。下線部は一続きに発音されることが多いので音の固まりとして覚え、すぐに意味が思い浮かぶようにしましょう。

依頼　Could you hold the door open, please? 「ドアを押さえて開けておいていただけますか」
→ Sure, no problem. 「もちろん、問題ありません」【直接的】

提案　Why don't you change the time of the staff meeting? 「職員会議の時間を変更してはどうですか」
→ I didn't organize that meeting. 「私がその会議を計画したのではありません」【間接的】

申し出　Why don't we meet in the lobby at 11:30? 「11 時 30 分にロビーで待ち合わせませんか」
→ Noon would work better for me. 「正午の方が私は都合がよいのですが」【間接的】

平叙文（話し掛け）

話し手が相手に情報を伝える文です。このような発言に対しては、発言の意図を推測して、状況に適する返答を選びます。

I lost my bus pass. 「バスの定期券を紛失してしまいました」
→ Well, the ticket machine is right there. 「それなら、券売機がすぐそこにありますよ」【間接的】

▼解き方と注意点

質問を聞いてすぐに場面を想像し、その場面にふさわしい応答を選ぶ、というのが Part 2 の解き方の基本です。この手順を踏まえた上で正答率を上げるポイントは以下の通りです。

応答形式にこだわらない

質問については、p. 16 ～ 17 にある 7 種類の形式と意味の理解が必須です。ただし、応答においては、Who ～? なら「人」や When ～? なら「時間」といった典型的な応答パターンを期待し過ぎないようにしましょう。実際の会話では Who ～? →「まだ決まっていません」や When ～? →「上司が知っています」のように質問に直接答えない場面も多々あります。対話としてかみ合う自然な返答を選びましょう。

質問の冒頭を正確に聞き取る

例えば When did you go there? という質問を Why did you go there? と聞き取ってしまったり、疑問詞を聞き逃して____ did you go there? という Yes/No 疑問文と理解してしまったりして、誤った答えを選んでしまう初歩的なミスがあり得ます。疑問詞を聞き取るだけで正解できる設問もあるので、冒頭の聞き取りには特に集中しましょう。

類似音や連想を誘う語に注意する

質問の内容が即座に理解できないことがあります。その場合は聞き取れた語に要注意です。比較的明瞭に発音される名詞や動詞は耳に残りますが、こうした語だけを頼りに応答文を選ぶのは禁物です。特に質問にあるのと同じ語あるいは似た発音の語（long と wrong など）や、連想しやすい関連語（coffee → tea など）が応答で聞こえた瞬間、間違った選択肢でも早とちりして選んでしまうことがよくあります。

▼アドバイス

Part 2 は、1 つの設問が短く、すぐ次の設問へと進むので、Part 3 や Part 4 よりもある意味で集中力が必要なパートとも言えます。一定の集中力を保ちながら全部で 100 の英文（[質問 1＋応答 3] × 25 問分）の聞き取りを最後までこなすのはかなり難しいものです。質問の冒頭を聞き逃してしまった、正解が分からないなどで、選択に迷っているうちに次の設問が始まってしまいそうなときは、思い切ってその設問は諦め、新たな設問に集中しましょう。Part 2 は、出題のテンポをつかみ、リズムに乗って解答していくことも鍵となります。そのためには、25 問を休まず一息に解答する練習をしておきましょう。

例題

問題形式と出題傾向をしっかり頭に入れたら、例題で解き方の流れを確認しましょう。
音声を聞いて答えを選んだ後、スクリプトと訳と正解を確かめ、解説で理解を深めます。

2

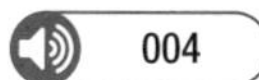

M Where's your apartment building located?
あなたのアパートの建物はどこにありますか。

M (A) Not very often.
(B) Twenty floors.
(C) On Fifth Avenue.

(A) それほど頻繁（ひんぱん）ではありません。
(B) 20 階あります。
(C) 五番街です。

必答解説　　正解 C

質問は **Where から始まる WH 疑問文**で、やはり重要なのは冒頭の聞き取りだ。Where「どこで」を聞き取れれば、最後の located「～に位置して」を聞き取れなくても (C) の「五番街です」を選ぶことができる。

冒頭を聞き逃してしまい、さらに located も理解できない場合は正答率が一気に下がってしまう。そうなると your apartment building を頼りにするしかないので、「アパートの建物の階数」を尋ねる質問と誤解して (B) を選んでしまう可能性が高い。(A) は頻（ひん）度を尋ねる How often ～？に対する答え方の一つだが、your apartment building から頻度を尋ねる質問は連想しにくいので、選ぶ確率は低いだろう。

3

M The supplier said the cabinets will be delivered late.
納入業者は、整理棚は遅れて配達されるだろうと言っていました。

W (A) The storage room is that way.
(B) That's going to put us behind schedule.
(C) Some new kitchen appliances.

(A) 収納庫はあちらです。
(B) それは私たちの予定を遅らせることになります。
(C) 新しい台所用電化製品です。

必答解説　　正解 B

疑問文ではなく**平叙文による話し掛け**。冒頭部分から WH 疑問文や Yes/No 疑問文でないことはすぐ理解できても、文構造（複文）と語句（supplier など）の点から、即座に意味を取るのが難しい発言だ。この設問のポイントは、後半の will be delivered late の聞き取りにある。「～は遅れて配達されるだろう」という情報を伝えられたらどう返答するかを予測しながら選択肢を順番に聞いていくと、(B) が返答として適切であると分かるだろう。

文意を理解できず、聞き取れた cabinets から収納することを連想して storage「収納」を含む (A) を選んでしまう可能性がある。また、cabinets → delivered から他に配達されそうなものとして (C) の appliances「電化製品」をつい選んでしまうかもしれない。

【語注】

2 *be* located　～に位置する
3 supplier　供給会社、納入業者／cabinet　整理棚、収納家具／storage room　保管室、収納庫／put ～ behind schedule　～の予定を遅らせる／appliance　家庭用電化製品、電気器具

Part 3 会話問題

Part 3は、会話（ダイアローグ）を聞いた後でその内容に関する設問に答える問題なので、会話の要点を把握して覚えておく必要があります。話し手同士の関係や会話の場面をイメージしながら、登場人物の発言内容や会話の流れを追いましょう。

Part 3が始まる前に、このパートの指示文が流れます。
問題形式を確認しましょう。

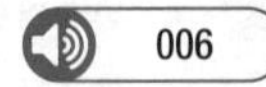

PART 3

Directions: You will hear some conversations between two or more people. You will be asked to answer three questions about what the speakers say in each conversation. Select the best response to each question and mark the letter (A), (B), (C), or (D) on your answer sheet. The conversations will not be printed in your test book and will be spoken only one time.

パート3

指示：2人あるいはそれ以上の人の間の会話を聞きます。各会話の内容に関する3つの設問に答えるよう求められます。それぞれの設問について最も適切な答えを選び、解答用紙の(A)、(B)、(C)、または(D)にマークしてください。会話は問題用紙には印刷されておらず、1度だけ音声が流れます。

問題形式

2人または3人の話し手による会話を聞いて、その内容について3つの設問に答えます。各設問には4つの選択肢があり、その中から最もふさわしいものを選びます。会話は問題用紙に印刷されておらず、音声のみで流れます。設問文と選択肢は印刷されており、設問文のみ音声でも流れます。会話は30～40秒程度の2～3往復のやりとりで、ビジネスの現場や日常生活のさまざまな場面が登場します。**13会話・計39問**が出題されます。

出題傾向

会話は、社内や社外のビジネスシーン（会社の方針や企画の進行状況の確認など）が中心ですが、日常生活の場面（ホテルの予約や受付、店舗での買い物など）に関する内容も出題されます。

設問は大きく分けて、**概要に関する設問、詳細に関する設問、図表に関する情報を問う設問**の3つのタイプがあります。概要に関する設問は比較的少なく、多くは会話の詳細に関する設問です。問われる詳細はさまざまですが、特に①行動の依頼や申し出（男性／女性は何を依頼・提案しているかなど）、②発言の意図（男性／女性はどのような意図でそう述べたかなど）、③次の行動（男性／女性はこれから何を行うかなど）を問う設問が頻(ひん)出します。図表に関する情報を問う設問は、最後の3つの会話について各会話につき1問ずつ合計3問出題されます。図表には、リスト（価格表、予定表など）や図面（地図、見取図など）、グラフ、商品のデザインなど、さまざまなものがあります。

概要に関する設問

- **会話のトピック・目的**
  What are the speakers discussing? 「話し手たちは何について話し合っていますか」
- **話し手の職業や勤務先**
  Where does the woman work? 「女性はどこで働いていますか」

- **会話が行われている場所**
  Where does the conversation most likely take place? 「会話はどこで行われていると考えられますか」

詳細に関する設問

① **依頼・提案・申し出**

依頼　What does the woman ask the man to do? 「女性は男性に何をするよう頼んでいますか」

提案　What do the man suggest? 「男性は何を提案していますか」

申し出　What does the man offer to do? 「男性は何をすると申し出ていますか」

② **発言の意図**

What does the woman imply when she says, "You can't miss it"?

「女性は "You can't miss it" という発言で何を示唆していますか」

③ **次の行動**

What will the man do this weekend? 「男性は今週末に何をしますか」

図表に関する情報を問う設問

Look at the graphic. Which article's deadline will be changed?

「図を見てください。どの記事の締め切りが変更されますか」

▼解き方と注意点

上記の設問のパターンを頭に入れておきましょう。音声が流れる前に3つの設問文をざっと確認して、何を聞き取るべきかをつかんでおくと解答の助けになります。会話の音声が流れ始めたらリスニングに集中し、聞き終えたら各設問の4つの選択肢を素早く読んで正解を見極め、マークします。

概要に関する設問はほとんどの場合、会話中に正解のヒントが複数出てきます。1つを聞き逃してもその他の情報から正解を推測できる可能性が高いので、焦らず会話全体から正解を判断しましょう。

詳細に関する設問はそれより難易度が上がりますが、その中で中級者が確実に正解したいのは「依頼・提案・申し出」と「次の行動」を問う設問です。「提案」であれば Why don't you ～?、「依頼」であれば I would like you to ～. のような、鍵となるフレーズに注意してリスニングします。「次の行動」については、正解のヒントは会話文の後半で述べられます。I'll/We'll ～「(これから) ～します」などのフレーズが正解のヒントです。聞き取った語句の言い換えに注意して正しい選択肢を選びましょう。「発言の意図」を問う設問は一般的にこれらより難易度が高いですが、話の流れから推測しやすいものもあるので、積極的に取り組みましょう。

図表に関する情報を問う設問は、図表を見ながら音声を聞いて選択肢と照らし合わせて解答します。

▼アドバイス

Part 3は、複数の人物の発言の聞き分けに加えて、設問文と選択肢の速読や、設問によっては図表の理解も求められる、難易度が高いパートです。Part 3のポイントは、会話の場面や状況、そして話者同士の関係をなるべく早くつかむことです。それによって、各設問の意味を素早く理解しやすくなり、正解が選びやすくなります。

例題

問題形式と出題傾向をしっかり頭に入れたら、例題で解き方の流れを確認しましょう。
音声を聞いて答えを選んだ後、スクリプトと訳と正解を確かめ、解説で理解を深めます。

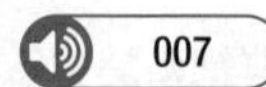

Questions 4 through 6 refer to the following conversation.

問題 4-6 は次の会話に関するものです。

M Hi, Elaine. The bank's been really busy today. A bunch of the customer service reps are going to dinner tonight after we finish closing. Do you want to join us?

やあ、Elaine。今日は銀行がずっととても忙しいですね。今夜閉店作業を終えた後に、顧客サービス係が集まって夕食に行くつもりなんです。参加しますか。

W I'll probably have to work late tonight.

今夜はたぶん残業しなければならないんです。

M That's too bad. We'll miss you. Why do you have to work late?

それは残念ですね。あなたがいないと寂しいです。なぜ残業をしなければならないのですか。

W I still have to finish that summary, you know, the summary of the bank's quarterly earnings. The regional manager is coming by in the morning, and she'll want to review it right away.

あの要約をまだ仕上げていないんです。ほら、当行の四半期ごとの収益の要約です。地区担当部長が午前中に来ることになっていて、彼女はすぐにそれを見直したがるでしょうから。

【語注】

bunch　束、房、(人などの) 集まり／rep　担当者、係 ★representative の略／work late　残業する／
still have to *do*　まだ～すべきことがある、まだ～していない／summary　概要、要約／quarterly　四半期の、年 4 回の／
earnings　＜複数形で＞収益／regional　地区の／come by　やって来る、立ち寄る／
review　～を見直す、～を (再) 検討する

4 employment agency　職業紹介所／pharmacy　薬局

5 decline　～を断る

6 demonstration　(商品の) 実物宣伝、実演

008

4

Where do the speakers work?

(A) At an employment agency
(B) At a bank
(C) At a pharmacy
(D) At a supermarket

話し手たちはどこで働いていますか。

(A) 職業紹介所
(B) 銀行
(C) 薬局
(D) スーパーマーケット

解説

正解 B

概要に関する設問で、**話し手たちの職場**が問われている。職業や職場に関する設問は複数のキーワードから正解を判断する。冒頭で男性が The bank's ... と述べているので、以降はこの bank を念頭に聞き続ける。最後の発言で女性が「あの要約をまだ仕上げていない」と述べた後で、すぐに「当銀行の四半期ごとの収益の要約」と補足説明をしていることから職場は (B) と判断できる。

(C) や (D) に関連する情報は出てこないが、最初の The bank's を聞き逃してしまうと、join us や work late という語句からの連想で (A) を選択してしまう可能性がある。

5

Why does the woman say, "I'll probably have to work late tonight"?

(A) To offer a solution to a problem
(B) To decline an invitation
(C) To ask for some help
(D) To correct a misunderstanding

女性はなぜ "I'll probably have to work late tonight" と言っていますか。

(A) 問題の解決策を提案するため
(B) 誘いを断るため
(C) 助力を求めるため
(D) 誤解を正すため

必答解説

正解 B

発言の意図を問う設問なので、そこまでの流れをしっかり聞き取ることが重要。男性は最初の発言の4文目で、Do you want to join us? と女性を夕食に誘っている。問われているのは続く女性の返答部分。誘いに対して I'll probably have to work late tonight.「今夜はたぶん残業しなければならない」と答える場面を想像すれば、これが (B) の誘いを断る発言と分かるだろう。

直前の男性からの誘いを聞き逃すと、最初の「今日は銀行がずっととても忙しい」という男性の発言から、遅くまで頑張って働く理由を (A) や (D) と考えてしまう可能性がある。同様に help を含む (C) も、busy「忙しい」の連想から選んでしまうかもしれない。

6

What does the woman say she has to do by tomorrow?

(A) Review a résumé
(B) Set up a display
(C) Prepare a demonstration
(D) Finish a summary

女性は明日までに何をしなければならないと言っていますか。

(A) 履歴書を検討する
(B) 陳列をする
(C) 実演の準備をする
(D) 要約を仕上げる

解説

正解 D

女性の次の行動を問う設問で、**明日までにすべきこと**が問われている。女性は2回目の発言で I still have to finish that summary と述べており、この段階で彼女がすべきことは分かるが、期限については不明だ。次の文を聞くと、女性は「地区担当部長が午前中に来ることになっていて、彼女はすぐにそれ（要約）を見直したがるだろう」と述べている。従って、女性の1回目の発言の「今夜はたぶん残業しなければならない」と併せ、地区担当部長の見直しに間に合うよう明日までに行う必要があるのは (D) だと分かる。

女性の2回目の発言の she'll want to review ... の she は The regional manager を指すが、うっかりすると review が聞こえた段階で review a résumé「履歴書を検討する」というコロケーションから (A) を選んでしまうだろう。(B) の display や (C) の demonstration は会話に出てこないので、誤って選ぶ可能性は低いだろう。

Part 4 説明文問題

Part 4 は、トーク（モノローグ）を聞いた後でその内容に関する設問に答える問題で、やはりトーク内容の要点を記憶しておく必要があります。トーク直前の指示文で流れるトークの種類も参考にして、トークの場面を想像しながら、示される情報や話の流れを追いましょう。

Part 4 が始まる前に、このパートの指示文が流れます。
問題形式を確認しましょう。

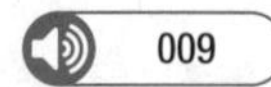

PART 4

Directions: You will hear some talks given by a single speaker. You will be asked to answer three questions about what the speaker says in each talk. Select the best response to each question and mark the letter (A), (B), (C), or (D) on your answer sheet. The talks will not be printed in your test book and will be spoken only one time.

パート 4

指示：1 人の話し手によるトークを聞きます。各トークの内容に関する 3 つの設問に答えるよう求められます。それぞれの設問について最も適切な答えを選び、解答用紙の (A)、(B)、(C)、または (D) にマークしてください。トークは問題用紙には印刷されておらず、1 度だけ音声が流れます。

問題形式

1 人の話し手によるトークを聞いて、その内容について 3 つの設問に答えます。各設問には 4 つの選択肢があり、その中から最もふさわしいものを選びます。トークは問題用紙に印刷されておらず、音声のみで流れます。設問文と選択肢は印刷されており、設問文のみ音声でも流れます。トークは 30 ～ 40 秒で、トークの種類には以下のようなものがあります。**10 トーク・計 30 問**が出題されます。

advertisement	広告	news report	ニュース報道
announcement	お知らせ	podcast	ポッドキャスト
broadcast	放送	radio interview	ラジオのインタビュー
excerpt from a meeting	会議の抜粋	speech	スピーチ、講演
excerpt from a workshop	講習会の抜粋	talk	話
instructions	指示	telephone message	電話のメッセージ
introduction	紹介	tour information	ツアー案内

出題傾向

トークの種類は広告や告知、案内や指示のほか、会議や講習会の抜粋、放送、電話のメッセージなど多岐にわたります。主にビジネスやオフィス業務に関するトークですが、日常生活で耳にするもの（店内や機内・車内でのお知らせ、ツアー案内など）も出題されます。

設問のタイプは Part 3 と同様、**概要に関する設問、詳細に関する設問、図表に関する情報を問う設問**に大きく分けられます。詳細に関する設問が多いのは Part 3 と同じですが、Part 4 では What will the listeners receive?「聞き手は何を受け取りますか」のようにトークの聞き手に関する設問も出題されます。図表に関する情報を問う設問は、Part 3 同様さまざまなタイプの図表が登場しますが、設問数は 1 問少なく、最後の 2 つのトークについて各トークにつき 1 問ずつ合計 2 問出題されます。

概要に関する設問

- **トークのトピック**
  What is the broadcast mainly about?　「放送は主に何についてですか」
- **トークの目的**
  What is the purpose of the announcement?　「お知らせの目的は何ですか」
- **話し手や聞き手の身元・所属**
  Who are the listeners?　「聞き手は誰ですか」

詳細に関する設問

① 聞き手がすること
How can the listeners enter a contest?　「聞き手はどのようにしてコンテストに参加できますか」

② 発言の意図
What does the speaker mean when he says, "I don't know about that"?
「話し手は "I don't know about that" という発言で何を意図していますか」

③ 次の行動
What will the speaker do next?　「話し手は次に何をしますか」

図表に関する情報を問う設問

Look at the graphic. Which number does the speaker refer to?
「図を見てください。話し手はどの番号に言及していますか」

▼解き方と注意点

Part 3 と同様に設問のパターンを踏まえた上で、音声が流れる前に可能な範囲で 3 つの設問文をざっとチェックし、トークのリスニング→設問文と選択肢 4 つの速読→マークという手順で解答します。この手順で鍵となるのは設問文と選択肢の速読ですが、それぞれ注意すべきポイントが異なります（なお、以下の注意点は Part 3 にも当てはまります）。

設問文では、例えば What has the company recently done? を「その会社は最近何を行いましたか」と逐一日本語に訳すのはやめましょう。時間がかかる上、正確に訳せたとしても訳文を丸ごと記憶に留めておくのは困難です。設問文の＜疑問詞＋主語＋動詞＞に該当する語句、この場合であれば What ＋ company ＋ done「何を・会社は・行った」だけを押さえれば、解答を選ぶには十分です。

選択肢では語句の言い換えに注意しましょう。選択肢にトーク中と同じ語句が使われているとは限りません。例えば、トーク中で正解に必要な bicycle race「自転車レース」という情報を聞き取れても、正解の選択肢では sporting event「スポーツイベント」と表現されていることもあり、こうした言い換えに気付く必要があります。

▼アドバイス

Part 4 は、Part 3 より難しいテーマや複雑な文が使われる可能性がありますが、話し手が 1 人でやりとりがない分、Part 3 より取り組みやすいパートとも言えます。トークには必ず流れがあるので、まずは、トークの種類（広告、会議の抜粋、電話のメッセージなど）ごとの話の展開パターンに慣れましょう。まとまった量の英文の理解が苦手な方は、公式問題集などを利用して、まず日本語訳で内容を把握してから英語を聞く練習をしてみましょう。それによって、話の展開を予測しながら能動的に聞く姿勢が身に付きます。

例題

問題形式と出題傾向をしっかり頭に入れたら、例題で解き方の流れを確認しましょう。
音声を聞いて答えを選んだ後、スクリプトと訳と正解を確かめ、解説で理解を深めます。

010

Questions 7 through 9 refer to the following announcement.

M Hello, everyone. Thanks again for attending this screening of my film documentary, *Cultural Cuisines*.
I apologize again for starting a little late—the projector wasn't working properly. Before I show the film, I'd like to tell you a bit about it. A few years ago I traveled to Bolivia and fell in love with its food and its food culture. In the movie, a group of people from a small Bolivian village show you how problems can be resolved while everyone's enjoying a delicious meal. At two hours long, it is a long film...but I'll be answering questions when it's over.

問題7-9は次のお知らせに関するものです。

皆さま、こんにちは。私の記録映画『郷土料理』の今回の上映にご参加いただき、あらためてお礼を申し上げます。開始が少し遅くなりましたことを重ねておわび申し上げます――プロジェクターがきちんと作動していなかったのです。映画をお見せする前に、作品について少しお話ししたいと思います。数年前、私はボリビアに旅行し、同国の食べ物と食文化に心を奪われました。映画では、ボリビアの小さな村の人たちが、皆でおいしい食事を楽しみながら、いかにしていろいろな問題が解決されるのかを見せてくれます。2時間という長い映画ですが……上映終了後にご質問にお答えします。

【語注】
screening　上映／cuisine　(特定地域・文化の) 料理、料理法／apologize for ～　～のことでわびる、～について謝る／properly　正しく、きちんと／a bit　少しだけ／fall in love with ～　～と恋に落ちる、～に心を奪われる／resolve　～を解決する／over　終わって
9 interrupt　～(の話) を遮る／encourage ～ to *do*　～に…するように勧める／afterward　(何かの出来事の) 後に／scheduling　日程を組むこと

011

7

Who most likely is the speaker?

(A) A travel agent
(B) A chef
(C) A farmer
(D) A filmmaker

話し手は誰だと考えられますか。

(A) 旅行代理業者
(B) 料理長
(C) 農業従事者
(D) 映画製作者

解説

正解 D

概要に関する設問で、**話し手は誰か**が問われている。トークの中でI'm ～.「私は～です」と述べられることはほぼないので、トーク内で与えられる幾つかの情報から判断して正解を選ぶ。2文目のmy film documentary「私の記録映画」が最大のヒントだが、この部分を聞き逃したとしても、4文目の「映画をお見せする前に」や最後の文の「2時間という長い映画だが……上映終了後に質問に答える」などから(D)を選べるだろう。

トークの内容をきちんと聞き取らないと、5文目にある「私はボリビアに旅行した」から(A)を選んでしまう可能性がある。内容と無関係の(C)を選択する可能性は低いが、(B)はトーク中のcuisines、food、mealからの連想で正解と判断してしまう可能性があるだろう。

8

What caused a delay?

(A) Equipment problems
(B) Poor weather conditions
(C) Heavy traffic
(D) Lost luggage

何が遅れを引き起こしましたか。

(A) 機器の故障
(B) 悪天候
(C) 交通渋滞
(D) 手荷物紛失

解説

正解 A

詳細に関する設問で、**遅延の原因**を尋ねている。冒頭のあいさつに続くI apologize again for starting a little late「開始が少し遅くなったことを重ねておわびする」からが聞き取るべき箇所。直後に「プロジェクターがきちんと作動していなかった」と原因を述べている。選択肢にはprojectorという語はないが、これをequipment「機器」と言い換えた(A)が正解。

(B)の「悪天候」を筆頭に、(C)の「交通渋滞」と(D)の「手荷物紛失」もよくある遅延の理由なので、言い換えに気付かないと、憶測でこれらのどれかを選んでしまうだろう。

9

Why does the speaker say, "I'll be answering questions when it's over"?

(A) To explain that he will be busy
(B) To ask listeners not to interrupt him now
(C) To encourage people to stay afterward
(D) To correct a scheduling mistake

話し手はなぜ"I'll be answering questions when it's over"と言っていますか。

(A) 自分が忙しくなることを説明するため
(B) 今、自分の話を遮らないよう聞き手に頼むため
(C) 人々にその後も居残るように促すため
(D) 日程組みの誤りを正すため

必答解説

正解 C

話し手の**発言の意図**を問う設問。映画の上映時間に関する説明に続く発言なので、話の流れから下線部の意味「上映終了後に質問に答える」は容易に理解できるだろう。この設問のポイントは、トーク内で下線部の直前にある接続詞butだ。直前で上映時間が長いことを伝えていることから、発言の意図は(C)の「(上映時間は長いが質問に答えるので)上映後も居残ってほしい」だと推測できる。

butを踏まえないと「長い映画なので、今(質問で)遮らないでほしい」という流れだと捉えて(B)を選んでしまう可能性が高い。(A)はこの発言の直後に映画の上映が始まるので不適切。(D)は話の流れに合わない。

Part 5 短文穴埋め問題

「読む」力を測るリーディングセクションは、右の3つのパートから成ります。音声はなく、問題用紙にある英文と選択肢を読んで設問に答えます。

Part 5 短文穴埋め問題 30問
Part 6 長文穴埋め問題 16問（各4問×4セット）
Part 7 1つの文書 29問（各2～4問×10セット）
複数の文書 25問（各5問×5セット）

Part 5はPart 4の最後に流れるリスニングセクション終了の音声の後すぐに始めます。問題用紙のリーディングセクション全体の説明とPart 5の指示文に目を通します。Part 5は短文の問題で数が多いので、1問に時間をかけ過ぎず手際よく解いていきましょう。

READING TEST

In the Reading test, you will read a variety of texts and answer several different types of reading comprehension questions. The entire Reading test will last 75 minutes. There are three parts, and directions are given for each part. You are encouraged to answer as many questions as possible within the time allowed.

You must mark your answers on the separate answer sheet. Do not write your answers in your test book.

PART 5

Directions: A word or phrase is missing in each of the sentences below. Four answer choices are given below each sentence. Select the best answer to complete the sentence. Then mark the letter (A), (B), (C), or (D) on your answer sheet.

リーディングテスト

リーディングテストでは、さまざまな文章を読んで、読解力を図る何種類かの設問に答えます。リーディングテストは全体で75分間です。3つのパートがあり、各パートにおいて指示が与えられます。制限時間内に、できるだけ多くの設問に答えてください。

答えは、別紙の解答用紙にマークしてください。問題用紙に答えを書き込んではいけません。

パート5

指示：以下の各文において語や句が抜けています。各文の下には選択肢が4つ与えられています。文を完成させるのに最も適切な答えを選びます。そして解答用紙の(A)、(B)、(C)、または(D)にマークしてください。

問題形式

短文の中に1カ所空所があり、その空所を埋めて文を完成させるのに最もふさわしい語や句を4つの選択肢から選びます。問題用紙には、空所を含んだ英文のすぐ下に選択肢が印刷されています。**30問**が出題され、大きく分けて、**文法に関する設問**と**語彙に関する設問**があります。

出題傾向

Part 5では**文法**と**語彙**の知識が問われます。語彙問題は純粋に語彙の知識を問うものですが、文法問題はもっぱら文法の知識が問われるものと、文法と語彙両方の知識が問われる問題があります。出題傾向としては文法問題がやや多めです。

文法に関する設問

① 動詞の形

The main speaker, Ms. Kelli Sun, ------- to conclude her speech at 8:00 P.M. tonight.

「主要講演者であるKelli Sunさんは、今夜午後8時にスピーチを終えると見込まれています」

(A) expect (B) expecting (C) to expect (D) is expected

② **代名詞の形・関係詞の形**

Mr. Aromdee will prepare a dish from ------- hometown of Bangkok.

「Aromdee さんは、彼の故郷であるバンコクの料理を作る予定です」

(A) he (B) his (C) him (D) himself

③ **品詞（適切な品詞を選ぶもの）**

The marketing team from Tokyo is visiting this week and will ------- be using Conference Room A.

「今週は東京のマーケティングチームが来ることになっており、時々、会議室 A を使用する予定です」

(A) occasions (B) occasion (C) occasionally (D) occasional

④ **その他（文法知識＋語彙を問うもの）**

For Delento Bakery's tenth anniversary, ------- gave away free cookies to the first 50 customers.

「Delento ベーカリー 10 周年記念として、同店は先着 50 名の客に無料のクッキーを配りました」

(A) it (B) what (C) there (D) who

語彙に関する設問

⑤ **名詞**

Duray Airlines offers delicious food and beverage -------.

「Duray 航空は、おいしい食事と飲み物の選択肢をご提供しております」

(A) fees (B) answers (C) options (D) tasks

⑥ **動詞**

The repair estimate ------- all costs for labor and parts.

「その修理見積は、全ての工賃と部品代を含んでいます」

(A) prefers (B) accepts (C) includes (D) surrounds

⑦ **形容詞**

The ------- candidate is someone with strong communication skills.

「理想的な候補者は、優れたコミュニケーション技能を持つ人です」

(A) ideal (B) deep (C) constant (D) intensive

⑧ **副詞**

Compared with other dairy products, yogurt has remained ------- inexpensive.

「他の乳製品と比べると、ヨーグルトは比較的安価なままです」

(A) thoroughly (B) relatively (C) early (D) minimally

⑨ **前置詞**

In its first week ------- operation, Sabon Hairstyling Salon had about 150 customers.

「営業第 1 週に、Sabon ヘアスタイリング・サロンには約 150 人の客がありました」

(A) of (B) to (C) as (D) by

⑩ **接続詞**

Please include your employee number ------- filling out the room reservation form.

「部屋の予約用紙に記入する際は、社員番号を含めてください」

(A) although (B) so (C) when (D) however

▼解き方と注意点

Part 5では、限られた時間内（目安は全30問で15分）で全ての文の意味を細部まで正確に把握している余裕はありません。従って、可能な場合は、空所を中心にした最小限の範囲を確認して解答するようにします。

最初に選択肢をざっと眺めて、文法問題か語彙問題かを確認します。純粋な文法問題であれば、選択肢は**文法に関する設問**の①～③（p. 28～29）のように同じ語の活用形や派生語などが並んでいます。④（p. 29）のように文法と語彙の両方の知識が問われる設問では、4つの選択肢は品詞も語幹もばらばらな語になります。また、**語彙に関する設問**であれば⑤～⑩（p. 29）のように、選択肢には同じ品詞の単語が並んでいます。

文法問題は①～④のどのタイプでも最初に空所周辺にしっかり目を通し、前後から空所に入るべき品詞を考えます。断定できない場合はさらに範囲を広げて、文の主語（S）と述語動詞（V）を確認してから正解を選びましょう。④の文法知識＋語彙を問う設問では、その後で文意を読み取る手順が加わります。

語彙問題は概して文意の確認が必要ですが、空所周辺だけで正解を判断できるコロケーション（conduct a survey「調査を行う」やheavy rain「強い雨」のような、頻度（ひん）が高い語と語の組み合わせ）の問題もしばしば出題されます。

▼アドバイス

難易度が高い語句や比較的長い文も出題されることから、Part 5の問題は難しいという印象を抱きがちです。苦手意識を感じる場合は、まずは文法問題の正答率を上げるように努めましょう。p. 28～29の例からも分かるように、問われる文法のほとんどは平易なものなので、基礎文法と5文型（SV、SVC、SVO、SVOO、SVOC）の復習が役に立ちます。それを終えたら、公式問題集などでたくさんの問題を解き、さらに頻出（ひん）のコロケーションを中心に継続的に語彙の増強を図れば、確実にスコアアップを達成することができます。

例題

問題形式と出題傾向をしっかり頭に入れたら、例題で解き方の流れを確認しましょう。
英文を読んで答えを選んだ後、訳と正解を確かめ、解説で理解を深めます。

10

The new software makes it possible to track purchases ------- at multiple points-of-sale.

(A) rely
(B) reliable
(C) reliant
(D) reliably

新しいソフトウエアは、多数の販売時点で確実に購入品を追跡することを可能にします。

(A) 信頼する
(B) 確実な
(C) 依存している
(D) 確実に

必答解説 正解 **D**

まず選択肢を見ると rely の派生語が並んでいるので、適切な**品詞**を選ぶ**文法**に関する設問だと判断できる。次に空所前後を見るが、しっかり確認する箇所は to track purchases ------- at の部分。他動詞 track「～を追跡する」に必要な目的語（purchases）がすでにあり、空所後には修飾語（前置詞句）が続いていることから、空所がなくても文は完結することが分かる。従って、文型の主要素にはならない副詞で track を修飾する (D) の「確実に」を選ぶ。

(A) は動詞で、接続詞の and なしでは文中の動詞 track と並列することができない。(B) は形容詞だが、この位置では名詞 purchases「購入品」を修飾できない。(C) も形容詞なので同じ理由で除外できる。

11

A wooden bridge crossing the wading pond ------- to the hotel's nine-hole golf course.

(A) prepares
(B) leads
(C) presents
(D) takes

浅い池に架かる木製の橋が、ホテルの 9 ホールのゴルフコースに通じています。

(A) 準備する
(B) 通じる
(C) ～を紹介する
(D) ～を連れていく

必答解説 正解 **B**

まず選択肢の語が同じ品詞（三人称単数現在形の動詞）なので、適切な**動詞**を選ぶ**語彙**に関する設問であることを確認し、文意をしっかり理解する。wading pond が分からなくても、A wooden bridge (crossing the wading pond) ------- to the hotel's nine-hole golf course. だけで「木製の橋がホテルの 9 ホールのゴルフコースに -------」という意味を取り、選択肢から意味的に当てはまる (B) を選ぶことができる。lead to ～で「（道などが）～に通じる」という意味。

(A) については prepare to *do*「～する準備をする」の to *do* は不定詞なので、後に名詞が続くこの文では文法的に不可。(C) や (D) は直後に目的語を伴って present ～ to … で「～を…に紹介する」、take ～ to … で「～を…に連れていく」を意味するが、この文では to がすぐ後に来ているので共に不可。なお、(C) は present to ～で「～に来院する」、(D) は take to ～で「～を好きになる」という意味もあるが、この文脈には合致しない。

【語注】

10 track　～を追跡する／purchase　購入（品）、買い物／multiple　多数の／point-of-sale　販売時点、販売場所
11 wooden　木製の／wade　水中を歩く、歩いて渡る ★ wading pond は、歩いて渡れるような水深の浅い池のことを言う

Part 6 長文穴埋め問題

Part 6 は、1 つの文書の中にある 4 つの空所にそれぞれふさわしい語・句、または文を選ぶ問題です。Part 6 は Part 5 に比べて英文量がぐんと増えるので、集中力を切らさずに取り組みましょう。

問題用紙には、Part 6 の始めにこのパートの指示文が書かれています。目を通しておきましょう。

PART 6 **Directions:** Read the texts that follow. A word, phrase, or sentence is missing in parts of each text. Four answer choices for each question are given below the text. Select the best answer to complete the text. Then mark the letter (A), (B), (C), or (D) on your answer sheet.

パート 6

指示：以下の文書を読んでください。各文書の中で語や句、または文が部分的に抜けています。文書の下には各設問の選択肢が 4 つ与えられています。文書を完成させるのに最も適切な答えを選びます。そして解答用紙の (A)、(B)、(C)、または (D) にマークしてください。

問題形式

1 つの文書の中に 4 つの空所があり、それぞれが 4 つの設問に対応しています。各空所を埋めるのに最もふさわしい**語・句**、または**文**を 4 つの選択肢から選びます。問題用紙には、空所を含んだ英文文書の下に選択肢がまとめて印刷されています。4 つの設問のうち、3 つは語・句、1 つは文を選ぶ設問です。**4 文書・計 16 問**が出題されます。

出題傾向

語・句を選ぶ設問では、文法（適切な時制・代名詞・品詞など）、語彙（名詞、副詞、前置詞など）、つなぎ言葉（接続副詞、前置詞句など）が問われます。**文を選ぶ設問**は、空所に当てはまる文を文脈から判断して選ぶ問題です。文書内での空所の位置はさまざまです。

語・句を選ぶ設問

① 文法

Per your request, I ------- my evaluation of the Springford Marketer application. In my opinion, this would be ...

「ご要望にお応えして、私は Springford Marketer アプリの評価を終えたところです。私の見解では、これは……」

(A) will complete　(B) completes　(C) completing　(D) have completed

▶ 空所を含む文に続く文で「私の見解では、これは……」と言っていることから、「私」は評価をすでに終えていると理解できるので、それに適する時制である現在完了形の (D) を選ぶ。

② 語彙

Garbage and recycling are picked up on ------- days, depending on your address. Check our Web site to find your designated pickup day.

「ごみとリサイクル資源は、お住まいの住所によって異なる曜日に収集されます。指定収集日を知るには、当方のウェブサイトをご確認ください」

(A) strict　(B) different　(C) recent　(D) direct

▶ 語彙問題の選択肢は文法的にはどれも当てはまる。ここでは空所に続く内容（住所に応じて／ウェブサイトで指定収集日を確認）から、「異なる」収集日となる (B) が適切だと判断する。

語彙問題の中にはつなぎ言葉を選ぶ設問も含まれます。文意を基に解ける場合が多いですが、文法も考慮すべき設問もあります。

Residents will no longer have to sort recyclable materials. -------, they can put everything into the same container.

「住民はもうリサイクル可能な素材を分別する必要はなくなる。その代わりに、あらゆる物を同じ容器に入れることができる」

(A) Instead　(B) Otherwise　(C) In the meantime　(D) As a rule

▶ 空所の前の文意（住民はもうリサイクル可能な素材を分別する必要はなくなる）と後の内容（あらゆる物を同じ容器に入れることができる）から、つなぎ言葉として(A)の「その代わりに」が適切。

文を選ぶ設問

You can apply the voucher to a purchase of in-flight items. -------. Please let us know if there is anything else we can do for you.

「機内販売品のご購入にクーポンをご利用いただけます。当社はお客さまにご満足いただけるよう常に努力しております。他にできることがございましたら、何なりとお知らせください」

(A) We always strive for customer satisfaction.
(B) We had received feedback about it before.
(C) We have other job openings.
(D) We will expand out flight routes next year.

▶ 空所の前の文（機内販売品の購入にクーポンを利用できる）と後の文（他にできることがあればお知らせください）から、空所にはこの2文を適切に結び付ける(A)が当てはまる。

▼解き方と注意点

Part 6の解き方の基本は、空所の前後の文の内容を考慮しながら適切な選択肢を選ぶことです。Part 5の解き方が「木→森」（空所周辺から徐々に範囲を広げる）だとすれば、Part 6の解き方は「森→木」（文書全体から徐々に空所にフォーカスする）です。従って、文書を最初から読んでいく手順が欠かせません。文脈を意識しながら話の流れを追っていき、空所まで来たら（必要であれば少し先まで読んで）、選択肢から正解を判断します。この手順を繰り返すことで、つなぎ言葉や文を選ぶ設問だけではなく、文法を問う設問や語彙に関する設問もよりスムーズに解くことができます。解き方に慣れないうちは時間がかかりますが、最終的にPart 6の全16問を15分以内に解答することを目安にしましょう。

▼アドバイス

文法や語句の知識はPart 5の学習法で身に付けておき、Part 6では速読スキルを磨きましょう。文章を戻り読みせずに読み下して文脈を追うためには、フレーズリーディング（p. 280のコラム参照）の読み方が求められます。Part 6で頻（ひん）出の文書はビジネスメール（ビジネスレター）と記事です。フレーズリーディングのスキルを身に付けるとともに、こうした文書の形式に慣れておくことも、Part 6（およびPart 7）を効率的に解くために必要です。

例題

問題形式と出題傾向をしっかり頭に入れたら、例題で解き方の流れを確認しましょう。
英文を読んで答えを選んだ後、訳と正解を確かめ、解説（p. 36～37）で理解を深めます。

Questions 12-15 refer to the following e-mail.

To: fcontini@attmail.com
From: btakemoto@arolischems.co.uk
Date: 15 July
Subject: Your first day at Arolis

Dear Mr. Contini,

Welcome to Arolis Chemicals! Thank you for ------- (**12.**) the full-time, permanent position of laboratory assistant. We look forward to your arrival on 1 August in the Harris Building. Please report to the front desk and ask for Jack McNolan. He ------- (**13.**) you to the Human Resources office. There, you will obtain your employee badge ------- (**14.**) all documents necessary to start work. Note that because of its large size, the Leicester campus of Arolis can be difficult to navigate. Studying a campus map will help orient you to the location of the different buildings. ------- (**15.**).

Should you have any questions, please do not hesitate to contact me.

Sincerely,

Brandon Takemoto
HR Administrative Officer

問題 12-15 は次の E メールに関するものです。

受信者：fcontini@attmail.com
送信者：btakemoto@arolischems.co.uk
日付　：7 月 15 日
件名　：Arolis 社でのあなたの初日

Contini 様

Arolis 化学社へようこそ！ 常勤無期雇用の研究室助手職をお受けいただき、ありがとうございます。8 月 1 日の Harris ビルへのご来社をお待ちしております。受付にお越しいただき、Jack McNolan をお呼び出しください。彼が人事部のオフィスまであなたと一緒に参ります。そこで社員証や業務開始に必要な全ての書類を入手されることになります。Arolis 社の Leicester 構内は非常に広いため、どちらに行けばいいのかを把握するのが難しい場合があることにご注意ください。構内図を詳しくご覧になると、さまざまな建物の方向を見定めるのに役立ちます。*当社ウェブサイトから構内図をダウンロードできます。

何かご質問がございましたら、遠慮なく私にご連絡ください。

敬具

Brandon Takemoto
人事部管理責任者

*Q15 の挿入文の訳

【語 注】
chemical　化学製品／permanent　（雇用などが）終身の、無期の／report to ～　～へ出向く／
obtain　～を取得する、～を入手する／employee badge　社員証、職員証／
note that ～　～に注意する、～ということに注目する／campus　構内 ★大学、研究施設、企業などの広い敷地内／
navigate　航行する、進む方向を見極める／study　～をよく見る、～を観察する／help *do*　～するのに役立つ／
orient ～ to …　～を…に正しく向かわせる／
should you have　★if you should have … の if が省略され should が倒置された、よりフォーマルな表現／
hesitate to *do*　～するのをためらう／HR　人事部 ★Human Resources の略／administrative　事務の、管理の／
officer　役員、幹部職
15 provide ～ with …　～に…を提供する／complete　～を完了させる

 **12**

(A) offering　(A) ～を提供すること
(B) accepting　(B) ～を受けること
(C) discussing　(C) ～を話し合うこと
(D) advertising　(D) ～を宣伝すること

必答解説　**正解 B**

適切な**語（動名詞）**を選ぶ**語彙**に関する設問。空所には Thank you for の後に続く感謝の内容が入ると判断できるが、どの選択肢も目的語（the full-time, permanent position of laboratory assistant）を取れる他動詞なので、文脈から判断する。まず、E メールの件名 Your first day at Arolis「Arolis 社でのあなたの初日」を確認しておく。空所を含む文の直前に Welcome to ...「……へようこそ」、直後に We look forward to your arrival on ...「……日のご来社を待っている」とあることから、このメールの受信者はこの常勤職を「引き受けた」と判断できる。(B) が正解。

この手順を踏まないと、空所後の position だけで offer a position「職・地位を与える」という頻(ひん)出のコロケーションから (A) を選んでしまうだろう。職について (C) の「～を話し合うこと」や (D) の「～を宣伝すること」では、受信者を歓迎して来社日を心待ちにするという前後の文脈に合致しない。

13

(A) accompany　(A) ～に同行する
(B) did accompany　(B) ～に同行した
(C) accompanies　(C) ～に同行する
(D) will accompany　(D) ～に同行するだろう

解説　**正解 D**

適切な**語・句（動詞の時制）**を選ぶ**文法**に関する設問。空所は主語 He の述語動詞が入る位置にあるので、文法的に合致しない (A) は除外できる。その他の選択肢から正解を選ぶには文脈の確認が必要。まず E メールのヘッダーで、件名と、送信日（7 月 15 日）を確かめる。次に、空所を含む文の前後を確認すると、2 文前に We look forward to your arrival on 1 August「8 月 1 日の来社を待っている」、続けて Please report to ...「……にお越しください」とある。さらに直後の文にも There, you will obtain ...「そこで……を入手することになる」とあり、空所の文の前後で受信者の初出社日（8 月 1 日）の手順を案内していると分かる。これが理解できれば、未来のことを表す (D) が空所に適切だと判断できる。

(B) は動詞 accompany の過去形「同行した」を強調した形だが、文脈から容易に却下できるだろう。(C) は空所周辺だけで判断すると文法的に可能であり、先行する文も現在形で書かれているため、うっかり選んでしまう可能性が高いが、現在の習慣などを表す現在形は文脈に合わない。

 **14**

(A) too
(B) also
(C) as well as
(D) additionally

(A) 〜もまた
(B) 〜もまた
(C) 〜および…
(D) その上

必答解説　　正解 **C**

適切な**語・句**を選ぶ**文法**に関する設問。Q12 と Q13 から、There「そこで」で始まる空所を含む文は「初出社日の手順」に関する内容であると予測できているはずだ。それを踏まえれば、空所前の your employee badge「社員証」と後の all documents necessary to start work「業務開始に必要な全ての書類」はその初出社日に受け取る物と推測できる。正解は and と同じように並列の接続詞の役割を果たす (C) の *A* as well as *B*「B だけでなく A も、A および B」だ。

文脈から (B) も正解に思えるが、also は副詞なので、employee badge と all documents の 2 つを結ぶことはできない (and also であれば可)。また、(A) は「〜もまた」を表す副詞、(D) は主に文頭で「その上〜」を意味する文修飾副詞なので、どちらも「A および B」として 2 つの要素を結び付けることはできない。

15

(A) Please sign all the documents.
(B) I will provide you with a replacement.
(C) Construction will be completed next year.
(D) You can download one from our Web site.

(A) 全ての書類に署名してください。
(B) 私があなたに代用品をお渡しします。
(C) 建設工事は来年完了する予定です。
(D) 当社ウェブサイトから構内図をダウンロードできます。

解説　　正解 **D**

文脈に合致する**文**を選ぶ設問。E メール本文の最後に入る文なので、先行する内容をしっかり読み取っておく。具体的には、空所の 2 文前の Note that ...「……に注意してください」に続く「構内は非常に広いため、どちらに行けばいいのかを把握するのが難しい」、「構内図が建物の方向を見定めるのに役立つ」という文意をしっかりつかむこと。正解は (D) の「〜をダウンロードできる」で、この one が a campus map「構内図」の言い換えになっているのがポイントだ。

(A) は、6 文目に書類の受け取りについて書かれているが、その後構内に関する話題に変わっているため、この場所に書類に関する文が入るのは不自然だ。(B) は、社員証などと同様にこの構内図も人事部で渡されると思ってしまうと選んでしまう可能性があるが、a replacement「代用品」が何のことか不明だ。(C) は、建設工事の話題はそれまで一切出ていないので唐突過ぎる。

Part 7 1つの文書／複数の文書

Part 7 は、1つまたは複数の文書を読み、その内容について幾つかの設問に答える読解問題です。最難関パートですが、多くの問題に当たって、長い英文を素早く読み取る力を着実に養っていきましょう。

問題用紙には、Part 7 の始めにこのパートの指示文が書かれています。目を通しておきましょう。

> PART 7
>
> **Directions:** In this part you will read a selection of texts, such as magazine and newspaper articles, e-mails, and instant messages. Each text or set of texts is followed by several questions. Select the best answer for each question and mark the letter (A), (B), (C), or (D) on your answer sheet.

パート7

指示：このパートでは、雑誌や新聞の記事、Eメールやインスタントメッセージなどのさまざまな文書を読みます。1つの文書または複数の文書のセットにはそれぞれ、幾つかの設問が続いています。各設問について最も適切な答えを選び、解答用紙の (A)、(B)、(C)、または (D) にマークしてください。

問題形式

1文書（シングルパッセージ）あるいは複数文書（2文書：ダブルパッセージ、3文書：トリプルパッセージ）を読んで、その内容に関する設問に答えます。1文書には2～4問の設問、複数文書には5問の設問があり、出題数は、**1文書が10セット・計29問、2文書が2セット・計10問、3文書が3セット・計15問**です。文書の種類は多岐にわたりますが、以下のようなものが含まれます。Part 7 全体で**計54問**出題されます。

advertisement	広告	memo	メモ
article	記事	notice	お知らせ
brochure	パンフレット	online chat discussion	オンラインチャットの話し合い
certificate	証明書、修了証書	order form	注文書、注文伝票
company newsletter	社内報	outline	概要
customer review	顧客レビュー	press release	プレスリリース、報道発表
e-mail	Eメール	receipt	領収書
flyer	ちらし	review	レビュー、批評
form	用紙	schedule	予定表
instructions	説明書	sign	掲示
invoice	請求書	survey	アンケート、調査
letter	手紙	text-message chain	テキストメッセージのやりとり
meeting minutes	議事録	Web page	ウェブページ

出題傾向

文書の種類

出題される文書のカテゴリーには、大きく分けて (1) 通信系（Eメール、手紙、メモなど）、(2) 案内系（お知らせ、広告、プレリリースなど）、(3) 報告系（記事、社内報、レビューなど）、(4) 書式系（予定表、アンケート、請求書など）、(5) チャット系（テキストメッセージ、オンラインチャットなど）があります。このうち特に出題頻度（ひん）が高いのは (1) 通信系と (2) 案内系の文書です。

設問形式

Part 7 では、**概要に関する設問**（文書の目的や主題を問うもの）や、**詳細に関する設問**（特定の情報を問うもの）に加え、頻度（ひん）は低いですが What is NOT mentioned in ～? といった**文書内で述べられていない事柄を問う設問**も出題されます。また、What is suggested ～? や What is indicated ～? など、文書内では明示されていないけれども**文書から推測できる事柄を問う設問**もあります。その他、特に中級者が留意すべき種類の設問として以下があります。

発言の意図を問う設問

テキストメッセージ形式の文書で出題される設問で、メッセージ送信者の発言意図を問うものです。

At 9:13 A.M., what does Mr. Martin most likely mean when he writes, "I see"?

「午前 9 時 13 分に、"I see" という発言で、Martin さんは何を意図していると考えられますか」

挿入文の位置を問う設問

文脈から、与えられた挿入文が入るべき位置を選択する問題です。

In which of the positions marked [1], [2], [3] and [4] does the following sentence best belong?

"Otherwise, a fee may apply."

「[1]、[2]、[3]、[4] と記載された箇所のうち、次の文が入るのに最もふさわしいのはどれですか」

『そうでなければ、料金が適用される可能性があります』

語の意味を問う設問

特定の語が文書内でどの意味で用いられているかを問う問題です。

The word "interest" in paragraph 3, line 5, is closest in meaning to

「第 3 段落・5 行目にある interest に最も意味が近いのは」

(A) concern　(B) advantage　(C) share　(D) attention

複数文書を参照する設問（2 文書、3 文書のみ）

詳細情報を問うものの中で、各文書で提示される情報を照らし合わせて正解を判断すべき問題です。

▼解き方と注意点

文書のすぐ上にある Questions xxx - xxx refer to the following ～. で文書の種類を確認したら、ざっと文書に目を通して要点をつかみます。次に、できれば設問を素早く確認して問われている内容を頭に入れましょう。そして文書を最初から読んでいき、途中で解答に結び付く情報を見つけたら、その段階で正解にマークします（これを繰り返します）。「複数の文書」では設問文の文頭で According to ～「～によると」もしくは in ～「～で」と参照すべき文書が指定されている場合があります。指定がない設問でも焦らずに、各文書を何度か確認して正解を選びましょう。多くの場合、本文と設問文、本文と選択肢では同じ内容が別の語句に言い換えられています。設問文で問われている事柄を頭に入れ、本文で使われている語句にとらわれず、同様の意味を表す選択肢を選ぶようにします。

▼アドバイス

基本となるのは速読スキルですが、中級者の多くにとって Part 7 を最後まできちんと解答することは時間的に難しいでしょう。従って、Part 7 の開始時点で残り時間が少ない場合は、1 文書の問題に集中しましょう。取り組みやすい種類の文書（日常的な内容、英文量が少ないものなど）を優先的に解答することで正答率を上げることもできます。長文に苦手意識のある方は、文書の日本語訳をたくさん読んで、さまざまな文書パターンに慣れることをお勧めします。

例題（複数の文書）

問題形式と出題傾向をしっかり頭に入れたら、例題で解き方の流れを確認しましょう。
英文を読んで答えを選んだ後、訳と正解を確かめ、解説（p. 42 ～ 44）で理解を深めます。
※ Section 1 では複数の文書（2 文書）のみを扱います。

Questions 16-20 refer to the following advertisement and e-mail.

1 広告

Leasing Opportunities

La Gardina Mall offers a unique shopping experience in a beautiful setting of landscaped gardens, courtyards, and fountains. The mall features retail shops that range from well-known chain stores to one-of-a-kind boutiques, as well as a large variety of restaurants and cafés.

With 300,000 square meters of pedestrian-only retail space, La Gardina Mall attracts more than four million visitors per year. It is a shopping and dining destination for local Bay Shore residents and tourists alike.

If you would like more information about leasing retail or restaurant space at La Gardina, please contact Cecilia Goncalves, our Leasing Administrator, at cgoncalves@lagardina.com. While most of our space is occupied by long-term lessees, a limited number of seasonal contracts (four months minimum) are available.

2 Eメール

E-mail

To:	Cecilia Goncalves <cgoncalves@lagardina.com>
From:	Marco Sabatini <msabatini@sabatinileather.com>
Date:	25 March
Subject:	Retail space
Attachment:	List of products

Dear Ms. Goncalves:

As owner of Sabatini Leather Goods, I would like to express interest in a short-term leasing opportunity at La Gardina Mall.

Sabatini Leather Goods is a small company that manufactures and sells souvenir handbags and wallets. Our high-quality leather products are imprinted with the name of the tourist destination where they are sold. I have attached some images of our best-selling items from our most recent temporary shop in Glastonbury, where we had our best sales performance in the company's history. We have sold our products in 24 different locations so far, all with great success.

We have been looking for a place in Bay Shore for a while, and La Gardina Mall seems to be a good fit. We would like a space of about 150 square meters for a three-month period over the summer tourism season. Could you please call me at 555-0125 so that we can discuss this matter further?

Respectfully,

Marco Sabatini

問題 16-20 は次の広告と E メールに関するものです。

賃借の機会

La Gardina モールは、造園された庭園、中庭、噴水という美しい環境の中での素晴らしいお買物体験をご提供します。モールは、有名なチェーン店から他にはないブティックまで幅広い小売店のほか、多種多様なレストランとカフェを特色としています。

車両進入禁止の 30 万平方メートルの小売店スペースを擁する La Gardina モールは、年間 400 万人以上のお客さまを集めています。モールは地元 Bay Shore の住民にとっても観光客にとっても、お買い物やお食事のためのお出掛先になっています。

La Gardina で小売りやレストランのためのスペースを借りることに関してさらなる情報をお求めなら、賃貸借業務担当者の Cecilia Goncalves に、cgoncalves@lagardina.com までご連絡ください。スペースのほとんどは長期の貸借契約者で埋まっていますが、限られた数の季節契約（最短 4 カ月）はご利用いただけます。

受信者　　　：Cecilia Goncalves <cgoncalves@lagardina.com>
送信者　　　：Marco Sabatini <msabatini@sabatinileather.com>
日付　　　　：3 月 25 日
件名　　　　：小売りスペース
添付ファイル：製品リスト

Goncalves 様

Sabatini 皮革製品社のオーナーとして、私は La Gardina モールの短期リースの機会に関心があります。

Sabatini 皮革製品社は土産用のハンドバッグと財布を製造販売する小規模企業です。当社の高品質な革製品には、販売場所である観光地の名前が刻印されています。Glastonbury にある最新の仮設店舗で最も売れている商品の画像を何点か添付しましたが、同店舗では当社史上最高の販売実績を上げました。これまで当社は 24 の異なる拠点で製品を販売し、全てで大きな成功を収めております。

当社はかねてより Bay Shore に店を探しており、La Gardina モールはうってつけに思われます。夏の観光シーズンの 3 カ月間、150 平方メートル程度のスペースをお借りしたいと思います。本件につきましてさらにご相談できるよう、私宛てに 555-0125 までお電話をいただけますか。

敬具

Marco Sabatini

【語注】

1 広告 lease ～を貸借する、～を賃貸する／unique 類のない、素晴らしい／setting 環境／landscape ～（庭園など）を整える、～を美化する／courtyard 中庭／feature ～を特色とする／retail 小売り（の）／range from *A* to *B* A から B に及ぶ／one-of-a-kind 独自の、唯一無二の ★ここでは「チェーン店ではない（店）」という意味／*A* as well as *B* B だけでなく A も、A および B／square meter(s) 平方メートル／pedestrian-only 歩行者専用の、車両進入禁止の／attract ～を呼び寄せる／per ～につき／destination 目的地、行き先／*A* and *B* alike A も B も同様に／long-term 長期（間）の／lessee 賃借人／minimum 最低限の、最小限の
2 E メール short-term 短期（間）の／small company 小規模企業／manufacture ～を製造する／imprint ～ with … ～に…を刻印する／attach ～を添付する／temporary shop 仮設店舗 ★簡単に移動、閉店できる仮店舗／sales performance 販売実績／so far これまで（のところ）／good fit うってつけ、ぴったり合うもの／the summer ～ ★ここでは「今年の夏の～」の意味／further さらに／Respectfully, 敬具

16

What is suggested about La Gardina Mall?

(A) It is located in Bay Shore.
(B) It is open only in the summer.
(C) It recently added many new shops.
(D) It features mainly fashion boutiques.

La Gardina モールについて何が示唆されていますか。

(A) Bay Shore にある。
(B) 夏だけ営業している。
(C) 最近多数の新店舗を追加した。
(D) 主にファッション店を特徴としている。

必答解説　　正解 A

詳細（文書から推測できる事柄）に関する設問。La Gardina Mall について問われているので、1 つ目の文書 1 広告 の本文冒頭の La Gardina Mall から、この文書に答えがあると判断する。正解の (A) は明示されていないが、第 2 段落の最後の文にある It is a shopping and driving destination for local Bay Shore residents and tourists alike「地元 Bay Shore の住民にとっても観光客にとっても、買い物や食事の出掛け先になっている」から、このモールが Bay Shore にあると分かる。

第 1 段落の 2 文目 The mall features ... boutiques「モールは……ブティックを特色としている」の部分だけで即断すると (D) を選んでしまうだろう。だが、有名チェーン店や、as well as 以降のレストランやカフェも同様に特色としているという文意と mainly「主に」が合致しない。(B) の夏季限定営業という説明はない。また、(C) の情報は一切述べられていない。

17

In the advertisement, the word “occupied” in paragraph 3, line 3, is closest in meaning to

(A) filled
(B) captured
(C) kept busy
(D) made steady

広告で、第 3 段落・3 行目にある “occupied” に最も意味が近いのは

(A) いっぱいで
(B) 捕らえられて
(C) ずっと混雑した状態で
(D) 安定させられて

必答解説　　正解 A

文脈の中での**語の意味**を問う設問。1 広告 で occupied を含む文（第 3 段落の最後の文 While most of our space is occupied by long-term lessees, a limited number of seasonal contracts ... are available.）を精読して正解を選ぶ。前半の「スペースのほとんどは長期の賃借契約者で occupied だが」と後半の「限られた数の季節契約は利用できる」という対比を表す文意から、occupied は「使用された、占有された」という意味であることを確認。これを基にすれば (A) の filled「（場所などが）いっぱいで（ある）」を選ぶことができる。

occupied by ～には「～で忙しい」の意味もあるが、文意の理解なしでは restaurant などからの連想で (C) を選んでしまいかねない。(B) の「捕らえられて」も (D) の「安定させられて」も「占有された」のイメージからの連想を誘う語だが、どちらも文意から却下できる選択肢だ。

18

What is the main purpose of the e-mail?

(A) To promote a new botanical garden
(B) To profile a popular company
(C) To inquire about a potential business deal
(D) To ask about job opportunities at a mall

Eメールの主な目的は何ですか。

(A) 新しい植物園を売り込むこと
(B) 人気のある会社を紹介すること
(C) 可能性のある商取引について問い合わせること
(D) モールでの求人について尋ねること

解説　　正解 C

2つ目の文書である 2 Eメール の**概要（文書の目的）**に関する設問。Eメールの目的は概して最初に述べられるので、冒頭の文 As owner of ... at La Gardina Mall. を精読する。「Sabatini 皮革製品社のオーナーとして、私はLa Gardina モールの短期リースの機会に関心がある」と読み取れれば、目的はこれを言い換えた(C)の「可能性のある商取引について問い合わせること」だと分かる。

この冒頭文をしっかり読まないと、本文中の opportunity と選択肢の opportunities を結び付けて (D) を選んでしまう可能性が高くなる。内容、語句ともに無関係な (A) を選ぶことはまずないだろうが、冒頭に続く会社紹介をメールの目的と誤認すると (B) を選んでしまいそうだ。

19

What is indicated about Sabatini Leather Goods products?

(A) They are sold online.
(B) They are often discounted.
(C) They are marketed to tourists.
(D) They are manufactured in Glastonbury.

Sabatini 皮革製品社の製品について何が示されていますか。

(A) オンラインで販売されている。
(B) 頻繁(ひんぱん)に値引きされる。
(C) 観光客向けに販売されている。
(D) Glastonbury で製造されている。

解説　　正解 C

詳細（文書で示されている事柄）に関する設問。Sabatini Leather Goods という名前が出てくる 2 Eメール で確認する。正解の鍵となるのは、第2段落の2文目 Our high-quality leather products are imprinted with the name of the tourist destination where they are sold.「当社の高品質な革製品には、販売場所である観光地の名前が刻印されている」で、ここから、これらの製品は「観光客向けに販売されている」と考えられる。よって (C) が正解。

内容をよく読まないと、第2段落の1文目 Sabatini Leather Goods is a small company that manufactures ...と同段落の3文目に出てくる地名 Glastonbury を合わせて (D) を選択してしまうだろう。(A) の「オンライン販売」と (B) の「値引き」はともにメール内で述べられていない情報。どちらの選択肢も第2段落を精読すれば、自信を持って却下できるだろう。

【語注】

18 promote　～を売り込む／botanical garden　植物園／profile　～を紹介する／inquire about ～　～について問い合わせる／potential　可能性のある／business deal　商取引
19 market to ～　～に向けて販売する
20 negotiate　～を交渉して取り決める／length　期間

20

What will Mr. Sabatini and Ms. Goncalves most likely have to negotiate?

(A) The location of a store
(B) The length of a contract
(C) The size of a retail space
(D) The cost of a monthly lease

Sabatini さんと Goncalves さんは、何を交渉して取り決めなければならないと考えられますか。

(A) 店の立地
(B) 契約期間
(C) 小売りスペースの大きさ
(D) 毎月のリース費用

解説

正解 B

複数文書を参照する設問。設問文の Mr. Sabatini は 2 Eメール の送信者。Ms. Goncalves はその受信者で、1 広告 でも名前が挙げられている La Gardina Mall の Leasing Administrator「賃貸借業務担当者」。まず 1 広告 の第 3 段落の最後の文にある、a limited number of seasonal contracts (four months minimum) are available から「限られた数の季節契約（最短 4 カ月）は利用できる」という募集内容を確認。次に Sabatini さんは 2 Eメール 第 3 段落 2 文目で、We would like a space of about 150 square meters for a three-month period over the summer tourism season.「夏の観光シーズンの 3 カ月間、150 平方メートル程度のスペースを借りたい」と書いている。この 2 つから、広告主である貸し手とメール送信者である借り手の賃貸期間の希望条件が異なっていることが分かるので、両者が交渉すべきは (B) だと判断できる。

Sabatini さんは 2 Eメール で希望する賃貸スペースの広さについても述べているので、2 Eメール のみから判断すると、(C) も交渉すべき内容と誤解して選んでしまう可能性が高い。2つの文書で述べられている情報を照らし合わせないと正解できない難度の高い問題だ。

Section 2

必答140問演習

650点を超えるために必ず正解したい「必答問題」を140問厳選しました。各パートの問題は設問タイプ別に並んでいます。Section 1で学んだ知識を基に、効率よく解き進められるようになるまで学習しましょう。

Part 1 写真描写問題

人物写真

1 人または複数の人物を中心とした写真を見ていきます。

動作や持っている物に注目し、写真を最も的確に描写する説明文を選びましょう。

012

1.

013

2.

014

3.

015

4.

016

5.

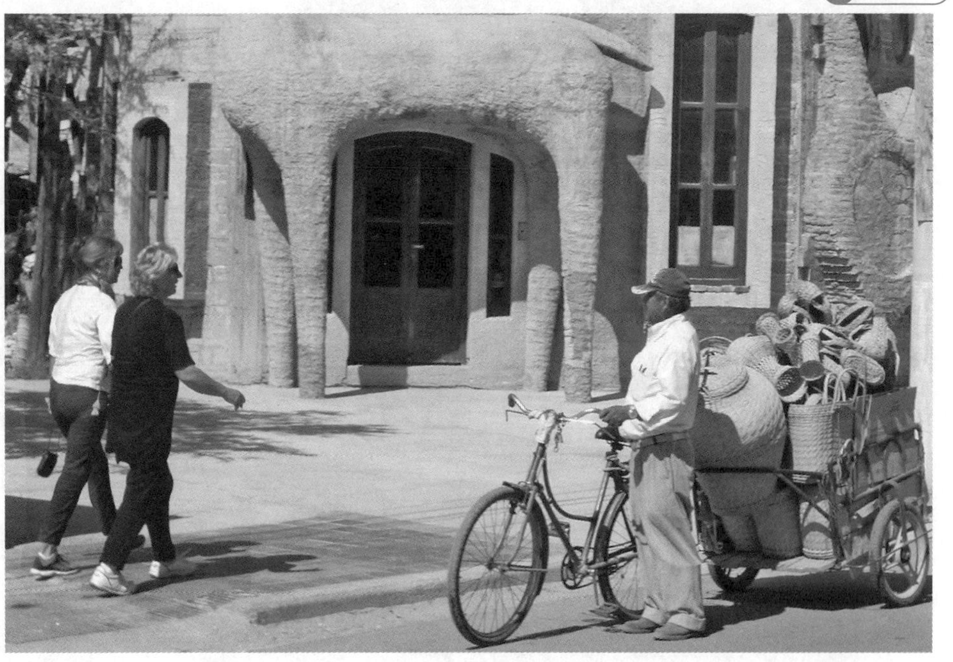

物・風景写真

次に、物または風景を中心とした写真を見ていきます。
物の位置を意識しながら、写真を最も的確に描写する説明文を選びましょう。

017

6.

018

7.

012

 1

W

(A) Clothing is hanging on racks.
(B) Lights have been turned off in the store.
(C) A woman is folding a coat.
(D) A woman is opening a garment bag.

(A) 衣類が洋服掛けに掛かっている。
(B) 店内では照明が消されている。
(C) 女性がコートを畳んでいる。
(D) 女性がガーメントバッグを開けている。

必答解説　　正解 A

1人の人物写真で、背景には衣類が並び、高い天井が見える。人物写真では人物の様子に目が行きがちだが、最初の2つの選択肢は物を主語にした文であり、このような設問は難易度が高くなる。女性の動作とともに周りの情景にも注目しよう。正解は (A) だが、すんなりと正解に選びにくい理由は最後の racks にある。(on) racks を聞き取れたとしても、日本語の「棚、(棚が数段ある) ラック」のことだと思って誤答と即断してしまうことが多いからだ。rack は「～掛け、～台、さお」の意味もあり、ここでは「洋服掛け、ハンガーラック」を指す。(B) は、Lights have been turned (受け身の現在完了形) を聞き取れたとしても、写真では照明がついているので、turned off「～が消えている」を turned on「～がついている」だと早合点すると誤って選んでしまう。(C) は folding「畳んで」と写真の人物の動作の holding「手に持って」の発音が似ているが、女性が持っているのは coat には見えないので誤って選ぶ可能性は低い。また、(D) に含まれる garment bag「ガーメントバッグ」はスーツを着用しない人にはなじみのない語句だが、opening を聞き取っていれば女性の動作から容易に誤りと判断できるだろう。

【語 注】

clothing　衣類／hang　掛かる、ぶら下がる／rack　～掛け、～台、網棚、箱戸棚／turn off ～　～を消す／fold　～を畳む／garment bag　ガーメントバッグ ★衣服持ち運び用折り畳みバッグ

013

2

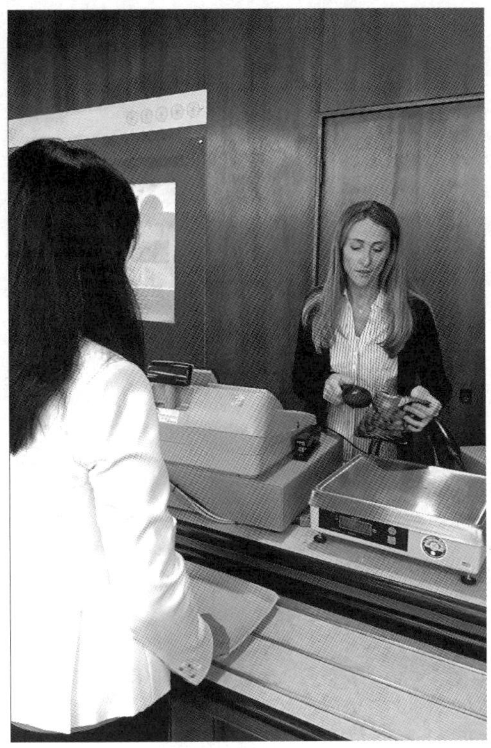

M

(A) A customer is placing a tray in a sink.
(B) A customer is handing money to a cashier.
(C) A cashier is holding an item.
(D) A cashier is stacking some cups.

(A) 客が流しにトレーを置いているところである。
(B) 客がレジ係にお金を手渡している。
(C) レジ係が商品を手に持っている。
(D) レジ係がカップを積み重ねている。

必答解説

正解 C

複数の人物写真で、レジスターがあることから、この2人は店員（レジ係）と客で、客がこれから支払いをする場面と推測できる。(A) は、tray は見えるが sink は見当たらないのですぐに誤りと分かる。一方、(B) は、customer、cashier という2人の人物を正しく表しているため、つい選びたくなるが、handing money to という動作は見られないので不正解。Part 1 の人物写真では特に動作を中心に正誤を判断しよう。正解は (C) だが、ポイントとなるのは item「品物、商品」。Part 1 では具体的な名詞ではなく、しばしばこのような上位語（より抽象度が高い語）が使われることに留意しよう。(D) にある cups は具体的な名詞（下位語）だが、奥の女性が手にしているものをカップと捉え、この情報のみで (D) を選んでしまうかもしれない。stack は Part 1 に頻(ひん)出する動詞で、その意味を知っていれば、この動詞が聞き取れた時点ですぐに (D) は誤りだと判断できる。is stacking「～を積み重ねている」という表現は確実に覚えておこう。

【語注】
tray　トレー、浅い盛り皿／sink　台所のシンク、洗面台／hand ～ to …　～を…に手渡す／stack　～を積み重ねる

Section 2 Part 1

014

3

W

(A) One of the women is seated at a table.
(B) One of the women is closing a door.
(C) The women are paying for some umbrellas.
(D) The women are standing near some chairs.

(A) 女性の1人はテーブルに座っている。
(B) 女性の1人はドアを閉めている。
(C) 女性たちは傘の代金を支払っている。
(D) 女性たちは椅子の近くに立っている。

必答解説　正解 D

複数の人物写真で、女性たちの動作に加え、パラソルやテーブル、その周りの椅子や背景にあるガラス戸やごみ箱のような物など、写真に含まれる情報量が多い設問。このような設問では、音声が流れる前に人物の動作を把握すると同時に、それぞれの物に該当する英単語を予測しておくとよい（パラソル→ umbrella、parasol など）。(A) の is seated at a table、(B) の is closing a door は聞き取りと正誤判断が容易なので誤って選ぶ確率は低いだろう。(A)、(B) よりも主語が簡単な (C) は、are paying for をしっかり聞き取らず、最後に聞こえた umbrellas だけが耳に残ると、正解と判断してしまう可能性がある。正解は右側の女性2人の状態とその周りの物との位置関係を正確に表している (D) だ。この2人がパラソルの端をつかんでいる動作のみに注目していた場合は、即座にこれを正解に選ぶのは難しいだろう。必ずしも写真の中心にある物（パラソル）や目立つ動作（端をつかむ）を含む選択肢が正解とは限らないことを覚えておこう。

【語注】
be seated at ～　～に座っている／pay for ～　～の代金を支払う

015

4

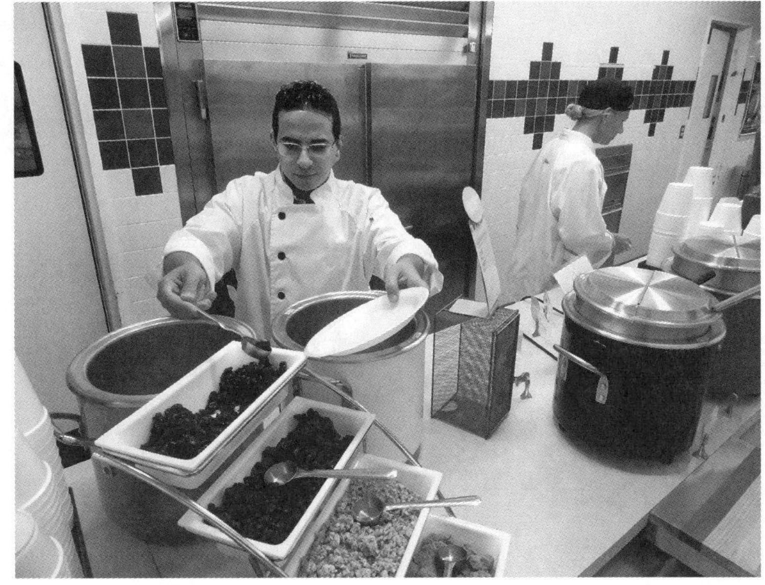

W

(A) Some customers are paying for their meals.
(B) Some workers are washing dishes.
(C) Some food is being placed in a refrigerator.
(D) Some large cooking pots are on a counter.

(A) 客が食事の代金を支払っている。
(B) 従業員が皿を洗っている。
(C) 食べ物が冷蔵庫の中に置かれているところである。
(D) 大きな料理用の鍋がカウンターの上にある。

必答解説　　正解 D

複数の人物写真だが、料理を皿に盛り付けている人物が中心の写真。従って、その部分に注目しがちだが、周囲にある物やその配置、奥の人物の動作もしっかり把握する。そうすると、厨房(ちゅうぼう)であるのは明白なので、会計の場面の (A) はすぐに却下できる。同じく (B) も washing dishes という動作は写真にないので正解に選ぶ確率は低い。(C) は誤って選びがちな選択肢で、そうなる原因の一つは写真の中心（男性と物）ばかりに注目して、Some food is being placed の部分のみで正解だと判断してしまうこと。もう一つは refrigerator「冷蔵庫」の意味および発音を知らないことである。正解の (D) は、中心の男性の周囲に幾つかある cooking pots「料理用の鍋」の状態を表している。このように、正解は写真の中心にいる人物の動作を描写したものとは限らない。いろいろな物が描写される可能性に備えて、日頃から日常的な語彙の増強を図りたい (p. 15 参照)。

【語注】
worker　従業員、作業員／place　～を置く／refrigerator　冷蔵庫 ★発音は [rifrídʒərèitər] ／pot　鍋

016

5

W

(A) A notice is being hung on a post.
(B) The women are walking toward a doorway.
(C) The man is changing a bicycle tire.
(D) A basket is being removed from a cart.

(A) 通知が柱に掛けられているところである。
(B) 女性たちは出入口の方へ歩いている。
(C) 男性は自転車のタイヤを交換している。
(D) 籠が荷車から降ろされているところである。

必答解説　　正解 B

複数の人物写真で、2人の女性と1人の男性のどちらにも焦点が当てられている。人物以外にも荷車をけん引する自転車や窓のある建物やドアなどがあるので、描写のポイントがどこになるかを絞りにくい設問である。(A) は写真にない notice「通知」からすぐに誤答と判断できるが、写真にある post「柱」を、写真にない「郵便ポスト (mailbox/postbox)」と思って却下したのであれば要注意だ。簡単な語でも意味をきちんと把握しておこう。正解は (B) で、女性たちの動きを見れば明らかだが、これを選べなかったとすればおそらく doorway「出入口」の聞き取りの問題だろう。このような日常語は意味だけでなく発音も確認しておくこと。(C) の changing a bicycle tire は聞き取りやすく、写真にはない動作であることがすぐ分かるので、まず選ぶことはないだろう。(D) は removed の発音が聞き取りにくいため、誤って選んでしまう可能性が高い。写真にある basket や cart が明瞭に発音されることに加え、アクセントの位置から removed が moved「動かされて」に聞こえてしまうのだ。日常語は繰り返し音声を聞いて発音を復習しておこう。

【語注】
notice　通知、掲示／hang　～を掛ける、～をつるす／post　柱、標柱／doorway　出入口 ★発音は [dɔ́ːrwèɪ]／remove ～ from …　～を…から取り去る

017

 6

M

(A) Runners are lined up for the start of a race.
(B) Some people are cheering for a sports team.
(C) An athletic field is located near some trees.
(D) Lawn mowers are being used to cut the grass.

(A) 走者が競技開始に備えて1列に並んでいる。
(B) 人々がスポーツのチームに声援を送っている。
(C) 競技場が木々の近くにある。
(D) 芝刈機が芝を刈るのに使われている。

必答解説

正解 C

物・風景写真で、競技場が全面に広がっている。人物ははっきり目立つ形では写っていない。この設問では、(B) の Some people や sports team、(D) の Lawn mowers「芝刈機」や grass「芝」のように写真にない描写を含む選択肢を選ぶ可能性は低いだろう。競技場の風景からか、(A) の Runners are lined up「走者が1列に並んでいる」や start of a race「競技開始」という描写も、上記の (B) や (D) の描写同様、写真に見えないはずだが、誤って選んでしまいがちなのは、写真の状況に対する勝手な憶測が原因だ。風景写真では状況に関して主観的な想像をしてしまう傾向が少なからずあることに留意しよう。正解の (C) は全体の位置関係を描写した選択肢だが、athletic field「競技場」という語句の知識があるかどうかだけでなく、写真を俯瞰（ふかん）的に捉えていないと正解できない。風景写真は音声が流れる前に写真全体の様子を把握しておこう。

【語注】

line up　1列に並ぶ／cheer for ～　～を応援する、～に声援を送る／athletic field　(陸上) 競技場／*be* located　～に位置する／lawn mower　芝刈機

018

 7

M

(A) Some posters are scattered on the floor.
(B) Some papers are posted on a bulletin board.
(C) Some magazine racks are being emptied.
(D) Some containers are being carried to a corner.

(A) ポスターが床に散らばっている。
(B) 書類が掲示板に張り出されている。
(C) 雑誌棚が空にされているところである。
(D) 容器が隅へ運ばれているところである。

必答解説　　正解 B

物・風景写真で、身近な物を写したスナップショット。このような写真に即座に対応できるようになるには、日常的な語彙に加え、物の位置関係や状態を表す表現を聞き取れるようにしておくことが重要。そうしておくことで、(A) については、are scattered「散らばっている」の意味が分からなくても、posters と on the floor から、床にはポスターが見当たらないので容易に却下できるだろう。同様に (D) も、containers「(ごみの) 容器」の意味がよく分からなくても、比較的易しい表現の carried to a corner「隅へ運ばれる」が聞き取れれば、そのような動きは一切見当たらないので正解に選ぶことはないだろう。誤って選びやすいのは (C) だが、それは being emptied「空にされている」が聞き取れず、magazine racks「雑誌棚」のみから正解と判断してしまう可能性があるためである。だが、写真では棚に雑誌が置かれた状態なので不正解。正解の (B) は、bulletin board という語句が何を指すか瞬時に分からないと選べない。Part 1 で必須の日常語彙なので覚えておこう。

【語注】

be scattered　～が散在している／papers　<複数形で>書類／post　～(掲示・広告) を張る／bulletin board　掲示板／empty　～を空にする／container　容器

Column

音読でリスニング力アップ

～音を瞬時に聞き取る～

突然ですが、brochure (p. 64) を正しく発音できますか？ get to it (p. 124) は「ゲット・トゥー・イット」と読むものだと思っていませんか？（気になった方は、該当箇所の音声をチェックしてみてください）。得点アップに結び付くワンランク上のリスニング力を身に付けるには、「文字で見た通りの」発音を卒業して英語特有の発音やリエゾン（単語同士の音のつながり）を意識的に身に付ける学習が必要になります。ここでは、その方法の一つとして音読学習を紹介します。

自分のレベルに合う英文スクリプトを用意します。ここでは例として Section 2 の Part 3 の会話文 (p. 100、音声は 079) を使用します。

W Excuse me. Is this the museum's lost and found room?

M Yes, it is. What can I do for you?

W I was in the dinosaur exhibit this morning and I must have dropped my gloves. Did anyone turn them in? They're black leather.

M No, no one brought in any gloves today. But if you show me the receipt from your visit this morning, I can let you in so you can go and check. They may still be there.

W That would be great. Thank you so much!

まず、スクリプトを見ながら繰り返し音声を聞きます。注意深く聞き、自分の思っていた音と違う箇所があれば、5カ所を目安に下線を引きます。次にその語句を紙に書き出し、語句の右側に聞こえた通りの発音をカタカナで書きます。そして、音声に倣って何度も声に出して言ってみましょう。気付いたことがあれば発音メモとして書いておくとよいでしょう。

	(聞こえた通りの発音)		(発音メモ)
exhibit	イグジビッ	→	「エクスヒビット」ではない
must have	マストゥヴ	→	1語に聞こえる
turn them in	ターンデムィン	→	つなげて発音する
go and check	ゴーエンチェック	→	and は弱い音で「エン」と聞こえることが多い

その後、スクリプトを見ながら下線を引いた箇所に特に注意しながら音読します。実際の音声よりもゆっくりで構わないので、必ず文意を考えながら（話者のつもりで）正確な発音で読むようにします。

最後に発音の正確さを確認します。最も手軽なのはスマホ（メッセージアプリなど）の音声認識機能を英語に切り替える方法です。I was in the dinosaur exhibit this morning. のように下線部を含む文（句、節）を英語で音声入力して、狙った通りに文字が表示されれば成功です。

自分が発音できる英語は必ず聞き取れます。流れてくる音声を瞬時に正確に聞き取ることを目標に、**音読**を駆使した**能動的リスニング学習**を実践してみましょう。

Part 2 応答問題

WH 疑問文

What、Which、Where、When、Who、Why、How などの疑問詞で始まる WH 疑問文を見ていきます。質問の冒頭の疑問詞を正確に聞き取り、最も適した応答文を選びましょう。

8. Mark your answer on your answer sheet. 019

9. Mark your answer on your answer sheet. 020

10. Mark your answer on your answer sheet. 021

11. Mark your answer on your answer sheet. 022

12. Mark your answer on your answer sheet. 023

13. Mark your answer on your answer sheet. 024

14. Mark your answer on your answer sheet. 025

15. Mark your answer on your answer sheet. 026

16. Mark your answer on your answer sheet. 027

17. Mark your answer on your answer sheet. 028

18. Mark your answer on your answer sheet. 029

19. Mark your answer on your answer sheet. 030

20. Mark your answer on your answer sheet. 031

21. Mark your answer on your answer sheet. 032

22. Mark your answer on your answer sheet. 033

23. Mark your answer on your answer sheet. 034

24. Mark your answer on your answer sheet. 035

25. Mark your answer on your answer sheet. 036

26. Mark your answer on your answer sheet. 037

27. Mark your answer on your answer sheet. 038

28. Mark your answer on your answer sheet. 039

 **8** 019

M What kind of tablet computer do you have?

W (A) I have a few more minutes.
(B) An electronics store nearby.
(C) Are you thinking of buying one?

どんなタブレット型コンピューターを持っていますか。

(A) 私にはあと数分あります。
(B) 近くの電子機器販売店です。
(C) どれか買うことを考えているのですか。

必答解説　正解 C

質問は**What から始まる WH 疑問文**。What kind of ～？で、持っているタブレット型コンピューターの種類を尋ねていることを踏まえる。(A) は質問と同じ have を使った文で、質問の後半（特に have）しか聞き取れていない場合は選んでしまうかもしれない。また、明確に発音される tablet computer「タブレット型コンピューター」のみが耳に残っていると、誤って (B) を選んでしまうことが多い。つまり、electronics store「電子機器販売店」が聞こえた瞬間に、tablet computer を買う場所を連想して選んでしまうのだ。正解の (C) は、WH 疑問文への直接的な応答にはなっていないが、「相手から持ち物（タブレット型コンピューター）の種類を聞かれる」→「相手はその持ち物に興味があるようだ」→「相手は同様のものを欲しがっているのかも」という思考の流れで質問に質問で返すという、日常の会話でよくある自然なやりとりだ。

---

9 020

M What section of the speech do you want to start working on?

M (A) The awards ceremony isn't until the 8th!
(B) She's changing jobs.
(C) This microphone doesn't work.

スピーチのどの部分から取り掛かりたいですか。

(A) 授賞式は 8 日までないですよ！
(B) 彼女は転職することになっています。
(C) このマイクは機能していません。

必答解説　正解 A

質問は**What から始まる WH 疑問文**だが、What に続く名詞句（section of the speech）と動詞句（want to start working on）が長く、瞬時に意味を捉えるのが難しい問題と言えるだろう。質問全体の意味を捉えることができないと、speech から連想される microphone と、working on の一部である work が使われていることから、誤って (C) を選んでしまう可能性が高い。同様に、最後の working on のみが耳に残ってしまった場合は、その連想から jobs を含む (B) を選んでしまう可能性もある。正解の (A) は What section of ～「～のどの部分」に対する直接的な応答にはなっていないことに注意しよう。「スピーチのどの部分から取り掛かりたいですか」と尋ねる質問者に、「授賞式は 8 日までないですよ」と応じて、その作業に取り掛かるのはまだ早いと暗に伝えているのである。

【語注】

8 electronics　電子機器
9 section　部分／work on ～　～に取り組む／not until ～　～までない／the 8th　（日付の）8 日／change jobs　転職する／work　機能する
10 register for ～　～に登録する／session　集まり、会／downstairs　階下に、階段を下りて

 **10** 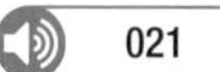

M What did you think of the social media seminar?

W (A) I registered for a different session.
(B) He's downstairs.
(C) I'll suggest that.

ソーシャルメディアのセミナーについてどう思いましたか。

(A) 私は別の会合に登録しました。
(B) 彼は下の階にいます。
(C) 私はそれを提案するつもりです。

必答解説　　正解 A

質問は **What から始まる WH 疑問文**で、What did you think of ～?「～についてどう思ったか」と過去形で相手に感想を尋ねている。「ソーシャルメディアのセミナーについてどう思ったか」という質問に対しては、I thought it was informative.「有益だと思いました」のような返答が一般的であるが、ここでは、「私は別の会合に登録しました」と、そのセミナー自体に参加していないことを述べている (A) が正解。典型的な応答パターンを予測せず、返答の柔軟性を意識して選択肢を聞き取ろう。質問を What do you think ～? と勘違いすると、誤って (C) を選んでしまうかもしれない。あるいは選択肢を (A) から順番に聞いた結果、比較的容易に誤りと判断できる (B) を経て、最後に残った (C) を消極的に選ぶ可能性もある。当然のことだが、音声が (C) まで流れた後では (A) の選択肢を再度検討することはできない。必要なのは (A) を聞いた瞬間に積極的に選べる判断力だ。

Part 2　リピート練習

「質問＋正解の応答」の音声を聞いて、ポーズでリピート練習をしましょう。
音声は「質問 → ポーズ → 正解の応答 → ポーズ」の順に収録されています。

8 What kind of tablet computer do you have?
– Are you thinking of buying one?

9 What section of the speech do you want to start working on?
– The awards ceremony isn't until the 8th!

10 What did you think of the social media seminar?
– I registered for a different session.

※この練習は Section 2 の Part 2 を全て解き終えてから取り組みましょう。

11

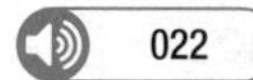

W Which restaurant did Mayumi recommend? Mayumi はどのレストランを推薦しましたか。

W (A) I don't think so. (A) 私はそう思いません。

(B) Dinner at eight o'clock. (B) 8 時の夕食です。

(C) The French one. (C) フランス料理店です。

必答解説　正解 **C**

質問は **Which から始まる WH 疑問文**。英文を見れば短く平易な内容だが、このような語数が少ない質問では一瞬の聞き逃し（特に冒頭部分）が致命的になってしまう。Which restaurant ～「どのレストラン～」なので、適切な応答は (C) の「フランス料理店」だが、restaurant の繰り返しを避けるために使われる代名詞 one が理解できないと正解として選べない。Which を他の疑問詞と聞き間違えたとしても、Yes/No 疑問文でないことが分かれば (A) を選ぶことはないだろう。しかし、When と聞き間違えてしまった場合、明瞭に発音される restaurant と recommend を基に時刻を含む (B) の「8 時の夕食です」を選んでしまう可能性が高い。質問が長い短いにかかわらず、冒頭部分は重要である。Part 2 ではどの設問でも冒頭に神経を集中しよう。

12

M Which brands of computers do you sell at your shop? こちらの店ではどのブランドのコンピューターを販売していますか。

M (A) At the shopping mall. (A) ショッピングモールでです。

(B) I only do repairs. (B) うちでは修理だけをしています。

(C) Thanks, it's a new one. (C) ありがとう、それは新しいものです。

必答解説　正解 **B**

質問は形式的には **Which から始まる WH 疑問文**だが、Which の直後の brands of computers により難易度が上がっている。この語句を理解せずに質問を聞き終えると、後半の do you sell at your shop? だけが耳に残ってしまい、場所を答えている (A) の「ショッピングモールでです」を選んでしまうだろう。さらに、「どのブランドの～を販売していますか」という質問を正確に聞き取れても、販売しているブランド名を答えている選択肢がないのがこの設問の難しい点である。正解の (B) は、自分のところは（修理専門で）販売はしていないと間接的に述べている応答だ。Part 2 ではこのような間接的な返答がしばしば正解となるが、(C) の「ありがとう、それは新しいものです」ではやりとりが成立しないので不可。話者 2 人の間でどのようなコミュニケーションがなされているかを想像し、返答がその場面に適切かどうかを見極めることが重要だ。

【語注】

11 recommend　～を推薦する
12 repair　<可算名詞で>（1 件の）修理（作業）
13 train car　列車の車両／inspect　～を点検する／engine　（列車の）機関車、エンジン

13

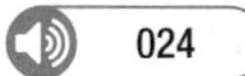

M Which train car needs to be inspected?
M (A) Tickets are twenty dollars.
(B) The one right behind the engine.
(C) I don't think so.

どの車両に点検が必要ですか。
(A) 切符は 20 ドルです。
(B) 機関車のすぐ後ろの車両です。
(C) 私はそう思いません。

必答解説

正解 B

質問は **Which から始まる WH 疑問文**。形式的にも語数的にも一般的な疑問文だが、Which に続く train car「（列車の）車両」と文末の be inspected「点検される」という語句によってやや難易度が上がっている。(A) の「切符は 20 ドルです」は train car からの類推を誘う選択肢だが、Which を How much と聞き誤る可能性は低いので選択することはないだろう。冒頭の疑問詞の聞き誤りではなく、聞き漏らしによる誤答の可能性が高いのは (C)。Which は短く発音されるので聞き逃しやすい。Which を聞き取れないと（Does the）train car need to be inspected?「その車両は点検が必要ですか」のような Yes/No 疑問文と思ってしまい、(C) の「私はそう思いません」を選んでしまう。正解は right behind the engine と車両の位置を的確に答えている (B)。The one が聞こえたら、瞬時にそれが質問にある train car を指すと理解できることが正解の鍵となる。

Part 2　リピート練習

「質問＋正解の応答」の音声を聞いて、ポーズでリピート練習をしましょう。
音声は「質問 → ポーズ → 正解の応答 → ポーズ」の順に収録されています。

11 Which restaurant did Mayumi recommend?
– The French one.

12 Which brands of computers do you sell at your shop?
– I only do repairs.

13 Which train car needs to be inspected?
– The one right behind the engine.

14

025

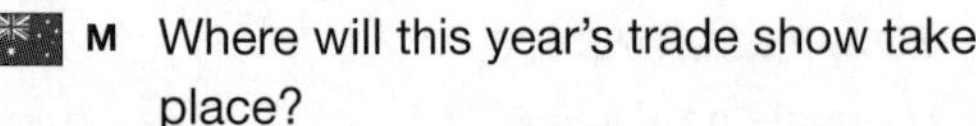

M　Where will this year's trade show take place?

今年の展示会はどこで行われますか。

W　(A) Yes, I can't wait.
(B) Here's the brochure.
(C) Is tomorrow all right?

(A) はい、待ち切れません。
(B) ここにパンフレットがありますよ。
(C) 明日でよろしいですか。

必答解説　　正解 **B**

質問は **Where から始まる WH 疑問文**。冒頭の疑問詞を聞き間違うと誤答しやすい。疑問詞だと分かれば Yes が聞こえた瞬間に (A) は却下できるが、問題はどの疑問詞かだ。ナチュラルスピードだと Where と When は非常に似た音に聞こえるため、この質問を When will this ～？と聞き誤ってしまうことが多い。その場合、時に言及している (C) の「明日でよろしいですか」を選んでしまうだろう。正解の (B) を選ぶために必要なのは、brochure「パンフレット」の意味と発音を知っていることに加え、「～はどこで行われますか」という質問に対して場所そのものを答える代わりに場所についての情報が分かるものを示して、「ここにパンフレットがある（ので見てください）」と応答している自然なやりとりをイメージできることだ。

15

026

W　Where can I find a building directory?

ビルの案内板はどこにありますか。

W　(A) In two weeks.
(B) No, thank you.
(C) Near the front entrance.

(A) 2 週間後です。
(B) いいえ、結構です。
(C) 正面入口の近くです。

必答解説　　正解 **C**

質問は **Where から始まる WH 疑問文**。場所を尋ねる疑問文であることが分かれば、提案を断る際の定型表現である (B) の「いいえ、結構です」は選択しないだろう。一方、Where を When と聞き間違えると、「2 週間後です」と時を答える (A) を誤って選びがちである。なお、万一 When と聞き間違えたとしても、文末の building directory「ビルの案内板」を聞き取ることができれば、質問の意味として「いつ」ではなく「どこで」見つけられるかの方が適当だと気付くだろう。さらに、building directory を知っていれば「ビルの案内板」は通常出入口付近にあるので、(C) の「正面入口の近くです」を選ぶのは容易になる。このように語彙力がリスニング力を補う場面があることを踏まえて、並行して語彙力を伸ばす努力をしよう。

【語注】

14 trade show　展示会、見本市／brochure　パンフレット、小冊子 ★発音は〈米〉[brouʃúər]、〈英〉[bróuʃər]
15 directory　建物案内板、人名簿
16 apply　適用される、当てはまる

 **16** 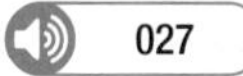

M Where's the computer programming handbook?
コンピュータープログラミングの手引書はどこにありますか。

W (A) Jim had it this morning.
(B) A fifteen percent discount applies.
(C) The printing company called.

(A) Jim が今朝持っていましたよ。
(B) 15％の割引が適用されます。
(C) 印刷会社が電話してきました。

必答解説　　正解 A

質問は **Where から始まる WH 疑問文**。Where's は Where よりも他の疑問詞に聞き間違える可能性が低いが、Where is の短縮形であることを踏まえて、音声でもう一度確認しておこう。Where's ～？は「どこに～がありますか」と尋ねる疑問文なので、割引について述べている (B) を選択する可能性は低いだろう。しかし、computer programming handbook「コンピュータープログラミングの手引書」からの連想で The printing company「印刷会社」が聞こえた瞬間に (C) を選んでしまう可能性がある。物の所在を尋ねられた場合、直接的に場所を答えるだけでなく、(A) の「Jim が今朝持っていました」のような、それを持っていた（持っている）人物を答えても正解になり得る。質問→選択肢 (A) の流れが質問者の意図（手引書がどこで見つかるかを知りたい）に応える返答として自然かつ適切であるとすぐに気付くことができる感度を養っておこう。

Part 2　リピート練習

「質問＋正解の応答」の音声を聞いて、ポーズでリピート練習をしましょう。
音声は「質問 → ポーズ → 正解の応答 → ポーズ」の順に収録されています。

14 Where will this year's trade show take place?
– Here's the brochure.

15 Where can I find a building directory?
– Near the front entrance.

16 Where's the computer programming handbook?
– Jim had it this morning.

 **17**

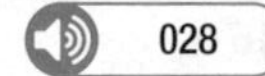

W When're we going to hear from the architect?
建築士からいつ連絡をもらうことになっていますか。

W (A) That sounds great.
(B) Probably this afternoon.
(C) An office building on Vine Street.

(A) それは素晴らしいですね。
(B) おそらく今日の午後です。
(C) Vine 通りにあるオフィスビルです。

必答解説　　**正解 B**

質問は **When から始まる WH 疑問文**。When're は When are の短縮形。正解は、When に対して時期を直接的に答えている (B) の「おそらく今日の午後です」。When が聞き取れれば容易に正解できる設問である。だが、文頭の When're we の聞き取りの難易度が高いことに加え、文末の architect「建築士」が未知の語であった場合、聞き取れた hear from からの連想で That sounds を含む (A) の「それは素晴らしいですね」を選ぶ可能性がある。(C) の「Vine 通りにあるオフィスビルです」は Where ～？に対する返答。When're は Where と聞き間違えやすいので、こちらも誤って選びやすい。ちなみに、質問文の文末にある語は特に耳に残りやすいため、architect の意味を知っていた場合、その関連語である building を含む (C) を選んでしまうかもしれない。だが、hear from ～「～から連絡をもらう」が分かれば (C) はあり得そうにない応答だと判断できる。リスニング力と語彙力をバランスよく身に付けよう。

18

W When can we get together to start planning the awards banquet?
受賞夕食会の計画に着手するのにいつ集まれますか。

W (A) Be sure to stop at the bank this afternoon.
(B) Let's meet tomorrow morning.
(C) No, that wasn't the original plan.

(A) 今日の午後に必ず銀行に立ち寄ってください。
(B) 明日の午前中に集まりましょう。
(C) いいえ、それは当初の計画ではありませんでした。

必答解説　　**正解 B**

質問は **When から始まる WH 疑問文**だが、語数の多さが正解を選ぶのを難しくしている。文頭以降の部分で明瞭に発音される動詞句の get together、start planning や名詞句の awards banquet を処理することで頭の中がいっぱいになってしまうのだ。そうなると、質問の意味を正しく理解できず、聞き取れた語句のみを手掛かりに選択肢を選ぶことになってしまう。例えば、冒頭の When が聞き取れていた場合は、時を表す this afternoon と、文末の耳に残りやすい banquet と似た発音の bank を含む (A) を選びがちだ。また、疑問詞を聞き逃した場合は、聞き取りやすい planning だけを頼りに派生語の plan を含む (C) を選んでしまう。Part 2 ではこの設問のように質問が長いこともある。冒頭の When can we get together だけでも正しく聞き取れれば、to 以降（「集まる」目的を表す不定詞句）を理解できなかったとしても、「いつ集まれるか」に対する適切な応答として (B) の「明日の午前中に集まりましょう」を正解として選べるだろう。

【語注】

17 hear from ～　～から連絡をもらう／architect　建築家、設計者
18 get together　集まる／banquet　晩餐会／Be sure to *do*.　必ず～してください。／original　当初の
19 release　～を発売する／snack bar　（棒状の）お菓子

 **19** 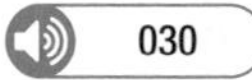

W When will that company release its healthy snack bars?

その会社は健康によい棒菓子をいつ発売しますか。

M (A) It's about eight kilometers from here.
(B) I haven't tried that way yet.
(C) We'll have to look at their Web site.

(A) ここから約 8km です。
(B) まだその方法では試してみていません。
(C) 同社のウェブサイトを見なければならないでしょう。

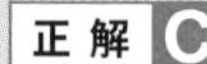

必答解説　正解 C

質問は **When から始まる WH 疑問文**。肝心なのは疑問詞 When の聞き取りだが、以降の強く発音される複数の語句 (company、release、healthy snack bars) に惑わされないようにしよう。例えば、冒頭の When を Where と聞き誤った上に最後の bars のみが耳に残った場合、それを「酒場、バー」の意味に解釈して (A) を選ぶ可能性がある。同様に、はっきり聞き取れたのが healthy snack bars「健康によい棒菓子」の部分であれば、ダイエットに関する質問と誤解して (B) を選んでしまうだろう。どの質問でも最後の語は特に耳に残るが、それに固執しないことが肝心。正解は (C) の「同社のウェブサイトを見なければならないでしょう」で、When will that company release ～？という発売時期を問う質問に対し、直接的に答えるのではなく、どこにその情報があるかを伝えて間接的に答えている。疑問詞を含め、質問の内容を聞き取れたとしても、間接的な応答である (C) を選ぶのは難易度が高いが、「いつ？」→「(分からないから) ～で調べよう」という日常会話ではよくある自然な流れであることに気付けるようにしよう。

Part 2 リピート練習

「質問＋正解の応答」の音声を聞いて、ポーズでリピート練習をしましょう。
音声は「質問 → ポーズ → 正解の応答 → ポーズ」の順に収録されています。

17 When're we going to hear from the architect?
– Probably this afternoon.

18 When can we get together to start planning the awards banquet?
– Let's meet tomorrow morning.

19 When will that company release its healthy snack bars?
– We'll have to look at their Web site.

20

031

M　Who received the promotion to department director?

W　(A) It hasn't been announced.
(B) Right, a large account.
(C) OK, I'll think about it.

誰が部長に昇進しましたか。

(A) まだ発表されていません。
(B) そうです、大きな取引先です。
(C) 分かりました、考えてみます。

必答解説

正解 A

質問は**Who から始まる WH 疑問文**。通例、人物（名前、役職など）を答えるが、正解が直接的な返答ではない可能性も踏まえて選択肢を聞くようにしよう。例えば、(A) の「まだ発表されていません」のように、誰であるかは不明であることを述べる応答が正解となる場合も多いからだ。正解は (A)。質問にあるビジネス関連の語句の received the promotion「昇進した」と department director「部長」は明瞭に発音される語句なので耳に残ってしまう。それらにつられると、オフィスでのやりとりの連想から、Right と肯定してからビジネス用語を用いて答えている (B) や、OK と了承してから提案への返答らしき内容を答えている (C) を選んでしまうだろう。どちらも形式的に WH 疑問文の応答として不可である。それらを確信を持って却下するためには、集中して質問の冒頭を聞き取り、WH 疑問文か Yes/No 疑問文かを判別することが必須だ。質問と応答がかみ合う自然なやりとりかどうかを念頭に判断しよう。

21

032

M　Who should I call about the broken window?

M　(A) The maintenance department.
(B) Try not to leave it open.
(C) Around nine o'clock.

割れた窓のことは誰に電話すればよいですか。

(A) 保守管理部です。
(B) それを開けっ放しにしないようにしてください。
(C) 9 時ごろです。

必答解説

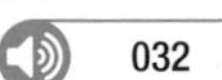

正解 A

質問は**Who から始まる WH 疑問文**。ここでの Who は動詞 call の目的語に当たる。語彙や語数、内容においても比較的容易な質問であるが、文頭の疑問詞 Who の聞き取りがあやふやだと正解するのが難しくなる。Who を When「いつ」と聞き誤った場合は、時刻を述べている (C) を選んでしまうだろう。また、出だしから途中までを何となく聞いてしまい、聞き取れた about the broken window? から (What should I do) about the broken window?「割れた窓をどうすべきですか」のような質問だと当て推量してしまうと、(B) の「それを開けっ放しにしないようにしてください」を誤って選びがちだ。正解は、そうした問題を扱う担当部署を答えている (A) の「保守管理部です」。疑問詞 Who を正確に聞き取り、「割れた窓に関する連絡先は？」→「担当部署名」という流れで答えていることに気付くことができれば正解できるだろう。

【語注】

20 receive a promotion to ～　～に昇進する／department director　部長、部の責任者／account　取引（先）
21 maintenance　保守管理、メンテナンス／try not to *do*　～しないようにする／leave ～ …　～を…（の状態）にしておく
22 lead　～を率いる、～を先導する

 **22**

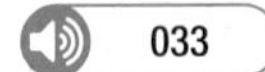

W Who's leading the logo design project?
誰がロゴデザインのプロジェクトを主導しますか。

W (A) I can lead you there.
(B) By the 3rd of October.
(C) We're still deciding.

(A) 私はあなたをそこへご案内できます。
(B) 10月3日までに。
(C) まだ決めている最中です。

必答解説　　**正解 C**

質問は **Who から始まる WH 疑問文**で、プロジェクトのリーダーが誰になるかを尋ねている。この文の Who's は Who is の短縮形。Whose「誰の」の発音と同じなので、後に続く内容からどちらか判断する。短い質問なのでうっかり前半を聞き逃すと design project「デザインのプロジェクト」から「締め切り」に関する質問と考え、(B) の「10月3日までに」を選んでしまう可能性がある。(A) の「私はあなたをそこへご案内できます」も間違って選びやすい。質問の Who「誰が」に呼応する I「私が」と、質問の leading の一部である lead が入った選択肢を、文の意味を考えずに反射的に選んでしまうからである。文字で読めばすぐ誤りであると分かるが、一瞬の音声で判断するのはなかなか難しいだろう。重要なのは (A) を仮に選んだとしても、(C) の「まだ決めている最中です」が聞こえた瞬間に、「誰が？」→「まだ決まっていない」という会話パターンだと察知して即座に解答を変更することだ。常に自然なやりとりをイメージし、さまざまな応答の形や内容に柔軟に対応できるようにしよう。

Part 2　リピート練習

「質問＋正解の応答」の音声を聞いて、ポーズでリピート練習をしましょう。
音声は「質問 → ポーズ → 正解の応答 → ポーズ」の順に収録されています。

20 Who received the promotion to department director?
– It hasn't been announced.

21 Who should I call about the broken window?
– The maintenance department.

22 Who's leading the logo design project?
– We're still deciding.

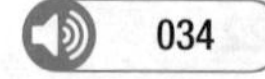

23

M Why is the financial forecast still not finished?
なぜ財務予測はまだ仕上がっていないのですか。

W (A) They're forecasting rain.
(B) In the finance department.
(C) You didn't receive it?

(A) 雨の予報が出ています。
(B) 財務部でです。
(C) あなたは受け取らなかったのですか。

必答解説　正解 C

質問は**Whyから始まるWH疑問文**。Why疑問文に対する返答は、理由を述べる場合でも選択肢にBecauseが付かないことが多いので注意しよう。これは、実際の会話でもわざわざ「なぜなら」と言わないことをイメージすれば理解しやすいだろう。質問のforecastは聞き取るのは容易だが、名詞の「(天気) 予報」または動詞の「～ (天気) を予報する」という意味しか知らないと、(A) のforecasting rainが聞こえただけでこれを選ぶ可能性が高い。また、(B) を選んでしまうのは、financialの派生語financeが使われていることが理由である。いずれも返答として成り立たないので不正解。発音が同じあるいは似ている語を含む選択肢を安易に選ばないことが正答率を上げる第一歩だ。正解は (C) の「あなたは (それを) 受け取らなかったのですか」。「なぜ～はまだ仕上がっていないのか」→「(仕上がっているが) あなたはそれを受け取っていないのか」という会話の流れである。

24

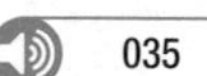

M Why didn't Karin apply for the position?
Karinはなぜその職に応募しなかったのですか。

M (A) She isn't qualified.
(B) In the supply drawer.
(C) Sometime last week.

(A) 彼女には資格がないのです。
(B) 備品の引き出しの中です。
(C) 先週のいつかです。

必答解説　正解 A

質問は**Whyから始まるWH疑問文**。過去形の否定表現 (didn't ～) を続けて「なぜ～しなかったのか」と尋ねている。やはり冒頭のWhyの聞き取りが必須だが、Whenに聞き間違えると (C) の「先週のいつかです」を選んでしまう可能性がある。この問題で鍵となるのはapply for ～「～に応募する」。頻(ひん)出語句だが、applyをsupplyと勘違いしてしまうと (B) を選びがちだ。この2つの語は類似した発音のせいで聞き間違える可能性が高いが、Why ～?の質問に対して場所を述べるIn ～.が聞こえた時点で (B) は却下できるようにしたい。正解は、応募しなかった理由を答えている (A) の「彼女には資格がないのです」。こちらも*be* qualified「資格がある」が難しい。この機会にapply forと*be* qualifiedの意味を確実に覚えておこう。

【語 注】

23 forecast　予測、(天気) 予報／finished　仕上がった、完成した／forecast　～を予測する、～ (天気) を予報する
24 apply for ～　～に応募する、～に志願する／qualified　資格要件を満たしている、適切な資質・能力がある／supply　★「備品、(補給) 用品」の意味で単独で使うときは、suppliesと複数形になる／drawer　引き出し
25 look into ～　～を調査する

25

M Why were our car sales so low this month? 今月の当社の車の販売台数はなぜそんなに低調だったのですか。

W (A) We're still looking into that. (A) まだそれについては調査中です。
(B) A 50 percent discount. (B) 50% の割引です。
(C) I don't need a new car. (C) 私には新しい車は必要ありません。

必答解説 正解 A

質問は **Why から始まる WH 疑問文**。難解な語句を含まないので、聞き取りは比較的易しいはずである。正解の (A) を選べなかったとすれば、原因はまず look into ～「～を調査する」が未知の語句であったか、知っていたとしても「それについてまだ調査中です」が「なぜ～？」の返答になり得ることが理解できなかったことが考えられる。(A) を聞いた段階で正解として選べないと、耳に残っている car sales so low を基に (B) の「50% の割引です」、または car のみを頼りに (C) の「私には新しい車は必要ありません」を選んでしまうだろう。しかし、理由を聞かれて「調べているところだ」と返答するやりとりは日常よくある。語彙の増強は必須だが、聞き取れた一部の語句だけを基に正解を選ぶ解き方ではなく、実際の会話で自分ならどう返答する可能性があるかをイメージしながら解くようにしよう。

Part 2 リピート練習

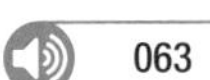

「質問＋正解の応答」の音声を聞いて、ポーズでリピート練習をしましょう。
音声は「質問 → ポーズ → 正解の応答 → ポーズ」の順に収録されています。

23 Why is the financial forecast still not finished?
– You didn't receive it?

24 Why didn't Karin apply for the position?
– She isn't qualified.

25 Why were our car sales so low this month?
– We're still looking into that.

26

037

M How are we going to move all of these office chairs?
どうやってこの事務椅子全てを移動させるのですか。

W (A) Sergio will help us.
(B) Across the hallway.
(C) Have a seat by the window.

(A) Sergio が手伝ってくれますよ。
(B) 廊下の向かい側です。
(C) 窓のそばにお掛けください。

必答解説　　正解 A

質問は **How から始まる WH 疑問文**。語句が平易なので聞き取りの難易度は高くないが、最初の疑問詞を聞き逃して move だけが耳に残ったり、How are を Where are と聞き取ってしまったりすると、(B) の「廊下の向かい側です」を誤って選んでしまうかもしれない。(C) は質問の chairs から連想される have a seat「椅子に掛ける」を含むが、椅子の移動方法についての質問の応答としては不適切。正解の (A) は最初に流れる選択肢だが、直接的な応答（積み重ねて移動させるなど）ではないため、正解と気付きにくい。「どうやってこの事務椅子全てを移動させるのか」という all of these ～を使った質問に、質問者の「これを全て移動させるのは大変そうだが……」という含みをくみ取った上で、「～が手伝ってくれるだろう」と応答するのは自然なやりとりである。日常生活で使われる応答のバリエーションに慣れていこう。

27

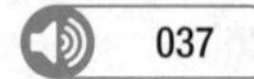
038

W How did you like last week's seminar?
先週のセミナーはいかがでしたか。

W (A) I was out on holiday.
(B) Yes, certainly.
(C) A financial planner.

(A) 私は休暇で不在でした。
(B) はい、かしこまりました。
(C) ファイナンシャルプランナーです。

必答解説　　正解 A

質問は **How から始まる WH 疑問文**。Yes/No 疑問文ではないため、(B) は Yes が聞こえた段階ですぐに却下できるだろう。How did you like ～？「～はいかがでしたか」は相手に過去の出来事の感想を尋ねる疑問文。例えば、It was interesting.「面白かったです」、I learned a lot.「とても勉強になりました」などと答えるのが一般的だろうが、そのような直接的な返答をあまり期待しないようにしよう。この設問の正解は、(A) の「私は休暇で不在でした」。つまり、「出席していないので感想を述べられない」ことを間接的に伝えているわけだが、このような答え方は日常的によくある。一方、How did you like ～？の意味が理解できず、最後の last week's seminar「先週のセミナー」からの連想でセミナーの講師を尋ねる質問だと思い込むと、(C) の「ファイナンシャルプランナーです」を選んでしまう可能性がある。冒頭の疑問詞部分を正確に聞き取って質問の意味を理解するようにしよう。

【語注】

26 across　～の反対側に／hallway　廊下／have a seat　座る、着席する
27 out　不在で、休みで
28 consultation　相談／in　（今から）～後に

 **28**  039

W How do I contact the financial consultant?
その財務コンサルタントとどのように連絡を取ればいいですか。

M (A) A free consultation.
(B) He left his business card.
(C) In a few more days.

(A) 無料相談です。
(B) 彼は名刺を置いていきましたよ。
(C) あと数日後です。

必答解説 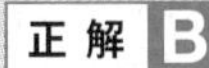

質問は **How から始まる WH 疑問文**。手段を問う一般的な質問だが、やはり誤答の原因となるのは疑問詞の聞き取りミスだろう。How を When「いつ」や How long「どのくらい長く」などと聞き間違えると、時を答える (C) の「あと数日後です」を選んでしまうだろう。疑問詞の聞き取りがあいまいだと、文末の consultant「コンサルタント」から反射的に、派生語の consultation を含む (A) の「無料相談です」を選んでしまう可能性もある。正解は (B) の「彼は名刺を置いていきました」。聞き取りも文意の理解も容易な応答だが、「名刺を見て連絡する」という発想ができないと正解として選べない。先方への連絡手段を尋ねる相手に対して、もらった名刺に連絡先が書いてあると教える場面を思い浮かべるとよいだろう。

Part 2 リピート練習

 064

「質問＋正解の応答」の音声を聞いて、ポーズでリピート練習をしましょう。
音声は「質問 → ポーズ → 正解の応答 → ポーズ」の順に収録されています。

26 How are we going to move all of these office chairs?
– Sergio will help us.

27 How did you like last week's seminar?
– I was out on holiday.

28 How do I contact the financial consultant?
– He left his business card.

Yes/No 疑問文、否定疑問文、付加疑問文、選択疑問文、依頼・提案・申し出の疑問文、平叙文

WH 疑問文以外のさまざまな質問や発言に対する応答を見ていきます。
質問全体の文意を正しく捉え、最も適した応答文を選びましょう。

29. Mark your answer on your answer sheet. 040

30. Mark your answer on your answer sheet. 041

31. Mark your answer on your answer sheet. 042

32. Mark your answer on your answer sheet. 043

33. Mark your answer on your answer sheet. 044

34. Mark your answer on your answer sheet. 045

35. Mark your answer on your answer sheet. 046

36. Mark your answer on your answer sheet. 047

37. Mark your answer on your answer sheet. 048

38. Mark your answer on your answer sheet. 049

39. Mark your answer on your answer sheet. 050

40. Mark your answer on your answer sheet. 051

41. Mark your answer on your answer sheet. 052

42. Mark your answer on your answer sheet. 053

43. Mark your answer on your answer sheet. 054

44. Mark your answer on your answer sheet. 055

45. Mark your answer on your answer sheet. 056

46. Mark your answer on your answer sheet. 057

29

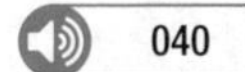

W Will the social media workshop end before 6 P.M.?
ソーシャルメディアの講習会は午後6時前に終わりますか。

M (A) No, the late shift.
(B) The schedule's online.
(C) I only read newspapers.

(A) いいえ、遅番のシフトです。
(B) 日程表はインターネット上にありますよ。
(C) 私は新聞しか読みません。

必答解説　　正解 **B**

質問は**未来形の Yes/No 疑問文**。質問、選択肢ともに難易度が高い語句はないが、最初の部分の聞き取りと間接的応答の理解が必要不可欠な設問だ。まず文頭の Will the social ... から Yes/No 疑問文であると判断する。これができないとはっきり発音される social media「ソーシャルメディア」と関連のある newspapers を含む (C) の「私は新聞しか読みません」を選んでしまいかねない。さらに、Yes/No 疑問文だと分かっても、形式に固執すると、No が聞こえた段階で (A) の「いいえ、遅番のシフトです」を正解だと考えてしまう。正解の (B) は、講習会の終了時刻に関する質問に「(すぐには分からないけれど) インターネットで日程表を確認できますよ」という趣旨の間接的応答になっている。

30

041

W Has someone booked a room for today's budget meeting?
誰か、今日の予算会議用に部屋を予約しましたか。

M (A) I really enjoyed the book.
(B) Did you turn off the equipment?
(C) The meeting is tomorrow.

(A) 私はその本をとても楽しみました。
(B) 機器の電源を切りましたか。
(C) 会議は明日ですよ。

必答解説　　正解 **C**

質問は**現在完了形の Yes/No 疑問文**。booked a room「部屋を予約した」と budget meeting「予算会議」という語句が鍵となる。各選択肢には Yes/No やそれに相当する語句が含まれないので、質問と応答の関係をよく考えて正解を選ぶ。(A) の「私はその本をとても楽しみました」は質問と無関係の内容だが、質問内容を理解できていないと booked「予約した」と発音が似ている book「本」を頼りにして選んでしまうだろう。疑問文形式の (B) は質問に質問で返すパターンでしばしば登場するが、「機器の電源を切りましたか」では意味を成さない。質問の内容を正確に理解することが大事だ。正解は (C) で、聞き取りは容易。しかしながら、正解するには「今日の会議用の部屋が予約済みかどうか」と問う質問に対して、そもそも会議日が間違っていると指摘する返答だと瞬時に気付かなくてはならない。

【語注】

29 workshop　講習会／shift　(勤務の) 交替、(交替制の) 勤務時間
30 budget　予算／turn off ～　～を消す／equipment　機器、設備
31 training　研修／required　必須の、義務の

 **31** 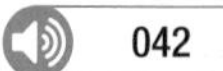

M Have you gone to the leadership training yet?
リーダーシップ研修にはもう参加しましたか。

W (A) A new training manual.
(B) Sure, we can leave some for you.
(C) I didn't know it was required.

(A) 新しい研修マニュアルです。
(B) もちろん、あなたのために幾つか残しておけます。
(C) それが必須だとは知りませんでした。

必答解説 正解 **C**

質問は**現在完了形の Yes/No 疑問文**。まず、Have you ... yet?「すでに……したか」から、動作の完了の有無を尋ねる趣旨を聞き取る。質問で明瞭に聞こえる leadership training につられてしまうと、質問と無関係の (A) の「新しい研修マニュアルです」を選んでしまう可能性がある。また、Sure「もちろん」が聞こえたと同時に、誤って (B) を選んでしまう可能性もあるだろう。(B) は、その後をきちんと聞き取れば質問とかみ合わないことがすぐ分かる。sure や sorry など Yes/No を表す語に続く内容に特に注意しよう。正解は (C) の「それが必須だとは知りませんでした」。「知らなかった」と述べることで「参加していない」ことを間接的に伝えている。質問が Yes/No 疑問文だからといって、選択肢に No, I haven't.「いいえ、していません」のような直接的な返答を期待し過ぎないこと。形にこだわらず、自然なやりとりとして意味の通る選択肢を選ぶのが基本だ。

Part 2 リピート練習

「質問＋正解の応答」の音声を聞いて、ポーズでリピート練習をしましょう。
音声は「質問 → ポーズ → 正解の応答 → ポーズ」の順に収録されています。

29 Will the social media workshop end before 6 P.M.?
– The schedule's online.

30 Has someone booked a room for today's budget meeting?
– The meeting is tomorrow.

31 Have you gone to the leadership training yet?
– I didn't know it was required.

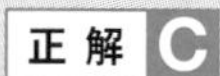

32

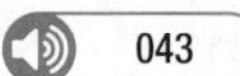

M Don't we need to purchase more fabric samples?
生地サンプルをもっと買う必要はないですか。

W (A) Yes, I'll do that now.
(B) Downstairs on the left.
(C) I've already read it.

(A) そうですね、私が今すぐにそれをします。
(B) 下の階の左手です。
(C) 私はそれをもう読みました。

必答解説　正解 A

質問は**否定語（Don't）から始まる現在形の否定疑問文**で、「～しないのですか」と相手に確認あるいは提案している。普通の Yes/No 疑問文と同じく Yes/No で答える形が定型の応答だが、必ずその後に続く内容もしっかり聞き取る。この質問で重要なのは前半の Don't we need to purchase の部分。purchase「～を購入する」が理解できないと、「生地サンプルの在りか」を尋ねる質問と捉えて (B) の「下の階の左手です」を選んでしまう可能性がある。また、Don't we need to ～「～する必要はないか」だけから判断して (C) の「私はもう読みました」選んでしまう可能性もある。正解は Yes から始まる定型の答え方の (A) だが、重要なのは I'll 以降。「私たちは～を買う必要はないか」に対して、Yes で「必要がある」と答えた後、「私が今すぐにそれをする」と補足していることで応答として適切なものになっていることをしっかり把握したい。選択肢全体の文意を正しく捉えることによって確実に正解を選び取ろう。

33

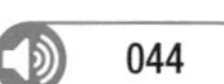

W Wasn't the office furniture shipped last month?
オフィス家具は先月発送されなかったのですか。

M (A) The delivery's been delayed.
(B) Ms. Martinez does.
(C) A more modern design.

(A) 配達が遅れているのです。
(B) Martinez さんが行います。
(C) よりモダンなデザインです。

必答解説　正解 A

質問は**否定語（Wasn't）から始まる過去形の受動態の否定疑問文**で、発送の有無を確認している。ただしこの文には「発送されたはずだと思っていたのに」という話し手の感情が含まれ、さらに受動態であることや shipped という語が難易度を高めている。これらを理解できないと比較的聞き取りやすい office furniture「オフィス家具」につられて、(C) の「よりモダンなデザインです」を選んでしまう可能性がある。それ以上に誤って選びがちなのは、(B) の「Martinez さんが行います」だが、時制が現在形なので「（発送は）いつも Martinez さんが行っている」という意味になってしまうことに着目しよう。質問が過去形なので、こちらも Ms. Martinez did it.「Martinez さんがそれを行いました」であれば自然な応答となる。正解は現在完了形（has been）を使った (A) の「配達が遅れているのです」。この delivery's は delivery has の短縮形。過去から現在に至る配達の遅延を述べることで、発送されたはずの家具が届かない理由を伝えている。この設問のように、質問の時制と正解の選択肢の時制が異なる場合もある。形にとらわれずに意味に基づいて判断しよう。

【語注】

32 fabric　布地／downstairs　下の階に
33 ship　～（商品）を発送する、出荷する／delay　～を遅延させる／design　デザイン、意匠
34 confirmation　確認書／by now　今頃はもう、現時点までには／down　故障して／certification　証明、認定、資格

34

W Shouldn't I have received shipping confirmation from your company by now?
私はもう御社からの出荷確認書を受け取っているはずではないのでしょうか。

M (A) Our system's down.
(B) No thanks, I'm fine.
(C) He has his certification.

(A) 当社のシステムが故障しているのです。
(B) いいえ、結構です。私は大丈夫です。
(C) 彼は資格を持っています。

必答解説　　**正解 A**

質問は**否定語 (Shouldn't) から始まる現在完了形の否定疑問文**。すでに受け取っているはずの書類が届いていないことに不審の念を含めた確認の質問を投げ掛けている。この話し手が本来言いたいことはI should have received ~ by now.「私は今現在までに~を受け取っているはずだ(が受け取っていない)」ということだが、それを否定疑問文(Shouldn't I have received ~?)の形にすることで反語的な表現になっている。文頭のShouldn'tを聞き取れた場合でも、これがYes/No疑問文の一種であることから、Noを含む(B)を選んでしまう可能性がある。なお、(C)はcertificationが難しい語なので語尾が似ているconfirmationとの類似で選んでしまうケースは少ないだろう。正解は(A)。「もう受け取っているはずだ」という趣旨の質問に対して、「(実は)当社のシステムが故障しています(そのため出荷確認書を発行できないのです)」という意図を含めた応答であることを推察できる力が試されている。

Part 2　リピート練習

「質問+正解の応答」の音声を聞いて、ポーズでリピート練習をしましょう。
音声は「質問 → ポーズ → 正解の応答 → ポーズ」の順に収録されています。

32 Don't we need to purchase more fabric samples?
– Yes, I'll do that now.

33 Wasn't the office furniture shipped last month?
– The delivery's been delayed.

34 Shouldn't I have received shipping confirmation from your company by now?
– Our system's down.

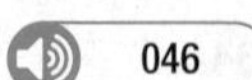

35

M The new assembly plant's hiring soon, isn't it?

W (A) In the garden.
(B) Can you assemble it?
(C) I already filled out an application.

あの新しい組立工場は間もなく新規採用を行うことになっているのですよね？
(A) 庭園でです。
(B) それを組み立てられますか。
(C) 私はすでに応募書類に記入しました。

必答解説 正解 C

質問は**現在進行形の文に isn't it? が付いた付加疑問文**。plant's は plant is の短縮形。質問の assembly plant「組立工場」の聞き取りに加えて、現在進行形を用いて近い未来の予定を表す is hiring「新規採用を行うことになっている」が正解の鍵となる。場所を述べている (A) は明らかな誤りだが、plant を「工場」ではなく「植物」と理解してしまうと garden が聞こえた瞬間に選んでしまう可能性がある。(B) は、assembly の動詞形で発音が類似した assemble「～を組み立てる」が含まれることに注意。質問の語句が難しく文意を把握できない場合、類似音を含むというだけで選択肢を選ばないように気を付けよう。正解の (C) は「私はすでに応募書類に記入しました」だが、ここでは filled out an application「応募書類に記入した」という表現の聞き取りが求められる。「あの工場は間もなく新規採用を行うのですよね？」と言う相手に、「(そうです。) 私はすでに応募書類に記入しました」と答えるやりとりになっている。

36

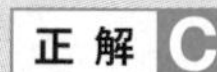

W You've placed the supply order, haven't you?

M (A) On the desk is fine.
(B) It was a surprise party.
(C) I just submitted the payment.

備品の注文をもうしましたよね？
(A) 机の上で結構です。
(B) それはサプライズパーティーでした。
(C) ちょうど支払いをしたところです。

必答解説 正解 C

質問は**現在完了形の文に haven't you? が付いた付加疑問文**。Yes/No 疑問文と同様、Yes または No での返答が定型だが、いつもそうなるとは限らない。この質問のポイントは placed the supply order「備品の注文をした」の聞き取りにある。この place は「～ (注文など) を出す」の意味だが「～を置く」しか知らないと、場所を述べている (A) を選んでしまうだろう。また、名詞の place「場所」しか知らず、さらに supply を類似音の surprise と聞き間違えると (B) の選択肢に飛び付いてしまう。正解できなかった場合は place an/the order「注文する」という表現を覚えておこう。正解は (C) の「ちょうど支払いをしたところです」。この選択肢には Yes という返事が省略されており、「注文済みか」という確認に対して「(注文はもちろん) 支払いまで済ませている」と伝えるやりとりを理解しよう。

【語注】
35 assembly plant　組立工場／assemble　～を組み立てる／fill out ～　～に記入する／application　応募書類、申込書
36 place an order　注文する、発注する／
supply　★「備品、(補給) 用品」の意味で単独で使うときは、supplies と複数形になる／submit a payment　支払いをする
37 instead　そうではなく、代わりに

37 048

W These shoes look nice, don't they?

W (A) I think you should try this pair instead.
(B) The clothing store near my house.
(C) Yes, it was nice to meet her.

この靴はすてきですよね？

(A) それよりもこちらの一組を試した方がいいと思います。
(B) 家の近くの洋服店です。
(C) はい、彼女に会えてよかったです。

必答解説 **正解 A**

質問は**現在形の文に don't they? が付いた付加疑問文**。平易な語句から成る短い質問だが、直接的応答だけを予測せず、自然なやりとりを思い浮かべながら正解を選ぶ。(B) の「家の近くの洋服店です」は、質問にある shoes からの連想を誘う衣類関連の内容だが、質問とかみ合っていない。(C) は、質問と同じ nice を含むほか、Yes から始まる応答は付加疑問文への一般的な応答であることから瞬間的に選んでしまう可能性が高い。よく聞けば was「～だった」や to meet her「彼女に会えて」が応答としておかしいことに気付くだろう。質問に (A) の「それよりもこちらを試着した方がいいと思います」を組み合わせると、「この靴はすてきですよね？」という賛同を求める質問に対して、代わりに別の靴を薦めているやりとりになる。正解は (A)。靴屋で、買い物に来た友人知人同士がやりとりしている場面を思い浮かべると容易に理解できるだろう。

Part 2　リピート練習

「質問＋正解の応答」の音声を聞いて、ポーズでリピート練習をしましょう。
音声は「質問 → ポーズ → 正解の応答 → ポーズ」の順に収録されています。

35 The new assembly plant's hiring soon, isn't it?
– I already filled out an application.

36 You've placed the supply order, haven't you?
– I just submitted the payment.

37 These shoes look nice, don't they?
– I think you should try this pair instead.

38

049

W Is there a code to unlock the door, or is it open?
ドアの開錠番号はありますか、それともドアは開いていますか。

W (A) It should be open.
(B) There's a clock in here.
(C) Just around the corner.

(A) 開いているはずです。
(B) この中に時計があります。
(C) すぐそこです。

必答解説　　正解 A

質問は **or で 2 つの要素（文）が結ばれた選択疑問文**。ここでは Is there ...?「ドアの開錠番号はあるか」と is it ...?「ドアは（すでに）開いているか」のどちらなのかを尋ねている。この文は、the door までは普通の Yes/No 疑問文と同じ形とイントネーションだが、or 以降で別の選択肢を提示しているところまで聞き取ることが重要。(B) は、質問にある there と、unlock に似た発音の clock を用いているが、まったくかみ合わない応答だ。また、強く発音されていて耳に残る door と open から、場所を述べている (C) の「すぐそこです」を選んでしまうかもしれない。だが、これも選択疑問文の応答になっていない。正解は or 以降（is it open）を選択している (A)。It is open. ではなく、助動詞を用いた It should be open.「開いているはずだ」となっているが、質問を正しく理解できれば容易に選べる選択肢だろう。

39

050

M Do I sign for delivery, or does someone else sign?
配達物には私が署名しますか、それとも他の誰かが署名しますか。

W (A) It arrived on time.
(B) You should do it.
(C) At the back entrance.

(A) それは時間通りに届きました。
(B) あなたがする方がいいでしょう。
(C) 裏口でです。

必答解説　　正解 B

質問は **or で 2 つの要素（文）が結ばれた選択疑問文**。ここでは Do I sign ...?「私が配達物に署名するのか」と does someone else sign?「他の誰かが署名するのか」という二者間での選択を求めている。「配達物に署名する」という話題からの推測で、(A) の「それ（配達物）は時間通りに届きました」を何となく選んでしまう可能性は高い。また、配達物の受取場所の選択を問われていると判断すれば (C) の「裏口でです」を誤って選んでしまうだろう。しかし、いずれも二者択一の応答になっていない。正解は、前者の Do I sign for delivery? に対応する You should do it.（= You should sign for delivery.）「あなたが（配達物に署名）する方がいい」と答えることによって、1 つ目を選択している (B)。直接的な応答なので、質問の意味をしっかり理解できていれば容易に正解できる設問だ。

【語 注】

38 code　番号、暗号／unlock　～を開錠する、～の鍵を開ける／should　～するはずである、～した方がよい
39 delivery　配達物、配達／on time　時間通りに／back entrance　裏口
40 have a seat　座る、着席する／lower right　右下の

 **40**

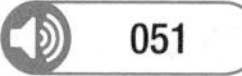

W Should we use the extra money on computers or on chairs?

私たちは余ったお金をコンピューターに使うべきですか、それとも椅子に使うべきですか。

M (A) Please, have a seat over there.
(B) On the lower right corner of the screen.
(C) We've had the same computers for five years.

(A) どうぞ、あちらにお掛けください。
(B) 画面の右下の隅です。
(C) 私たちは5年間、同じコンピューターを使っています。

必答解説 **正解 C**

質問は **or で 2 つの要素（前置詞句）が結ばれた選択疑問文**。ここでは余剰金の 2 つの使途（on computers「コンピューターに」と on chairs「椅子に」）の選択を尋ねている。本来は Should we use the extra money on computers or (should we use the extra money) on chairs? だが、共通する部分は省略されるので、前半の Should we use the extra money の聞き取りが必須。(B) の「画面の右下の隅です」は、computers と screen の関連で選んでしまいがちだ。(A) の「どうぞ、あちらにお掛けください」も、chairs から seat を連想して選んでしまう可能性があるが、どちらも選択を問う質問と全くかみ合わない。正解は (C)。「私たちは 5 年間、同じコンピューターを使っています（から、新しいコンピューターにお金を使うべきです）」という意味で、間接的に 1 つ目の選択肢を答えている。このような応答においては、言外の意味をくんで正誤を判断する必要がある。多くの問題に当たってその判断力を身に付けよう。

Part 2 リピート練習

「質問＋正解の応答」の音声を聞いて、ポーズでリピート練習をしましょう。
音声は「質問 → ポーズ → 正解の応答 → ポーズ」の順に収録されています。

38 Is there a code to unlock the door, or is it open?
– It should be open.

39 Do I sign for delivery, or does someone else sign?
– You should do it.

40 Should we use the extra money on computers or on chairs?
– We've had the same computers for five years.

41

052

M Can you call the Research Department to get a project update?

M (A) I'm meeting with them at 2:00.
(B) It's an old model.
(C) Three months ago.

調査部に電話をしてプロジェクトの最新情報をもらってくれますか。

(A) 私は2時に彼らと会議をすることになっています。
(B) それは古いモデルです。
(C) 3カ月前です。

必答解説　　正解 A

質問は**Can you ～?を用いた依頼表現**。「～できますか」と相手の能力を尋ねる疑問文ではないので、応答にはYes/Noで始まる選択肢を予測しないこと。語数が多い質問なので、Research Departmentやproject updateといった強く発音される名詞しか聞き取れずに終わってしまうことがある。その場合は、それらの語句との関連で(B)の「それは古いモデルです」を選んでしまいかねない。また、(C)の「3カ月前です」も、update「更新情報」からの連想で選んでしまう可能性がある。やはり聞き逃せないのは冒頭のCan you call。ここから「～に電話をしてくれますか」という依頼の文であること、さらに「最新情報をもらう」という電話の目的を押さえたい。その上で、依頼された側の視点で選択肢を聞く。正解の(A)を聞いて瞬時に「2時に彼らと会議をすることになっている」→「(電話するのではなく)そのときに最新情報をもらうつもりだ」という応答者の意図を把握し、依頼に対する自然な応答として理解するのが理想だ。

42

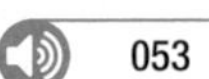

M Could you attend the technology trade show?

M (A) A new computer model.
(B) It was a wonderful performance.
(C) I have a deadline coming up.

技術展示会に出席していただけますか。

(A) 新しいコンピューターのモデルです。
(B) 素晴らしい出来栄えでした。
(C) 私には差し迫った締め切りがあるのです。

必答解説　　正解 C

質問は**Could you ～?を用いた丁寧な依頼表現**。まず、「(過去に)～できましたか」と尋ねる場合はCould you ～?ではなくWere you able to ～?を使うことを押さえておきたい。誤ってCould you attend ～?を「～に出席できましたか」の意味に取ってしまうと、以降の語句(attend、technology trade show)からの連想で、出席した感想を述べる(B)の「素晴らしい出来栄えでした」を選んでしまう可能性がある。また、冒頭のCould youを聞き取れなかった場合、technology trade showから、関係のありそうな(A)を選ばざるを得なくなる。正解は(C)だが、これを選ぶと、「～に出席していただけますか」という丁寧な依頼に対して「(あることの)差し迫った締め切りがあります(ので出席できません)」と婉曲(えん)に断るやりとりになる。

【語注】

41 Research Department　調査部、研究室／update　最新情報、更新情報
42 performance　出来栄え、業績／coming up　間近な、差し迫った
43 fine　問題なく、申し分なく／earlier　さっき

43 054

W Why don't you print out the slides so we can review them?

M (A) They're already on my desk.
(B) It was working fine earlier.
(C) A few of us will be late.

私たちが見直せるようにスライドを印刷したらどうですか。

(A) すでに私の机の上にありますよ。
(B) それはさっきは問題なく作動していました。
(C) 私たちの中の何人かは遅れるでしょう。

必答解説 **正解 A**

質問は **Why don't you ～？を用いた提案表現**。so (that) でつながれた 2 つの節＜ S ＋ V ＞を含む質問を理解するのはやや難しい。(B) は、質問にある print out からの連想で It を「プリンター」と解釈すると誤って選ぶ可能性がある。(C) は質問と無関係の応答だが、Why don't you ～？を「なぜあなたたちは～しないのか」と解釈すると選んでしまうかもしれない。正解は (A) で、「印刷したらどうか」という提案に対して「(スライドは印刷して) すでに私の机の上にある」と、すでにその作業は済んでいることを伝えている。長い質問文だが、冒頭の Why don't you を正確に聞き取れれば、print out the slides「スライドを印刷する」の部分から判断して解ける設問だ。複雑な質問でも聞き取れた部分から正解できるので焦らないことが大事。

Part 2　リピート練習

「質問＋正解の応答」の音声を聞いて、ポーズでリピート練習をしましょう。
音声は「質問 → ポーズ → 正解の応答 → ポーズ」の順に収録されています。

41 Can you call the Research Department to get a project update?
– I'm meeting with them at 2:00.

42 Could you attend the technology trade show?
– I have a deadline coming up.

43 Why don't you print out the slides so we can review them?
– They're already on my desk.

44

055

M　I'm going to put on my sweater.　　私はセーターを着ます。

W　(A) The morning weather report.　　(A) 朝の天気予報です。
(B) I could turn the heat up.　　(B) 暖房の温度を上げてもいいですよ。
(C) I haven't decided yet.　　(C) まだ決めていません。

必答解説　　正解 B

質問は疑問文ではなく**平叙文による話し掛け**。この発言内容にかみ合う応答を選ぶ。平叙文の場合、疑問詞や助動詞で始まる質問文とは違い、冒頭部分で聞き取りの要点を絞ることはできない。従って、文を最後までしっかり聞き取り、発言がなされた状況や場面を想像する。この設問において発言の後半部分の put on my sweater しか聞き取れなかった場合、そこからの憶測で (A) の「朝の天気予報です」を選んでしまうかもしれない。質問の *be* going to *do* は話者がこれからやろうとしていることを表す表現で、ここでは「(肌寒いから) セーターを着ようと思う」という意図を述べていると考えられる。この発言の趣旨をくんで「(あなたが寒いのなら) 暖房の温度を上げてもいいですよ」と、相手への配慮を伝える自然なやりとりとなる (B) が正解。発言者の意図を適切に捉えよう。(C) は発言とつじつまの合わない応答。

45

056

W　The registration deadline is on Friday.　　登録期限は金曜日です。

M　(A) Where did you hear that?　　(A) どこでそれを聞きましたか。
(B) They arrived already.　　(B) それらはもう届きました。
(C) Yes, I'd like to.　　(C) はい、そうしたいです。

必答解説　　正解 A

質問は**平叙文による話し掛け**。「登録期限は金曜日です」という発言内容にかみ合う応答を選ぶ。発言から聞き取れた deadline「期限」、on Friday「金曜日に」のみを手掛かりにすると、それと関連する arrived already を基に (B) を選んでしまう可能性がある。これだと主語の They が何を指すか不明で、応答としてかみ合わない。(C) Yes, I'd like to.「はい、そうしたいです」は何を「そうしたい」のかが分からない。なお、Yes, I'd like to register. であれば、「登録期限は金曜日」という情報を「はい」と肯定した上で「私は登録したいと思っています」という自然な応答になり得る。正解は (A) で、期限について述べる発言に対して、おそらくその情報を知らなかった相手が「どこでそれを聞いたのか」と尋ねる自然なやりとりになっている。質問の形ではない発言に対しては、応答が適切かどうかは状況をイメージして判断する必要がある。聞き取る力に加えて、場面を想像できる力も養っていこう。

【語注】
44 could *do*　～してもいい／turn up ～　～(火力・出力など) を上げる／the heat　暖房
45 registration　登録／I'd like to.　そうしたいです。
46 It looks like ～.　(どうやら) ～であるようだ。～であると思われる。

 **46**

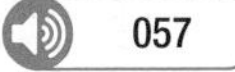

M It looks like the restaurant didn't deliver my salad.
レストランは私のサラダを配達しなかったようです。

W (A) Those were delicious.
(B) There are napkins in the kitchen.
(C) I'll call the restaurant manager.

(A) それらはおいしかったです。
(B) 厨房（ちゅうぼう）にナプキンがあります。
(C) 私がレストランの店長に電話します。

必答解説

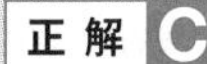

質問は**平叙文による話し掛け**。It looks like ～.「(どうやら) ～であるようだ、～であると思われる」は状況から判断した情報を相手に伝える表現。この文は「どうやらレストランは私のサラダを配達しなかったようだ」、つまり「私が注文したサラダが届いていないようだ」ということを伝えている。この設問では発言中の聞き取りやすい日常語だけで判断してしまうと、間違った答えを選びやすい。つまり、発言の restaurant や salad からの連想で delicious が聞こえた瞬間に (A) を選んだり、restaurant からの連想で napkins と kitchen が聞こえただけで (B) を選択してしまったりする可能性があるのだ。正解は (C)。注文したものが届いていないという発言に対して、「私がレストランの店長に電話し（確かめ／苦情を言い）ましょう」と対応策を提案するという、日常よくある一般的なやりとりだ。正解するには、鍵となる didn't deliver「配達しなかった」の聞き取りが必須だ。

Part 2　リピート練習

「質問＋正解の応答」の音声を聞いて、ポーズでリピート練習をしましょう。
音声は「質問 → ポーズ → 正解の応答 → ポーズ」の順に収録されています。

44 I'm going to put on my sweater.
– I could turn the heat up.

45 The registration deadline is on Friday.
– Where did you hear that?

46 It looks like the restaurant didn't deliver my salad.
– I'll call the restaurant manager.

Part 3 会話問題

概要に関する設問

まず、会話の場面や趣旨、話し手の職業などを問う概要に関する設問を中心に見ていきます。
概要を問う設問では、会話全体をヒントにして、最も適切な選択肢を選びましょう。

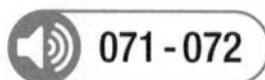

47. Who most likely is the man?

(A) A professional athlete
(B) A store manager
(C) A city official
(D) A television producer

48. What are the speakers discussing?

(A) A health and fitness show
(B) A workplace volunteer event
(C) A road-repair initiative
(D) A bicycle-sharing program

49. What does the woman say is part of the service her company provides?

(A) Wellness screening
(B) Local advertising
(C) Product samples
(D) Event tickets

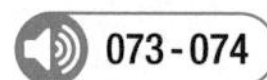

50. What do the women do at the museum?

(A) Manage the gift shop
(B) Lead tours
(C) Collect donations
(D) Restore paintings

51. What most likely caused an increase in museum visitors?

(A) Free parking
(B) Extended hours of operation
(C) A new exhibit
(D) Lower ticket prices

52. According to the man, what will happen on Thursday?

(A) A film will be shown.
(B) An article will be published.
(C) A city official will host a fund-raiser.
(D) An art collector will give a talk.

※ Part 3 では、正答率に基づいて選んだ「必答問題」(◎)によって設問タイプをカテゴリー分けしています。
「必答問題」以外の設問に別カテゴリーのものが含まれている場合があるので、別カテゴリーの解説も参考にしてください。

53. What is the woman announcing?

(A) A design has been approved.
(B) Some employees will be promoted.
(C) Some equipment will be installed.
(D) A security inspection will take place soon.

54. What is being arranged for next week?

(A) A board meeting
(B) A training session
(C) A company luncheon
(D) A job interview

55. What does the woman say she will do?

(A) Confirm a time
(B) Test some software
(C) Visit a facility
(D) Review a proposal

071

Questions 47 through 49 refer to the following conversation.

問題 47-49 は次の会話に関するものです。

W　Hello, Mr. Tanaka. Welcome to Bike Solutions Consulting. When I heard that a representative from the Burrville City Council wanted to meet, I was very excited.

こんにちは、Tanaka さん。Bike Solutions コンサルティング社へようこそ。Burrville 市議会の代表の方が面会をご希望と伺い、とても喜んでおりました。

M　Well, we know your company helps cities set up their bike-share programs, and Burrville wants to set one up, too.

さて、御社はいろいろな市が自転車シェアリング・プログラムを立ち上げるのを支援されていることを存じておりますが、Burrville 市も同じプログラムを始めたいと思っています。

W　That's great news! What are your goals for your program?

素晴らしいニュースです！ そのプログラムに関する皆さんの目標は何ですか。

M　We want to encourage our residents to exercise as well as to reduce car traffic. But it's going to be a challenge convincing people to participate.

当市の住民の方々に、車の交通量を減らすことだけでなく運動することも奨励したいのです。しかし、市民の皆さんに参加するよう説得するのが課題になるでしょう。

W　We'll handle that. When cities partner with us, part of the service we provide is an advertising campaign. We'll produce television and radio commercials that will encourage community members to use the bikes.

私たちがそれに対処しましょう。市が私たちと提携する場合、私たちがご提供するサービスの一環に広告キャンペーンがあります。私たちは地域の方々に自転車を利用するように勧めるテレビやラジオのコマーシャルを制作します。

【語注】
solution　解決策／consulting　コンサルティング、相談／representative　代表者／city council　市議会／
set up ～　～(制度など) を始める／bike-share　自転車シェアリング、シェアサイクル／program　プログラム、計画／
encourage ～ to *do*　～に…するよう勧める／*A* as well as *B*　B だけでなく A も、A および B／reduce　～を減らす／
traffic　交通量／*be* going to *do*　(状況から判断して) ～するだろう／challenge　課題、難題／
convince ～ to *do*　～に…するよう説得する／participate　参加する／handle　～に対処する／partner with ～　～と組む／
part of ～　～の一部、～の一環
47 athlete　運動選手／official　職員、公務員
48 fitness　健康のための運動／initiative　(新たな) 取り組み、構想
49 wellness　健康／screening　検査

47

Who most likely is the man?

(A) A professional athlete
(B) A store manager
(C) A city official
(D) A television producer

男性は誰だと考えられますか。

(A) プロのスポーツ選手
(B) 店長
(C) 市の職員
(D) テレビのプロデューサー

必答解説

正解 C

設問は**概要（男性の職業）**に関するもの。女性は最初の発言で、a representative from the Burrville City Council「Burrville 市議会の代表の方」が会いたがっていると聞いてとてもうれしかったと述べており、続く男性の発言から、「市議会の代表」は会話相手の人物（男性）のことだと判断できる。よって正解は (C)。男性の 2 回目の発言にある We want to encourage our residents to ... など、we を用いた市の代表としての発言や our residents という言い方もこの根拠となる。

(A) は男性の発言にある bike や exercise といった語からの連想、(B) は会話中の service や advertising campaign などの語句からの連想、(D) は女性の最後の発言にある produce television のみからの判断で選んでしまう可能性がある。職業名は発言の中で具体的に述べられることは少ないので、会話全体から手掛かりとなる情報を集めて、妥当と思われる正解を選ぼう。

48

What are the speakers discussing?

(A) A health and fitness show
(B) A workplace volunteer event
(C) A road-repair initiative
(D) A bicycle-sharing program

話し手たちは何について話し合っていますか。

(A) 健康と運動の番組
(B) 職場でのボランティア・イベント
(C) 道路修理の取り組み
(D) 自転車シェアリング・プログラム

正解 D

49

What does the woman say is part of the service her company provides?

(A) Wellness screening
(B) Local advertising
(C) Product samples
(D) Event tickets

女性は、彼女の会社が提供するサービスの一環は何だと言っていますか。

(A) 健康診断
(B) 地域での広告
(C) 製品サンプル
(D) イベントのチケット

正解 B

073

Questions 50 through 52 refer to the following conversation with three speakers.

問題 50-52 は 3 人の話し手による次の会話に関するものです。

W A lot more people have been visiting the museum lately—my tours have been completely full! What about yours, Emily?

このところ、ますます多くの人たちが当美術館を訪れています――私の見学ツアーは完全に満員です！ Emily、あなたのはどうですか。

W Mine, too. I think it's because of the new art exhibit—the one that was donated by Juno Siska. It would be interesting to know how she started collecting art.

私のもです。新しい美術展示品のためだと思います――Juno Siska から寄贈されたものです。彼女がどのように美術品を収集し始めたかが分かると面白そうですね。

M Well, I just heard that Ms. Siska will be here next Thursday afternoon to talk about her collection. I'm sure there'll be a chance to ask her questions.

実は、ついさっき、Siska さんが今度の木曜の午後にここに来て、ご自分のコレクションについての講演をすると聞きました。きっと彼女に質問をするチャンスがあると思います。

W That sounds great. How much are tickets to that event?

それはすてきですね。そのイベントのチケットはいくらですか。

M Oh, you won't have to pay. Everyone who works at the museum gets in free of charge.

あ、あなたはお金を払う必要はありませんよ。この美術館で働いている人は全員無料で入れます。

【語注】

a lot more　(以前より) ますます多くの ★a lot は比較級の more を強調する副詞句／art　＜集合的に＞美術品、芸術作品／exhibit　展示品、展示／donate　～を寄贈する／ticket to ～　～のチケット ★ticket for ～という言い方もある／get in　中に入る／free of charge　無料で

50 manage　～を運営する／lead　～を引率する／donation　寄付金、寄贈品／restore　～を修復する

51 cause　～の原因である／free　無料の／extend　～を延長する

52 official　職員、公務員／host　～を主催する／fund-raiser　資金集めのイベント／give a talk　講演を行う

074

50

What do the women do at the museum?

(A) Manage the gift shop
(B) Lead tours
(C) Collect donations
(D) Restore paintings

女性たちは美術館で何の仕事をしていますか。

(A) ギフトショップを運営している
(B) 見学ツアーを引率している
(C) 寄付金を集めている
(D) 絵画を修復している

必答解説

正解 B

設問は**概要（女性2人の仕事内容）**に関するもの。会話中で Our job is ～. のように正解そのものが述べられることはあまりない。設問文の museum から会話の場面は美術館であることを前提に、会話から手掛かりを拾いながら正解を考える。最初の発言（1人目の女性）にある my tours have been ... の聞き取りが重要。それに対して、2人目の女性が Mine, too. と言っていることから、2人とも美術館で見学ツアーを引率する仕事をしていると分かる。この情報を基に (B) を選ぶことができる。

聞き取れた一部の情報だけで選ぶと正解を見誤りやすい。例えば、会話中の donated、collecting、collection につられて (C) を選んだり、耳に残りやすい最後の発言の pay や works at the museum からの連想で (A) を選んだり、あるいは何となく全体を聞き終えて museum という場面しか理解できなかった場合、restore「～を修復する」や paintings「絵画」を含む (D) を選んだりしてしまうだろう。この設問は概要に関するものだが、会話の冒頭部分を正しく聞き取らないと正解するのが難しいので、キーとなる発言を聞き逃さないようにしよう。

51

What most likely caused an increase in museum visitors?

(A) Free parking
(B) Extended hours of operation
(C) A new exhibit
(D) Lower ticket prices

何が美術館の来館者増加の原因となったと考えられますか。

(A) 無料の駐車スペース
(B) 営業時間の延長
(C) 新しい展示品
(D) チケット料金の値下げ

正解 C

52

According to the man, what will happen on Thursday?

(A) A film will be shown.
(B) An article will be published.
(C) A city official will host a fund-raiser.
(D) An art collector will give a talk.

男性によると、木曜日に何が起きますか。

(A) 映画が上映される。
(B) 記事が発表される。
(C) 市の職員が資金集めのイベントを主催する。
(D) 美術品のコレクターが講演を行う。

正解 D

075

Questions 53 through 55 refer to the following conversation with three speakers.	問題 53-55 は 3 人の話し手による次の会話に関するものです。
W　Thanks for stopping by, Vincent and Sanjay. The board of directors decided to purchase new security cameras, so someone from Menovar Technologies is coming tomorrow to deliver and install them.	Vincent と Sanjay、立ち寄ってくれてありがとう。取締役会が新しい監視カメラの購入を決めたので、Menovar 技術社の人が明日それを納品して設置することになっています。
M　It'll be good to have the latest equipment.	最新機器が入るのはいいことでしょうね。
W　I agree. So Vincent, I'll need some of your Maintenance Department staff to help with the installation.	私もそう思います。そこで Vincent、設置の手助けをするためにあなたのところの保守管理部のスタッフが何人か必要です。
M　No problem. I'll send two people over to assist.	問題ありません。手伝いに 2 人、こちらへ来させましょう。
W　Thanks.	ありがとう。
M　Will there be a training session for my security personnel to use the new camera system?	うちの警備職員がその新しいカメラのシステムを使うための研修会は予定されていますか。
W　Yes, Sanjay—Menovar Technologies suggested next Monday for the training. Is that OK for your team?	はい、Sanjay――Menovar 技術社が今度の月曜日を研修日に提案してきました。あなたのチームはそれでいいですか。
M　Sure. How about ten o'clock?	大丈夫です。10 時はどうでしょう。
W　I'll e-mail Menovar right away to see if that works for them.	今すぐ Menovar 社にメールして、それで彼らの都合がよいかどうか確認します。

【語注】

stop by　立ち寄る／board of directors　取締役会、理事会／purchase　～を購入する／*be doing*　～することになっている／deliver　～を納入する、～を届ける／install　～を設置する／latest　最新の、最近の／maintenance　保守、管理、整備／department　部署／installation　設置／over　こちらへ／training session　研修会／security　警備、保安／personnel　職員／suggest　～を提案する／see if ～　～かどうかを確かめる／work for ～　（日程などが）～にとって都合がよい

53 design　設計、構想／approve　～を承認する／*be* promoted　昇進する／inspection　（立入）検査／take place　行われる

54 arrange for ～　～を手配する／luncheon　昼食会

55 confirm　～を確認する／facility　施設／review　～を（再）検討する／proposal　<可算名詞で>企画書、提案書

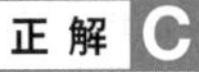

53

What is the woman announcing?

(A) A design has been approved.
(B) Some employees will be promoted.
(C) Some equipment will be installed.
(D) A security inspection will take place soon.

女性は何を知らせていますか。

(A) 設計が承認された。
(B) 数名の従業員が昇進する。
(C) 機器が設置される。
(D) 保安検査が間もなく行われる。

必答解説

正解 C

設問は**概要（女性が知らせている内容）**に関するもの。3人による長めの会話文であることに加え、語句も内容も高度な問題だが、冒頭を特に注意して聞き取れば正解を得られる。最初の発言の The board of directors ... deliver and install them. から、女性は「監視カメラの購入が決定され、明日業者がそれを納品して設置する」というお知らせをしていることを理解する。この情報に基づいて、監視カメラを some equipment と言い換えた (C) を迷わず正解に選ぶことができる。そこを聞き逃しても、女性の2回目の発言にある I'll need some ... to help with the installation.「設置の手助けをするスタッフが必要だ」や、2人目の男性の最初の発言の to use the new camera system「新しいカメラのシステムを使うため」などからも (C) を選択できる。

(A) は含まれる語も文の内容も会話の内容と重なる部分がないので、選ぶ確率は低いだろう。(B) の employees は会話中の staff や personnel「職員」の言い換えだが、be promoted「昇進する」が内容と一致しない。間違って選びやすいのは (D)。うっかりしていると、会話と関連のある security と take place soon「間もなく行われる」に引きずられ、内容と無関係な inspection「検査」を含むこの選択肢を選んでしまう。

54

What is being arranged for next week?

(A) A board meeting
(B) A training session
(C) A company luncheon
(D) A job interview

来週に何が手配されていますか。

(A) 役員会議
(B) 研修会
(C) 会社の昼食会
(D) 就職面接

正解 B

55

What does the woman say she will do?

(A) Confirm a time
(B) Test some software
(C) Visit a facility
(D) Review a proposal

女性は何をすると言っていますか。

(A) 時間を確認する
(B) ソフトウエアをテストする
(C) 施設を訪問する
(D) 企画書を再検討する

正解 A

依頼・提案・申し出に関する設問

ここでは、依頼・提案・申し出に関する設問を中心に見ていきます。
このタイプの設問では、会話内の特定の表現に着目して、最も適切な選択肢を選びましょう。

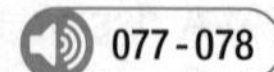

56. What does the woman say about the man's job performance?

(A) He is respected by his colleagues.
(B) He always meets his deadlines.
(C) He has good ideas for new projects.
(D) He has increased company profits.

57. What does the woman ask the man to do?

(A) Attend a trade show
(B) Join a leadership council
(C) Mentor a colleague
(D) Accept a new position

58. When will the speakers meet again?

(A) Tomorrow
(B) Next week
(C) Next month
(D) Next quarter

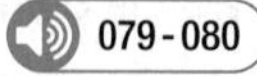

59. Where are the speakers?

(A) At a hotel
(B) At a museum
(C) At a clothing store
(D) At a movie theater

60. What problem does the woman have?

(A) She lost her gloves.
(B) She cannot find her tour group.
(C) She forgot her wallet.
(D) She needs directions.

61. What does the man ask for?

(A) A phone number
(B) A photo ID card
(C) A receipt
(D) A confirmation code

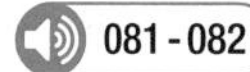

62. Who is the woman?

(A) A financial adviser
(B) An art gallery owner
(C) A delivery driver
(D) An apartment manager

63. What problem does the man mention?

(A) A room is poorly lit.
(B) A machine is too noisy.
(C) A space is too small.
(D) A location is inconvenient.

64. What does the woman offer to do for the man?

(A) Renovate a room
(B) Lower a price
(C) Hire a technician
(D) Rent an appliance

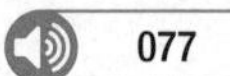

Questions 56 through 58 refer to the following conversation.

問題 56-58 は次の会話に関するものです。

W To sum up, Jamal, you've had another very good year here with us. You're a valuable member of the team, which is why you consistently receive outstanding performance reviews from other staff members.

Jamal、まとめると、あなたは当社で私たちとまたとても良い 1 年を過ごしました。あなたはチームのかけがえのない一員であり、だからこそ、あなたは他の社員から常に優れた勤務評価を得ているのです。

M I've certainly enjoyed the opportunities that I've had while working here.

私は本当に、ここで働いている間に得た機会を楽しんできました。

W Which is great to hear, because we'd like you to take on more responsibility. We're opening an office in Denver in a few months, and we'd like you to manage it.

そう聞いて非常にうれしいです。というのは、私たちはあなたにより大きな責任を引き受けてほしいと思っているからです。数カ月後に Denver にオフィスを開設することになっているので、あなたにそこを運営してほしいのです。

M Wow, that's exciting! But … can I have some time to consider it?

わあ、それはすごい！ でも……少し考える時間を頂けますか。

W Of course. Why don't we get together next week to discuss your decision?

もちろんです。来週会ってあなたの決断について話し合いましょう。

【語注】

to sum up　要約すると、まとめると／another year　もう 1 年（間）／valuable　貴重な、かけがえのない／which　<カンマの後で>そしてそれは、そしてそのことは／consistently　常に、いつも変わりなく／outstanding　傑出した／performance review　勤務評価／take on ～　～を引き受ける／responsibility　責任、責務／manage　～を運営する、～の指揮を執る
56 meet a deadline　締め切りを守る／profit　利益
57 council　会議、協議会／mentor　～を指導する／position　職、仕事
58 quarter　四半期

078

56

What does the woman say about the man's job performance?

(A) He is respected by his colleagues.
(B) He always meets his deadlines.
(C) He has good ideas for new projects.
(D) He has increased company profits.

女性は、男性の仕事ぶりについて何と言っていますか。

(A) 同僚から尊敬されている。
(B) いつも締め切りを守る。
(C) 新しいプロジェクトに対して良い案がある。
(D) 会社の利益を増やした。

正解 A

57

What does the woman ask the man to do?

(A) Attend a trade show
(B) Join a leadership council
(C) Mentor a colleague
(D) Accept a new position

女性は男性に何をするよう頼んでいますか。

(A) 展示会に出席する
(B) リーダーシップ会議に参加する
(C) 同僚を指導する
(D) 新しい職務を受諾する

必答解説

正解 D

設問は**依頼（女性が男性に頼んでいること）**に関するもの。依頼内容を問う設問では、I would like you to *do*「あなたに～してほしい」や Could you ～?「～していただけますか」のような依頼表現のバリエーションに留意し、それらを含む発言を聞き逃さないことが肝心。女性の 2 回目の発言にある we'd like you to *do* が聞こえたら、続く内容の理解に集中する。依頼内容は take on more responsibility「より大きな責任を引き受ける」ことだが、具体的には直後の We're opening an office ... and we'd like you to manage it. から新設するオフィスを運営することだと分かる。それを言い換えた (D) が正解。

女性の we'd like you to manage it の it が指す内容が分からないと、manage からの連想で、(B) の「リーダーシップ会議に参加する」や (C) の「同僚を指導する」を選んでしまう可能性がある。根拠のない想像で答えを選ばないようにしよう。(A) は会話文の内容とは無関係なのですぐに却下できる選択肢だ。

58

When will the speakers meet again?

(A) Tomorrow
(B) Next week
(C) Next month
(D) Next quarter

話し手たちはいつまた会いますか。

(A) 明日
(B) 来週
(C) 来月
(D) 次の四半期

正解 B

079

Questions 59 through 61 refer to the following conversation.

問題 59-61 は次の会話に関するものです。

W Excuse me. Is this the museum's lost and found room?

すみません。こちらは博物館の遺失物取扱所ですか。

M Yes, it is. What can I do for you?

はい、そうです。どうされましたか。

W I was in the dinosaur exhibit this morning and I must have dropped my gloves. Did anyone turn them in? They're black leather.

私は今日の午前中、恐竜展にいたのですが、手袋を落としたに違いありません。どなたかが届け出てくださっていますか。黒い革製です。

M No, no one brought in any gloves today. But if you show me the receipt from your visit this morning, I can let you in so you can go and check. They may still be there.

いいえ、今日はどなたも手袋を届けてきませんでした。ですが、今日の午前中のご来館時の領収書をご提示いただければ、ご自分で確認しに行けるように中にお通しできますよ。手袋はまだそこにあるかもしれません。

W That would be great. Thank you so much!

そうしていただけると大変助かります。どうもありがとうございます！

【語注】

lost and found　遺失物取扱所／dinosaur　恐竜／exhibit　展示（会）、展覧会／must have *done*　～したに違いない／turn in ～　～を届け出る／bring in ～　～を持ち込む／receipt　領収書、レシート／let ～ in　～を中に入れる／go and *do*　～しに行く

59 clothing　衣料品

60 directions　＜複数形で＞道案内

61 ask for ～　～を求める／ID　身元証明書 ★identification の略

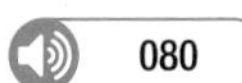

59

Where are the speakers?

(A) At a hotel
(B) At a museum
(C) At a clothing store
(D) At a movie theater

話し手たちはどこにいますか。

(A) ホテル
(B) 博物館
(C) 衣料品店
(D) 映画館

正解 B

60

What problem does the woman have?

(A) She lost her gloves.
(B) She cannot find her tour group.
(C) She forgot her wallet.
(D) She needs directions.

女性はどんな問題を抱えてますか。

(A) 手袋をなくした。
(B) 自分の見学ツアーグループを見つけられない。
(C) 財布を忘れた。
(D) 道案内が必要である。

正解 A

61

What does the man ask for?

(A) A phone number
(B) A photo ID card
(C) A receipt
(D) A confirmation code

男性は何を求めていますか。

(A) 電話番号
(B) 写真付き身元証明書
(C) 領収書
(D) 確認番号

必答解説

正解 C

設問は**依頼（男性が女性に要求しているもの）**に関するもの。男性の発言にある依頼表現を聞き取ることを念頭に置くが、必ずしも定番の依頼表現が使われているとは限らない。話の流れを追いながら依頼に相当する発言を聞き逃さないようにしよう。冒頭で、女性がここは博物館の遺失物取扱所かと尋ねると、男性が Yes と答えていることから、女性は博物館の来館者で男性は係員だと判断できる。続けて、女性が館内で手袋を落としたことを告げると男性は今日は手袋の届け物はなかったと述べた後で、if you show me the receipt from ...「……の領収書をご提示いただければ（中にお通しできる）」と言っている。これが男性が女性に要求している部分だ。この発言から、男性が求めているのは (C) と分かる。

(A) の「電話番号」や (B) の「写真付き身元証明書」は、遺失物取扱所で求められそうなものなので、会話の内容をきちんと聞き取っていないと憶測で選んでしまう可能性がある。(D) の「確認番号」は会話中で言及がないことに加え、落とし物の場面ではあまり聞かない語句なので、推測で選ぶ確率は低いだろう。

081

Questions 62 through 64 refer to the following conversation.

問題 62-64 は次の会話に関するものです。

W　Mr. Potter? My name is Aki Kimura. I manage the Pine Street Apartments, and I'm calling to see whether you've made a decision about renting the unit I showed you last week?

Potter 様ですか。Aki Kimura と申します。Pine 通りアパートの管理をしておりますが、先週お見せしたお部屋を借りることにされたかどうかを確認するためにお電話しております。

M　Actually, I'm still thinking about it. I really like the updated kitchen— plus, it's close to my work. But the apartment isn't very big. I have a lot of furniture, and I don't think all of it will fit in that apartment.

実は、まだ考え中なんです。新しくなったキッチンがとても気に入っています――しかも、職場に近いですし。ですが、部屋があまり広くありません。私は家具をたくさん持っていて、あの部屋に全部収まるとは思えません。

W　Well, that unit is the smallest one we have because the maintenance room is right next to it. But if you're still interested in it, I'd be willing to reduce the rent for you.

ええ、あのお部屋は整備室がすぐ隣にあるため、この建物の中でいちばん狭いのです。しかし、まだ関心がおありでしたら、賃料を値下げしても構いませんよ。

【語注】

manage　～を運営する、～を管理する／rent　～を賃借する／unit　（アパートなどの）一部屋、一戸／update　～を最新のものにする／work　職場／fit in ～　～に収まる／maintenance　保守、管理、整備／*be* willing to *do*　～する用意がある、～しても構わない／reduce　～を下げる、～を減らす／rent　賃貸料
62 manager　管理者、店長
63 *be* lit　明るい ★lit は動詞 light「～を照らす」の過去形・過去分詞／poorly　不十分に／inconvenient　不便な
64 offer to *do*　～しようと申し出る／renovate　～を改装する／lower　～を下げる／appliance　家庭用電化製品、電気器具

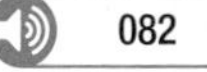

62

Who is the woman?

(A) A financial adviser
(B) An art gallery owner
(C) A delivery driver
(D) An apartment manager

女性は誰ですか。

(A) ファイナンシャル・アドバイザー
(B) 画廊の所有者
(C) 配達ドライバー
(D) アパートの管理者

正解 D

63

What problem does the man mention?

(A) A room is poorly lit.
(B) A machine is too noisy.
(C) A space is too small.
(D) A location is inconvenient.

男性はどんな問題を述べていますか。

(A) 部屋は日当たりがよくない。
(B) 機械が騒がし過ぎる。
(C) 空間が狭過ぎる。
(D) 場所が不便である。

正解 C

64

What does the woman offer to do for the man?

(A) Renovate a room
(B) Lower a price
(C) Hire a technician
(D) Rent an appliance

女性は男性のために何をしようと申し出ていますか。

(A) 部屋を改装する
(B) 価格を下げる
(C) 技術者を雇う
(D) 電化製品を貸す

必答解説

正解 B

設問は**申し出（女性が男性のために申し出ていること）**に関するもの。提案・申し出表現にはWould you like me to *do*?「私に～してほしいですか」やI will ～ for you.「～してあげます」などがあるが、定型表現にとらわれずに話の流れの中から申し出の内容をくみ取る。女性の最初の発言内容から、女性はアパートの管理者、会話の相手の男性は借り手だと分かる。その後も部屋の問題点（狭い）についてのやりとりが続き、最後に女性がI'd be willing to reduce the rent for you「賃料を値下げしても構わない」と申し出ていることから、reduce the rentをlower a priceと言い換えた(B)が正解。

(A)は、女性は改装の申し出はしていないので誤りだが、男性の発言にあるupdated「新しくなった」と関連するrenovateや、話題がアパートの部屋なのでroomが出てきただけで選んでしまう可能性がある。(C)は、女性の発言にあるmaintenanceからの連想を誘う選択肢。(D)は女性の1回目の発言にあるrenting the unitという語句につられてつい選んでしまいがちな選択肢だ。applianceの意味も確認しておこう。

発言の意図を問う設問

ここでは、会話内のある発言の意図を問う設問を中心に見ていきます。
意図を問う設問では、前後の文脈を重視して、最も適切な選択肢を選びましょう。

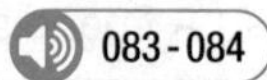

65. What problem does the woman mention?

(A) A product is not selling well.
(B) A position is vacant.
(C) A proposal was not accepted.
(D) A supervisor is busy.

66. Why does the woman say, "He's never done that before"?

(A) To express concern
(B) To request more help
(C) To approve a decision
(D) To offer some praise

67. What does the man say he will do?

(A) Write a report
(B) Conduct an interview
(C) Schedule a meeting
(D) Post an advertisement

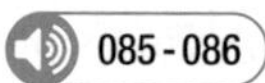

68. What does the man say will take place in two weeks?

(A) An awards ceremony
(B) A staff retreat
(C) A grand opening celebration
(D) A professional conference

69. What does the woman say she is concerned about?

(A) An inconvenient location
(B) A missed deadline
(C) A parking fee
(D) A canceled flight

70. Why does the man say, "it's twenty dollars to take a taxi"?

(A) To make a suggestion
(B) To express surprise
(C) To complain about a price
(D) To correct a mistake

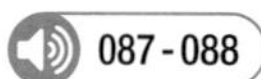

71. What is the woman calling about?

(A) Processing a payment
(B) Printing invitations
(C) Hiring extra help
(D) Filling an order

72. What does the man imply when he says, "the request came directly from the client"?

(A) Some contact information is incorrect.
(B) A change is not possible.
(C) A worker is highly qualified.
(D) A fee has been discussed.

73. What does the woman say she will do?

(A) Revise a bill
(B) Set up a meeting
(C) Contact some businesses
(D) Pack some merchandise

083

Questions 65 through 67 refer to the following conversation.

問題 65-67 は次の会話に関するものです。

W Do you know Bob, the new hire? Well, he submitted his first quarterly sales report yesterday. I just finished analyzing it, and it looks like the electronic items, especially laptops, are underperforming in our Region 1 stores.

新入社員の Bob をご存じですか。えーと、彼が昨日、初めての四半期売上報告書を提出しました。ちょうどそれを検討し終えたところなのですが、電子製品、とりわけノートパソコンが当社の第 1 区の店舗の中では実績が出ていないようです。

M That doesn't sound good.

それはよくないですね。

W No, but the report concluded that the company should still focus on selling electronics, because the profit margin on these items is a lot higher.

はい。しかし、報告書は、これらの商品の利幅は他よりはるかに大きいため、当社は引き続き電子機器の販売に注力すべきである、と結論付けていました。

M That makes sense. I think Bob should do a presentation for the sales department about his report.

それは納得できますね。Bob は彼の報告書について営業部向けに発表をするべきだと思います。

W He's never done that before. Uh... I could present the report.

彼は今までそれをしたことがありません。あの……私がその報告書を発表してもいいですが。

M No, it's a good experience for a new employee. I'll organize a meeting with the sales department next week.

いいえ、それは新入社員にとって良い経験です。私が来週、営業部との会議を手配しましょう。

【語注】

new hire　新入社員 ★米国表現／submit　～を提出する／quarterly　四半期ごとの／analyze　～を検討する／electronic　電子機器の／laptop　ノートパソコン／underperforming　業績不振の、結果を出せない／region　区域／conclude that ～　～であると結論付ける／focus on *doing*　～することに専念する／electronics　電子機器／profit margin　利幅／a lot　<形容詞、副詞の比較級を強めて>はるかに～／make sense　道理にかなう、筋が通っている／sales department　営業部、販売部／present　～をプレゼンテーションする、～を発表する／employee　社員／organize　～を手配する

65 sell well　売れ行きがよい／vacant　空いている、欠員の／supervisor　監督者、上司

66 express　～を表明する／concern　懸念、心配／approve　～を承認する／offer praise　褒める

67 conduct an interview　面接を行う／schedule　～の予定を組む／post　～を掲載する

084

65

What problem does the woman mention?

(A) A product is not selling well.
(B) A position is vacant.
(C) A proposal was not accepted.
(D) A supervisor is busy.

女性はどんな問題を述べていますか。

(A) ある製品があまり売れていない。
(B) ある職に欠員がある。
(C) ある企画書が承認されなかった。
(D) ある監督者が忙しい。

正解 A

66

Why does the woman say, "He's never done that before"?

(A) To express concern
(B) To request more help
(C) To approve a decision
(D) To offer some praise

女性はなぜ "He's never done that before" と言っていますか。

(A) 懸念を表明するため
(B) さらなる支援を求めるため
(C) 決定を承認するため
(D) 褒めるため

必答解説

正解 A

設問はある**発言の意図**を問うもの。該当の発言の He's は He has で、has never done that「今までそれをしたことがない」とあるので、that「それ」が何を指すのかを考えながら聞く。この会話の話題は売上報告書で、難しい語が多い。男性は2回目の発言で I think Bob should do a presentation ... about his report. と、この報告書を作成した新入社員の Bob が営業部向けに報告書を発表すべきだと提案するが、女性はこれに対して He's never done that before.「彼は今までそれ（そのような発表）をしたことがない」と返答している。続けて I could present the report.「私がその報告書の発表してもいいですが」と述べていることから、女性は新入社員に発表を任せるのを心配していると考えられる。このことを express concern と表現している (A) が正解。

(B) は He's never done that before. という発言だけから推測すると誤って選んでしまう可能性がある。(C)、(D) は売上報告書と新入社員の話、という全体的なイメージだけにとらわれると何となく選んでしまうかもしれない。下線部の発言の前後の流れをしっかりと把握しよう。

67

What does the man say he will do?

(A) Write a report
(B) Conduct an interview
(C) Schedule a meeting
(D) Post an advertisement

男性は何をすると言っていますか。

(A) 報告書を書く
(B) 面接を行う
(C) 会議の予定を組む
(D) 広告を掲載する

正解 C

085

Questions 68 through 70 refer to the following conversation.

問題 68-70 は次の会話に関するものです。

M Mina, I was thinking about our travel plans for the industry conference we're going to in Boston. It's only two weeks away.

Mina、私たちが行くことになっているボストンでの業界の会議のための出張計画について考えていました。あと 2 週間しかありません。

W Well, the three of us are all taking the same flight, so maybe we could ride together from the office to the airport. But, we'll be gone for several days, so the cost of parking would really add up.

ええと、私たち 3 人は皆同じ便に乗るので、たぶん、会社から空港まで相乗りしてもいいのではありませんか。でも、数日間行ったままになるので、駐車料金がかなりかさんでしまうでしょうね。

M True. You know, I think it's twenty dollars to take a taxi.

確かに。えーと、タクシーに乗れば 20 ドルだと思いますが。

W That's a possibility. Let's ask Martin what he thinks.

それは可能な選択肢ですね。Martin にどう思うか尋ねてみましょう。

【語注】

industry　業界／conference　大会議、協議会／*be* ～ away　(時間的に) ～先である／only　ほんの～、たった～／take a flight　(飛行機の) 便に乗る／ride together　相乗りする／*be* gone　出掛けている、いない／add up　合計で大きくなる、増す／you know　えーと／possibility　可能な選択肢

68 take place　行われる／award　賞／staff retreat　社員旅行／grand opening　開店／celebration　祝典／professional　職業上の、専門家の

69 miss　～に間に合わない／cancel　～を運休にする

70 make a suggestion　提案をする／complain about ～　～について不満を言う

086

68

What does the man say will take place in two weeks?

(A) An awards ceremony
(B) A staff retreat
(C) A grand opening celebration
(D) A professional conference

男性は2週間後に何が行われると言っていますか。

(A) 授賞式
(B) 社員旅行
(C) 開店記念祝典
(D) 専門家会議

正解 D

69

What does the woman say she is concerned about?

(A) An inconvenient location
(B) A missed deadline
(C) A parking fee
(D) A canceled flight

女性は何を心配していると言っていますか。

(A) 不便な立地
(B) 締め切りに間に合わないこと
(C) 駐車料金
(D) 欠航便

正解 C

 **70**

Why does the man say, "it's twenty dollars to take a taxi"?

(A) To make a suggestion
(B) To express surprise
(C) To complain about a price
(D) To correct a mistake

男性はなぜ "it's twenty dollars to take a taxi" と言っていますか。

(A) 提案をするため
(B) 驚きを表明するため
(C) 値段についての不満を言うため
(D) 誤りを正すため

必答解説

正解 A

設問はある**発言の意図**を問うもの。この会話の話題は、男性の最初の発言から travel plans「出張計画」だと分かる。女性は1回目の発言で、この出張のために空港まで一緒に車で行くと駐車料金がかさむと言っている。それに対して、男性は it's twenty dollars to take a taxi と述べているわけだが、直前の、駐車料金がかさむという女性の心配に同意して言う True.「確かに」や、控えめな主張を表す You know, I think というフレーズと合わせて考えると、下線部は「タクシーを使ったらどうか」という意図の提案だと考えられる。やや上がり調子で言われていることからも相手に尋ねているニュアンスが感じられる。よって正解は (A)。直後に女性が発する That's a possibility.「それは一つの可能性ですね」→「それも一つの選択肢ですね」という、提案などに対する定型の賛同表現からも (A) を正解に選べる。

なお、下線部の発言のみを考えて「タクシーだと20ドルかかる (ので高い)」と解釈すると (C) を選びかねないが、話の流れと合わない。(B) は、ここで驚きを表す理由 (原因) がないので不適切。twenty dollars は駐車料金を訂正しているわけではないので (D) も不適切。話の流れを正しく聞き取って、話し手の意図をくみ取るようにしよう。

087

Questions 71 through 73 refer to the following conversation.	問題 71-73 は次の会話に関するものです。
W Mr. Allawi, this is Rose Costa. I'm calling about your order of organic strawberries from our farm. Unfortunately, we can only provide twenty pounds for your restaurant this week.	Allawi さん、Rose Costa です。当農園に注文された有機栽培のイチゴについてお電話を差し上げております。あいにく、今週はそちらのレストランに 20 ポンドしかご提供できません。
M Oh, that's too bad. I really needed more than that. We're hosting a large event on Saturday, and I'm serving strawberry tarts for dessert.	えっ、それは困ります。本当にそれよりたくさん必要だったんです。土曜日に大きなイベントを主催することになっていて、デザートにストロベリータルトを出すことになっているので。
W I understand. Unfortunately, we just don't have that many strawberries this week. But blueberries are coming into season. Could you use those instead?	分かります。あいにく、今週はとにかくそれほどたくさんのイチゴがないのです。でもブルーベリーが旬を迎えています。代わりにそちらを使われてはいかがでしょうか。
M Well, the request came directly from the client.	それが、そのリクエストはお得意さまから直接来たものなんです。
W I'll tell you what then... let me make a few phone calls to the farms around here and see if I can get you some more.	それではこうしましょう……私がこの辺りの農園に何本か電話してみて、もっとお届けできるかどうか確認します。
M That would be great. I can pay extra if necessary.	そうしていただけると大変ありがたいです。必要なら追加料金をお支払いすることもできますので。

【語注】
organic　有機栽培の／unfortunately　あいにく、不運にも／pound　ポンド ★1 ポンドは約 454 グラム／host　～を主催する／serve　～を出す／that　それほど、そんなに ★量・程度を示す語を修飾／come into season　旬を迎える／client　得意客／I'll tell you what.　こうしましょう。／see if ～　～かどうかを確かめる／extra　<名詞で>追加料金
71 process　～を処理する／invitation　招待状、招待／extra　<形容詞で>余分の、臨時の／help　お手伝い、助っ人／fill an order　注文に応じる
72 contact information　連絡先の情報／highly　非常に／qualified　有能な／fee　料金、謝礼
73 revise　～を修正する／bill　請求書／set up ～　～の準備をする、～を手配する／contact　～に連絡する／business　<可算名詞で>会社、事業所／pack　～を梱包（こんぽう）する、～を詰める／merchandise　商品

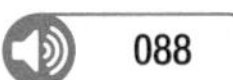

71

What is the woman calling about?

(A) Processing a payment
(B) Printing invitations
(C) Hiring extra help
(D) Filling an order

女性は何について電話をかけていますか。

(A) 支払手続をすること
(B) 招待状を印刷すること
(C) 臨時の助け手を雇うこと
(D) 注文に応じること

正解 D

72

What does the man imply when he says, "the request came directly from the client"?

(A) Some contact information is incorrect.
(B) A change is not possible.
(C) A worker is highly qualified.
(D) A fee has been discussed.

男性は "the request came directly from the client" という発言で何を示唆していますか。

(A) 連絡先の情報が間違っている。
(B) 変更はできない。
(C) 従業員がとても有能である。
(D) 料金について話し合われたところだ。

必答解説

正解 B

設問はある**発言の意図**を問うもの。imply は「暗に〜を意味する、〜を示唆する」という意味なので、発言の文字通りの意味ではなく話者が言外に意図していることを考え、それに近い選択肢を選ぶ。まず、設問の発言を文字通りに理解しておく。女性の 1 回目の発言からイチゴの発注が話題であることが分かる。さらに、同発言の 3 文目の Unfortunately「あいにく」と、それに対する男性の that's too bad から、業者（女性）が顧客（男性）の要望（イチゴの発注量）に応えられていない状況が理解できる。そして女性の 2 回目の発言の 4 文目にある Could you use those instead? という代案に対する応答が下線部の発言となる。男性は土曜日にイベントを主催し、そこで出すデザートの材料にイチゴが必要で、それは「得意先からの直接のリクエスト」というここまでの流れを踏まえると、(B) の「変更はできない」という含意を読み取ることができる。

(A) の連絡先は話題に上っていない。(C) は、従業員については述べられておらず、highly qualified という語句の難しさから積極的には選ばれない選択肢だろう。(D) は、男性が最後の発言で「追加料金を支払うこともできる」と述べているだけで、料金について話し合われたわけではない。

73

What does the woman say she will do?

(A) Revise a bill
(B) Set up a meeting
(C) Contact some businesses
(D) Pack some merchandise

女性は何をすると言っていますか。

(A) 請求書を修正する
(B) 会議の手配をする
(C) 幾つかの業者に連絡する
(D) 幾つかの商品を梱包（こんぽう）する

正解 C

次の行動を問う設問

ここでは、話し手の１人の次の行動を問う設問を中心に見ていきます。
次の行動を問う設問では、会話の最後の方の情報に注目して、最も適切な選択肢を選びましょう。

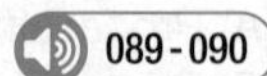

74. What problem does the man mention?
(A) Some products are damaged.
(B) Some equipment is out of stock.
(C) A vehicle has broken down.
(D) A delivery error has occurred.

75. What does the woman say is planned for Friday?
(A) A product launch
(B) An inspection
(C) A cooking class
(D) An interview

76. What does the man say he will do?
(A) Transfer a call
(B) Issue a refund
(C) Provide a warranty
(D) Visit a business

77. Where do the speakers work?
(A) At a botanical garden
(B) At a landscaping company
(C) At a jewelry shop
(D) At a travel agency

78. What did the woman recently do?
(A) She made a large sale.
(B) She finalized a budget.
(C) She organized activities for a celebration.
(D) She received a certificate.

79. What will the woman do next?
(A) Give a tour
(B) Read a manual
(C) Call a vendor
(D) Rearrange a display

093-094

80. What is the problem?

(A) There is a scheduling conflict.
(B) There are no projectors available.
(C) A contract is incorrect.
(D) A deadline has been missed.

81. What does the woman inquire about?

(A) Comparing competitors' prices
(B) Purchasing new software
(C) Postponing a training session
(D) Arranging a teleconference

82. What does the man say he will do?

(A) Send some materials
(B) Find some supplies
(C) Speak with a supervisor
(D) Contact a client

089

Questions 74 through 76 refer to the following conversation.

問題 74-76 は次の会話に関するものです。

M　Hi, Ms. Chen. I'm calling from Industry Ovens Incorporated. I apologize, but the oven you had ordered was accidentally left off of this morning's delivery schedule. We caught the oversight after the trucks had departed on their routes.

もしもし、Chen さん。Industry Ovens 社からお電話を差し上げております。申し訳ございませんが、ご注文されていたオーブンが、誤って本日午前の配達予定から漏れてしまいました。トラックが配送ルートに出発した後、見落としを見つけました。

W　This is not good news. Two days from now, on Friday, my bakery's going to be visited by a safety inspector. The new oven must be installed in time, so that the bakery can pass inspection.

これは良くない知らせですね。今から 2 日後の金曜日に、私の製パン店は安全検査官による視察を受けます。店が検査に合格できるよう、新しいオーブンはそれまでに設置しなければいけないんです。

M　Hmmm… That doesn't leave us with much time. Please give me a second—I'm going to connect you with my supervisor. I'm sure she'll be able to help you meet your deadline.

うーん…。ということはあまり時間が残されていないですね。少々お待ちください——電話を私の上司におつなぎします。きっと彼女が、期限に間に合うようお手伝いできるはずです。

【語注】

oven　オーブン、天火 ★発音は [ʌ́v(ə)n]／incorporated　～社／I apologize, but ～　申し訳ないのですが、～／accidentally　誤って／leave off ～　～を省く、～を（うっかり）抜かす／catch　～を（その場で）聞いて・見て分かる／oversight　見落とし／depart　出発する／route　（配送の）ルート、巡回路／visit　～を訪問する、～を（職務上）視察に行く／inspector　検査官／install　～を設置する／in time　間に合って、時間内に／so that ～　～するように／inspection　（立入）検査、視察／leave ～ with …　～を…（人）に残す／Give me a second.　少し待ってください。／connect ～ with …　～の電話を…につなぐ／supervisor　監督者、管理者、上司／help ～ *do*　～が…するのを助ける／meet a deadline　期限に間に合う

74 damage　～に損害を与える／equipment　機器、設備／*be* out of stock　在庫切れである／vehicle　乗り物、車、車両／break down　故障する／error　間違い／occur　起きる

75 plan for ～　～に向けて計画する／launch　新発売、開業

76 transfer　～（電話）を転送する／issue　～を発行する、～を支給する／refund　返金／warranty　（商品の品質の）保証、保証書／business　<可算名詞で>会社、事業所

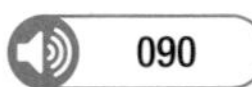

74

What problem does the man mention?

(A) Some products are damaged.
(B) Some equipment is out of stock.
(C) A vehicle has broken down.
(D) A delivery error has occurred.

男性はどんな問題を述べていますか。

(A) 製品が破損している。
(B) 機器の在庫がない。
(C) 車が故障した。
(D) 配送の間違いが起きた。

正解 D

75

What does the woman say is planned for Friday?

(A) A product launch
(B) An inspection
(C) A cooking class
(D) An interview

女性は金曜日に向けて何が計画されていると言っていますか。

(A) 製品の新発売
(B) 立入検査
(C) 料理教室
(D) 面接

正解 B

76

What does the man say he will do?

(A) Transfer a call
(B) Issue a refund
(C) Provide a warranty
(D) Visit a business

男性は何をすると言っていますか。

(A) 電話を転送する
(B) 返金する
(C) 品質保証を付ける
(D) 会社を訪問する

必答解説

正解 A

設問は**男性の次の行動**を問うもの。通常、次の行動は会話の終盤にI will *do* やI'm going to *do* またはI can *do* やI could *do* などで始まる文で述べられることが多い。この会話ではまず、男性が最初の発言でI apologize ... と、配達物が予定から漏れてしまったことのおわびをし、それに対して女性は次の発言で、This is not good news.「これは良くない知らせだ」と伝えているという要旨を聞き取りたい。次に、このようなトラブルの状況においては一般的に対応策が示されることが多い。ここで聞き取るべきは男性の最後の発言の4文目にあるI'm going to *do* という意思を伝えるフレーズで、「私は（今から）あなた（の電話）を私の上司につなぐ」と言っている。このconnect you with my supervisorを言い換えた(A)が正解。

(B)はrefund「返金」、(C)はwarranty「（品質などの）保証」といった会話の内容と関係ありそうな語を含むので、何となく選んでしまわないように注意。(D)のaの付いた可算名詞のbusinessは「会社、企業」の意味で、「事業、商売」ではない。

091

Questions 77 through 79 refer to the following conversation.

問題 77-79 は次の会話に関するものです。

M　Evelyn, I know you just started working at Star Botanical Gardens. Have you given any tours of the grounds yet?

Evelyn、あなたは Star 植物園で仕事をし始めたばかりですよね。園内の見学ツアーはもう実施しましたか。

W　Not yet, but I just received my tour leader certificate yesterday. Would you like me to lead a tour of the gardens today?

まだですが、見学ツアー引率者の修了証を昨日受け取りました。今日、私が植物園の見学ツアーをしましょうか。

M　Yes, if you don't mind. A group just came in, and I have an important meeting to go to.

はい、よろしければ。ちょうど団体が 1 つ入ってきたのですが、私には行かなくてはならない重要な会議があるのです。

W　Of course—I'll go meet them now and start the tour. I'm looking forward to leading my first group through the gardens.

もちろんです――今からその方たちを迎えに行って見学ツアーを始めます。私にとっての初めての団体を引率して園内を巡るのが楽しみです。

【語注】

botanical garden　植物園／tour　見学ツアー／grounds　＜複数形で＞（庭や建物を含む）構内／not yet　まだ～ない／certificate　修了証書、免許状／Would like me to *do*?　～しましょうか。★相手に何かの行為を申し出るときの表現／lead　～を引率する／if you don't mind　もしよかったら、差し支えなければ ★mind は「～をいやだと思う、～が気に障る」／go *do*　～しに行く／look forward to *doing*　～するのが楽しみである

77 landscaping　造園、庭造り／jewelry　宝飾品

78 make a sale　販売する、売買を成立させる／finalize　～を最終決定する／budget　予算（案）／organize　～を企画する／activity　遊び、活動

79 vendor　販売業者、供給業者／rearrange　～を並べ替える／display　展示（品）

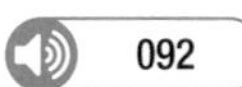

77

Where do the speakers work?

(A) At a botanical garden
(B) At a landscaping company
(C) At a jewelry shop
(D) At a travel agency

話し手たちはどこで働いていますか。

(A) 植物園
(B) 景観整備会社
(C) 宝飾品店
(D) 旅行代理店

正解 A

78

What did the woman recently do?

(A) She made a large sale.
(B) She finalized a budget.
(C) She organized activities for a celebration.
(D) She received a certificate.

女性は最近何をしましたか。

(A) 大きな売り上げを上げた。
(B) 予算を最終決定した。
(C) 祝賀会用のアクティビティーを企画した。
(D) 修了証を受け取った。

正解 D

79

What will the woman do next?

(A) Give a tour
(B) Read a manual
(C) Call a vendor
(D) Rearrange a display

女性は次に何をしますか。

(A) 見学ツアーを実施する
(B) 説明書を読む
(C) 販売業者に電話をかける
(D) 展示品を並べ替える

必答解説

正解 A

設問は**女性の次の行動**を問うもの。次の行動については会話の後半で述べられる。この会話は botanical や certificate などの難しい語を含んでいるが、冒頭の男性の you just started working から女性が働き始めたばかりだということ、また、女性の最初の発言にある Would you like me to ... today? に対する男性の Yes という返答を基に、これから女性が園内の見学ツアーを行うことを素早く理解しよう。聞き取りのポイントは、女性が最後の発言で今後の行動について述べる I'll ～「私は（これから）～する」の文。I'll に続く go meet them now and start the tour「今からその方たちを迎えに行って見学ツアーを始める」をしっかり聞き取り、その言い換えとなる (A) を選ぶ。

(B) は manual に関する話題は一切出ていないが、会話の最後の文の leading を reading と聞き間違えると選んでしまう可能性がある。(C) と (D) は、vendor「販売業者」や rearrange「～を並べ替える」といった語が比較的難しいこともあるが、call「～に電話をかける」や display「展示品」については会話に登場しないので、積極的に選ぶことはないだろう。会話中の語句が正解の選択肢では言い換えられていることが多いのでそれに気付くことも大事だが、会話中と全く同じ語句（ここでは名詞 tour）が正解の選択肢に使われる場合もあることに留意しよう。

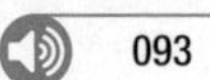

Questions 80 through 82 refer to the following conversation.

問題 80-82 は次の会話に関するものです。

W Hi, Bob, I received your e-mail about the software training at 2:00 P.M. this Friday. But I have to meet with the marketing director of J. Alderman and Sons at that time.

こんにちは、Bob。今週金曜日午後 2 時からのソフトウエア研修会についての E メールを受け取りました。でも、私はその時刻に J. Alderman and Sons 社のマーケティング部長と会議をしなければならないんです。

M Oh, I'm sorry; I completely forgot that you had a client meeting. How long do you think it'll take?

あ、ごめんなさい。あなたにはクライアントとの会議があることをすっかり忘れていました。会議はどのくらい時間がかかりそうですか。

W Probably thirty to forty-five minutes. I have to review a contract with him. Is there any way that you could start the training later in the day?

おそらく 30 分から 45 分です。彼と契約書の見直しをしなければならないんです。何とかして、その日のもっと遅くに研修を始められないでしょうか。

M Unfortunately, the rest of the team isn't free after 3:00 P.M., but if it's OK with you, I can just e-mail you the training documents to look over on your own. Contact me next week if you have any questions.

あいにく、チームの他の人たちが午後 3 時以降は空いていなくて。でも、あなたがよければ、研修資料を E メールでお送りして、ご自身でざっと目を通していただくことができますよ。何か質問があれば、来週私に連絡してください。

【語注】

meet with ～　～と会合・会談する／director　部長／at that time　その時に／review　～を見直す／contract　契約（書）／Is there any way (that) ～?　何とかして～できないか。／later in the day　その日のもっと遅くに／unfortunately　あいにく、残念ながら／free　手が空いて、暇で／look over ～　～に目を通す／on *one's* own　自分自身で／contact　～に連絡する

80 scheduling conflict　予定が重なること／available　使用できる／miss　～を見落とす

81 inquire about ～　～について尋ねる／compare　～と比べる／competitor　競争相手、競合他社／purchase　～を購入する／postpone　～を延期する／arrange　～を手配する／teleconference　テレビ会議

82 material　資料、題材／find　～を手に入れる／supplies　<複数形で>備品／speak with ～　～に相談する

094

80

What is the problem?

(A) There is a scheduling conflict.
(B) There are no projectors available.
(C) A contract is incorrect.
(D) A deadline has been missed.

問題は何ですか。

(A) 予定の重なりがある。
(B) 使えるプロジェクターがない。
(C) 契約書が間違っている。
(D) 締め切りが守られなかった。

正解 A

81

What does the woman inquire about?

(A) Comparing competitors' prices
(B) Purchasing new software
(C) Postponing a training session
(D) Arranging a teleconference

女性は何について尋ねていますか。

(A) 競合他社の価格との比較
(B) 新しいソフトウエアの購入
(C) 研修会の延期
(D) テレビ会議の手配

正解 C

82

What does the man say he will do?

(A) Send some materials
(B) Find some supplies
(C) Speak with a supervisor
(D) Contact a client

男性は何をすると言っていますか。

(A) 資料を送る
(B) 備品を入手する
(C) 監督者に相談する
(D) クライアントと連絡を取る

必答解説

正解 A

設問は**男性の次の行動**を問うもの。次の行動は会話の終盤で述べられるが、まず会話の冒頭から、女性は同時刻に会議があり、男性から案内された研修に参加できないということを理解しておく。女性が 2 回目の発言の Is there any way ... in the day? で研修の開始時刻を遅らせることが可能かどうかを尋ねると、男性は、他のメンバーの都合がつかないが、I can just e-mail you ...「研修資料を E メールで送ることができる」と可能な対応について述べている。これを Send some materials「資料を送る」と言い換えた (A) が正解。

(B) の supplies は「備品」を指すが、それに関連する話題はないので誤って選ぶ可能性は低いだろう。(C) は、冒頭の女性の発言にある meet with the marketing director「マーケティング部長と会議をする」からの連想を誘うものだが、会議をすることは男性ではなく女性の今後の行動。(D) については、会話の最後にある Contact me「私に連絡してください」は男性の最後の発言で、(研修資料について男性に) 連絡する (可能性がある) のは女性の方であり、連絡相手も異なるが、それらの点を取り違えると誤って選んでしまう。

図表に関する情報を問う設問

ここでは、図表を伴う問題を見ていきます。
図表に関する設問では、図表内の情報と会話を素早く関連付けて、最も適切な選択肢を選びましょう。

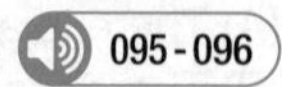

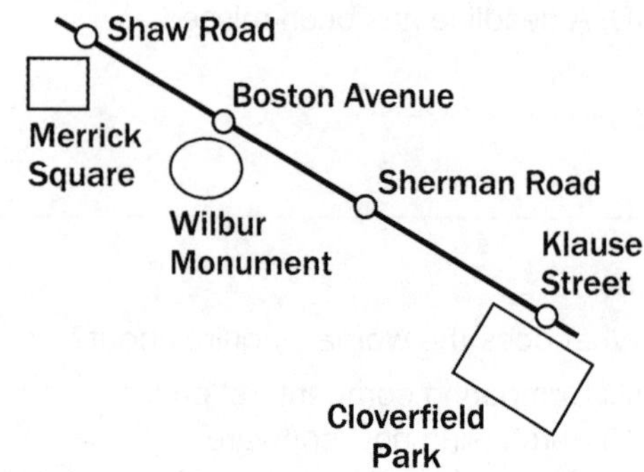

83. Why does the woman say she is late?
(A) She had a long meeting.
(B) She was having car trouble.
(C) There was a lot of traffic.
(D) A client arrived unexpectedly.

84. What does the woman ask the man to do?
(A) Give her a ride to the office
(B) Meet her at a bus stop
(C) Call an important client
(D) Pick up a bus ticket

85. Look at the graphic. Which stop is the woman close to now?
(A) Shaw Road
(B) Boston Avenue
(C) Sherman Road
(D) Klause Street

097-098

Natural History Museum

Mammal Hall	Bird Hall	Main Hall	Cafeteria

86. Why does the woman talk to the man?
(A) To purchase a ticket
(B) To sign up for a tour
(C) To rent some equipment
(D) To inquire about an exhibit

87. Look at the graphic. Where does the man tell the woman to go?
(A) To the Mammal Hall
(B) To the Bird Hall
(C) To the Main Hall
(D) To the Cafeteria

88. What does the man say about the woman's ticket?
(A) It can be purchased in advance.
(B) It includes admission to special events.
(C) It is issued only to museum members.
(D) It is nonrefundable.

099-100

89. What does the woman say they will need to do?
(A) Rent storage space
(B) Increase production
(C) Organize a fashion show
(D) Update some equipment

Logo:	Anvi Designs
Size:	Large
Material:	100% Cotton
Care Instructions:	Wash in Warm Water
Origin:	Made in India

90. What does the man suggest?
(A) Conferring with a client
(B) Contacting another department
(C) Photographing some designs
(D) Changing suppliers

91. Look at the graphic. Which section of the label will the man need to revise?
(A) The logo
(B) The material
(C) The care instructions
(D) The country of origin

095

Questions 83 through 85 refer to the following conversation and map of a bus route.

問題 83-85 は次の会話とバスの路線図に関するものです。

W　Hi, it's Minako calling. I'm on the bus headed to the restaurant for the client dinner, but I'm running late. My meeting was longer than I expected.

もしもし、Minako です。クライアントとの夕食会のレストランに向かうバスに乗っていますが、遅れています。会議が思ったより長くなりました。

M　Oh right—the sales meeting. So do you know how to get to the restaurant?

ああ、分かりました——営業会議ですね。ところで、レストランへの行き方は分かりますか。

W　Well, I just know it's near Cloverfield Park, but I'm not sure how to get to the restaurant from the bus stop. Could you meet me there so I can walk over with you?

えーと、Cloverfield 公園の近くだということだけは知っていますが、バス停からレストランへの行き方がよく分かりません。あなたと一緒に現地まで歩いて行けるように、バス停に迎えに来てもらえますか。

M　Sure. How soon?

分かりました。どのぐらいで着きますか。

W　I don't know, but right now we're passing the Wilbur Monument.

分かりませんが、ちょうど今 Wilbur 記念碑の前を通過しているところです。

M　Oh, so it'll be about ten minutes. I'll see you soon.

ああ、それなら 10 分くらいですね。後ほどお会いしましょう。

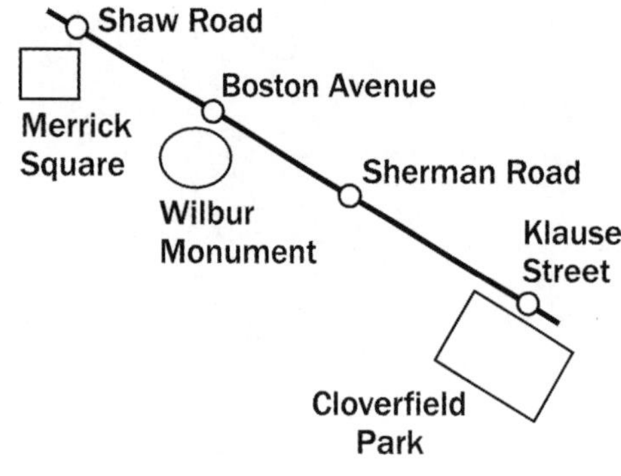

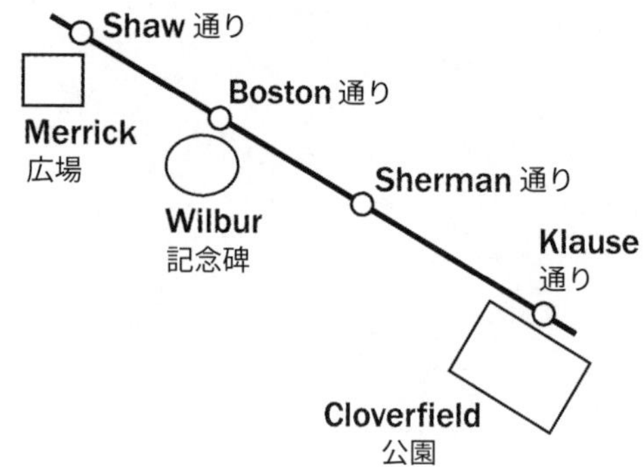

【語注】

(be) headed to ～　～へ向かう／run late　（予定より）遅れる／
be sure (that) ～　～（ということ）を確信している、～（ということ）に自信がある／meet　～を出迎える／
walk over　（ある場所へ）歩いていく／monument　記念碑、記念像
図表 square　広場
83 trouble　障害、（機械の）故障／traffic　交通量／unexpectedly　思いがけなく
84 give ～ a ride　～を車に乗せる／pick up ～　～を受け取る
85 stop　停留所／close to ～　～に近い

096

83

Why does the woman say she is late?

(A) She had a long meeting.
(B) She was having car trouble.
(C) There was a lot of traffic.
(D) A client arrived unexpectedly.

女性はなぜ遅れていると言っていますか。

(A) 長い会議があった。
(B) 車が故障していた。
(C) 交通量が多かった。
(D) 思いがけなくクライアントが来訪した。

正解 A

84

What does the woman ask the man to do?

(A) Give her a ride to the office
(B) Meet her at a bus stop
(C) Call an important client
(D) Pick up a bus ticket

女性は男性に何をするよう頼んでいますか。

(A) 彼女をオフィスまで車に乗せる
(B) バス停で彼女を出迎える
(C) 重要なクライアントに電話をかける
(D) バスの切符を受け取る

正解 B

85

Look at the graphic. Which stop is the woman close to now?

(A) Shaw Road
(B) Boston Avenue
(C) Sherman Road
(D) Klause Street

図を見てください。女性は今どの停留所の近くにいますか。

(A) Shaw 通り
(B) Boston 通り
(C) Sherman 通り
(D) Klause 通り

必答解説

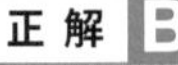

正解 B

設問は**図表に関する情報（女性の現在地から最も近い停留所）**を問うもの。図を見ながら会話を聞くが、できれば音声が流れる前にgraphic（ここでは路線図）をざっと眺めて、停留所が4つと施設が3つあることを確認しておきたい。女性の冒頭のI'm on the bus headed to the restaurantから、女性はバスに乗車中でレストランに向かっていると分かる。男性がレストランへの行き方が分かるか確認すると、女性はI just know it's near Cloverfield Park「Cloverfield公園の近くだということだけは知っている」と答えているが、このCloverfield Parkを聞いただけで、隣接する停留所である(D) Klause Streetを選んでしまわないようにしよう。続いて、How soon?と到着までの時間を尋ねられた女性はright now we're passing the Wilbur Monument「ちょうど今Wilbur記念碑の前を通過しているところだ」と現在地を答えている。路線図からWilbur Monumentに近接する停留所を確認すると、女性が今いるのは(B) Boston Avenueと分かる。

(A)と(C)は会話中に登場しないのですぐ不正解だと分かる。

097

Questions 86 through 88 refer to the following conversation and floor plan.

問題 86-88 は次の会話と間取図に関するものです。

M Welcome to the Natural History Museum. Can I help you?

自然史博物館へようこそ。ご用件をお伺いしましょうか。

W Hi—I'm trying to find the special Fossils exhibit I saw advertised on TV. Can you tell me how to get to it?

こんにちは——テレビで宣伝されているのを見た化石特別展を見つけようとしているのですが。どうやってそこに行けばよいか教えてもらえますか。

M Sure. We're here in the Main Hall. That's the Bird Hall over there. The fossils are just in the next room, on the other side of Bird Hall. It's a large well-lit space that we often use for special exhibits. That's where you want to go.

分かりました。現在地はここのメインホールです。あちらが鳥類ホールです。化石はそのすぐ隣の部屋で、鳥類ホールの向こう側です。そこは当館がよく特別展示用に使う広くて明るいスペースです。そこがお客さまがおいでになりたい場所です。

W Thanks. Oh—and is my ticket good for special exhibits?

ありがとう。あ——私のチケットは特別展に使えますか。

M Yes. Everything is included with regular admission at our museum.

はい。当博物館では通常の入場料に全てが含まれています。

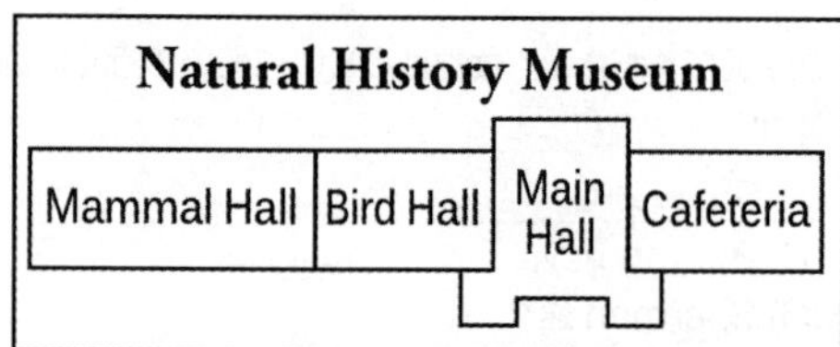

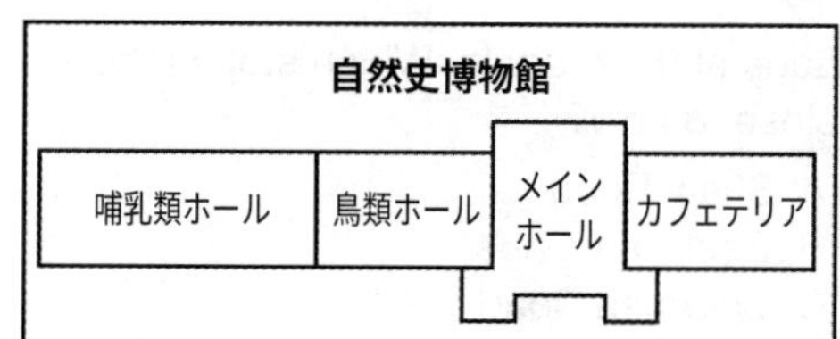

【語注】

floor plan　間取図、見取図／fossil　化石／exhibit　展示、展示会、展示品／see ～ *done*　～が…されるのを見る／advertise　～を宣伝する／get to ～　～に到達する／on the other side of ～　～の向こう側に、～の反対側に／well-lit　明るい ★lit は動詞 light「～を明るくする」の過去形・過去分詞／*be* good for ～　～に有効である、～に通用する／*be* included with ～　～に含まれている／admission　入場料、入場

図表 mammal　哺乳類

86 sign up for ～　～への参加を申し込む／inquire about ～　～について尋ねる

88 in advance　前もって／issue to ～　～に交付する／nonrefundable　返金不可の ★non- は名詞、形容詞、副詞の語頭に付ける否定辞。refundable は「払戻可能な」

098

86

Why does the woman talk to the man?

(A) To purchase a ticket
(B) To sign up for a tour
(C) To rent some equipment
(D) To inquire about an exhibit

女性はなぜ男性に話し掛けていますか。

(A) チケットを買うため
(B) 見学ツアーに申し込むため
(C) 機器を借りるため
(D) ある展示会について尋ねるため

正解 D

87

Look at the graphic. Where does the man tell the woman to go?

(A) To the Mammal Hall
(B) To the Bird Hall
(C) To the Main Hall
(D) To the Cafeteria

図を見てください。男性は女性にどこへ行くよう教えていますか。

(A) 哺乳類ホール
(B) 鳥類ホール
(C) メインホール
(D) カフェテリア

必答解説

正解 A

設問は**図表に関する情報（女性が向かうべき場所）**を問うもの。間取図なので場所の説明が述べられることが予測でき、並列した3つのホールの右側にカフェテリアがある間取りを把握しておく。女性が最初の発言でCan you tell me how to get to it? と化石特別展への行き方を尋ねるのが聞こえたら、図を見ながら集中して聞き取る。これに対する男性の返答のWe're here in the Main Hall. から、現在地はMain Hallと分かる。これが目的地でないのは明白だが、真っ先に聞こえたこの場所の名前を基に(C)を誤って選んでしまう可能性がある。正解を導くのに欠かせないのは、続く男性の説明部分That's the Bird Hall over there. The fossils are just in the next room, on the other side of Bird Hall. の聞き取りだ。男性は「あそこが鳥類ホールです。化石はその（鳥類ホールの）すぐ隣の部屋で、鳥類ホールの向こう側です」と述べており、図で確認するとメインホールから見て鳥類ホールの奥にあるのは哺乳類ホールなので、正解は(A)であると分かる。

男性のこの発言の中にはBird Hallが2回登場するため、耳に残った(B)を選んでしまう可能性もある。(D)については一切言及されない上、通常カフェテリアが展示会場になることはないので、選ぶ可能性は低いだろう。

88

What does the man say about the woman's ticket?

(A) It can be purchased in advance.
(B) It includes admission to special events.
(C) It is issued only to museum members.
(D) It is nonrefundable.

男性は女性のチケットについて何と言っていますか。

(A) 前もって買うことができる。
(B) 特別イベントの入場料を含んでいる。
(C) 博物館の会員にのみ発行される。
(D) 払い戻しはできない。

正解 B

Section 2 Part 3

099

Questions 89 through 91 refer to the following conversation and label template.

問題 89-91 は次の会話とラベルのひな型に関するものです。

W Pedro, there's a lot of interest in our new line of women's dresses planned for the spring. It looks like there will be a lot of demand, so we'd better increase production to be sure we have a supply of all garment sizes.

Pedro、春物として企画している当社の女性用ドレスの新商品ラインが多くの関心を集めています。需要がたくさんありそうなので、全サイズの在庫を確保するために生産量を増やした方がいいですね。

M In that case, I suggest we let the human resources department know that we'll need more workers.

その場合、うちの部署にもっと多くの従業員が必要になることを人事部に知らせてはどうでしょう。

W Right. I'll give them a call now.

そうですね。私が今すぐ電話をします。

M OK, great. And I was just working on the labels. In fact, the template for the label is up on my computer screen.

分かりました、ありがたいです。それと、私はちょうどラベルの作成をしていました。実は、ラベルのひな型が私のコンピューターの画面に出ています。

W Can I see? Oh, wait! These garments are 100 percent cotton, so they shouldn't be washed in warm water.

見てもいいですか。あ、待って！ これらの服は綿100%ですから、温水で洗ってはだめです。

M OK. I'll make that change now.

分かりました。今すぐそこを変更します。

Logo:	Anvi Designs
Size:	Large
Material:	100% Cotton
Care Instructions:	Wash in Warm Water
Origin:	Made in India

ロゴマーク：	Anvi デザイン社
サイズ：	L
素材：	綿 100%
取扱表示：	温水で洗濯
原産国：	インド産

【語注】
label　表示、ラベル／template　ひな型、テンプレート／interest in ～　～に対する関心／
line　商品ライン ★ここでは洋服の型・デザインを指す／we'd　★ここでは we had の短縮形／production　生産量／
supply　在庫、供給、補給／garment　衣服（の一品）／in that case　その場合、そうなると／
suggest (that) ～　～（ということ）を提案する／let ～ *do*　～に…させる／human resources department　人事部／
give ～ a call　～に電話をかける／up　現れて／warm water　温水／make a change　変更する
図表 logo　（商品名や社名の）意匠文字、ロゴ／material　素材／care　手入れ、扱い／
instructions　＜複数形で＞指示、使用説明（書）／origin　★ここでは country of origin「原産国」のこと
89 storage　保管／organize　～（催しなど）を企画・計画する／update　～を最新のものにする
90 confer with ～　～と協議する／photograph　～の写真を撮る

100

89

What does the woman say they will need to do?

(A) Rent storage space
(B) Increase production
(C) Organize a fashion show
(D) Update some equipment

女性は、会社は何をすることが必要だと言っていますか。

(A) 保管スペースを借りる
(B) 生産量を増やす
(C) ファッションショーを企画する
(D) 機器を最新のものにする

正解 B

90

What does the man suggest?

(A) Conferring with a client
(B) Contacting another department
(C) Photographing some designs
(D) Changing suppliers

男性は何を提案していますか。

(A) クライアントと協議する
(B) 別の部署と連絡を取る
(C) 図案の写真を撮る
(D) 供給会社を替える

正解 B

91

Look at the graphic. Which section of the label will the man need to revise?

(A) The logo
(B) The material
(C) The care instructions
(D) The country of origin

図を見てください。男性はラベルのどの部分を修正する必要がありますか。

(A) ロゴマーク
(B) 素材
(C) 取扱表示
(D) 原産国

必答解説

正解 C

設問は**図表に関する情報(ラベルの要修正箇所)**を問うもの。ラベルの話題は会話の後半に登場する。男性の2回目の発言にある And I was just working on the labels.「それと、私はちょうどラベルの作成をしていた」から集中して聞き取る。男性のコンピューターの画面を見た女性は These garments are 100 percent cotton と述べているが、この 100 percent cotton だけを基に (B) を選んでしまわないように注意。図を見ればすでに「100% Cotton」とあるのでラベルの修正は不要だ。重要なのはこの女性の発言の続きで、so they shouldn't be washed in warm water「だから、温水で洗ってはだめだ」だ。誤記を指摘された男性は最後の発言で I'll make that change now.「今すぐそこを変更する」と述べている。図をチェックすると確かに4行目に Care Instructions: Wash in Warm Water と誤った洗い方が記載されている。よって、修正が必要なのは (C) と分かる。

(A) や (D) に関連する話題は会話中に登場しないので、これらを間違って選ぶ確率は低いだろう。

Part 4 説明文問題

概要に関する設問

まず、トークの場面や趣旨、想定される聞き手などを問う概要に関する設問を中心に見ていきます。
概要を問う設問では、トーク全体をヒントにして、最も適切な選択肢を選びましょう。

101-102

92. Why has the meeting been called?
(A) To explain a manufacturing process
(B) To announce a merger
(C) To provide details on a contract
(D) To inform employees of an error

93. Why does the speaker say, "It's been a week"?
(A) To express concern about a delay
(B) To praise a team's performance
(C) To remind employees about a rule
(D) To agree with a business strategy

94. What does the speaker ask Masaki to do?
(A) Call a shipping company
(B) Verify some addresses
(C) E-mail staff members
(D) Give a speech

103-104

95. Who most likely are the listeners?
(A) Sales representatives
(B) Property managers
(C) Electrical engineers
(D) Maintenance workers

96. What does the speaker imply when she says,
"most people have a limited understanding of the topic"?
(A) A product must be redesigned.
(B) A topic should be explained clearly.
(C) A mistake could not be avoided.
(D) A task can only be done by professionals.

97. According to the woman, what is the listeners' goal?
(A) To meet a quota
(B) To lower expenses
(C) To recruit more employees
(D) To collaborate more effectively

※ Part 4 では、正答率に基づいて選んだ「必答問題」( )によって設問タイプをカテゴリー分けしています。
「必答問題」以外の設問に別カテゴリーのものが含まれている場合があるので、別カテゴリーの解説も参考にしてください。

105-106

98. What industry does the speaker most likely work in?

(A) Information Technology
(B) Shipping and Receiving
(C) Advertising
(D) Manufacturing

99. What is the speaker mainly talking about?

(A) A budget proposal
(B) Product designs
(C) A project delay
(D) Sample photos

100. What are the listeners asked to do?

(A) Review a schedule
(B) Work overtime
(C) Suggest some ideas
(D) Prepare a presentation

101

Questions 92 through 94 refer to the following excerpt from a meeting.

M Hi, everyone. Thanks for coming to this last-minute meeting. Remember the large order of glassware we shipped to the client in California? It's been a week. So, I called the shipping company this morning and apparently we put the wrong address on the labels. They've located the boxes and are reshipping them immediately to the correct address. But since we could have lost one of our biggest clients over this mistake, I want to make sure this never happens again. Masaki, I'd like you to go through our address list and double-check all of our clients' addresses.

問題92-94は次の会議の抜粋に関するものです。

皆さん、こんにちは。この急な会議に参加してくれてありがとう。当社がカリフォルニアの顧客に発送したガラス食器の大口注文を覚えていますか。あれからもう１週間たっています。そこで私は今朝運送会社に電話をしたのですが、どうやら私たちは荷札に間違った住所を記載してしまったようです。運送会社は荷箱のある場所を突き止めており、直ちに正しい住所へ発送し直すことになっています。しかし、当社はこのミスで最大の顧客の一つを失っていたかもしれないので、このようなことが二度と起こらないようにしたいと思います。Masaki、当社の住所録を全部調べて全顧客の住所を再確認してもらえますか。

【語注】

excerpt　抜粋／last-minute　土壇場の、間際の、直前の／glassware　ガラス製品、ガラス食器／
ship to ～　～へ出荷する、～へ発送する／shipping company　運送会社／apparently　どうやら～のようだ／
put ～ on …　～を…に記載する／label　荷札、ラベル／locate　～の場所を突き止める／reship　～を配送し直す／
could have *done*　～していたかもしれない ★仮定法過去完了／over　～をめぐって、～に関して／
make sure ～　～であるように気を付ける／go through ～　～をくまなく調べる／double-check　～を再確認する
92 call　～（会議）を招集する／manufacturing　製造の／merger　合併／contract　契約（書）／
inform ～ of …　～に…を知らせる／error　過失
93 delay　遅延／praise　～を賞賛する／performance　業績、成績／
remind ～ about …　～に…を思い出させる ★aboutの代わりにofも使われる
94 verify　～が正しいかどうか確かめる、～を検証する／give a speech　スピーチをする

102

92

Why has the meeting been called?

(A) To explain a manufacturing process
(B) To announce a merger
(C) To provide details on a contract
(D) To inform employees of an error

会議はなぜ招集されていますか。

(A) 製造工程について説明するため
(B) 合併を発表するため
(C) 契約についての詳細を提供するため
(D) 従業員に過失を知らせるため

必答解説

正解 D

設問は**概要（会議の目的）**に関するもので、このタイプの設問はトーク全体にヒントがあることが多い。問題文や会話冒頭の Hi, everyone. Thanks for ... meeting. から会議の導入部の発言と分かる。ここでは開催理由は述べられておらず、3 文目で Remember ...?「……を覚えていますか」と会議の趣旨が示唆されていることに注意。以降は出席者への現状説明が続くが、5 文目の apparently we put ... the labels「どうやら私たちは荷札に間違った住所を記載してしまったようだ」が要点であり、聞き取るべきポイントだ。この部分から、このことを言い換えた (D) が正解と判断できる。さらに、7 文目後半の I want to make sure this never happens again「このようなことが二度と起こらないようにしたいと思う」や、続く文の I'd like you to ... double-check all of our clients' addresses「全顧客の住所を再確認してもらえますか」を聞き取れれば、それらからも判断できるだろう。

一方、部分的に聞き取れた 3 文目の large order「大口注文」や 7 文目の our biggest clients「最大の顧客」といった語句にとらわれると、(C) を誤って選ぶ可能性がある。同様に、トーク中の shipped「発送した」や reshipping「発送し直す」が作業工程の説明と考えてしまうと (A) を、冒頭の meeting「会議」を聞き逃して何かの発表を行っている場面だと思ってしまうと (B) を選んでしまいかねない。概要に関する設問に対しては、選択を早まらず、全体からヒントを拾いながら正解を絞り込もう。

93

Why does the speaker say, "It's been a week"?

(A) To express concern about a delay
(B) To praise a team's performance
(C) To remind employees about a rule
(D) To agree with a business strategy

話し手はなぜ "It's been a week" と言っていますか。

(A) 遅延に関する懸念を表明するため
(B) チームの業績を賞賛するため
(C) 従業員に規則を思い出させるため
(D) 事業戦略に同意するため

正解 A

94

What does the speaker ask Masaki to do?

(A) Call a shipping company
(B) Verify some addresses
(C) E-mail staff members
(D) Give a speech

話し手は Masaki に何をするよう依頼していますか。

(A) 運送会社に電話をかける
(B) 住所が正しいことを確認する
(C) スタッフに E メールを送る
(D) スピーチをする

正解 B

103

Questions 95 through 97 refer to the following excerpt from a meeting.

W　Alright. Now that you've learned how to provide a cost estimate for solar panel installation, let's discuss how best to communicate with potential customers. When speaking about solar energy, remember this—most people have a limited understanding of the topic. In particular, they want to know how solar energy is harnessed by the solar panels we want to install. You'll find a chart in your folders; you'll find it useful when explaining the process to customers. Just keep in mind that you have a sales quota of fifteen units per month—that's your goal.

問題 95-97 は次の会議の抜粋に関するものです。

それでは、皆さんは太陽光パネル設置費用見積書の提示の仕方を習得しましたので、見込客と意思疎通を図る最善の方法について議論しましょう。太陽エネルギーについて話す際にはこのことを覚えておきましょう——ほとんどの人はこの話題について限られた知識しか持っていません。お客さまは特に、私たちが設置したい太陽光パネルによってどのように太陽エネルギーが動力源として利用できるのかを知りたいのです。皆さんの書類フォルダーの中に図があります。お客さまにそのプロセスを説明する際に、それが役に立つはずです。とにかく、皆さんには月に 15 台という販売ノルマがあることを覚えておいてください——それが皆さんの目標です。

【語注】
alright　それでは ★注意を喚起するときの言葉／now that ～　(今や) ～したので／cost estimate　費用見積 (書)／installation　設置／how best to *do*　一番うまく～する方法／potential　潜在的な／limited　限られた／understanding　理解 (力)、知識／harness　～ (自然の力) を (動力源に) 利用する／install　～を設置する／chart　図、グラフ／just　<命令文の前に置いて>とにかく／keep in mind that ～　～ということを覚えておく／quota　ノルマ、割り当て／unit　1 個、設備一式／per　～につき
95 sales representative　営業担当者／property　不動産、資産
96 redesign　～を再設計する／clearly　分かりやすく／avoid　～を避ける／professional　専門家
97 meet a quota　ノルマを果たす、割当量を満たす ★quota は「割り当て、持ち分」／lower　～を下げる、～を減じる／expenses　<複数形で>経費、費用／recruit　～を新規採用する／collaborate　共同作業をする／effectively　効率的に

104

95

Who most likely are the listeners?

(A) Sales representatives
(B) Property managers
(C) Electrical engineers
(D) Maintenance workers

聞き手は誰だと考えられますか。

(A) 営業担当者
(B) 不動産管理者
(C) 電気技師
(D) 保守作業員

必答解説

正解 A

設問は**概要（聞き手の職業）**に関するもの。当然ながら、トーク中で正解の職業名が直接的に述べられることはほとんどない。重要なのは、トーク中の複数の情報から総合的に判断することだ。ここでは、まず冒頭部分にヒントがある。2文目の how to provide a cost estimate for ... と how best to communicate with potential customers の2つから「費用見積書の提示」と「見込客との意思疎通」を含む職業を考えることで、(A) を正解の候補とすることができる。さらに、5文目で when explaining ... to customers「客に……を説明する際に」、続く文で you have a sales quota of ...「……という販売ノルマがある」と述べているので、(A) が正解と判断できる。

誤って選びやすいのは (C) だが、これは solar panel「太陽光パネル」や solar energy「太陽エネルギー」という聞き取りやすい語句のみから、聞き手に技術者のような人を連想した場合だ。同様に、solar panel installation「太陽光パネルの設置」というトークのテーマから住宅への設置を希望する客を連想すると、聞き手として (B) や (D) を選択してしまう可能性もある。耳に残りやすい語句（solar ～）だけにとらわれないことが肝心。

96

What does the speaker imply when she says, "most people have a limited understanding of the topic"?

(A) A product must be redesigned.
(B) A topic should be explained clearly.
(C) A mistake could not be avoided.
(D) A task can only be done by professionals.

話し手は "most people have a limited understanding of the topic" という発言で何を示唆していますか。

(A) ある製品は再設計されなければならない。
(B) ある話題は分かりやすく説明されるべきである。
(C) ミスは避けられなかった。
(D) ある仕事は専門家にしかできない。

正解 B

97

According to the woman, what is the listeners' goal?

(A) To meet a quota
(B) To lower expenses
(C) To recruit more employees
(D) To collaborate more effectively

女性によると、聞き手の目標は何ですか。

(A) ノルマを果たすこと
(B) 経費を減らすこと
(C) もっと多くの従業員を新規採用すること
(D) より効率よく共同作業すること

正解 A

Questions 98 through 100 refer to the following excerpt from a meeting.

M　The next item on the agenda is an update on our advertising contracts. We were planning on starting work on the video game console advertisement, but the client called and said that the game console won't be ready in time. So it looks like we won't be able to start on the advertising campaign as originally planned. They won't be running the ads until next year. Since this will affect our schedule for the coming months, here's a revised timeline. Take a moment and check the dates for any potential conflicts with your new assignments.

問題98-100は次の会議の抜粋に関するものです。

次の議題は当社の広告請負契約に関する最新情報です。当社はテレビゲーム機の宣伝に着手する予定でしたが、クライアントが電話で、ゲーム機の準備が間に合わないと言ってきました。つまり、私たちは当初の予定通りに広告キャンペーンに取り掛かることができない模様です。彼らは来年まで広告を出さない予定です。これは今後数カ月の当社のスケジュールに影響しますので、修正した日程を用意しました。少し時間を取って、皆さんの新たな仕事とスケジュールがかち合う可能性がないか、日取りを確認してください。

【語注】

item　項目／agenda　議題／update on ～　～の最新情報／contract　契約（書）、請負／plan on *doing*　～する予定である／video game console　テレビゲーム機／in time　間に合って／start on ～　～に取り掛かる／as originally planned　当初予定された通りに／not ～ until …　…まで～ない、…になって初めて～／run an ad　広告を出稿する／affect　～に影響する／the coming months　今後数カ月／revise　～を修正する、～を改訂する／timeline　日程、予定表、所要時間・日数／take a moment and *do*　少し時間を取って～する／check ～ for …　…がないか～を点検する／potential　潜在的な、可能性のある／conflict　（予定の）重なり、不都合／assignment　仕事、任務

98 information technology　IT、情報技術／shipping　出荷、配送／manufacturing　製造業

99 sample　（商品）見本、サンプル

100 work overtime　残業をする／prepare　～を準備する

106

98

What industry does the speaker most likely work in?

(A) Information Technology
(B) Shipping and Receiving
(C) Advertising
(D) Manufacturing

話し手はどの業界で働いていると考えられますか。

(A) 情報技術
(B) 出入荷
(C) 広告
(D) 製造

正解 C

99

What is the speaker mainly talking about?

(A) A budget proposal
(B) Product designs
(C) A project delay
(D) Sample photos

話し手は主に何について話していますか。

(A) 予算提案書
(B) 製品設計
(C) プロジェクトの遅れ
(D) サンプルの写真

必答解説

正解 C

設問は**概要（トークの主題）**に関するもの。冒頭で The next item on the agenda is an update on our advertising contracts.「次の議題は当社の広告請負契約に関する最新情報だ」と言っているので、「広告契約」に関する具体的なトピックを選択肢から選ぶ。聞き取るべきは2文目後半の but 以降の内容だ。この but はとても速く短く発音されているので聞き逃さないようにしよう。the game console won't be ready in time「ゲーム機の準備が間に合わない」とあるが、この時点で (C) が正解だと予測できる。さらに、3文目の we won't be able to start on ... as originally planned「私たちは当初の予定通りに……に取り掛かることができない模様だ」に続いてその対応策を述べていることから、確信を持って (C) を選ぶことができるだろう。

(B) は、聞き取りやすい (video) game console からの連想で選択してしまう可能性がある。また、トーク中に最も多く繰り返されているのが advertise の派生語（advertising、advertisement、ads）で、それにとらわれると (A) や (D) も選んでしまいがちだ。概要に関する設問では、提示される複数の情報を総合して正解を考えることがポイントだが、繰り返される語（特に名詞）に惑わされないように注意したい。

100

What are the listeners asked to do?

(A) Review a schedule
(B) Work overtime
(C) Suggest some ideas
(D) Prepare a presentation

聞き手は何をするよう依頼されていますか。

(A) スケジュールを見直す
(B) 残業をする
(C) アイデアを提案する
(D) プレゼンテーションの準備をする

正解 A

聞き手がすることを問う設問

ここでは、聞き手が行うこと、あるいは聞き手に求められている行動を問う設問を中心に見ていきます。このタイプの設問では、トーク内の特定の発言を手掛かりにして、最も適切な選択肢を選びましょう。

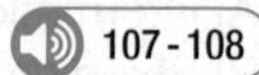

101. At which event is the announcement being made?

(A) A book fair
(B) A product launch
(C) A technology conference
(D) A charity fund-raiser

102. According to the speaker, what can some listeners do tomorrow?

(A) Go on a tour
(B) Attend an opening ceremony
(C) Participate in a focus group
(D) Win a prize

103. What are the listeners instructed to do?

(A) Use an alternate entrance
(B) Register in advance
(C) Complete a survey
(D) Meet at a designated location

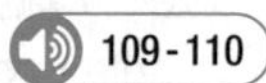

104. Which department does the speaker work for?

(A) Building Security
(B) Public Relations
(C) Technology
(D) Payroll

105. What does the speaker ask the listener to do?

(A) Train her on some software
(B) Send an employee to her office
(C) Check some payment information
(D) Attend an orientation

106. What does the speaker mean when she says, "This form is only one page, though"?

(A) A policy has been changed.
(B) A task should not take long.
(C) The wrong document was given out.
(D) Some instructions are unclear.

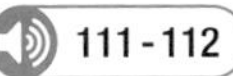

107. What is the purpose of the talk?

(A) To offer some training
(B) To revise a handbook
(C) To recommend a hotel
(D) To introduce new staff

108. According to the speaker, what should the listeners remember to do?

(A) Reinstall some software
(B) Complete daily reports
(C) Submit travel vouchers
(D) Save some data

109. Why does the speaker apologize?

(A) His colleague is unavailable.
(B) His computer is malfunctioning.
(C) Some assignments are delayed.
(D) Some requests have been denied.

107

Questions 101 through 103 refer to the following announcement.

W Good morning, everyone! We hope you've been enjoying the conference on educational technology this week. Tomorrow, in addition to our workshops and presentations, you'll have the option of leaving the convention center to go on one of the site visits we've arranged. There are two choices. You can tour either a local high school or the public library's computer laboratory. These tours are free, and we expect them to be very popular. We have limited seats on the buses, so please make sure to sign up early at the desk by the entrance.

問題 101-103 は次のお知らせに関するものです。

皆さん、おはようございます！ 今週は教育工学に関する協議会を楽しんでいただいていることと思います。明日は講習会とプレゼンテーションに加え、会議場を出て、私たちが手配した現場視察にお出掛けいただけるオプションもございます。2つの選択肢があります。地元の高校もしくは公立図書館のコンピューター室のどちらかを見学することができます。これらの見学ツアーは無料で、大人気になると予想しております。バスの座席に限りがありますので、入り口そばのカウンターで、忘れずにお早めにお申し込みください。

【語注】

conference　大会議、協議会／educational technology　教育工学／in addition to ～　～に加えて／option　選択肢／convention center　会議場／go on ～　～に出掛ける／site visit　現場視察／tour　～を見学する／either *A* or *B*　A か B のどちらか／laboratory　実習室、研究室／free　無料の、ただの／expect ～ to *do*　～が…すると予期する／make sure to *do*　確実に～する、忘れずに～する／sign up　（参加の）申し込みをする、手続きをする／desk　カウンター、受付

101 launch　新発売、開業／charity　慈善／fund-raiser　募金イベント

102 participate in ～　～に参加する／focus group　フォーカスグループ ★市場調査のために選ばれた消費者のグループ／win a prize　賞を獲得する

103 alternate　別の、代わりの／register　登録する／in advance　事前に、前もって／complete　～（の全ての項目）に記入する／survey　アンケート、調査／designated　指定された

108

101

At which event is the announcement being made?

(A) A book fair
(B) A product launch
(C) A technology conference
(D) A charity fund-raiser

お知らせはどのイベントでされていますか。

(A) ブックフェア
(B) 製品発売
(C) 工学会議
(D) 慈善募金イベント

正解 C

 **102**

According to the speaker, what can some listeners do tomorrow?

(A) Go on a tour
(B) Attend an opening ceremony
(C) Participate in a focus group
(D) Win a prize

話し手によると、一部の聞き手は明日何をすることができますか。

(A) 見学ツアーに出掛ける
(B) 開会式典に出席する
(C) フォーカスグループに参加する
(D) 賞を獲得する

必答解説

正解 A

設問は**聞き手がすること（聞き手が明日できること）**を問うもの。このタイプの設問には、話者が聞き手に具体的な行動を促している場合や、このトークのように行動の選択肢を提示している場合などがある。トークの聞き手は皆さん（you）なので、you を主語にした文をしっかり聞き取ること。このお知らせでは冒頭のあいさつに続き、3 文目の Tomorrow 以降で明日の予定（現場視察）について説明している。視察先の 2 つの選択肢に関して 5 文目で You can ...と述べている部分が聞き取りポイント。tour either *A* or *B*「A または B のどちらかを見学できる」が聞き取れれば、それをシンプルに言い換えた (A) の「見学ツアーに出掛ける」を選ぶことができる。

(B) と (C) は、お知らせの内容と関連する attend「～に出席する」、participate in ～「～に参加する」につられてしまうと、つい正解に選んでしまうかもしれない。また、全体をぼんやり聞いて conference や presentation などが耳に残ってしまった場合は、(D) を連想から選んでしまう可能性もある。

103

What are the listeners instructed to do?

(A) Use an alternate entrance
(B) Register in advance
(C) Complete a survey
(D) Meet at a designated location

聞き手は何を指示されていますか。

(A) 別の入り口を使う
(B) 事前に登録する
(C) アンケートに全て記入する
(D) 指定の場所で会う

正解 B

109

Questions 104 through 106 refer to the following telephone message.

W　Hi, it's Soon-Hee from Payroll. I'm looking over some paperwork for your new employee, um... a Mr. Kyle Ellis. He didn't fill out one of the tax forms he received at yesterday's new-hire orientation. I can't finish entering him into our system until I have that information. It's important we take care of this today, so he can get paid on time. Can you send Mr. Ellis to my office as soon as possible? I realize this may interrupt his training. This form is only one page, though. Um... thanks.

問題 104-106 は次の電話のメッセージに関するものです。

こんにちは、給与課の Soon-Hee です。そちらの新しい従業員用の事務書類に目を通しているところでして、えーと……Kyle Ellis さんという方です。彼は昨日の新入社員オリエンテーションで受け取った納税申告用紙のうちの 1 枚に記入していませんでした。その情報をもらうまで、当社システムへの彼の登録を完了できません。彼が期日通りに給与の支払いを受けられるように、本日この件を処理することが重要です。Ellis さんを至急私のオフィスへ寄越してもらえますか。これが彼の研修を中断させるかもしれないことは分かっています。ですが、この用紙はたった 1 ページです。えー、よろしくお願いします。

【語注】

Payroll　給与課／look over ～　～に目を通す／paperwork　事務書類／
a Mr. Kyle Ellis　★<a ＋敬称＋人名>で「～という方」という意味／fill out ～　～に記入する／form　用紙／
new-hire　新入社員の／not ～ until …　…になって初めて～、…まで～ない／enter　～を登録する／
take care of ～　～を処理する、～を取り扱う／get paid　支払いを受ける、報酬をもらう／on time　時間通りに／
send ～ to …　～を…へ寄越す／realize　～を自覚する、～がよく分かる／interrupt　～を中断させる／though　しかし

104 security　警備部門／Public Relations　広報課

105 train ～ on …　…について～を教育する、…について～に研修をする

106 take long　（時間が）長くかかる／give out ～　～を配付する／instructions　<複数形で>指示／
unclear　不明瞭な、不明確な

110

104

Which department does the speaker work for?

(A) Building Security
(B) Public Relations
(C) Technology
(D) Payroll

話し手はどの部署で働いていますか。

(A) ビル警備課
(B) 広報課
(C) 技術課
(D) 給与課

正解 D

105

What does the speaker ask the listener to do?

(A) Train her on some software
(B) Send an employee to her office
(C) Check some payment information
(D) Attend an orientation

話し手は聞き手に何を依頼していますか。

(A) ソフトウエアに関して彼女を教育する
(B) 従業員を彼女のオフィスに寄越す
(C) 支払情報を確認する
(D) オリエンテーションに参加する

必答解説

正解 B

設問は**聞き手がすること(話し手が依頼している、聞き手がすべきこと)**を問うもの。冒頭のあいさつに続くI'm looking over ... your new employeeから、用件は聞き手の部署の新しい従業員に関する事柄と分かる。3～5文目の直面しているトラブルの説明に続く依頼表現Can you send ... to my office as soon as possible?「……を至急私のオフィスに寄越してもらえますか」が聞き取りポイント。ここから、話し手が聞き手に依頼しているのは(B)の「従業員を彼女のオフィスに寄越す」ことだと分かるだろう。

(C)は、some payment informationがトークの話題に関連があるため、間違って選びやすい選択肢だが、話し手は聞き手に「情報の確認」は依頼していない。(A)は6文目の依頼表現Can you ...?の直後の文に出てくるtraining、(D)は耳に残りやすいorientationのみに頼ると誤って選びかねないが、Can you ...?の依頼表現をきちんと聞き取れれば、そうした間違いは避けられるだろう。

106

What does the speaker mean when she says, "This form is only one page, though"?

(A) A policy has been changed.
(B) A task should not take long.
(C) The wrong document was given out.
(D) Some instructions are unclear.

話し手は"This form is only one page, though"という発言で何を意図していますか。

(A) 方針が変更された。
(B) 作業は長くはかからないはずだ。
(C) 間違った書類が配布された。
(D) 指示が不明瞭である。

正解 B

111

Questions 107 through 109 refer to the following instructions.

M　Thanks for coming to this informal training session. So, this new scheduling software is something all managers will be using from now on. It's not complicated, but a couple of its features are different from our old scheduling software. I've already got it open on my computer, so let's look at the spreadsheet with employees' names. First, after entering the hours for an employee, remember to hit Save not Next. You have to save one person's data before you can enter the next. Oh no, my computer seems to have stopped working. Let me restart it and try again—I'm sorry for this interruption.

問題 107-109 は次の指示に関するものです。

この非公式の研修会に来ていただき、ありがとうございます。さて、この新しいスケジュール管理ソフトは、今後管理者全員が使うことになっているものです。複雑ではありませんが、幾つかの機能が以前のスケジュール管理ソフトと異なっています。すでに私のコンピューター上でそれを開いてありますので、従業員の名前の入ったスプレッドシートを見てみましょう。まず、従業員の勤務時間を入力したら、Next ではなく Save を押すのを忘れないようにしてください。次の人のデータを入力する前に 1 名分のデータを保存しなければなりません。あれ、困りました、私のコンピューターが動かなくなったようです。再起動してもう一度やってみます——この中断についておわびします。

【語注】

informal　非公式の、堅苦しくない／session　集まり、会／manager　管理者／will be *doing*　～することになる／from now on　これからは／complicated　複雑な／a couple of ～　幾つかの～／feature　機能／get ～ …　～を…の状態にする ★…には形容詞か過去分詞が入る／spreadsheet　スプレッドシート、表計算ソフトのシート／hours　<複数形で>勤務時間／remember to *do*　～することを覚えておく、必ず～する／hit　～(スイッチ・ボタンなど)を押す／save　～を保存する／the next　★ここでは the next person's data を指す／seem to have *done*　～したようだ／work　作動する、(正常に)機能する／restart　～を再起動する／interruption　中断
107 purpose　目的／offer training　研修を行う
108 reinstall　～をインストールし直す／complete　～を完了する、～を仕上げる／daily report　日報／submit　～を提出する／travel　出張／voucher　領収証、料金預かり証、引換券
109 unavailable　手が空いていない／malfunction　うまく機能しない／assignment　割り当てられた仕事、任務／deny　～を拒む、～を拒否する

112

107

What is the purpose of the talk?

(A) To offer some training
(B) To revise a handbook
(C) To recommend a hotel
(D) To introduce new staff

話の目的は何ですか。

(A) 研修を行うこと
(B) 手引書を改訂すること
(C) ホテルを推薦すること
(D) 新しいスタッフを紹介すること

正解 A

108

According to the speaker, what should the listeners remember to do?

(A) Reinstall some software
(B) Complete daily reports
(C) Submit travel vouchers
(D) Save some data

話し手によると、聞き手は何を忘れずに行うべきですか。

(A) ソフトウエアをインストールし直す
(B) 日報を仕上げる
(C) 出張の領収書を提出する
(D) データを保存する

必答解説

正解 D

設問は**聞き手がすること（聞き手が忘れずに行うべきこと）**を問うもの。冒頭のあいさつに続き、スケジュール管理ソフトの説明がなされるが、4文目後半の聞き手への呼び掛け let's look at ...「……を見てみましょう」からが聞き取りポイント。First「まず」で始まる1つ目の指示の remember to hit Save not Next「Next ではなく Save を押すのを忘れないように」と、2つ目の指示（1つ目の補足）の You have to save one person's data「1名分のデータを保存しなければならない」から (D) が正解。

間違えやすいのは (A)。これを選んでしまうのは、最後の文で話し手が言っている Let me restart it and try again を聞き手が行うことと勘違いしてしまうためだ。誰がする行為か、話の流れと文意を正しく把握して見極めることが大事。(B) は、トークに出てくる scheduling software、spreadsheet、the hours for an employee などだけを頼りに選んでしまう可能性がある。(C) は、出張については述べられておらず、また travel vouchers「出張の領収書」という語が難しいため選びにくい選択肢だろう。

109

Why does the speaker apologize?

(A) His colleague is unavailable.
(B) His computer is malfunctioning.
(C) Some assignments are delayed.
(D) Some requests have been denied.

話し手はなぜ謝っていますか。

(A) 同僚の手が空いていない。
(B) 彼のコンピューターがうまく機能していない。
(C) 割当業務が遅れている。
(D) 依頼が拒まれた。

正解 B

発言の意図を問う設問

ここでは、トーク内のある発言の意図を問う設問を中心に見ていきます。
意図を問う設問では、前後の文脈を重視して、最も適切な選択肢を選びましょう。

110. Who is the telephone message for?

(A) A dietician
(B) A caterer
(C) A truck driver
(D) A store owner

111. What does the speaker mean when she says, "do you carry local fruit"?

(A) She cannot find the products she is looking for.
(B) She wants the listener to give her some advice.
(C) She wants the listener to sell her products.
(D) She is worried about a shipment.

112. What does the speaker say she can do tomorrow?

(A) Make a phone call
(B) Provide samples
(C) Send an invoice
(D) Visit a clinic

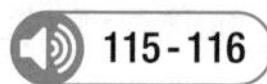

113. What kind of equipment has just been installed?

(A) Shredders
(B) Projectors
(C) Computers
(D) Printers

114. What product feature does the speaker emphasize?

(A) It is energy efficient.
(B) It is durable.
(C) It is secure.
(D) It is inexpensive.

115. Why does the speaker say, "but they're generally very busy"?

(A) To complain about a difficult work schedule
(B) To offer to repair some equipment
(C) To encourage the listeners to be patient
(D) To suggest hiring more staff

117-118

116. Where does the speaker work?

(A) At a farm
(B) At a factory
(C) At a television station
(D) At a repair shop

117. What does the speaker imply when she says, "all the machines are already running"?

(A) Some instructions were not followed.
(B) It is too late to change an assignment.
(C) A project deadline will be met.
(D) Extra help will not be needed.

118. What is the speaker concerned about?

(A) Misplacing a manual
(B) Exceeding a budget
(C) Breaking a contract
(D) Wasting materials

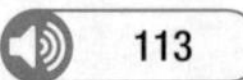

Questions 110 through 112 refer to the following telephone message.

W Good afternoon. This message is for the owner of Fresh and Healthy Market. My name is Kerry Yamada, and I visited your shop for the first time last week. I own an orchard—we grow mainly apples and pears. We're located nearby, on State Route 25. Anyway, when I was at your shop, you didn't have a large supply of apples. So I was wondering... do you carry local fruit? If you're interested, I can drop off a few samples of different varieties for you to taste. I'm coming back into town tomorrow. My number is 555-0132.

問題 110-112 は次の電話のメッセージに関するものです。

こんにちは。このメッセージは、Fresh and Healthy マーケットの所有者さまに向けたものです。私の名前は Kerry Yamada で、先週初めてあなたのお店を訪れました。私は果樹園を1つ所有しています——当園は主にリンゴと洋ナシを栽培しています。場所はすぐ近くの、州道 25 号沿いです。さて、私があなたのお店に伺ったとき、リンゴがあまりたくさん置いてありませんでした。そこで思っていたのですが……あなたのお店は地元の果物を扱っておられますか。もし関心がおありでしたら、試食していただけるように何種類かの果物の見本を幾つかお持ちできます。私は明日、町に戻ります。私の電話番号は 555-0132 です。

【語注】

for the first time　初めて／orchard　果樹園／grow　～を栽培する、～を産出する／pear　洋ナシ／
be located　～に位置する／anyway　（本題に移って）さて／supply　在庫、供給量／wonder　疑問に思う／
carry　～（商品など）を（在庫として）持っている、～を扱っている／local　地元の／
drop off ～　～を持っていく、～を置いていく／sample　見本、試供品
110 dietician　栄養士／caterer　仕出業者
111 sell　～（商品）を扱っている、～を販売している／product　生産物、製品／shipment　<可算名詞で>出荷品
112 invoice　請求（明細）書

114

110

Who is the telephone message for?

(A) A dietician
(B) A caterer
(C) A truck driver
(D) A store owner

電話のメッセージは誰に向けたものですか。

(A) 栄養士
(B) 仕出業者
(C) トラックの運転手
(D) 店の所有者

正解 D

111

What does the speaker mean when she says, "do you carry local fruit"?

(A) She cannot find the products she is looking for.
(B) She wants the listener to give her some advice.
(C) She wants the listener to sell her products.
(D) She is worried about a shipment.

話し手は "do you carry local fruit?" という発言で何を意図していますか。

(A) 探している生産物を見つけることができない。
(B) 聞き手に自分へのアドバイスをしてほしい。
(C) 聞き手に自分の生産物を販売してほしい。
(D) 出荷品について心配している。

必答解説

正解 C

設問は**発言の意図**を問うもの。可能なら音声が流れる前に設問文に目を通し、local fruit「地元の果物」を頭に入れておく。通常、電話のメッセージでは冒頭で発信者の情報と電話をかけた理由が伝えられるが、ここでは3文目で名前（Kerry Yamada）、4文目で職業（果樹園所有者）が述べられるのみだ。6文目で店を訪れた際に「リンゴをあまりたくさん置いていなかった」と述べた後、続く文でSo I was wondering ... do you carry local fruit?「そこで思っていたのですが……あなたのお店は地元の果物を扱っているか」と尋ねるが、これが電話をかけた理由だ。carryは「～を扱っている、～を販売している」の意味。ここまでの情報とこの発言以降の内容の「試食用の見本を持っていける」を踏まえると、発言の意図は(C)と解釈できる。

間違いやすいのは(A)。トーク中の「リンゴをあまりたくさん置いていなかった」という感想の意図を誤解すると選んでしまうだろう。(B)は果樹園所有者とマーケット所有者という取引関係から、(D)はトーク中のsupply「在庫」と選択肢にあるshipment「出荷品」との関連性から、選んでしまう可能性がある。発言の意図を問う設問は、その発言の正しい解釈がポイントとなるので、トーク全体の話の流れに注意して、最も適切と思われるものを選ぼう。

112

What does the speaker say she can do tomorrow?

(A) Make a phone call
(B) Provide samples
(C) Send an invoice
(D) Visit a clinic

話し手は明日、何をすることができると言っていますか。

(A) 電話をかける
(B) 見本を提供する
(C) 請求書を送る
(D) クリニックに行く

正解 B

115

Questions 113 through 115 refer to the following announcement.

M　Hello, everyone. I just wanted to brief you all on the printers that have just been set up in our department. I know many of you hoped we would be getting new computers, but that won't happen until next year. Now—the new printers have an additional level of security. They should be simple to use, though. Before you get your printouts, all you'll have to do is type in your password at the machine. If you have a problem, we do have technicians, but they're generally very busy. Let me know if you haven't been able to reach them after two business days.

問題 113-115 は次のお知らせに関するものです。

皆さん、こんにちは。当部署に設置されたばかりのプリンターについて、皆さん全員にご説明したいと思っていました。皆さんの多くは会社が新しいコンピューターを買うことになるだろうと期待していたでしょうが、それは来年までないでしょう。さて——新しいプリンターはセキュリティーのレベルがさらに高くなっています。ですが、使うのは簡単なはずです。出力をする前に、プリンターにご自分のパスワードを入力するだけです。問題が起きた場合、もちろん技術者がいますが、彼らはたいてい非常に忙しいです。2 営業日たっても彼らと連絡が取れない場合は、私に知らせてください。

【語注】

brief ～ on …　～に…について説明する／set up ～　～を設置する／would be *doing*　～することになるだろう／not ～ until …　…まで～ない／additional　さらなる／level　段階／simple　簡単な／printout　出力紙、プリントアウト、印刷したもの／all you'll have to do is *do*　あなたがしなければならないのは～だけだ／technician　技術者／generally　たいてい、大半の場合／reach　～に連絡を取る／business day　営業日

113 shredder　シュレッダー、細断機

114 energy efficient　エネルギー効率のよい、省エネの／durable　耐久性のある／secure　安全な／inexpensive　低価格の

115 offer to *do*　～すると申し出る／encourage ～ to *do*　～に…するよう促す／suggest *doing*　～するよう提案する

116

113

What kind of equipment has just been installed?
(A) Shredders
(B) Projectors
(C) Computers
(D) Printers

どんな機器が設置されましたか。
(A) シュレッダー
(B) プロジェクター
(C) コンピューター
(D) プリンター

正解 D

114

What product feature does the speaker emphasize?
(A) It is energy efficient.
(B) It is durable.
(C) It is secure.
(D) It is inexpensive.

話し手は製品のどのような特長を強調していますか。
(A) エネルギー効率がよい。
(B) 耐久性がある。
(C) 安全である。
(D) 低価格である。

正解 C

115

Why does the speaker say, "but they're generally very busy"?
(A) To complain about a difficult work schedule
(B) To offer to repair some equipment
(C) To encourage the listeners to be patient
(D) To suggest hiring more staff

話し手はなぜ "but they're generally very busy" と言っていますか。
(A) 困難な作業スケジュールに不満を述べるため
(B) 機器を修理することを申し出るため
(C) 聞き手に辛抱するよう促すため
(D) もっとスタッフを雇用するよう提案するため

必答解説

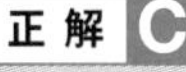

正解 C

設問は**発言の意図**を問うもの。できれば、先に設問文を確認して発言の内容を頭に入れるとともに、発言中の逆接の but に着目し、トークの中のこれに先行する内容も聞き取る心構えをしておく。このトークは 4 文目の Now「さて」から本題が始まるが、話題は新しいプリンターの使用方法だ。7 文目に設問の発言を含む文に先行する部分があり、If you have a problem, we do have technicians「問題が起きた場合、もちろん技術者がいる（=問題を解決してもらえる）」と体制は万全だが、実情として but they're generally very busy「だが、彼らはたいてい非常に忙しい」という話の流れだと分かる。そして、続く最後の文の Let me know if you haven't been able to reach them after two business days.「2 営業日たっても彼らと連絡が取れない場合は、私に知らせてください」から、発言の理由は (C) と判断できる。

トークの内容をきちんと聞き取らず、設問文に引用されている発言のみから判断しようとすると、(A)、(B)、(D) も妥当に思える。発言の前後を含めてトークの流れを正しく捉えよう。

117

Questions 116 through 118 refer to the following telephone message.

W Hi, it's Sofia, one of the inspectors at the factory. Since you're the manager, I wanted to let you know about something. At the staff meeting last week I discussed the new inspection procedures with all the teams. I told everyone that the production teams would have to wait for their machines to be inspected before turning them on each morning. Well, I just arrived to do the inspection, and all the machines are already running. Remember, the purpose of the inspections is to check the machine settings. If the settings aren't correct, a lot of raw materials could be wasted, which is a problem. Please call me back at the factory.

問題 116-118 は次の電話のメッセージに関するものです。

こんにちは、工場検査員の一人の Sofia です。あなたは工場長なので、お知らせしたいことがあります。先週のスタッフ会議で、私はチーム全員と新しい点検手順について話し合いました。私は皆に製造チームは毎朝電源を入れる前に機械が点検されるのを待たなければならないと伝えました。それで、私は点検をするためにたった今到着しましたが、全ての機械がすでに稼働しています。思い出していただきたいのですが、点検の目的は機械の設定をチェックすることです。設定が正しくないと多くの原材料が無駄になりかねず、それは問題です。私は工場におりますので折り返しお電話をください。

【語注】

inspector 検査官、調査官／inspection 点検、(立入) 検査／procedure 手順、手続き／production 製造／turn on ～ ～のスイッチを入れる／run (機械などが) 作動する、動く／setting 設定／raw materials 原材料 ★raw は「未加工の」、material は「原料、材料」／could ～する可能性がある／waste ～を無駄にする／call ～ back ～に折り返し電話をする

116 television station テレビ局／repair 修理、修繕

117 follow ～を守る、～に従う／meet a deadline 期限を守る、締め切りに間に合う／extra 余分の、臨時の

118 misplace ～を置き忘れる／exceed ～を超過する／break a contract 契約を破棄する

118

116

Where does the speaker work?

(A) At a farm
(B) At a factory
(C) At a television station
(D) At a repair shop

話し手はどこで働いていますか。

(A) 農場
(B) 工場
(C) テレビ局
(D) 修理店

正解 B

117

What does the speaker imply when she says, "all the machines are already running"?

(A) Some instructions were not followed.
(B) It is too late to change an assignment.
(C) A project deadline will be met.
(D) Extra help will not be needed.

話し手は "all the machines are already running" という発言で何を示唆していますか。

(A) 指示が守られていなかった。
(B) 割当業務を変更するには遅過ぎる。
(C) プロジェクトの期限は守られるだろう。
(D) 追加の手助けは必要ないだろう。

必答解説

正解 A

設問は**発言の意図**を問うもの。この発言は代名詞を含まない理解しやすい文なので、「全ての機械がすでに稼働している」という文意をしっかり押さえておく。聞き取るべき情報が多いトークだが、まずは電話のメッセージの流れに従い、冒頭で発信者（工場検査員の一人）と電話の目的（工場長［=受信者］への報告）を確認しておく。発信者である女性は、点検手順の説明において、4文目のI told ... each morning.で「毎朝電源を入れる前に機械が点検されるのを待たなければならないと伝えた」と述べているが、これに続くのが設問文の発言を含む文だ。I just arrived to do the inspection, and「私は点検をするためにたった今到着した、そうしたら」に続いてこの発言が述べられているので、点検を待たずに電源が入っていたことが分かる。よって「指示が守られていなかった」という(A)が正解だ。6文目のRemember以降の補足説明からも女性の懸念が理解できる。

間違いやすいのは(B)。話の流れを無視して、発言のare already running「すでに稼働している」と選択肢のIt is too late to change「変更するには遅過ぎる」を結び付けてしまうとつい選んでしまう。同様に「すでに稼働している」のみを手掛かりにすると、(C)や(D)を連想してしまう可能性もあるだろう。話の流れと、引用された発言の前後の文脈をしっかり把握しよう。

118

What is the speaker concerned about?

(A) Misplacing a manual
(B) Exceeding a budget
(C) Breaking a contract
(D) Wasting materials

話し手は何を心配していますか。

(A) マニュアルを置き忘れること
(B) 予算を超過すること
(C) 契約を破棄すること
(D) 原料を無駄にすること

正解 

次の行動を問う設問

ここでは、聞き手あるいは話し手の次の行動を問う設問を中心に見ていきます。
次の行動を問う設問では、トークの最後の方の情報に注目して、最も適切な選択肢を選びましょう。

119. Where does the speaker most likely work?

(A) At a mobile phone manufacturer
(B) At a radio station
(C) At an Internet service provider
(D) At a clothing store

120. What does the speaker mean when he says, "but the phones are still ringing"?

(A) The company continues to receive complaints.
(B) The company needs additional staff.
(C) The company is still taking orders.
(D) The company's advertising was effective.

121. What will the listeners most likely do next?

(A) Promote a business
(B) Revise some résumés
(C) Make a repair
(D) Read a document

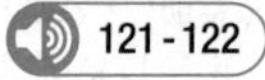

122. What industry does the speaker work in?

(A) Renewable energy
(B) Computer technology
(C) Publishing
(D) Real estate

123. What does the speaker imply when he says, "hundreds of businesses have signed up"?

(A) He is worried about meeting client demands.
(B) He expects an industry to start changing.
(C) The listeners should choose his company.
(D) The listeners will receive a list of contacts.

124. What will the listeners see in the video?

(A) A virtual tour
(B) An award-acceptance speech
(C) Product features
(D) Installation instructions

125. Who is Anne Pochon?

(A) A museum director
(B) A photographer
(C) A film producer
(D) A sculptor

126. What does the speaker say will happen in June?

(A) An art exhibit will be held.
(B) A company merger will take place.
(C) A documentary will be released.
(D) A shop will be renovated.

127. What will the speaker most likely do next?

(A) Provide directions
(B) Take some pictures
(C) Autograph some books
(D) Interview a guest

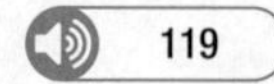

Questions 119 through 121 refer to the following announcement.

M Hi, everyone. As you know, a lot of customers called yesterday to say they were upset about how long it was taking to fix the widespread outage of our Internet service. The Internet is up and running again, but the phones are still ringing. Because of this, we're going to offer our customers a free upgrade. The document I'm passing out to you provides more information about this compensation plan, so please take a look at it now and let me know if you have questions.

問題 119-121 は次のお知らせに関するものです。

皆さん、こんにちは。ご承知の通り、昨日多くのお客さまから、当社インターネットサービスの大規模な停止の修復にこれほど時間がかかっていることに憤慨しているというお電話がありました。インターネットは再び稼働していますが、電話はまだ鳴り続けています。このため、当社はお客さまに無料のアップグレードをご提供することにします。これから皆さんに配る書類にこの賠償プランについてのより詳しい情報がありますので、今すぐそれを見ていただき、ご質問があれば私にお知らせください。

【語注】

upset about ～　～に憤慨して、～に動揺して／fix　～を修復する／widespread　広範囲にわたる、まん延した／outage　供給停止、停電／*be* up and running　立ち上がって稼働している、作動している／ring　（電話が）鳴る／upgrade　アップグレード／pass out to ～　～に配る／compensation　補償、償い、埋め合わせ／take a look at ～　～を見てみる

119 manufacturer　メーカー、製造業者／provider　（インターネットの）プロバイダー、接続業者

120 continue to *do*　～し続ける／complaint　苦情／advertising　<集合的に>広告、宣伝／effective　効果的な

121 promote　～を売り込む／revise　～を修正する／résumé　履歴書／make a repair　修理をする

119

Where does the speaker most likely work?
(A) At a mobile phone manufacturer
(B) At a radio station
(C) At an Internet service provider
(D) At a clothing store

話し手はどこで働いていると考えられますか。
(A) 携帯電話メーカー
(B) ラジオ局
(C) インターネットサービスのプロバイダー
(D) 衣料品店

正解 C

120

What does the speaker mean when he says, "but the phones are still ringing"?
(A) The company continues to receive complaints.
(B) The company needs additional staff.
(C) The company is still taking orders.
(D) The company's advertising was effective.

話し手は "but the phones are still ringing" という発言で何を意図していますか。
(A) 会社は苦情を受け続けている。
(B) 会社は追加のスタッフが必要である。
(C) 会社はまだ注文を取っている。
(D) 会社の広告は効果的だった。

正解 A

121

What will the listeners most likely do next?
(A) Promote a business
(B) Revise some résumés
(C) Make a repair
(D) Read a document

聞き手は次に何をすると考えられますか。
(A) 事業を売り込む
(B) 履歴書を修正する
(C) 修理をする
(D) 書類を読む

必答解説

正解 D

設問は**聞き手の次の行動**を問うもの。Part 3 と同様、次の行動は終盤に示される。Part 4 では行動の主体となる主語が話し手 (speaker) または聞き手 (listener/listeners) になるので、問われるのは話し手から聞き手への依頼や勧誘や指示、または話し手自身の意思表明などになる。このトークは 2 文目の a lot of customers called「多くの客から電話があった」、upset about ...「……に憤慨して」、outage of our Internet service「当社インターネットサービスの停止」などから、このトークは利用者からのインターネットサービスに関する苦情を知らせる場面で、話し手と聞き手は同じ会社の顧客対応スタッフだろうと判断できる。話し手の男性は、4 文目でクレームの対応策を述べた後、最後の文で書類 (document) の説明をしながら聞き手に please take a look at it now「今すぐそれを見てください」と伝えている。この発言から、take a look at を read、it を a document と言い換えた (D) の「書類を読む」が正解と分かる。

最後のこの指示に気付かず、苦情対応という話題のみから判断すると (C) を選んでしまう可能性がある。また、4 文目の we're going to offer our customers a free upgrade という部分から判断すると (A) を正解だと思ってしまうかもしれない。(B) は document からの連想を誘う résumés を使った選択肢だが、語の意味を知っていれば選ばないだろう。

121

Questions 122 through 124 refer to the following excerpt from a meeting.

M Thanks for inviting me to your annual planning meeting. We're glad that you're considering us to meet the energy needs of your factory. My company, Stillman Technology, is committed to providing renewable energy to businesses like yours. By choosing to install our solar panels, you can power all your facilities with affordable clean energy. And, hundreds of businesses have signed up. I'm sure you have a lot of questions. But first, I'd like to show a video of a speech our president gave when we received the Eco-Industry award at a conference last year.

問題 122-124 は次の会議の抜粋に関するものです。

御社の年次企画会議にお招きいただき、ありがとうございます。当社が御社工場のエネルギーニーズを満たしているとお考えいただいていることをうれしく思います。私の会社、Stillman テクノロジー社は、御社のような企業への再生可能エネルギーのご提供に懸命に取り組んでおります。当社の太陽光パネル設置をご選択いただくことにより、御社は全施設に手頃な価格のクリーンエネルギーを供給することができます。そして、これまで数百社の企業にご契約いただいております。皆さまにはきっとたくさんのご質問がおありと存じますが、まずは、当社が昨年の協議会で「環境に優しい産業」賞を受賞した際に当社社長が行ったスピーチのビデオをご覧いただきたいと存じます。

【語注】

consider ~ to *do* ~が…しているものと考える／meet needs of ~ ~のニーズを満たす／
be committed to *doing* ~することに懸命に取り組む、~することに熱意を注ぐ／renewable energy 再生可能エネルギー／
business ＜可算名詞で＞企業／install ~を設置する、~を導入する／power ~ with … ~に…（動力）を供給する／
facility 施設／affordable 手頃な価格の、購入しやすい／
clean energy クリーンエネルギー ★温室効果ガスや有害物質を排出しないエネルギー／
hundreds of ~ 数百もの~、数多くの~／sign up 契約を結ぶ、登録する／
eco-industry 環境に優しい産業 ★eco は ecological の略で「環境保護意識を持った」／award 賞、賞金／
conference 会議、協議会
122 publishing 出版（業）／real estate 不動産
123 meet demand 要求を満たす、需要を満たす／expect ~ to *do* ~が…するのを期待する／contact 連絡先、窓口
124 virtual バーチャルの、仮想の／award-acceptance speech 受賞スピーチ／installation インストール、設置

122

122

What industry does the speaker work in?

(A) Renewable energy
(B) Computer technology
(C) Publishing
(D) Real estate

話し手はどの業界で働いていますか。

(A) 再生可能エネルギー
(B) コンピューターテクノロジー
(C) 出版
(D) 不動産

正解 A

123

What does the speaker imply when he says, "hundreds of businesses have signed up"?

(A) He is worried about meeting client demands.
(B) He expects an industry to start changing.
(C) The listeners should choose his company.
(D) The listeners will receive a list of contacts.

話し手は hundreds of businesses have signed up" という発言で何を示唆していますか。

(A) クライアントの要求を満たすことについて心配している。
(B) ある業界が変化し始めることを期待している。
(C) 聞き手は彼の会社を選ぶべきである。
(D) 聞き手は連絡先のリストを受け取るだろう。

正解 C

124

What will the listeners see in the video?

(A) A virtual tour
(B) An award-acceptance speech
(C) Product features
(D) Installation instructions

聞き手はビデオで何を見ますか。

(A) バーチャルツアー
(B) 受賞スピーチ
(C) 製品の特長
(D) インストールの指示

必答解説

正解 B

設問は**聞き手の次の行動**を問うもの。設問文に see in the video「ビデオで見る」とあるので、video という語に留意してトークを聞く。冒頭から太陽光パネルの話題がしばらく続き、ビデオに関する話は出てこない。会社概要や製品の話が一段落した 6 文目で男性は I'm sure you have a lot of questions. と話題を変え、その直後に But first, I'd like to show a video of a speech our president gave「ですが、まずは、当社社長が行ったスピーチのビデオをご覧いただきたい」と述べている。設問文中の video が念頭にあれば、この段階で (B) の「受賞スピーチ」を選択できる。その後の received や award まで聞けば、より確実に選べるだろう。

こうした会議では冒頭で製品紹介のビデオを流すだろうという思い込みがあると、つい (C) を選んでしまいがちだ。(A) は video、(D) はトークの 4 文目にある install our solar panels からの単純な連想によって選んでしまう可能性がある。単語レベルの類似や関連性ではなく、必ずトークの中で語られている情報を基に選択肢の正誤を判断しよう。

123

Questions 125 through 127 refer to the following broadcast.

W You're listening to *Radio 4 London*. With me in the studio tonight is Anne Pochon, the well-known French photographer who just recently published her autobiography. Anne spent nearly a decade compiling her personal photographs and memories, which resulted in a handsome, illustrated volume that is available in bookstores now. The autobiography was released at the perfect time. Ms. Pochon's private collection of photographs was just sold to the Gateway Art Museum, where an exhibition of her work is set to open in June. Anne and I will discuss her career and future plans after a short commercial break.

問題 125-127 は次の放送に関するものです。

お聴きいただいているのは『ラジオ 4 ロンドン』です。今夜はスタジオに Anne Pochon、最近自叙伝を出版されたばかりの著名なフランス人写真家をお迎えしています。Anne は 10 年近くを彼女の個人的な写真と思い出の編集作業に費やし、それが、ただ今書店でお買い求めいただける見事な写真入り書籍の形になりました。この自叙伝は絶好の時期に発売されました。Pochon さんの個人コレクションの写真がつい先日 Gateway 美術館に売却されたところで、彼女の作品の展覧会が 6 月にそこで開かれることになっています。短いコマーシャルの後、Anne と私は彼女のキャリアと将来の計画について語り合います。

【語注】

autobiography　自叙伝／spend ~ *doing*　~（時）を…することに費やす／nearly　ほぼ／decade　10 年間／
compile　~を編集する／result in ~　~という結果になる／handsome　見事な、素晴らしい／
illustrated　写真入りの、イラスト入りの／volume　書籍／available　入手できる、購入できる／
release　~を発売する、~を発表する／exhibition　<可算名詞で>展覧会 ★主にイギリス英語。米語では主に exhibit を使う／
work　作品／*be* set to *do*　~することが決まっている／
commercial break　（テレビ・ラジオなどの）コマーシャルによる中断
125 sculptor　彫刻家
126 merger　（会社などの）合併／take place　行われる、起こる／renovate　~を改装する
127 directions　<複数形で>道案内／autograph　（著名人・作家などが）~にサインをする／interview　~にインタビューする

124

125

Who is Anne Pochon?

(A) A museum director
(B) A photographer
(C) A film producer
(D) A sculptor

Anne Pochon とは誰ですか。

(A) 美術館の館長
(B) 写真家
(C) 映画のプロデューサー
(D) 彫刻家

正解 B

126

What does the speaker say will happen in June?

(A) An art exhibit will be held.
(B) A company merger will take place.
(C) A documentary will be released.
(D) A shop will be renovated.

話し手は6月に何が行われると言っていますか。

(A) 美術展が開かれる。
(B) 会社の合併が行われる。
(C) ドキュメンタリーが発表される。
(D) 店が改装される。

正解 A

127

What will the speaker most likely do next?

(A) Provide directions
(B) Take some pictures
(C) Autograph some books
(D) Interview a guest

話し手は次に何をすると考えられますか。

(A) 道案内をする
(B) 写真を撮る
(C) 本にサインをする
(D) ゲストにインタビューする

必答解説

正解 D

設問は**話し手の次の行動**を問うもの。事前に設問文に目を通すことができたら、do next をヒントにして特にトークの最後に集中して聞き取る心構えをしておこう。2文目の With me in the studio tonight is ...「今夜はスタジオに……を迎えている」から、この放送はゲストを迎えたラジオのトークショー（コーナー）と判断できる。その後ゲストの Anne Pochon の紹介が続くが、5文目以降で述べられる今後の予定（6月の展覧会）に続く最後の文の Anne and I will ...「Anne と私は……する予定です」が聞き取りポイントだ。discuss her career and future plans「彼女のキャリアと将来の計画について語り合う」から、これを「ゲストにインタビューする」と言い換えた (D) が正解。

(A) はトーク中の Gateway Art Museum の紹介から道案内を、(B) はゲストの職業（写真家）から写真撮影セッションを連想すると選んでしまう可能性がある。(C) は、トーク中の bookstores「書店」と選択肢の books「本」、autobiography「自叙伝」と autograph「～にサインをする」を混同すると誤って選んでしまうだろう。broadcast「放送」のトークは、冒頭で番組紹介、終盤でこれからの放送内容の予告、という形が多いことを覚えておこう。

図表に関する情報を問う設問

ここでは、図表を伴う問題を見ていきます。
図表に関する設問では、図表内の情報とトークを素早く関連付けて、最も適切な選択肢を選びましょう。

125-126

Book Convention
Day 1

Opening Remarks	10:00 A.M.
Nonfiction Author Panel	11:00 A.M.
Digital Books Seminar	1:00 P.M.
Book Publicity Forum	3:00 P.M.

128. Where is the talk most likely taking place?

(A) At a library
(B) At a bookstore
(C) At a publishing company
(D) At a news agency

129. Look at the graphic. Which session are the listeners required to attend?

(A) Opening Remarks
(B) Nonfiction Author Panel
(C) Digital Books Seminar
(D) Book Publicity Forum

130. What still needs to be confirmed?

(A) The event location
(B) The registration fee
(C) The start time
(D) The catering arrangements

127-128

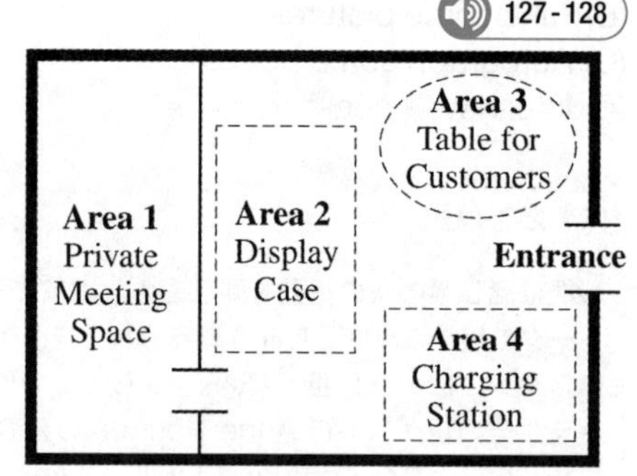

131. Who most likely is the speaker?

(A) An architect
(B) A store supervisor
(C) An event organizer
(D) An electrician

132. What does the speaker say about mobile phones?

(A) They have been discounted recently.
(B) They will be centrally located.
(C) They can be updated quickly.
(D) They must be turned off now.

133. Look at the graphic. Which area was added?

(A) Area 1
(B) Area 2
(C) Area 3
(D) Area 4

129-130

134. Look at the graphic. Which soup does the speaker say will be served on two days this week?
(A) French Onion
(B) Tomato Basil
(C) Potato and Cheese
(D) Mixed Seafood

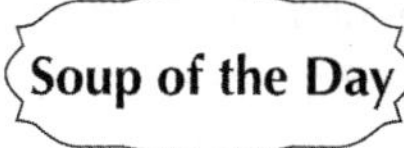

Tuesday:	French Onion
Wednesday:	Tomato Basil
Thursday:	Potato and Cheese
Friday:	Mixed Seafood

135. Who is Deena Sanchez?
(A) A manager
(B) A server
(C) A customer
(D) A chef

136. What has the speaker placed in the staff lounge?
(A) Uniform shirts
(B) Job applications
(C) A revised menu
(D) A training schedule

125

Questions 128 through 130 refer to the following excerpt from a meeting and event schedule.

問題 128-130 は次の会議の抜粋とイベント日程に関するものです。

M　OK, let's get started with today's staff meeting. I'm very excited for next month's book convention, which we'll be hosting right here at the T&J Publishing headquarters. I'm passing around the list of events taking place on the first day. You may be interested in the nonfiction author panel at 11:00 A.M. since we recently published books by several of the speakers. Also... please remember to keep your schedule clear at 3:00 P.M., because everyone will need to participate in that session. Now, there's one last thing that we have yet to confirm—the refreshments we'll be serving. Are there any suggestions for which catering company to use?

では、今日のスタッフ会議を始めましょう。私は来月の書籍協議会をとても楽しみにしており、それはわれわれがまさにここ T&J 出版社本社で主催することになっています。初日に行われるイベントのリストを回します。午前 11 時からのノンフィクション作家による公開討論会は、話し手の何人かの本を最近当社が出版したので、皆さんは興味を持たれるかもしれません。それと……午後 3 時からの予定を空けておくのを忘れないでください。その会合には全員が出席する必要があるためです。さて、最後にもう一つ、まだ確認していないことがあります――私たちが提供することになっている軽食のことです。どのケータリング会社を利用するかについて何か提案はありますか。

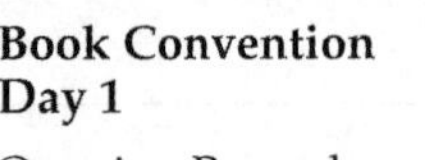

Book Convention
Day 1

Opening Remarks	10:00 A.M.
Nonfiction Author Panel	11:00 A.M.
Digital Books Seminar	1:00 P.M.
Book Publicity Forum	3:00 P.M.

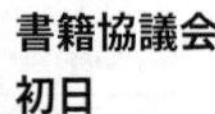

書籍協議会
初日

開会の辞	午前 10 時
ノンフィクション作家による公開討論会	午前 11 時
電子書籍セミナー	午後 1 時
書籍広告の公開討論会	午後 3 時

【語注】

get started with ～　～を始める、～に取り掛かる／convention　大会、集会、代表者会議／host　～を主催する、～を催す／headquarters　＜複数形で＞本社／pass around ～　～を順に回す、～を一人一人に配る／nonfiction　ノンフィクション／author　作家／panel　公開討論会、パネルディスカッション／also　＜文頭に置いて＞それと／remember to *do*　忘れずに～する／clear　（予定が）空いている／participate in ～　～に参加する／session　会合、集まり／have yet to *do*　まだ～していない／refreshments　＜複数形で＞軽食／serve　～（飲食物）を出す／suggestion　提案／catering company　ケータリング会社、仕出業者

図表 opening remarks　開会の辞、開会のあいさつ／publicity　広告／forum　公開討論会

128 news agency　通信社

130 registration　登録／fee　料金、手数料／arrangements　＜複数形で＞準備、手配

126

128

Where is the talk most likely taking place?

(A) At a library
(B) At a bookstore
(C) At a publishing company
(D) At a news agency

話はどこで行われていると考えられますか。

(A) 図書館で
(B) 書店で
(C) 出版社で
(D) 通信社で

正解 C

129

Look at the graphic. Which session are the listeners required to attend?

(A) Opening Remarks
(B) Nonfiction Author Panel
(C) Digital Books Seminar
(D) Book Publicity Forum

図を見てください。聞き手はどの会合に出席しなければなりませんか。

(A) 開会の辞
(B) ノンフィクション作家による公開討論会
(C) 電子書籍セミナー
(D) 書籍広告の公開討論会

必答解説

正解 D

設問は**図表に関する情報（聞き手が出席すべき会合）**を問うもの。設問文の *be* required to *do* は「～することが要求される」というやや硬めの表現だ。まずはトーク冒頭の staff meeting と book convention から「書籍協議会に関するスタッフ会議」であることに留意して聞いていく。聞き取りポイントは 3 文目の I'm passing around ...「……を順に回す」から始まるイベントのリストの説明だ。男性は 5 文目で Also ... please remember to keep your schedule clear at 3:00 P.M.「それと……午後 3 時からの予定を空けておくのを忘れないで」と聞き手に伝えた後、because everyone will need to participate in that session「その会合には全員が出席する必要があるため」とその理由を述べており、これが設問の答えとなっている。「午後 3 時」に行われる会合を図表から探すと、正解は (D) と分かる。

(A) と (C) は、トーク中に会合名も時刻も一切言及されていないため選択する可能性は低いが、(B) は、4 文目の You may be interested in the nonfiction author panel at 11:00 A.M. を聞いて即断で選んでしまう可能性がある。You may be interested in ... は「皆さんは……（に出席すること）に興味を持つかもしれない」という意味。出席が必須と言っているわけではないことに注意。

130

What still needs to be confirmed?

(A) The event location
(B) The registration fee
(C) The start time
(D) The catering arrangements

何がまだ確認される必要がありますか。

(A) イベントの場所
(B) 登録料
(C) 開始時刻
(D) ケータリングの手配

正解 

Section 2 Part 4

127

Questions 131 through 133 refer to the following telephone message and floor plan.

W This is Insook Park calling. I'm one of the organizers for the technology conference. I just sent you an updated floor plan of the exhibit space. As before, we've provided you with a display case... so your newest mobile phones will be on display right in the center. We've also made the change you requested. We've added an area in the back separated by a partition for meeting privately with clients. We hope this works for you and wish you a productive event!

問題 131-133 は次の電話のメッセージと見取図に関するものです。

Insook Park がお電話しております。私は技術協議会の運営者の一人です。先ほど、展示スペースの最新版の見取図をお送りしました。以前と同様、私たちは御社に展示用ケースをご用意いたしました……つまり、御社の最新の携帯電話はちょうど中央に展示されます。当会はまた、ご要望のあった変更も行いました。クライアントさまとの個別打ち合わせ用に奥にパーティションで仕切られたスペースを追加しました。これが御社にとってうまく機能し、有意義なイベントになりますようお祈りしております！

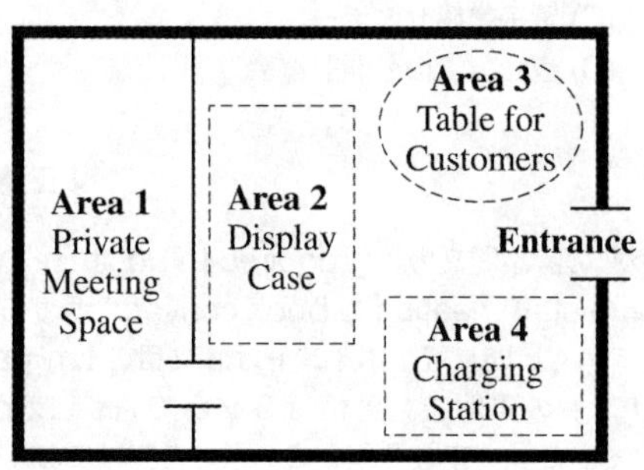

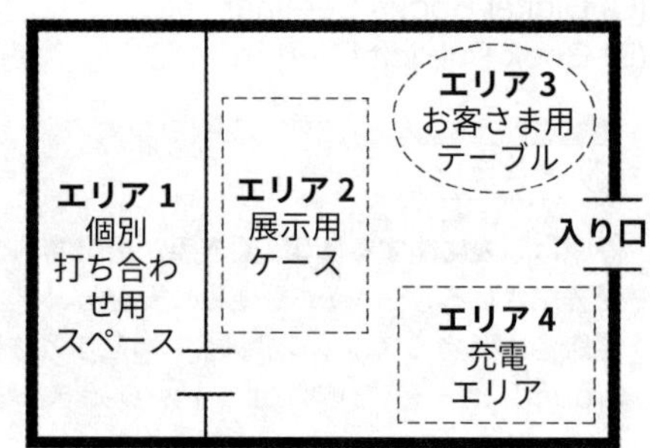

【語注】

organizer　主催者、企画運営者／provide ～ with …　～に…を提供する／*be* on display　陳列されている／in the back　奥に、後方に／separate　～を区切る／partition　パーティション、仕切り／meet with ～　～と会合する／privately　個人的に、内密に／work　うまく機能する／wish ～ …　～のために…を祈る／productive　実り多い、生産的な

図表 charging station　充電エリア

131 architect　建築士／supervisor　責任者／electrician　電気技師

132 centrally　中央に／locate　～を置く

128

131

Who most likely is the speaker?

(A) An architect
(B) A store supervisor
(C) An event organizer
(D) An electrician

話し手は誰だと考えられますか。

(A) 建築士
(B) 店の責任者
(C) イベントの運営者
(D) 電気技師

正解 C

132

What does the speaker say about mobile phones?

(A) They have been discounted recently.
(B) They will be centrally located.
(C) They can be updated quickly.
(D) They must be turned off now.

話し手は携帯電話について何と言っていますか。

(A) 最近値引きされた。
(B) 中央に置かれる。
(C) 素早くアップデートできる。
(D) 今すぐ電源を切らなければならない。

正解 B

 **133**

Look at the graphic. Which area was added?

(A) Area 1
(B) Area 2
(C) Area 3
(D) Area 4

図を見てください。どのエリアが追加されましたか。

(A) エリア1
(B) エリア2
(C) エリア3
(D) エリア4

必答解説

正解 A

設問は**図表に関する情報(追加エリアの位置)**を問うもの。トーク音声の前に流れる問題の指示文(Questions 131 through ...)で、このトークは「電話のメッセージ」、図表は「見取図」であると確認し、さらに余裕があれば設問文にさっと目を通しておく。冒頭の自己紹介に続き、I just sent you an updated floor plan ...から見取図の説明が始まる。設問文にある「どのエリアが追加されたか」を意識しながら聞いていくと、まず、As before ...「以前と同様……」で、最新版でも変更されていない箇所の説明があり、続く文でWe've also made the change you requested.「当会はまた、ご要望のあった変更も行った」と述べている。「変更」には「追加」も含まれるので、ここからが聞き取りポイントだ。続くWe've added an area in the back separated by a partition「奥にパーティションで仕切られたスペースを追加した」を聞き取り、すぐに図を確認。すると、奥に仕切られているのはArea 1だと分かる。正解は(A)。

(B)のArea 2については、4文目にwe've provided you with a display caseと述べられているが、これは「以前と同様」なので「追加」に該当しない。(C)と(D)のエリアは、場所がトーク中に出てくる2つの位置情報(right in the center、in the back)のいずれにも当てはまらないので、選択する可能性は低いだろう。

Section 2 Part 4

129

Questions 134 through 136 refer to the following excerpt from a meeting and menu.

M I have some important announcements before we open the restaurant tonight. First, the shipment we were expecting from our seafood distributor won't arrive until next week, so that means no mixed seafood soup. Instead we'll make a double batch of Thursday's soup and serve that on Friday as well. Please make sure to let our regular customers know. Next, I'd like to introduce our newest server, Deena Sanchez. Deena will do some training this week and start serving customers next week. I posted her training schedule in the staff lounge. Please take a look at it while you're on break today, and let me know if you can help out with any of the trainings.

問題 134-136 は次の会議の抜粋とメニューに関するものです。

今夜レストランを開店する前に大切なお知らせがあります。まず、シーフードの卸売業者から入る予定だった荷物が来週まで届かない見通しです。つまり、ミックスシーフード・スープは出せないということになります。その代わり、木曜日のスープを2日分作り、それを金曜日にもお出しすることにします。常連のお客さまには必ず知らせてください。次に、一番新しい給仕スタッフの Deena Sanchez をご紹介したいと思います。Deena は今週研修を受け、来週お客さまへの給仕を始めます。スタッフ休憩室に彼女の研修日程を貼っておきました。今日の休憩時間にそれを見て、研修のうちのどれかを手伝えるかどうか私に知らせてください。

Soup of the Day

Tuesday:	French Onion
Wednesday:	Tomato Basil
Thursday:	Potato and Cheese
Friday:	Mixed Seafood

本日のスープ

火曜日：	フレンチオニオン
水曜日：	トマトバジル
木曜日：	ポテトとチーズ
金曜日：	ミックスシーフード

【語注】

expect from ～　から（入手を）見込む／distributor　卸売業者／not ～ until …　…になって初めて～、…まで～ない／instead　代わりに／batch　ひとまとまりの数量、（材料の）1回分／as well　同様に／make sure to *do*　必ず～する／regular customer　常連客／server　給仕係／serve　～に（飲食物などを）出す、～（客）に応対する／post　～を貼り出す／lounge　休憩室／*be* on break　休憩中である／help out with ～　～を手助けする、～を手伝う／trainings　★本来 training は不可算名詞だが、ここでは training sessions の意味で使われているので複数形になっている

図表 soup of the day　本日のスープ／basil　バジル

136 job application　求人応募書類、就職申込書

130

134

Look at the graphic. Which soup does the speaker say will be served on two days this week?

(A) French Onion
(B) Tomato Basil
(C) Potato and Cheese
(D) Mixed Seafood

図を見てください。話し手は、今週どのスープが 2 日間出されると言っていますか。

(A) フレンチオニオン
(B) トマトバジル
(C) ポテトとチーズ
(D) ミックスシーフード

必答解説

正解 C

設問は**図表に関する情報（スープの名称）**を問うもの。構文が複雑な設問文だが does the speaker say を省略して Which soup will be served on two days this week?「今週どのスープが 2 日間出されるのか」と理解すればよい。このトークは冒頭部分から、レストランでのミーティングだと分かる。男性が 2 文目で First「まず」と言って大切なお知らせの 1 つ目を話し始めるが、その中でこの設問のキーワードである soup を含む no mixed seafood soup が聞こえたら意識を集中させる。なお、設問文の理解が不十分だと、この段階で早まって音で聞こえた単語だけで (D) を選んでしまうことがありそうだ。図表にある語句がそのままの形で聞こえたときにすぐに選択肢を選ぶのは避けよう。直後に Instead we'll make ... as well. と説明されるが、正解するにはこの部分の聞き取りが必須だ。なじみのない batch「1 回分、1 鍋分」が理解できなくても、make a double ____ of Thursday's soup「木曜日のスープを 2 倍の______作る」と serve that on Friday as well「それを金曜日にも出す」から、金曜日にも木曜日のスープを提供することが分かるだろう。図表のメニューには木曜日のスープは Potato and Cheese とあるので、正解は (C)。

(A) は Tuesday、(B) は Wednesday のスープで、トーク中で述べられる曜日をきちんと聞き取れば誤って選ぶことはないだろう。

135

Who is Deena Sanchez?

(A) A manager
(B) A server
(C) A customer
(D) A chef

Deena Sanchez とは誰ですか。

(A) 店長
(B) 給仕係
(C) 客
(D) 料理長

正解 B

136

What has the speaker placed in the staff lounge?

(A) Uniform shirts
(B) Job applications
(C) A revised menu
(D) A training schedule

話し手はスタッフの休憩室に何を置きましたか。

(A) 制服のシャツ
(B) 求人応募書類
(C) 改訂されたメニュー
(D) 研修日程

正解 D

Part 5 短文穴埋め問題

文法――動詞の形、代名詞の形・関係詞の形、品詞、その他

ここでは、文法的な知識を問う設問を見ていきます。
このタイプの設問は、文の要素と構文を素早く見極めた上で、最も適切な選択肢を選びましょう。

137. Remember to check the spelling of Mr. Kamashi's name when ------- the document.

(A) revising
(B) revises
(C) revised
(D) revise

138. Book fair volunteers may be asked to work longer shifts if the need -------.

(A) arise
(B) arises
(C) had arisen
(D) arising

139. So far, the Grantley store ------- 20 percent more mobile phones than it did last year.

(A) will sell
(B) was sold
(C) has sold
(D) are selling

140. Depending on your answers to the survey, we ------- you to collect additional information.

(A) may call
(B) are calling
(C) have been called
(D) must be calling

141. Kespi Brand cookies, delicious by -------, are even better when paired with a glass of milk.

(A) they
(B) theirs
(C) them
(D) themselves

142. Daniel Nishida, the chief supply officer, asked that ------- be given full responsibility for approving all invoices.

(A) he
(B) him
(C) his
(D) himself

143. We do not have enough fabric samples, so please promptly return ------- ones you borrowed.

(A) what
(B) whomever
(C) whichever
(D) whose

144. Zypo Properties has just signed a lease agreement with the law firm ------- offices are on the third floor.

(A) how
(B) what
(C) whose
(D) wherever

145. Company Vice President Astrid Barretto had no ------- to being considered for the position of CEO.

(A) objected
(B) objecting
(C) objects
(D) objection

146. All employees are expected to behave ------- when they are traveling on company business.

(A) responsible
(B) responsibly
(C) responsibility
(D) responsibleness

147. The initial feedback from early buyers of the Sunbell XC2 mobile phone indicates that they found it ------- to use.

(A) conveniences
(B) conveniently
(C) convenience
(D) convenient

148. The ------- initiative aims to provide public transportation for commuters living in the outer suburbs.

(A) proposed
(B) proposing
(C) proposal
(D) propose

149. A team of agricultural experts will be brought ------- to try to improve crop harvests.

(A) because
(B) either
(C) between
(D) together

150. ------- a designer has completed a prototype product, the rest of the team will be invited to critique it.

(A) So that
(B) Whether
(C) From
(D) After

151. ------- the most challenging aspect of accepting a new position is negotiating a salary that is both fair and satisfying.

(A) Perhaps
(B) Outside
(C) Every
(D) While

152. The proposal for the Seascape project will be ready tomorrow ------- we receive the budget analysis today.

(A) expecting
(B) if not
(C) unlike
(D) as long as

137

Remember to check the spelling of Mr. Kamashi's name when ------- the document.

(A) revising
(B) revises
(C) revised
(D) revise

その文書を修正する際は、Kamashi さんの名前のつづりを忘れずに確認してください。

(A) ～を修正する
(B) ～を修正する
(C) ～を修正した
(D) ～を修正する

必答解説　　正解 A

選択肢は全て動詞 revise の活用形で、適切な**動詞の形**を選ぶ設問。着目すべきは副詞節と考えられる when ------- the document の箇所。when は接続詞なので本来、後に節<S + V>が続くべきだが、選択肢にはその形が見当たらず全て不可に見える。この文を成り立たせるには when 以下の部分を分詞構文の変形と考えると分かりやすい。分詞構文は、副詞節の<接続詞＋主語＋動詞>の部分を分詞（現在分詞もしくは過去分詞）で代用した構文だ。ただし、主節の主語と副詞節の主語が異なる場合は、分詞構文にも主語に相当するものが必要になる。あらためてこの文を確認すると、命令文なので主節の主語は明示されない you、後半の the document「文書」を revise「修正する」のも同じ人なので、副詞節の主語も you である。普通の副詞節を用いると when you revise the document となるところを、分詞構文を用いれば (when) revising the document と表すことができるので、(A) が正解。本来この when はなくても分詞構文として成り立つが、意味を明確にするために接続詞のみあえて残される場合も多い。

138

Book fair volunteers may be asked to work longer shifts if the need -------.

(A) arise
(B) arises
(C) had arisen
(D) arising

ブックフェアのボランティアの人たちは、もし必要が生じたら、もっと長時間のシフトで働くよう依頼されるかもしれません。

(A) 生じる
(B) 生じる
(C) 生じた
(D) 生じている

必答解説　　正解 B

選択肢は全て動詞 arise の活用形で、適切な**動詞の形**を選ぶ設問。着目すべきは副詞節の if the need -------「もし必要が -------」の部分。節なので後に<S + V>が続くことを踏まえると、S（主語）に該当するのは the need（冠詞 the が付いているので need は動詞ではなく名詞）であることが分かる。the need は三人称で単数なので、-s が付かない現在形の (A) arise は不可。また、(D) は be 動詞なしでは進行形（is arising や was arising）として機能しないので、こちらも却下。残る 2 つの (B) 現在形 arises と (C) 過去完了形 had arisen は主節の時制を踏まえないと適切な方を選ぶことはできない。may be から、主節は現在の可能性を述べていることが分かる。従って、if 以下は未来に関する仮定を表す現在形が適切なので、(B) の arises（三人称単数現在形）が正解。

【語 注】

137 remember to *do*　～することを覚えておく、忘れずに～する
138 work a shift　シフトで働く、交代勤務をする

 **139**

So far, the Grantley store ------- 20 percent more mobile phones than it did last year.

(A) will sell
(B) was sold
(C) has sold
(D) are selling

今までのところ、Grantley の店舗は昨年販売したより 20% 多い携帯電話を売っています。

(A) ～を売るだろう
(B) 売られた
(C) ～を売っている
(D) ～を売っているところだ

必答解説 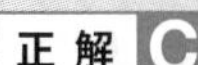

正解 C

選択肢は全て動詞 sell の活用形で、適切な**動詞の形**を選ぶ設問。それぞれ時制が異なるので、文の時制を確認することは必須だが、文末の last year から早合点で過去形の (B) を選んではいけない。last year を含む than it did last year「同店が昨年度行った（＝販売した）より」は比較対象なので、主節も同じ時制の過去形だと比較にならない。しかも was sold は受け身だが、「売られる」のは携帯電話であり、主語の the Grantley store ではない。この文で着目すべきは文頭の So far「今までのところ」。この語句を含む文で使われることが多い現在完了形の (C) has sold「（今までに）売っている」を入れると、この文は昨年と今年（現在まで）を比較していることになり、整合性があるので (C) が正解。未来を表す (A) will sell「売るだろう」と、現在進行形の (D) are selling「（今）売っているところだ」は So far「今までのところ」と意味がつながらない。

 **140**

Depending on your answers to the survey, we ------- you to collect additional information.

(A) may call
(B) are calling
(C) have been called
(D) must be calling

アンケートへのご回答次第で、追加情報を収集するためにお電話をおかけするかもしれません。

(A) ～に電話をかけるかもしれない
(B) ～に電話をかけている
(C) 電話をかけられた
(D) ～に電話をかけているところに違いない

必答解説

正解 A

選択肢は全て動詞 call の活用形で、適切な**動詞の形**を選ぶ設問。まず、空所を含む we ------- you の形から、called の後に by を伴わない受動態の (C) はすぐに除外できるだろう。この設問は文頭の Depending on ～「～次第で、～に応じて」の理解が鍵となる。この表現は状況によって今後の行動が変わることを述べるときに使うので、後にはそれを踏まえた時制が必要となる。現在進行形の (B) は今現在のことを表す時制なのでこの点で不可となる。(D) は「（今）～に電話をかけているところに違いない」または「（今）～に電話をかけていなければならない」なので、やはり時制の観点から不適当。正解は (A)。Depending on ～と、今後の可能性について言及する助動詞 may「～かもしれない」が意味的に合致することが分かるだろう。

【語注】

139 so far　これまでのところ
140 depending on ～　～次第で／survey　アンケート、調査

141

Kespi Brand cookies, delicious by -------, are even better when paired with a glass of milk.

(A) they
(B) theirs
(C) them
(D) themselves

Kespi ブランドのクッキーは、それだけでもおいしいですが、牛乳１杯と合わせるとさらにおいしいです。

(A) それらは
(B) それらのもの
(C) それらを
(D) それら自身

必答解説　正解 D

適切な**代名詞の形**を選ぶ設問。空所のある delicious by ------- の部分は、前後のカンマから分かるように挿入句となっている。選択肢は they に関連した語なので、どれも先行する複数形の名詞 cookies を受けたものだと判断できる。まず (A) は主格の they で、前置詞 by の後には置けないので早速除外する。(B) は所有代名詞だが「それらのもの」が何を指すのか不明だ。目的格の (C) は、受動態の行為者を表す by them「それらによって」の形になるので、誤って選んでしまう可能性があるが、空所を含む部分は過去分詞がないので受動態ではない。正解は (D) の再帰代名詞「それら自身」。「独力で、単独で」を表す by *oneself* という形を知っていれば比較的容易に選べる選択肢だ。delicious by themselves とすると、「それら（＝クッキー）単独でもおいしいのだが」という、直前の Kespi Brand cookies を説明する挿入句となり、適切な文意となる。

142

Daniel Nishida, the chief supply officer, asked that ------- be given full responsibility for approving all invoices.

(A) he
(B) him
(C) his
(D) himself

最高資材調達責任者の Daniel Nishida は、全ての請求書を承認する全責任が自分に与えられるよう求めました。

(A) 彼は
(B) 彼に
(C) 彼の
(D) 彼自身

必答解説　正解 A

適切な**代名詞の形**を選ぶ設問。文全体の構造を確認すると、Daniel Nishida ... asked という主節があり（the chief supply officer は Daniel Nishida を説明する挿入句）、asked に続く従属節（that 以下）に主語が抜けていることに気付く。主語になれるのは主格なので、この段階で (B) の目的格と (C) の所有格は除外できる。正解は主格の (A) で、主節の主語である Daniel Nishida を指す he。これを入れると that he be given となる。ここで、be 動詞の原形 be に違和感があるかもしれないが、この文では主節の動詞が要求を表す asked のため、従属節の動詞には原形が用いられる。他にも、主節の動詞が提案（suggest など）、主張（insist など）などを意味する場合、従属節の動詞は原形もしくは＜ should ＋動詞の原形＞を用いるというルールを覚えておくとよい。

【語注】

141 even　さらに ★比較級を強める／pair with ～　～と組み合わせる
142 chief supply officer　★資材調達の責任者／full responsibility　全面的な責任、全責任／invoice　請求（明細）書

143

We do not have enough fabric samples, so please promptly return ------- ones you borrowed.

(A) what
(B) whomever
(C) whichever
(D) whose

十分な数の生地サンプルがないので、あなたが借りたものはどれも、速やかに返却してください。

(A) ～するもの
(B) ～する誰にでも
(C) ～するどれでも
(D) その人の～が

必答解説

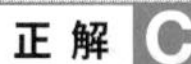

正解 C

適切な**関係詞の形**を選ぶ設問。まず return ------- ones you borrowed に着目する。他動詞 return「～を返却する」の後には目的語（名詞および名詞句）が続くので、------- ones you borrowed の部分は、「あなたが借りた ------- もの」という意味になるはずだ。よって、please から文末までは「あなたが借りた ------- ものを速やかに返却してください」の意味になる。(A) の what はそれだけで「もの」という意味を含むので ones と重複してしまう。(B) は「～する誰にでも」で、return の目的語にはならない。また関係代名詞である (D) は、この文では直前に先行詞（名詞）がないので不適切。正解は (C)。whichever「～するどれでも」を入れると「あなたが借りたいずれのものも速やかに返却してください」という意味になる。whichever は先行詞を含む点で what と似ているが、whichever ones のように後に名詞や代名詞（単数・複数ともに可）を付加できることを覚えておこう。

144

Zypo Properties has just signed a lease agreement with the law firm ------- offices are on the third floor.

(A) how
(B) what
(C) whose
(D) wherever

Zypo 不動産は先ほど、3 階にオフィスがある法律事務所とのリース契約に署名しました。

(A) ～する方法
(B) ～するもの
(C) その人の～が
(D) ～するどこでも

必答解説

正解 C

適切な**関係詞の形**を選ぶ設問。正解に必要なのは with the law firm ------- offices are on the third floor の箇所を正確に理解すること。まず、前置詞には名詞（句）が続くので、with の後ろが長い名詞句になっていると予測する。そして、空所の後の＜ S ＋ V ＞である offices are on the third floor が the law firm を修飾していると予測し、the law firm と offices の関係から適切な関係代名詞を選ぶ。選択肢を見ると、「（その）オフィスが 3 階にある法律事務所」となる所有格の関係代名詞 (C) を選べるだろう。(A) は関係代名詞ではないので空所の前後をつなぐことはできない。また、先行詞を含む関係代名詞 (B) はすでに先行詞 the law firm があるので不可。(D) は、空所の前の law firm が「場所」という理解だけに頼ると選んでしまうが、wherever「～する所ならどこでも、どこへ～しようとも」を入れても意味が成り立たない。「場所 → where」という即断は禁物。

【語注】

143 fabric　布地／promptly　速やかに
144 property　不動産／sign　～（書類）に署名する／lease　賃貸借（契約）／agreement　契約、協定／law firm　法律事務所

145

Company Vice President Astrid Barretto had no ------- to being considered for the position of CEO.

(A) objected
(B) objecting
(C) objects
(D) objection

会社の副社長 Astrid Barretto は、CEO 職の検討対象となることに異議を唱えませんでした。

(A) 異議を唱えた
(B) 異議を唱えること
(C) 物体
(D) 異議

必答解説　正解 D

適切な**品詞**を選ぶ設問。まず確認するのは had no ------- to being considered の箇所。(A) は、no を not と見誤ると had not objected「異議を唱えなかった、反対しなかった」という過去完了形と捉えてしまう可能性がある。had no を見た際に I have no time.「時間がない」のような例を想起できれば、have no には名詞が続くことが分かる。残る選択肢は全て名詞あるいは動名詞だが、to being considered for ～「～の対象となることに」とつながるのは、had no objection to *doing*「～するのに異議を唱えなかった」となる (D) だけである。(B) は動詞 object の動名詞「(～に) 異議を唱えること」で、この空所に当てはまらない。(C) objects は名詞の場合は「(複数形の) 物体、目標」という意味になるので、to being 以下と意味的に合致しない。

146

All employees are expected to behave ------- when they are traveling on company business.

(A) responsible
(B) responsibly
(C) responsibility
(D) responsibleness

全従業員は、会社の仕事で出張しているときは、責任を持って行動することが求められます。

(A) 責任ある
(B) 責任を持って
(C) 責任
(D) 責任感

必答解説　正解 B

適切な**品詞**を選ぶ設問。まず、when 以下は従属節で、空所は主節の中にあることを確認。従って、behave ------- の部分のみに着目すればいいことが分かる。この設問で重要なのは、behave「行動する」という動詞は基本的に自動詞で、他動詞としては後に *oneself* 以外の目的語を取らないということ。(C) と (D) は名詞で、behave の用法を知らないと誤って選ぶ可能性が高いが、上記の理由で除外できる。残りの (A) は形容詞、(B) は (A) に接尾辞 -ly が付いた副詞である。形容詞は名詞の前や be 動詞の後に置かれるのでここでは使えない。正解は (B) responsibly。behave responsibly で「責任を持って行動する」という意味。speak slowly「ゆっくり話す」などと同じ<動詞＋副詞>の形だ。

【語注】

145 Vice President　副社長、本部長／consider ～ for …　～を…にふさわしいか検討する／CEO　最高経営責任者 ★= chief executive officer
146 *be* expected to *do*　～することが求められる／behave　行動する、振る舞う／travel on business　出張する

147

The initial feedback from early buyers of the Sunbell XC2 mobile phone indicates that they found it ------- to use.

(A) conveniences
(B) conveniently
(C) convenience
(D) convenient

Sunbell XC2携帯電話機の早期購入者からの最初の感想は、彼らがそれを使いやすいと思ったことを示しています。

(A) 便利さ
(B) 便利に
(C) 便利さ
(D) 便利な

必答解説 正解 D

適切な**品詞**を選ぶ設問。語数が多い設問文だが、まずは文末のthey found it ------- to useの部分に着目したい。動詞findはThey found me a desk to use.「彼らは私に使える机を見つけてくれた」のように二重目的語を取ることができる。従って、文法的には名詞の(A)と(C)は可能だが、代名詞itはthe Sunbell XC2 mobile phoneを指すと考えられるので、意味の点で不可。また、副詞の(B)を入れるとthey found it conveniently「それを都合よく見つけた」までは問題ないが、その後のto useが浮いてしまう。ここで問われているのは<find +目的語+補語(+ to *do*)>「～を(…するのが)…と思う」の用法だ。正解の(D)を入れるとthey found it convenient to use「彼らはそれ(携帯電話)を使用するのが便利と思った」の意味になる。

148

The ------- initiative aims to provide public transportation for commuters living in the outer suburbs.

(A) proposed
(B) proposing
(C) proposal
(D) propose

提案された新構想は、都市郊外に住む通勤者のための公共交通機関を提供することを目指しています。

(A) 提案された
(B) 提案している
(C) 提案
(D) ～を提案する

必答解説 正解 A

適切な**品詞**を選ぶ設問。設問文は語数は多いが、<S + V>が1組しかない文(単文)だ。V(述語動詞)がaimsと確認できれば、問われているThe ------- initiativeはS(主語)に相当する部分と分かるだろう。主語になるのは名詞なので、このinitiativeは名詞。空所は冠詞Theと名詞に挟まれているので、ここには名詞を修飾する形容詞あるいはそれに相当する語が入ると予測する。従って、動詞の(D)は真っ先に除外できる。名詞の(C)については、proposal form「(保険)申込書」のような<名詞+名詞>の複合名詞も可能だが、proposal initiativeは意味を成さない。残る(A)は過去分詞もしくは形容詞、(B)は現在分詞で、いずれも名詞を修飾できるが、initiative「新構想」は提案される(proposed)ものなので(A)が正解となる。

【語注】

147 initial 最初の／feedback 感想、意見／early buyer 早期購入者／indicate that ～ ～であることを示す
148 initiative 新規の計画、新構想／aim to *do* ～することを目指す／public transportation 公共交通機関／commuter 通勤者、通学者／outer suburb 大都市圏の外縁部

149

A team of agricultural experts will be brought ------- to try to improve crop harvests.

(A) because
(B) either
(C) between
(D) together

穀物の収穫高を上げる努力をするために、農業専門家のチームが結成されるでしょう。

(A) なぜなら
(B) どちらかの
(C) ～の間に
(D) 一緒にして

必答解説　**正解 D**

文法知識＋語彙を問う設問。選択肢にさまざまな品詞（上から、接続詞、形容詞・名詞、前置詞、副詞）が並ぶ場合は、まず文全体（特に主語［A team … experts］と述語動詞［will be brought］）を確認しておく。接続詞の (A) because は、空所の後に節< S ＋ V >ではなく句（to try … ）が続いていることを確認すれば除外できる。(B) と (C) については、either は or を伴って「～か…のどちらか（の）」、between は and を伴って「～と…の間に」という用法と意味から空所に適さないことが分かるだろう。(D) は副詞なので、一見して直前の述語動詞 will be brought と相性がよさそうであり、実際に空所に入れてみると be brought together で「集められる」という意味になり、文意からも正しいことが分かる。

150

------- a designer has completed a prototype product, the rest of the team will be invited to critique it.

(A) So that
(B) Whether
(C) From
(D) After

設計者が試作品を完成させた後で、チームの他のメンバーはそれを批評するよう依頼されるでしょう。

(A) ～するために
(B) ～かどうか
(C) ～から
(D) ～の後で

必答解説　**正解 D**

文法知識＋語彙を問う設問。文全体を確認すると、空所の後に節< S ＋ V >があり、カンマを挟んでその後に別の節< S ＋ V >が続く複文であることが分かる。従って、空所には節と節をつなげて 1 つの文にする役割を持つ接続詞が入ると分かる。まず前置詞の (C) を除外した上で他の 3 つの選択肢を検討する。(A) は「～するために」の意味で、意味上は成り立ちそうなので選びがちだが、so that は基本的に、< S ＋ V > so that < S ＋ V >のように節と節の間に置かれるので選べない。(B) は文頭で使う場合は Whether ～ or (not) , …「～であろうとなかろうと…」のように節の最後に or (not) が必要。正解は時を表す接続詞の (D)。カンマ前の前半を「設計者が試作品を完成させる」、カンマ後の後半を「チームの他のメンバーがそれを批評するよう依頼される」と部分訳できれば、文意からも (D) を選ぶことができる。

【語注】

149 agricultural　農業の／expert　専門家／bring together ～　～を集める、～を一緒にする／improve　～を改善する、～を向上させる／crop　作物、（特に）穀物／harvest　収穫高

150 designer　設計者／complete　～を完成させる／prototype　試作品／*be* invited to *do*　～するよう依頼される／critique　～を（詳しく）批評する

 **151**

------- the most challenging aspect of accepting a new position is negotiating a salary that is both fair and satisfying.

(A) Perhaps
(B) Outside
(C) Every
(D) While

もしかしたら、新しい職を受諾することの最も難しい側面は、公平かつ満足のいく給与を取り決めることかもしれません。

(A) もしかしたら
(B) ～の外に
(C) あらゆる
(D) ～する間に

必答解説　正解 A

文法知識＋語彙を問う設問。使われている語句と文の長さの点で難しそうに見える文だが、まず、文の構造から考える。that 以下の部分は名詞 a salary を修飾する形容詞節で空所と無関係なので、除外して考える。そうすると、文頭から salary までの部分は、空所が文頭にあり、選択肢はいずれも名詞ではないので、主語が the most ... a new position、述語動詞が is の単文（1 組の<S + V>から成る文）であることを確認する。単文ということが分かれば、2 つの節をつなぐ接続詞 (D) は除外できる。(C) の「あらゆる、どの～も」は、空所直後の名詞（the most challenging aspect）と意味的につながりそうだが、<every＋the＋名詞>という形は不可。(B) は、前置詞の「～の外に」だとすれば、後に<S + V>があるので不可であり、副詞の「外で」だと考えると、位置的にも意味的にも不適切。正解は文頭に置いて文全体を修飾する (A)。接続詞や副詞（文修飾副詞）の使い方など高度な文法力が試される問題だ。

152

The proposal for the Seascape project will be ready tomorrow ------- we receive the budget analysis today.

(A) expecting
(B) if not
(C) unlike
(D) as long as

Seascape 計画の企画書は、今日予算分析結果を受け取りさえすれば、明日用意できるでしょう。

(A) 期待している
(B) もし～でないなら
(C) ～ではなく
(D) ～しさえすれば

必答解説　正解 D

文法知識＋語彙を問う設問。文を確認すると、空所の前後に節<S + V>があることが分かる。従って、空所に必要なのは 2 つの節をつなぐ接続詞ということを念頭に選択肢を検討する。まず、接続詞として使わない (C) は除外できる。現在分詞の (A) は「～を期待して」（分詞構文）と考えて選んでしまう可能性もあるが、意味的にも、文法的にも（, expecting that we receive ... となるべき）不適切。(B) については、「もし～でないなら」と述べる場合は if we do not receive または unless we receive となり、if not we receive という形はないため不可。正解は (D)。as long as ～には「～と同じくらい長い／長く」だけでなく、限定条件を表す「～する限りは、～しさえすれば」の意味があることを覚えておこう。

【語注】
151 challenging　難しい／aspect　側面、局面／accept　～を引き受ける／position　地位、役職／negotiate　～を取り決める、～の交渉をする／fair　公正な、公平な／satisfying　満足な、納得のいく
152 proposal　企画書／budget　予算／analysis　分析（結果）

語彙——名詞、動詞、形容詞、副詞、前置詞、接続詞

ここでは、語彙を扱った設問（選択肢に同じ品詞が並ぶもの）を見ていきます。
このタイプの設問は、コロケーションも考えながら、文意の通る最も適切な選択肢を選びましょう。

153. The newest edition of the *Biltmire Road Atlas* has plastic-coated pages for extra -------.

(A) familiarity
(B) persistence
(C) durability
(D) replacement

154. The driver will make three ------- to deliver the package before it is returned to our warehouse.

(A) attempts
(B) pursuits
(C) aims
(D) experiences

155. The housing authority has formed a ------- to look for new construction locations.

(A) member
(B) building
(C) frontier
(D) committee

156. A label on each box should indicate the production date as well as the place of ------- of the contents.

(A) importance
(B) safety
(C) foundation
(D) origin

157. Mr. Hardin ------- additional images of the office building he is interested in leasing.

(A) informed
(B) asked
(C) advised
(D) requested

158. The staff must ------- as much market-research data as possible before planning the advertising campaign.

(A) equip
(B) compile
(C) endorse
(D) compose

159. RZT Technology will double the size of its Toronto laboratory to ------- the organization's rapid growth.

(A) assign
(B) investigate
(C) experience
(D) accommodate

160. Long-term maintenance fees ------- according to the type of industrial printing machine purchased.

(A) copy
(B) repair
(C) support
(D) vary

161. Glenwick Organic Farm stands out from other farms for its environmentally ------- practices.

(A) exposed
(B) communal
(C) friendly
(D) considerable

162. Given the current economic climate, Playablanca Financial is ------- to make new acquisitions.

(A) hesitant
(B) delinquent
(C) worthy
(D) empty

163. Any requests for time off should be addressed to the ------- department supervisor.

(A) urgent
(B) appropriate
(C) subsequent
(D) deliverable

164. I have attached my résumé detailing my ------- experience in the hotel industry.

(A) extensive
(B) punctual
(C) prospective
(D) accepted

165. The seminar leader stated that addressing customer concerns ------- was one crucial element for financial success.

(A) consistently
(B) largely
(C) hugely
(D) identically

166. Last year, Tadaka Computer Solutions ranked third ------- in regional earnings.

(A) together
(B) overall
(C) consecutively
(D) generally

167. Good design and quality material are ------- important to Krasner Laboratory's product development team.

(A) gradually
(B) enough
(C) equally
(D) well

168. Frequent training enables our technicians to resolve most computer problems -------.

(A) swiftly
(B) avoidably
(C) doubtfully
(D) rigidly

169. A book of songs written by Pakistani singer Ayesha Saad was sold at auction yesterday ------- an undisclosed amount.

(A) from
(B) to
(C) off
(D) for

170. DG Feed Supply has shown strong growth heading ------- the end of the fiscal year.

(A) among
(B) into
(C) around
(D) between

171. ------- receiving the engineering award, Ms. Kwon made a point of thanking longtime mentors.

(A) Onto
(B) Unlike
(C) About
(D) Upon

172. ------- its discounts for new customers, Teratran Phone's service plans are considered inferior by many.

(A) Far from
(B) Despite
(C) Among
(D) Instead of

173. Residents visited City Hall to ask ------- developers will preserve the historic properties.

(A) although
(B) since
(C) whether
(D) both

174. Mr. Ahmad decided to reserve a private room for the awards dinner ------- the restaurant was noisy.

(A) rather than
(B) in case
(C) such as
(D) unless

175. We will pay your insurance claim ------- we receive the official damage report.

(A) once
(B) since
(C) like
(D) except

176. The cooking instructions call for reducing the heat and letting the sauce simmer ------- it thickens.

(A) whereas
(B) likewise
(C) instead
(D) until

153

The newest edition of the *Biltmire Road Atlas* has plastic-coated pages for extra -------.

(A) familiarity
(B) persistence
(C) durability
(D) replacement

『Biltmire道路地図』の最新版は、耐久性向上のためページがプラスチック加工されています。

(A) 親密さ
(B) 固執
(C) 耐久性
(D) 代用品

必答解説　正解 C

適切な文意となる**名詞**を選ぶ設問。空所を含む for extra -------「追加の ------- のため」から考えるが、この部分のみでは判断できないので、少し範囲を広げて述部に当たる has plastic-coated pages for extra -------「追加の ------- のためのプラスチック加工されたページを有する」から考える。(A) と (B) は意味が通じないので、除外できる。(C) は当てはまりそうなので、主語を確認すると The newest edition of ... *Atlas*「……地図帳の最新版」である。すなわち、最新版の地図帳は「追加の耐久性のため」、つまり「より持ちがよいように」プラスチック加工されたページを備えている、という意味になり、文全体の意味からも適切だと分かる。(D) は extra replacement「余分の代替品」という語のつながりのみで選んでしまう可能性があるが、文全体を読めば意味が通らないことが分かる。

154

The driver will make three ------- to deliver the package before it is returned to our warehouse.

(A) attempts
(B) pursuits
(C) aims
(D) experiences

ドライバーは荷物が当社の倉庫に戻される前に、配達を 3 回試みます。

(A) 試み
(B) 追跡
(C) 目的
(D) 経験

必答解説　正解 A

適切な文意となる**名詞**を選ぶ設問。まずは空所前後の最小範囲 three ------- to deliver ...「……を配達するための 3 つの -------」の部分から考えると、(B) と (D) だと文意が通らない。意味の上から (A) と (C) は残るが、文全体を確認すれば、The driver will make three ------- to deliver the package「ドライバーは荷物を配達するために 3 つの ------- を行う」と before it is returned to our warehouse「それ (＝荷物) が当社の倉庫に戻される前に」から、make three attempts「3 回試みる」の意味になる (A) が適切と判断できる。なお、(C) は文全体の意味から不適切だが、形の上でも不適切で、aim(s) to 〜となるのは aim が動詞の場合 (「〜することを目指す」の意味) のみ。aim が名詞で「〜する目的」を表す場合は aim(s) of *doing* という形になる。

【語注】
153 edition　版／atlas　地図帳／plastic-coated　プラスチック加工された／extra　追加の、余分の／durability　耐久性、持ちのよさ
154 make an attempt to *do*　〜することを試みる／warehouse　倉庫

 **155**

The housing authority has formed a ------- to look for new construction locations.

(A) member
(B) building
(C) frontier
(D) committee

住宅局は、新たな建設用地を探すために委員会を結成しました。

(A) 構成員
(B) 建物
(C) 国境
(D) 委員会

必答解説 　　**正解 D**

適切な文意となる**名詞**を選ぶ設問。まず空所周辺の formed a -------「------- を結成した」だけから考えると、どの選択肢も当てはまるように思える。そこで文全体を確認すると、主語の The housing authority「住宅局」が has formed a ------- to look for new construction locations「新たな建設用地を探すために ------- を結成した」という文なので、意味の上から、空所には (D) の「委員会」が最適だとすぐ判断できるだろう。なお、動詞 form は「～（組織など）を結成する、～を設立する」という意味で、通常、(B) の building「建物」のような目に見える物を目的語に取らない。

 **156**

A label on each box should indicate the production date as well as the place of ------- of the contents.

(A) importance
(B) safety
(C) foundation
(D) origin

それぞれの箱に貼るラベルには、内容物の製造日および生産地を表示すべきです。

(A) 重要性
(B) 安全性
(C) 基礎
(D) 起源

必答解説 　　**正解 D**

適切な文意となる**名詞**を選ぶ設問。------- of the contents の部分だけを見るとどれも当てはまりそうなので文全体を確認すると、箱のラベルの記載内容についての文だと理解できるが、*A* as well as *B*「A および B」により、the production date (of the contents)「（内容物の）製造日」と空所を含む the place of ------- (of the contents)「（内容物の）------- の場所」が並列されていることに着目する。製造日と共にラベルに記載されるべき項目は、(D) を空所に入れた place of origin「生産地」だ。正解は (D)。この文構造をしっかり踏まえずに空所以降のみに注目すると、「内容物の重要性」となる (A)、「内容物の安全性」となる (B)、「内容物の基礎」となる (C) のいずれも、あり得そうな選択肢として選んでしまう可能性がある。

【語注】

155 housing　住宅／authority　局／form　～を結成する、～を創設する／construction　建設／location　用地
156 indicate　～を表示する／*A* as well as *B*　B だけでなく A も、A および B／content　内容物、中身／place of origin　生産地 ★country of origin とも言う。origin は「起源、源泉」

157

Mr. Hardin ------- additional images of the office building he is interested in leasing.

(A) informed
(B) asked
(C) advised
(D) requested

Hardin さんは、借りたいと思っているオフィスビルの追加の画像を依頼しました。

(A) 知らせた
(B) 尋ねた
(C) 忠告した
(D) 依頼した

必答解説　正解 D

適切な文意となる**動詞**を選ぶ設問。まず、空所の前後の Mr. Hardin ------- additional images について、意味の上からはどの動詞も当てはまりそうに思えるので、語法から検討する。まず空所の直後に additional images という名詞句があるので、これを目的語に取れる動詞を選ぶ。(A) の「～に知らせた」は目的語には人（相手）が来るので選ぶことはできない。同様に (C) の「～に忠告した」も目的語は人であり、物が来ることはない。残った (B) と (D) はいずれも「頼んだ」という意味合いがあり、文全体を確認しても、Mr. Hardin が additional images「追加の画像」を「頼んだ、求めた」という意味に理解できるため、この 2 つで迷ってしまうかもしれない。しかし (B) の動詞 ask は、物が目的語の場合は「～を尋ねる、～を質問する」(ask a question など）の意味となり、「～を頼む、～を求める」という意味なら、for を伴って ask for ～となる。また ask ～ of/from …「…（人）に～（物）を求める」という形もあるが、この場合は求める相手として of/from の後に「人」が必要になり、この文の構文とは異なる。(D) の requested は「～を依頼した、～を要求した」という意味の他動詞で、直後に目的語（additional images）を取ることができるため、これが正解。語彙問題だが、他動詞が取る目的語の種類や、ask と ask for の違いなど、文法的な知識も問われる難易度が高い問題だ。

158

The staff must ------- as much market-research data as possible before planning the advertising campaign.

(A) equip
(B) compile
(C) endorse
(D) compose

スタッフは、宣伝キャンペーンを立案する前にできるだけ多くの市場調査データを収集しなければなりません。

(A) ～を備え付ける
(B) ～を収集する
(C) ～を支持する
(D) ～を構成する

必答解説　正解 B

適切な文意となる**動詞**を選ぶ設問。まず、空所前後の The staff must ------- as much をチェックする。この as much は後の as possible と呼応して「できるだけ多くの～」の意味。次に、must に続く空所に入る動詞の目的語は market-research data なので、構文の核となる The staff must ------- as much market-research data「スタッフは多くの市場調査データを ------- しなければならない」から適切な意味を持つ動詞を考える。正解は (B)。意味的に目的語と合わない (A) と (C) は比較的容易に除外できるのに対し、(D) は data との関連から選びたくなるかもしれない。だが、The staff must compose the market-research data だと「スタッフは市場調査データを構成しなければならない」となり、主語であるスタッフ自身がデータを構成する一部になってしまうため不適切。

【語注】

157 additional　追加の／be interested in *doing*　～することに関心がある／lease　～（土地・建物など）を賃貸・賃借する
158 as much ～ as possible　できるだけ多くの～／advertising campaign　広告キャンペーン

159

RZT Technology will double the size of its Toronto laboratory to ------- the organization's rapid growth.

(A) assign
(B) investigate
(C) experience
(D) accommodate

RZT テクノロジー社は組織の急成長に対応するため、同社のトロントの研究所の規模を倍にする予定です。

(A) ～を割り当てる
(B) ～を調査する
(C) ～を経験する
(D) ～に対応する

必答解説 **正解 D**

適切な文意となる**動詞**を選ぶ設問。まず確認すべきは空所周辺だが、laboratory to ------- だけを頼りにすると laboratory「研究所」からの連想で (B) の「～を調査する」を選んでしまうかもしれない。だが、文全体を見るとこれでは意味が通らない。残る選択肢の正誤も文全体から判断する。RZT Technology will double the size of its Toronto laboratory「RZTテクノロジー社はトロントの研究所の規模を倍にする予定だ」に続けて目的を述べる to ------- the organization's rapid growth「組織の急成長を ------- するために」という文意に合致する動詞を考える。(A) は「～を割り当てる」なのでこの部分には合わない。同様に (C) の「～を経験する」も意味が通らない。正解は多義語の (D) だが、ここでの accommodate は「～（の必要）に対応する」という意味。accommodate は「～を収容する」と名詞形 accommodation「宿泊施設」という意味での登場頻度(ひんど)が高いが、この意味も覚えておこう。

160

Long-term maintenance fees ------- according to the type of industrial printing machine purchased.

(A) copy
(B) repair
(C) support
(D) vary

長期の保守料金は、購入された業務用印刷機の種類によって異なります。

(A) ～を写す
(B) ～を修理する
(C) ～を支援する
(D) 異なる

必答解説 **正解 D**

適切な文意となる**動詞**を選ぶ設問。どれも基本的な動詞なので選択肢の理解は問題ないだろう。空所前後を確認すると、maintenance fees ------- の後に前置詞句の according to ～「～によって、～次第で」が続いているので、この前置詞句と意味がつながりやすい (D) の vary「異なる、変わる」を比較的容易に選べるだろう。vary according to ～「～によって異なる」の形で覚えておきたい。また、この正解は文法面からも判断することができる。前置詞句は目的語にならないので、空所に入る動詞は目的語を取らない自動詞だと分かる。(A) copy は基本的に「～を写す」という他動詞（自動詞の場合は copy after/from など前置詞を伴う）なので、ここでは選べない。(B) の repair「～を修理する」も他動詞なので不可。(C) の support「～をサポートする、～を支援する」は文の内容から選びがちな動詞だが、やはり他動詞なので文法的に不可。

【語注】
159 double　～を倍にする／laboratory　研究所、製造所／rapid　急速な
160 long-term　長期にわたる／fee　料金、手数料／according to ～　～によって／industrial　産業の、業務用の

161

Glenwick Organic Farm stands out from other farms for its environmentally ------- practices.

(A) exposed
(B) communal
(C) friendly
(D) considerable

Glenwick 有機栽培農園は、環境に優しい活動で他の農園とは一線を画しています。

(A) 無防備の
(B) 共有の
(C) 優しい
(D) かなりの

必答解説　　正解 C

適切な文意となる**形容詞**を選ぶ設問。空所を含む部分には、頻出のコロケーションが使われているため、environmentally ------- practices の部分からだけでも正解を選べるが、念のため文意を確認する。stands out from other farms for ～「～で他の農園とは一線を画す」の for の後にはその理由が来ると推測する。(A) の「(環境的に) 無防備の」、(B) の「(環境的に) 共有の」では意味が通じない。正解は (C) だが、この friendly は「(環境などに) 優しい」という意味。environmentally friendly「環境的に優しい」の形で頻出するので覚えておこう。なお、ここでの practices は「日常的な活動」の意味。(D) の「かなりの、相当な」は、空所直後の practices を「練習」と捉え、その部分のみを見て「相当な練習」と誤解してしまうと選んでしまう可能性がある。多義語である practice には特に注意しよう。

162

Given the current economic climate, Playablanca Financial is ------- to make new acquisitions.

(A) hesitant
(B) delinquent
(C) worthy
(D) empty

現在の経済情勢を考慮し、Playablanca ファイナンシャル社は新たな企業買収を行うことをためらっています。

(A) ためらって
(B) 怠って
(C) 価値があって
(D) 空の

必答解説　　正解 A

適切な文意となる**形容詞**を選ぶ設問。選択肢に難易度が高い語が含まれる、やや難しい設問だ。まず、カンマの後の Playablanca Financial is ------- to make の部分から意味的に適さない (D) の「空の」を却下し、残る3つの選択肢から正解を選ぶために全体の文意を確認する。文頭の Given は「～を考慮し」、acquisition は「企業買収」という意味で、文全体は「現在の経済情勢を考慮し、○○社は新たな企業買収を行うことに ------- である」という内容になる。従って、(A) の「(～するのを) ためらって」が意味的に適切だと判断できる。*be* hesitant to *do*「(～するのを) ためらう」という表現を知っていれば比較的容易に正解にたどり着ける設問だが、(A) と (B) が未知語だった場合は難問となってしまう。やはりスコアアップを目指すには語彙力は必須だ。

【語注】

161 organic　有機栽培の／farm　農園、農場／stand out from ～　～より突出する、～から抜きん出ている／environmentally　環境保護の面で／practice　(日常的な) 活動、実践
162 given　～を考慮に入れると／climate　状況／acquisition　(企業などの) 買収

163

Any requests for time off should be addressed to the ------- department supervisor.

(A) urgent
(B) appropriate
(C) subsequent
(D) deliverable

休暇の申請はどれも、しかるべき部署の監督者に出さなければなりません。

(A) 緊急の
(B) しかるべき
(C) 後続の
(D) 配達可能な

必答解説　　正解 B

適切な文意となる**形容詞**を選ぶ設問。選択肢は中級レベルの形容詞で、正確な意味の理解が求められる。空所前後の the ------- department supervisor を確認した段階で、(A) と、動詞 deliver「～を配達する」に形容詞の接尾辞 -able が付いた (D) は却下できる。それぞれ「緊急の部署監督者」、「配達可能な部署監督者」という意味になってしまうからだ。残る 2 つについては *be* addressed to ～「（宛先として）～に向けられる」に留意しつつ文意から判断する。「休暇の申請はどれも ------- 部署の監督者に出さなければならない」ということなので、(B) の「しかるべき」を入れると文意が通る。(C) は「（順番などが）後の、次の」という意味だが、この語を「代理の」を意味する substitute と誤解してしまうと選ぶ可能性が高いだろう。

164

I have attached my résumé detailing my ------- experience in the hotel industry.

(A) extensive
(B) punctual
(C) prospective
(D) accepted

私はホテル業界での幅広い経験を詳述した履歴書を添付しました。

(A) 広範囲の
(B) 時間厳守の
(C) 有望な
(D) 公認の

必答解説　　正解 A

適切な文意となる**形容詞**を選ぶ設問。選択肢の語彙レベルは中程度だが、意味がうろ覚えだと正解するのは難しい。空所を含む my ------- experience のみではどれが適切かを判断できないので、文全体の意味の確認が必要となる。この文は、主語が I、述語動詞が have attached、目的語が my résumé で、detailing my ------- experience in the hotel industry が résumé を説明している。detail「～を詳細に述べる」に留意して意味を取ると「ホテル業界での ------- 経験を詳述した私の履歴書」となる。この時点で (B) の「時間厳守の」や (D) の「公認の」は除外できる。履歴書からの連想で (C) の「有望な」を選びたくなるが、これは人について「見込みのある」という意味で使うので、experience は修飾できない。正解の (A) は「（経験や知識が）広範囲にわたる」の意味。「大規模な、広域の」の意味に取って却下してしまわないように注意しよう。

【語注】

163 request　申請（書）／time off　休暇／address to ～　～に宛てる、～に向ける／supervisor　監督者
164 attach　～を添付する／detail　～を詳述する、～を列挙する／industry　業界

165

The seminar leader stated that addressing customer concerns ------- was one crucial element for financial success.

(A) consistently
(B) largely
(C) hugely
(D) identically

セミナーの指導者は、顧客の関心事に一貫して対処することが、財政的成功のための一つの極めて重要な要素だと述べました。

(A) 一貫して
(B) 大部分は
(C) 非常に
(D) 全く同じに

必答解説　正解 A

選択肢が全て<形容詞＋ -ly >であることから、適切な**副詞**を選ぶ設問と分かる。副詞は文の広い範囲を修飾することが多いので、この文では少なくとも that 節の中の addressing customer concerns ------- was one crucial element という部分の確認が必要。この部分の「顧客の関心事に ------- 対処することが一つの極めて重要な要素だ」という文意と 4 つの選択肢を突き合わせて判断する。まず (A) は「一貫して」という意味で、妥当な選択肢に思える。(B) は「大きく、広く（対処する）」のような意味と認識していると選択したくなるが、largely は「大部分は、主に」という意味だ。large の意味に惑わされないよう注意。(C) は「非常に、極めて」という意味で、addressing を修飾する語として意味的に適さない。(D) は「全く同じに」の意味で、addressing を修飾できるが、常識的に考えて複数の顧客の関心や懸念に「全く同じに」対処することはできないので、論理的に不可。従って、適切な意味となる (A) が正解となる。

166

Last year, Tadaka Computer Solutions ranked third ------- in regional earnings.

(A) together
(B) overall
(C) consecutively
(D) generally

昨年、Tadaka コンピューター・ソリューションズ社は地域の事業所得で全体で 3 位になりました。

(A) 一緒に
(B) 全体で
(C) 連続して
(D) 一般的に

必答解説　正解 B

適切な文意となる**副詞**を選ぶ設問。文は短いが、空所前後の ranked third ------- in ～「～で ------- 3位になった」のみから判断すると、(C) の consecutively は three days consecutively「3 日連続で」のような連続性を表す副詞なので選んでしまう可能性が高いが、ここでは「昨年（1 回）3 位になった」という意味なので不可。(A) の「一緒に」であれば主語に複数名詞が必要だが、Solutions は社名なのでこれを複数形と勘違いすることはないだろう。正解は「～で全体として 3 位になった」という意味になる (B) の「全体で」。(D) の generally は「一般的に、概して」の意味なので文意に合わないと判断できるだろう。

【語注】

165 state that ～　～だと述べる／address　～に対処する／concern　関心事、懸念事項／crucial　極めて重要な、決定的な／element　要素

166 solution　解決策／rank　～に位置する／regional　地域の／earnings　<複数形で>（企業などの）利益、収益

167

Good design and quality material are ------- important to Krasner Laboratory's product development team.

(A) gradually
(B) enough
(C) equally
(D) well

Krasner 研究所の製品開発チームにとって、優れたデザインと高品質な素材は等しく重要です。

(A) 徐々に
(B) 十分に
(C) 等しく
(D) 上手に

必答解説　　**正解 C**

適切な文意となる**副詞**を選ぶ設問。空所前後の are ------- important のみで判断すると、gradually important「徐々に重要に」というコロケーションにつられて (A) を選んでしまうかもしれないが、これは become や get と共に使われる形で、are のような状態を表す be 動詞と共には用いられないことに注意しよう。正解するには Good design and quality material are ------- important to ～の理解が必要だが、難しい語句が含まれていないので「優れたデザインと高品質な素材は～にとって ------- 重要だ」の理解は容易だろう。正解は (C) だが、これは 2 つの主語「優れたデザインと高品質な素材」が「同等に（重要だ）」という意味。主語の確認によって積極的に選べる選択肢だ。(B) や (D) を空所に入れると enough important to、well important to という語法的に不可な形になってしまう。

168

Frequent training enables our technicians to resolve most computer problems -------.

(A) swiftly
(B) avoidably
(C) doubtfully
(D) rigidly

頻繁(ひんぱん)な研修は、当社の技術者がほとんどのコンピューターの問題を迅速に解決することを可能にします。

(A) 迅速に
(B) 回避可能に
(C) 疑って
(D) 厳格に

必答解説　　**正解 A**

選択肢が全て<形容詞＋ly>であることから、適切な**副詞**を選ぶ設問と分かる。空所を含む to resolve most computer problems ------- の部分を確認すると、空所に入る副詞は動詞 resolve を修飾するものだと理解できる。この部分を「ほとんどのコンピューターの問題を ------- 解決する」と訳すことができれば (A) の「迅速に」を選ぶことは難しくないだろう。この修飾関係が理解できない場合、training「研修」からの意味的な連想で rigidly「厳格に、厳密に」を選んでしまう可能性がある。また、空所直前の problems に着目して (B) の「回避可能に」や (C) の「疑って」を適切と判断してしまうかもしれない。副詞はさまざまな品詞を修飾できるが、名詞（ここでは training や problems）は修飾できないことに留意しよう。

【語注】

167 quality　高品質の／material　素材／laboratory　研究所、製造所／product development　製品開発
168 frequent　頻繁な／training　研修、練習／enable ～ to *do*　～が…するのを可能にする／technician　（専門）技術者

Section 2 Part 5

169

A book of songs written by Pakistani singer Ayesha Saad was sold at auction yesterday ------- an undisclosed amount.

(A) from
(B) to
(C) off
(D) for

パキスタン人の歌手 Ayesha Saad が書いた歌集が、昨日オークションで、非公開の金額で売却されました。

(A) ～から
(B) ～へ
(C) ～から離れて
(D) ～の金額で

必答解説　正解 D

適切な文意となる**前置詞**などを選ぶ設問。前置詞を問う設問は、意味に基づいて正解を判断すると答えが分かりやすいが、ここでは was sold at auction yesterday ------- an undisclosed amount の部分をしっかり読まなければならない。というのは、was sold「売却された」から sell ～ to …「～を…に売る」の形を思い出して (B) を選んでしまう可能性が高いからだ。to であれば売る相手が後に続くべきだが、ここでは an undisclosed amount「非公開の金額」が続いている。この設問の鍵はこの部分であり、正解の (D) を選べるかどうかは、仮に undisclosed が未知語でも amount「総額」から sell ～ for …「～を…の価格で売る」の形に気付くことができるかどうかにかかっている。(A) は sell ～ from …で「～を…（場所など）から売る」、(C) は sell ～ off で「～を（安値で）売却する」（この場合の off は副詞）の意味となり、空所以降とうまくつながらない。

170

DG Feed Supply has shown strong growth heading ------- the end of the fiscal year.

(A) among
(B) into
(C) around
(D) between

DG 飼料供給社は、会計年度末に向かって大きな成長を示しています。

(A) ～の間で
(B) ～に向かって
(C) ～の周りに
(D) ～の間で

必答解説　正解 B

適切な文意となる**前置詞**を選ぶ設問。空所に続く部分 ------- the end of the fiscal year のみに着目すると、容易に思い付く around the end of ～「～の末頃に」を想定して (C) を選んでしまう可能性が高い。ポイントは空所前の heading で、正解の (B) を選ぶには head into ～「～に向かう」を知っている必要があり、さらに heading into ～「～に向かって」と分詞構文になっていることもこの設問をやや難しくしている要因。heading 以下を as it (= DG Feed Supply) is heading into the end of the fiscal year「DG 飼料供給社が会計年度末に向かっていくにつれて」と節に言い換えると理解しやすいだろう。その他の 2 つの選択肢は、(A) であれば複数名詞、(D) であれば *A* and *B* のように 2 つの要素が空所の後に必要だが、これらがないことから早い段階で却下できるだろう。

【語 注】

169 auction　競売、オークション／undisclosed　非公開の／amount　金額、総計
170 feed　飼料／head into ～　～に向かう／fiscal year　会計年度

171

------- receiving the engineering award, Ms. Kwon made a point of thanking longtime mentors.

(A) Onto
(B) Unlike
(C) About
(D) Upon

技術者賞受賞に際し、Kwon さんは長年指導してくれた人たちに対する感謝の意を強調しました。

(A) ～の上へ
(B) ～とは異なり
(C) ～について
(D) ～に際して

必答解説　　正解 **D**

適切な文意となる**前置詞**を選ぶ設問。make a point of *doing* は「わざわざ～する、～するのを忘れない」の意味。カンマの前半と後半に比較する対象がないので (B) の「～とは異なり」は容易に除外できるだろう。残る 3 つの選択肢について、(A) は「～の上へ」という位置関係を示す前置詞で不適切。一方、on の改まった語である (D) は「～の上に」という意味以外に upon *doing* で「～するに当たって」という意味もある。これを入れると「技術者賞受賞に際し、Kwon さんは……に対して忘れずに感謝の意を述べた」という意味が通る文になる。間違いやすいのは (C)。これを入れると「技術者賞受賞について、Kwon さんは……に対する感謝の意を強調した」という意味になるが、何かについて感謝の気持ちをわざわざ述べるのはそういう場を与えられて初めてできることなので、「受賞時に」「受賞の後で」など、「時」や「機会」を表す表現がないと不自然である。従って、made a point of thanking という述語動詞部分と合わないので不適切。

172

------- its discounts for new customers, Teratran Phone's service plans are considered inferior by many.

(A) Far from
(B) Despite
(C) Among
(D) Instead of

新規顧客向けの割引にもかかわらず、Teratran 電話社のサービスプランは多くの人から他より劣っていると考えられています。

(A) ～から遠く
(B) ～にもかかわらず
(C) ～の間で
(D) ～の代わりに

必答解説　　正解 **B**

適切な文意となる**(群) 前置詞**を選ぶ設問。文頭に空所があることから、カンマの前半の前置詞句と後半の節の内容を読み取り、2 つの意味関係を基に正解を考える。前半から「新規顧客向けの割引 -------」、後半から「○○社のサービスプランは多くの人たちから他より劣っていると考えられている」という意味を読み取れれば、(B) の「～にもかかわらず」が空所に適当と分かるだろう。despite は in spite of に言い換え可能だが、in spite of と似ている (D) Instead of には要注意。これは「～の代わりに」という意味なので文意に合致しないが、形が似ているので間違えて選んでしまう可能性がある。残りの (A) と (C) は意味から考えて選ぶことはないだろう。(A) は「～から (距離的に) 遠く」以外に、比喩的に「～どころではなく」の意味もあることを覚えておきたい。

【語 注】

171 engineering　工学技術、技術者の仕事／longtime　長年の／mentor　指導者
172 inferior　(同種のものの中で) 劣った／many　<名詞で>多くの人々

Section 2 Part 5

173

Residents visited City Hall to ask ------- developers will preserve the historic properties.

(A) although
(B) since
(C) whether
(D) both

住民たちは、開発業者がその歴史的建造物を保存するつもりかどうかを尋ねるために市役所を訪れました。

(A) ～だけれども
(B) ～なので
(C) ～かどうか
(D) 両方の

必答解説　**正解 C**

適切な文意となる**接続詞**などを選ぶ設問。接続詞の役割は2つの節を結んで意味関係を示すことなので、正解を選ぶにはそれぞれの節の理解が必須だ。空所の後ろの節の「開発業者がその歴史的建造物を保存する」のみに着目すると、つながりがよさそうな(A)の「～だけれども」や(B)の「～なので」を選んでしまいかねない。前半を確認すると「住民たちは尋ねるために市役所を訪れた」とあり、「尋ねる」内容つまり他動詞 ask の目的語が欠けていることに気付く。後半全体が住民が尋ねる内容だと理解できれば、ask whether ～「～かどうかを尋ねる」となる(C)を選べるだろう。(D)は、both *A* and *B* の形で接続詞のような働きをするが節を結ぶことはできない。また both をこの位置に入れると both developers と developers を修飾する形容詞になり、やはり2つの節をつなぐことはできないため不適切。

174

Mr. Ahmad decided to reserve a private room for the awards dinner ------- the restaurant was noisy.

(A) rather than
(B) in case
(C) such as
(D) unless

Ahmad さんは、レストランが騒がしい場合に備えて、受賞夕食会のために個室を予約することにしました。

(A) ～よりもむしろ
(B) ～の場合に備えて
(C) ～のような
(D) ～でない限り

必答解説　**正解 B**

適切な文意となる**(群)接続詞または(群)前置詞**を選ぶ設問。空所の後ろのみの確認では「レストランが騒がしくない限り」という意味になる(D)を選んでしまうので注意しよう。難解な語を含まないので、前半の「Ahmad さんは受賞の夕食会のために個室を予約することにした」、後半の「レストランは騒がしかった -------」という意味を取るのは容易なはずだ。空所の前後を結ぶには、「レストランが騒がしい場合に備えて」という条件を表す節を作る(B)が適切。この条件節の動詞が過去形(was)になっているのは、主節の動詞(decided)との時制の一致。(A)の「～よりもむしろ」と(C)の「～のような」は後に名詞(句)が続くことが多く、どちらもそれより前に述べられた部分との関係を示すときに使われるので、前半の内容を確認できていれば意味の上から却下できるだろう。

【語注】

173 resident　居住者／City Hall　市役所／developer　宅地開発業者、開発者／preserve　～を保存する／historic　歴史的な／property　<可算名詞で>建物、不動産
174 reserve　～を予約する／private room　個室

 **175**

We will pay your insurance claim ------- we receive the official damage report.

(A) once
(B) since
(C) like
(D) except

当社は、正式な損害報告書を受理した時点で保険金請求額をお支払いいたします。

(A) ～した時点で
(B) ～なので
(C) ～するように
(D) ～ということを除けば

必答解説 　正解 **A**

適切な文意となる**接続詞**を選ぶ設問。接続詞を問う設問で重要なのは、必ず2つの節の内容を読み取ってから選択肢を選ぶことだ。claim「請求」を知らなくても、空所の前の部分「私たちはあなたの保険金を支払う予定だ」と後の部分「私たちが正式な損害報告書を受け取る -------」という内容は把握できるだろう。この意味を捉えることができれば、空所にそぐわない(C)の「～するように」と(D)の「～ということを除けば」は候補から除外できる。残る2つを考慮する際に、(A)を「1回」や「かつて」という副詞の意味から判断して却下してしまった場合、消去法で(B)の「～なので」を選んでしまう可能性がある。この設問の鍵は、接続詞 once の意味「～した時点で、～次第」を思い出せるかどうかだ。(A)を入れると「正式な損害報告書を受理した時点で保険金請求額を支払う」という前後のつじつまが合う文になる。

 **176**

The cooking instructions call for reducing the heat and letting the sauce simmer ------- it thickens.

(A) whereas
(B) likewise
(C) instead
(D) until

調理方法は、火を弱めて、とろみがつくまでソースをゆっくり煮立たせるよう指示しています。

(A) ～であるのに
(B) 同様に
(C) その代わりに
(D) ～まで

必答解説 　正解 **D**

適切な文意となる**接続詞または副詞**を選ぶ設問。simmer「～を（小さな泡が立つように）ぐつぐつ煮る」は難しい語だが、これを知らなくても、空所の前の「調理の指示は、火を弱めてソースを……させることを求めている」と空所以下の「それが濃くなる -------」という2つの節の意味はおおむね理解することができるだろう。まず(B)の「同様に」と(C)の「その代わりに」は副詞なので、この位置に入れて2つの節をつなぐことはできない。残る2つは接続詞なので文法的にはどちらも可能だ。(A)は「～であるのに（対して）」だが、文意を理解していれば意味の点で却下できるだろう。正解は(D)の「～まで（ずっと）」。until it thickens が letting the sauce simmer を修飾する形だ。「とろみがつくまでゆっくり煮立たせる」はよく耳にする調理手順だろう。

【語注】

175 insurance　保険、保険金／claim　（保険金の）支払要求、請求金（額）／official　正式な、公的な
176 cooking　料理（法）、調理／instructions　＜複数形で＞指示、説明／call for ～　～を求める、～を指示する／reduce　～を弱める／heat　火力／simmer　～を（とろ火で）ぐつぐつ煮る／thicken　濃くなる、（スープなどに）とろみがつく

Part 6 長文穴埋め問題

語・句――文法

ここでは、Part 6 の語・句を選ぶタイプの設問の中で、文法に関わるものを中心に見ていきます。Part 5 の文法問題と同様の観点に加え、文書全体の文脈も踏まえて、最も適した選択肢を選びましょう。

Questions 177-180 refer to the following article.

(18 April)—MKZ Foods, Inc., the region's largest exporter of pecans, expects its outgoing shipments to increase significantly over the next few months. This -------(177.) is based on the fact that the region's pecan farmers expanded their land area by 20 percent last year. According to spokesperson Katharina Seiler, MKZ's exports could reach a colossal 50,000 metric tons this year. -------(178.).

MKZ buys most of the yield from the region's pecan farms and processes it -------(179.) export throughout the world. "The availability of new land for -------(180.) in the region is creating opportunities for growth," said Ms. Seiler. "I believe MKZ is going to have a truly outstanding year."

177. (A) cost
(B) delay
(C) decision
(D) forecast

178. (A) Such a figure is unprecedented in the company's history.
(B) Moreover, Ms. Seiler holds an advanced degree in economics.
(C) Pecans are high in vitamins and minerals.
(D) Still, MKZ shares have been profitable in recent years.

179. (A) on
(B) for
(C) in
(D) by

180. (A) farming
(B) farmer
(C) farmed
(D) farm

※ Part 6 では、正答率に基づいて選んだ「必答問題」(◎)によって設問タイプをカテゴリー分けしています。
「必答問題」以外の設問に別カテゴリーのものが含まれている場合があるので、別カテゴリーの解説も参考にしてください。

Questions 181-184 refer to the following advertisement.

> With Global Strength Gym's 30-day trial period, you get the opportunity to try out our classes, equipment, and facilities. -------. (181.) It's completely risk-free! To sign up, we require your contact information and payment details, but you will only be charged if you are a member for ------- (182.) 30 days. If you decide within this time that you no longer want to be a member of Global Strength, ------- (183.) visit our Web site at www.gsgym.com. On the Membership page, elect to ------- (184.) your membership and enter the necessary information. It's that easy!

181. (A) Throughout the trial, you pay nothing and sign no contract.
(B) Weight-lifting classes are not currently available.
(C) A cash deposit is required when you sign up for membership.
(D) All questions should be e-mailed to customerservice@gsgym.com.

182. (A) not even
(B) almost
(C) over
(D) less than

183. (A) justly
(B) regularly
(C) evenly
(D) simply

184. (A) extend
(B) renew
(C) cancel
(D) initiate

Questions 185-188 refer to the following letter.

13 March

Dennis Carrera
Lejos Plumbing and Heating
San Antonio, Texas

Dear Mr. Carrera:

Congratulations! Mallorca Construction ------- **185.** the bid of Lejos Plumbing and Heating to provide enhancements to the County Courthouse. Your workers will have access to the ------- **186.** on May 5. As specified by the district building code, Lejos Plumbing and Heating will be responsible for securing the required permits. The enclosed plan outlines the scope of the project. ------- **187.**, the document lists the other contractors we are partnering with, and it reveals how your firm's work fits into the overall project.

We are requesting no significant adjustments to the blueprints and specifications you submitted with your proposal. Please contact my office if you need additional information. ------- **188.**.

Sincerely,

Petra Rojas, Manager
Mallorca Construction Ltd.

Enclosure

185. (A) may accept
(B) would accept
(C) has accepted
(D) was accepting

186. (A) site
(B) data
(C) results
(D) product

187. (A) However
(B) In addition
(C) As a result
(D) On the other hand

188. (A) Unfortunately, your bid arrived after the deadline.
(B) We will inform you of our final decision soon.
(C) Best wishes again on your recent expansion.
(D) We will provide it to you promptly.

問題 177-180 は次の記事に関するものです。

(4 月 18 日) ──地域最大のペカンナッツ輸出会社である MKZ 食品社は、今後数カ月にわたり出荷品が大幅に増加すると予測している。この予測は、同地域のペカンナッツ農家が昨年耕作地の面積を 20%拡張したという事実に基づいている。広報担当者の Katharina Seiler によると、MKZ 社の輸出高は今年、なんと 5 万メートルトンにも達する可能性がある。*このような数値は同社の歴史で前例がない。

MKZ 社は同地域のペカンナッツ農園の収穫物のほとんどを買い取り、全世界への輸出品用に加工処理している。「この地域で新しい農業用耕作地を利用できることが成長の機会を生み出しています」と Seiler さんは言う。「私は、MKZ 社がまさに傑出した一年を迎えることになると思います」。

*Q.178 の挿入文の訳

【語注】

Inc.　～社、(会社が) 法人組織の ★= Incorporated。社名などの後に置く／exporter　輸出会社／
pecan　ペカンナッツ、ピーカンナッツ／expect ～ to *do*　～が…すると予測する／
outgoing　<形容詞で>出ていく、出発する／shipment　<可算名詞で>出荷品／significantly　著しく／
expand　～を拡張する／land　耕作地、ある目的 (建築や農業など) のために使われる土地／area　面積／
by　～だけ、～の差で ★後ろに数値を続けて変化の幅を表す／according to ～　～によると／spokesperson　広報担当者／
exports　<複数形で>輸出額(高)、<しばしば複数形で>輸出品／reach　～に達する／colossal　驚くべき／
metric ton　メートルトン ★メートル法のトン。1 トン= 1000 キログラム／yield　収穫物／process　～を加工処理する／
export　輸出／throughout　～中に／availability　利用できること、入手可能性／opportunity　好機、チャンス／
truly　まさに／outstanding　傑出した、非常に優れた
178 unprecedented　前例のない／advanced degree　高い学位 ★学士号よりも高い、修士号や博士号などを指す／
be high in ～　～を多く含んでいる／mineral　ミネラル／share　株／profitable　利益をもたらす、もうかる

177

(A) cost　(A) 費用
(B) delay　(B) 遅延
(C) decision　(C) 決定
(D) forecast　(D) 予測

正解 D

178

(A) Such a figure is unprecedented in the company's history.　(A) このような数値は同社の歴史で前例がない。
(B) Moreover, Ms. Seiler holds an advanced degree in economics.　(B) さらに、Seiler さんは経済学の高い学位を有している。
(C) Pecans are high in vitamins and minerals.　(C) ペカンナッツはビタミンとミネラルを多く含む。
(D) Still, MKZ shares have been profitable in recent years.　(D) それでも、MKZ 社の株は近年利益を生んでいる。

正解 A

179

(A) on　(A) ～について
(B) for　(B) ～用に
(C) in　(C) ～の中に
(D) by　(D) ～によって

正解 B

 **180**

(A) farming　(A) 農業
(B) farmer　(B) 農民
(C) farmed　(C) 耕された
(D) farm　(D) 農園

必答解説

正解 A

空所に適切な**語（活用形）**を選ぶ**文法**に関する設問。(A) は動詞 farm の現在分詞、動名詞、名詞、(B) は名詞、(C) は動詞 farm の過去形または過去分詞、(D) は名詞または動詞の原形となっている。まずは空所の前後 for ------- in に着目し、空所が 2 つの前置詞に挟まれていることを確認。前置詞の後には名詞に相当する語句（名詞［句］、動名詞）が必要なことから、まず (C) を除外できる。次に少し範囲を広げ new land for -------「------- のための新しい土地」の部分をチェックするが、意味だけを考えて、(B) の「農民」または (D) の「農園」を選んでしまう可能性がある。しかし、farmer も farm も数えられる名詞なので、その意味なら複数形の farmers、farms になる。最後に文の主部 The availability of new land for ------- in the region「この地域で ------- のための新しい土地を利用できること」と述部 is creating opportunities for growth「成長の機会を生み出している」から、用法的、意味的に名詞の (A) の「農業、農業経営」が適切だと分かるだろう。早合点せず、空所を含む文全体まで範囲を広げて確認するのはもちろん、文書全体として整合性のある選択肢を選ぶことが肝心だ。

問題 181-184 は次の広告に関するものです。

Global Strength ジムの 30 日間のお試し期間を利用して、当ジムのクラス、器具、そして施設をご試用になる機会を手に入れることができます。*お試し期間中を通じて、お支払いもなく契約書へのご署名もありません。完全にリスクなしです！ 参加お申し込みに当たり、ご連絡先情報とお支払いに関する情報が必要になりますが、代金が請求されるのは、30 日を超えて会員である場合だけです。この期間内に、Global Strength の会員をこれ以上続けたくないと判断された場合は、当ジムのウェブサイト、www.gsgym.com にアクセスするだけ。「会員」のページで会員権の取り消しを選び、必要な情報を入力してください。こんなに簡単です！

*Q.181 の挿入文の訳

【語注】

trial period　お試し期間／try out ～　～を試してみる／risk-free　リスクのない／sign up　参加を申し込む／contact information　連絡先の情報／details　<複数形で>詳細、(住所などの) 個人情報／charge　～を請求する／decide that ～　～だと判断する／membership　会員権、会員資格／elect to *do*　～することを選択する

181 throughout　～の間中ずっと／contract　契約(書)／weight-lifting　ウエートリフティング／available　利用できる／cash　現金／deposit　内金、保証金／e-mail to ～　E メールで～へ送る

181

(A) Throughout the trial, you pay nothing and sign no contract.
(B) Weight-lifting classes are not currently available.
(C) A cash deposit is required when you sign up for membership.
(D) All questions should be e-mailed to customerservice@gsgym.com.

(A) お試し期間中を通じて、お支払いもなく契約書へのご署名もありません。
(B) ウエートリフティングのクラスは現在ご利用できません。
(C) 会員資格をお申し込みの際には現金での内金が必要です。
(D) ご質問は全て customerservice@gsgym.com へ E メールでお送りください。

正解 A

 **182**

(A) not even
(B) almost
(C) over
(D) less than

(A) ～でさえない
(B) ほぼ～
(C) ～を超えて
(D) ～未満の

必答解説

正解 C

空所に適切な**語・句**を選ぶ**文法（＋語彙）**に関する設問。まず空所周辺に注目すると、for ------- 30 days とあり、前置詞 for の目的語である 30 days を修飾する語が空所に入ると予測できる。選択肢は (A) 副詞句、(B) 副詞、(C) 前置詞、(D) 形容詞の比較級を含む語句。広告の冒頭の ... Gym's 30-day trial period「……ジムの 30 日間のお試し期間」を手掛かりに、空所を含む文の but 以降の文の意味「だが、代金が請求されるのは、30 日 ------- 会員である場合だけだ」を考えれば、(C) の「～を超えて」が文脈上適切だと分かるだろう。直後の If you decide within this time ... Global Strength「この期間内に、Global Strength の会員をこれ以上続けたくないと判断された場合は」も大きなヒントになる。空所を含む文をうっかり「30 日未満の会員であれば、会費は請求されない」と読み違えた場合は (D) を選んでしまう可能性がある。正確な読解と文脈の確認で正解を絞り込もう。

183

(A) justly
(B) regularly
(C) evenly
(D) simply

(A) 正当に
(B) 定期的に
(C) 一定に
(D) 単に

正解 D

184

(A) extend
(B) renew
(C) cancel
(D) initiate

(A) ～を延長する
(B) ～を新しくする
(C) ～を取り消す
(D) ～を始める

正解 C

問題 185-188 は次の手紙に関するものです。

3月13日

Dennis Carrera 様
Lejos 配管・暖房設備社
サンアントニオ、テキサス州

Carrera 様

おめでとうございます！ Mallorca 建設社は、Lejos 配管・暖房設備社による郡庁舎の改良工事の入札額を承諾いたしました。貴社の作業員は5月5日に現場に入ることができます。地域の建築基準に規定されている通り、Lejos 配管・暖房設備社は必須の許可証を取得する責任があります。同封した計画書は当工事計画の範囲の概要を示すものです。さらに、同書類には当社が提携しているその他の建設業者の一覧が載っており、貴社の作業が当工事計画全体の中のどの部分に当たるのかを示しています。

貴社が企画書と共に提出された設計図と仕様書に対して、当社から大きな修正のお願いはありません。さらなる情報が必要でしたら私の事務所にご連絡ください。*当社は迅速にそれを貴社にご提供します。

敬具

Petra Rojas 部長
Mallorca 建設社

同封物

*Q. 188 の挿入文の訳

【語注】
plumbing　配管工事／heating　暖房(装置)／construction　建設業／bid　入札額／enhancement　改良／
county courthouse　〈米〉郡庁舎 ★ county〈米〉「郡」、〈英〉「州」。courthouse「裁判所、〈米〉郡庁舎」／
have access to ～　～に出入りできる／specify　～を規定する／district　地域／code　規則、規約／
be responsible for ～　～に責任がある／secure　～を確保する、～を手に入れる／required　必須の／permit　許可証／
enclose　～を同封する／plan　計画、案、図面／outline　～の概要を示す／scope　範囲／list　～を一覧表にする／
contractor　(工事)請負人、建設業者／partner with ～　～と組む、～と提携する／reveal　～を示す／firm　会社、企業／
fit into ～　～に収まる／overall　全体の／significant　重大な／adjustment　修正、調整／blueprint　青写真、詳細な計画／
specifications　＜通例複数形で＞仕様書、設計書／submit　～を提出する／
Ltd.　～社、(会社が)有限責任の ★＝ Limited。社名などの後に置く／enclosure　同封物
188 deadline　締め切り、期限／inform ～ of …　～に…を知らせる／Best wishes on ～.　～がうまく行きますように。／
recent　最近の、新しい／expansion　拡張／promptly　迅速に、即座に

185

(A) may accept
(B) would accept
(C) has accepted
(D) was accepting

(A) ～を承諾するかもしれない
(B) ～を承諾するだろう
(C) ～を承諾した
(D) ～を承諾していたところだった

必答解説　　正解 C

空所に適切な**句（述語動詞の形）**を選ぶ**文法**に関する設問。選択肢は (A) と (B) が助動詞と動詞の組み合わせ、(C) が現在完了形、(D) が過去進行形となっている。空所の前後を確認すると、Mallorca Construction ------- the bid of ... と文の述語動詞に該当する部分が空所になっている。どの選択肢も文法的に可能なので、この 1 文のみでは正誤を判断できない。文の前後を確認すると、直前の Congratulations!「おめでとうございます！」から、これが何かのお祝いメールで、直後の Your workers will have access to ...「貴社の作業員は……に入ることができる」はその結果の説明だと推測できる。承諾（accept）した内容はthe bid of ...「……の入札額」だが、「承諾しました」と現在の時点で完了していることを伝えるのに適するのは (C) だ。これから承諾することを示唆する内容と勘違いして (B) を選んでしまう可能性はあるが、ここでは冒頭の祝辞から分かるようにすでに承諾したことの通知なので「（ひょっとして）承諾するだろう」は適さない。同様に (A) の「～を承諾するかもしれない」や (D) の「～を承諾していたところだった」も文脈から不適切であると気付くはずだ。

186

(A) site
(B) data
(C) results
(D) product

(A) 現場
(B) データ
(C) 結果
(D) 製品

正解 A

187

(A) However
(B) In addition
(C) As a result
(D) On the other hand

(A) しかし
(B) さらに
(C) 結果として
(D) 一方

正解 B

188

(A) Unfortunately, your bid arrived after the deadline.
(B) We will inform you of our final decision soon.
(C) Best wishes again on your recent expansion.
(D) We will provide it to you promptly.

(A) 残念ですが、貴社の入札額は期限を過ぎてから届きました。
(B) 当社は間もなく、貴社に最終決定をお知らせします。
(C) 貴社の新しい拡張工事がうまくいきますよう、あらためてお祈りします。
(D) 当社は迅速にそれを貴社にご提供します。

正解 D

語・句――語彙

ここでは、Part 6 の語・句を選ぶ設問の中で、語彙の知識で判断するものを中心に見ていきます。空所の前後および文書全体の文脈から、最も適した選択肢を選びましょう。

Questions 189-192 refer to the following article.

(May 2)—Automotive-manufacturing company Lybera, Inc., today announced that Harvey Ramirez has been appointed as the new chairperson of its board of directors. He -------(189.) Helen McGavick, who has resigned in order to pursue a new business venture.

"We thank Ms. McGavick for her service and wish her success in her -------(190.) endeavors," said Fen Wang, Lybera's president and CEO.

Mr. Ramirez has spent ten years as CEO of aerospace-engineering firm Elia Aviation. -------(191.), he held a variety of senior management roles across public and private sectors.

"Mr. Ramirez's familiarity with sophisticated technology, combined with his leadership experience, makes him well suited to lead our company," said Mr. Wang. "-------(192.)."

189. (A) replaces
(B) was replacing
(C) has been replaced
(D) would have replaced

190. (A) advancing
(B) future
(C) certain
(D) instant

191. (A) Again
(B) Consequently
(C) Previously
(D) However

192. (A) These meetings take place on a regular basis.
(B) The product is currently being developed.
(C) We hope to learn more about the position.
(D) We look forward to his guidance.

Questions 193-196 refer to the following memo.

From: Madeleine DeVries, Director of Operations
To: All Employees
Date: June 1
Re: Travel Policy

To help reduce -------(193.), the officers have voted to change the company's travel policy. The revised policy will be -------(194.) on June 15. From that point forward, employees traveling within the country will be required to submit their travel requests to the accounting office no later than three weeks before the date of departure. -------(195.).

-------(196.) exceptions to this policy will be decided on a case-by-case basis and must first be approved by the individual employee's supervisor.

193. (A) spend
(B) spends
(C) spender
(D) spending

194. (A) instituted
(B) examined
(C) purchased
(D) overturned

195. (A) The accounting office will be closed for renovations next week.
(B) Travel is important for maintaining relationships with clients.
(C) The officers periodically review and revise key company policies.
(D) Requests for international travel must be sent at least one month in advance.

196. (A) Any
(B) Additional
(C) Previous
(D) These

Questions 197-200 refer to the following memo.

To: Wu Investment Services employees
From: Eileen Suen, Office Manager
Re: Jacob Wu
Date: 15 August

To All Staff,

As many of you are aware, Jacob Wu, our long-standing Chief Executive Officer, -------(197.) on 1 October. Twenty years ago, Mr. Wu set out to create a Hong Kong–based services firm with an international scope. -------(198.). Wu Investment Services currently serves clients in seventeen countries, 95 percent of whom have chosen to invest with us for the long term.

Mr. Wu will be -------(199.) by Thomas Wu, his son, who has served as Vice President of Wu Investment Services for the past four years.

A gathering will be held on 28 September to celebrate Mr. Wu's -------(200.) career. I will send further information about the event closer to the date. Thank you.

Eileen

197. (A) retired
(B) will be retiring
(C) would retire
(D) was to retire

198. (A) You will soon receive a formal invitation.
(B) The event will take place in the staff room.
(C) He certainly achieved his goal.
(D) There, he graduated with academic distinction.

199. (A) succeeded
(B) achieved
(C) accomplished
(D) resolved

200. (A) promising
(B) technical
(C) foremost
(D) distinguished

問題 189-192 は次の記事に関するものです。

(5月2日) ――自動車製造会社の Lybera 社は本日、Harvey Ramirez が取締役会の新しい会長に任命されたと発表した。彼は Helen McGavick の後任となり、同氏は新たなベンチャー事業を遂行するために退任した。

「私たちは McGavick さんの貢献に感謝し、今後の取り組みでの成功を願っている」と Lybera 社の社長兼 CEO の Fen Wang は述べた。

Ramirez 氏は、航空宇宙工学の企業 Elia 航空社の CEO を 10 年間務めてきた。それ以前は、官民にわたり、さまざまな上級管理職の役職を務めた。

「Ramirez 氏は高度なテクノロジーに精通していることから、その指導者としての経験と相まって、わが社を引っ張っていくのに実にふさわしい人材だ」と Wang 氏は語った。「*私たちは彼の舵取りに期待している」。

*Q.192 の挿入文の訳

189

(A) replaces　(A) ～の後を継ぐ
(B) was replacing　(B) ～の後を継いでいるところだった
(C) has been replaced　(C) ～の後を継がれた
(D) would have replaced　(D) ～の後を継いでいただろう

正解 **A**

【語注】

automotive-manufacturing　自動車製造の／announce that ～　～だと発表する／*be* appointed as ～　～に任命される／chairperson　会長／board of directors　取締役会／resign　退任する／pursue　～を追求する、～を遂行する／business venture　投機的事業、ベンチャー企業／service　貢献／endeavor　取り組み、真剣な活動／CEO　最高経営責任者 ★= chief executive officer／aerospace-engineering　＜形容詞で＞航空宇宙工学の／aviation　航空機産業／hold a role　役割を担う／senior management　上級管理職、経営陣／across　～にわたる／public　官公庁の／private　民間の／sector　分野／familiarity with ～　～への精通／sophisticated　高度な／combine ～ with …　～を…と組み合わせる／suited to *do*　～するのに適任の
192 on a regular basis　定期的に／develop　～を開発する／position　職、(組織内の) 地位／guidance　指導、助言

190

(A) advancing　(A) 進んでいる
(B) future　(B) 今後の
(C) certain　(C) ある程度の
(D) instant　(D) 即座の

必答解説　**正解 B**

空所に適切な**語（形容詞）**を選ぶ**語彙**に関する設問。選択肢には難しい語はないが、拙速に選ばないように気を付けたい。まず話の流れを確認すると、第1段落から、McGavickさんは別の事業を行うために退任する人だと分かる。次に第2段落の空所を含む文では、McGavickさんへの感謝を述べた後、wish her success in her ------- endeavors「彼女の ------- endeavorsでの成功を願っている」と続けている。この部分から、未来のことを述べていることが分かる。よって(B)の「今後の」が正解。endeavors「取り組み」の意味を知っていた場合、her ------- endeavorsの部分のみを頼りに、advanceの「前進する、進歩する」という意味から(A) advancingを選んでしまう可能性がある。だが、ここでは退任に際し、これから先の未来についてエールを送っているので現在進行形のことを述べるのは不自然。またコロケーション的にもそぐわない。(C)の「ある程度の」や(D)の「即座の」は文意に適さないため不適切。

191

(A) Again　(A) 再び
(B) Consequently　(B) その結果
(C) Previously　(C) 以前は
(D) However　(D) しかしながら

必答解説　**正解 C**

空所に適切な**語（副詞）**を選ぶ**語彙**に関する設問。この設問ではまず空所の位置に注意。------, he held ... のように空所が文頭にある場合は、先行する文（Mr. Ramirez has spent ... Elia Aviation.）と空所を含む文の意味を考えて正解を選ぶ。ここで着目すべきは2つの文の時制、つまりMr. Ramirez has spent（現在完了形）とhe held（過去形）だ。「これまで〜を10年間務めてきた」と「〜でさまざまな上級管理職の役職を務めた」という文意を読み取れれば、空所には2つをつなぐ(C)の「以前は」が当てはまると分かるだろう。間違いやすいのは(B)の「その結果」。consequentlyは先行する文が原因、後の文が結果を表す際に使うが、この2文には因果関係はなく、時系列も逆だ。(A)の「再び」と(D)の「しかしながら」も2つの文の論理関係から除外できる。

192

(A) These meetings take place on a regular basis.　(A) これらの会議は定期的に行われる。
(B) The product is currently being developed.　(B) その製品は現在開発されているところだ。
(C) We hope to learn more about the position.　(C) 私たちはその役職についてもっと知りたいと思う。
(D) We look forward to his guidance.　(D) 私たちは彼の舵取りに期待している。

正解 D

Section 2 Part 6

問題 193-196 は次のメモに関するものです。

差出人：Madeleine DeVries事業本部長
宛先　：全社員
日付　：6月1日
返信　：出張方針

経費削減を促進するため、役員は会社の出張方針の変更を可決しました。改訂された方針は6月15日に導入されます。それ以降、国内出張をする社員は、出発日の3週間前までに経理部のオフィスに出張願を提出することを求められるようになります。*海外出張願は、少なくとも1カ月前に出さなければなりません。

この方針に対するいかなる例外事項も個別に判断されることになり、最初に各社員の監督者によって承認されなければなりません。

*Q.195 の挿入文の訳

193

(A) spend　(A) ～を費やす
(B) spends　(B) ～を費やす
(C) spender　(C) 浪費家
(D) spending　(D) 経費

正解 D

【語注】
Director of Operations　事業本部長、業務管理部長／travel　旅行、出張／policy　方針／help *do*　～することを促進する／officer　役員／vote to *do*　投票で～することに決める／from that point forward　それ以降／*be* required to *do*　～することを要求される／accounting　会計、経理（部）／no later than ～　～より遅くならずに、～までに／departure　出発／exception to ～　～に対する例外／decide　判断する／on a ～ basis　～方式で／case-by-case　個別の、その場その場の／approve　～を承認する／individual　それぞれの
195 renovation　改装／maintain　～を維持する／periodically　定期的に／revise　～を改訂する、～を再点検する／key　重要な／in advance　あらかじめ、前もって

194

(A) instituted
(B) examined
(C) purchased
(D) overturned

(A) 導入されて
(B) 調査されて
(C) 購入されて
(D) 覆されて

必答解説　正解 A

空所に適切な**語（動詞）**を選ぶ**語彙**に関する設問。純粋な語彙問題で、選択肢は全て過去分詞で難易度が高い語が含まれている。まず空所の周辺 will be ------- on June 15 から、これが受動態の文になることを確認する。次に文の主語 The revised policy「改訂された方針」を確認し、この文全体を「改訂された方針は 6 月 15 日に ------- される予定だ」と読み取る。これを踏まえて選択肢を検討すると、文意に適さない (C) の「購入されて」はすぐに除外できる。(A) の「(制度などが) 導入されて、設けられて」、(B) の「(綿密に) 調査されて」、(D) の「覆されて」は意味的に可能。この文だけでは判断できないので前後の文を確認する。空所の前の文に「会社の出張方針の変更を可決した」、後の文に「それ以降～」とあるので、この間をつなぐためには (A) を入れて「改訂された方針は 6 月 15 日に導入される」とすると文脈に合致する。正解は (A)。

195

(A) The accounting office will be closed for renovations next week.
(B) Travel is important for maintaining relationships with clients.
(C) The officers periodically review and revise key company policies.
(D) Requests for international travel must be sent at least one month in advance.

(A) 経理部のオフィスは来週、改装のために閉鎖されます。
(B) 出張は顧客との関係を維持するために重要です。
(C) 役員は会社の重要な方針を定期的に見直して改訂します。
(D) 海外出張願は、少なくとも 1 カ月前に出さなければなりません。

正解 D

196

(A) Any
(B) Additional
(C) Previous
(D) These

(A) いかなる
(B) 追加の
(C) 以前の
(D) これらの

必答解説　正解 A

空所に適切な**語（形容詞または代名詞）**を選ぶ**語彙（＋文法）**に関する設問。まず空所は文頭にあり、後に名詞 exceptions「例外」があることを確認する。次に選択肢を見るが、文法的にはどれも空所に入ることが分かる。従って空所を含む文と文書全体から判断する。まず、ここまでの流れを確認すると、「方針が改訂された」→「出張の際は事前に出張願を提出しなければならない」となっている。該当の文はこの後に位置し、空所に続く exceptions はこの改訂された規定に関する「例外」という意味。(A) の「いかなる」を入れると、Any exceptions ... will be decided on ～「いかなる例外も～に基づいて決定される」と例外に関する規定を示す一文となるので、これが正解。(B) の「追加の」は、上記の流れを考慮せずに空所後の exceptions だけから判断するとコロケーションから選びがちだが、「追加の例外」であればこれ以前に例外について言及され、それに対して「追加の」となるはず。例外の話はここが初出なので却下できる。(C) の「以前の」は、新しく決まった方針に関して「以前の例外」を規定するのは理屈に合わない。(D) の「これらの」は、前にそれが指す対象（例外）がないので不適切。

問題 197-200 は次のメモに関するものです。

宛先　：Wu 投資サービス社社員各位
差出人：Eileen Suen 業務部長
返信　：Jacob Wu
日付　：8 月 15 日

全職員の皆さまへ

皆さんの多くがご存じの通り、長期にわたる CEO であった Jacob Wu が 10 月 1 日をもって退任することになります。20 年前、Wu 氏は香港を拠点とする国際的な視野を持ったサービス会社を設立することを目指しました。*彼は間違いなく、その目標を達成しました。Wu 投資サービス社は現在 17 カ国の顧客に対応し、その顧客の 95% は長期にわたって当社での投資を選択しています。

Wu 氏の後任は彼の子息 Thomas Wu となりますが、彼はこれまで 4 年間、Wu 投資サービス社の副社長を務めてきました。

Wu 氏の傑出した経歴を祝うため、9 月 28 日に懇親会が開催されます。日が近づきましたら、このイベントに関するさらに詳しい情報をお送りします。よろしくお願いいたします。

Eileen

*Q. 198 の挿入文の訳

197

(A) retired	(A) 退任した
(B) will be retiring	(B) 退任することになる
(C) would retire	(C) 退任するだろう
(D) was to retire	(D) 退任する予定だった

正解 B

【語注】
investment　投資／Office Manager　業務部長／aware　知っている／long-standing　長期にわたる／Chief Executive Officer　CEO、最高経営責任者／set out to *do*　～することに着手する、～することを目指す／~-based　～を拠点とする／firm　会社、企業／scope　視野、範囲、領域／serve　～のために働く、～に尽くす、～に役立つ／long term　長期／for the past ~ years　これまでの～年間／gathering　懇親会／*be* held　開催される／celebrate　～を祝う／closer to the date　日が近づいたら
197 *be* to *do*　～する予定だ、～することになっている
198 certainly　間違いなく／graduate　卒業する／academic　学校の、学問の／distinction　卓越、優秀性

198

(A) You will soon receive a formal invitation.
(B) The event will take place in the staff room.
(C) He certainly achieved his goal.
(D) There, he graduated with academic distinction.

(A) あなたは間もなく正式な招待状を受け取るでしょう。
(B) イベントは職員休憩室で行われます。
(C) 彼は間違いなく、その目標を達成しました。
(D) そこで、彼は立派な学業成績で卒業しました。

正解 C

199

(A) succeeded
(B) achieved
(C) accomplished
(D) resolved

(A) 引き継がれて
(B) 達成されて
(C) 成し遂げられて
(D) 決議されて

必答解説　正解 A

空所に適切な**語（動詞）**を選ぶ**語彙**に関する設問。選択肢は全て過去形または過去分詞。空所周辺の Mr. Wu will be ------- by Thomas Wu から、この部分が受動態で空所には過去分詞が入ると判断する。文法の点では選択肢は全て当てはまるので、各語の意味が文意に適するかを判断する。(C) accomplish「～を成し遂げる」は名詞形 accomplishment「業績」と同様、退任や退職の通知で頻出(ひんしゅつ)する語なのでつい選びがちだが、「Wu 氏は成し遂げられるだろう」では意味が通じない。同じく (B) の achieved「～を達成されて」や (D) の resolved「～を決議されて」も企業の人事を扱った文書全体の雰囲気から選んでしまう可能性があるが、同じく Mr. Wu を主語とした受動態では文意が成り立たない。(A) の動詞 succeed には他動詞で「～の後を継ぐ」の意味がある。これを知っていれば、空所の後の by Thomas Wu「Thomas Wu によって」を根拠に選ぶことができるだろう。Mr. Wu will be succeeded by Thomas Wu を直訳すると「Wu 氏は Thomas Wu によって後を引き継がれる予定だ」となるので (A) が正解。

200

(A) promising
(B) technical
(C) foremost
(D) distinguished

(A) 前途有望な
(B) 技術に関する
(C) 最も重要な
(D) 傑出した

必答解説　正解 D

空所に適切な**語（形容詞）**を選ぶ**語彙**に関する設問。空所の直後に名詞 career「経歴、キャリア」があるので、これを修飾する形容詞を選ぶ問題と判断できる。まず、(B) は technical career で「技術畑の経歴」の意味だが、Wu 氏の会社の業務内容である投資サービスと一致しない。また (C) は「（他に比べるものがあってその中で）最も重要な」の意味。ここでは Wu 投資会社での単一のキャリアについて話しているので不適切。間違いやすいのは (A)。確かに promising career「前途有望な経歴」はよく見られるコロケーション（語と語の強い結び付き）だが、空所前後の Mr. Wu's ------- career の部分だけで判断するのは禁物。このメモ全体の趣旨である Wu 氏の退任という文脈を踏まえ、A gathering will be held ... から始まる該当の文全体の意味を考えること。「Wu 氏の ------- 経歴を祝うため、懇親会が開催される」を読み取れれば、(A) はつじつまが合わず、(D) の「（功績、業績などが）傑出した、際立って優れた」が合致すると分かるだろう。

文

ここでは、Part 6 の 1 文書につき 1 問出題される、文を選ぶタイプの設問を中心に見ていきます。文書のテーマや趣旨を踏まえ、話の流れから最も適した選択肢を選びましょう。

Questions 201-204 refer to the following article.

TOFTLUND (10 June)—Row after row of electric cars in local parking areas seem to indicate that the city of Toftlund has begun to give up on gasoline-fueled cars. In fact, 20 percent of the cars on Toftlund city streets are electric, but this number is changing at a ------- (**201.**) pace.

To some extent, this is due to the city's generous tax ------- (**202.**) offered to electric car drivers. According to Anne Rasmussen, president of Toftlund Green Business, more attractive designs and longer-lasting batteries have ------- (**203.**) made a difference. Ms. Rasmussen predicts the number of electric cars in Toftlund will more than double in the coming years. ------- (**204.**).

201. (A) rapid
(B) brief
(C) narrow
(D) valuable

202. (A) beneficial
(B) benefitting
(C) benefits
(D) to benefit

203. (A) just
(B) over
(C) very
(D) also

204. (A) Moreover, she likes the convenience of having recharging stations on highways.
(B) In fact, she believes that in twenty years only electric cars will be sold here.
(C) Therefore, she feels that the price of electric cars is too high.
(D) She notes that the population of Toftlund has been decreasing steadily.

Questions 205-208 refer to the following letter.

25 February

Dear Ms. Nguyen,

We appreciate your feedback regarding Medusa Airways' flight 859, which was scheduled to depart at 9:35 A.M. on 19 February. We are sorry that this flight -------(205.). We have decided to compensate you for the -------(206.). We have refunded the unused portion of your ticket, valued at $410. Also, we will reimburse the $200 you paid in hotel charges resulting -------(207.) the disruption. -------(208.). Please allow up to five business days for the transactions to process.

Sincerely,

Yeeking Lai
Customer Relations Manager

205. (A) was canceled
(B) will be canceled
(C) had to cancel
(D) is canceling

206. (A) work
(B) time
(C) drawback
(D) inconvenience

207. (A) above
(B) near
(C) from
(D) beyond

208. (A) We hope you have an enjoyable trip.
(B) Both amounts have been credited to your account.
(C) Your complaint will soon be reviewed.
(D) Thank you for your understanding.

Questions 209-212 refer to the following e-mail.

To: Film crew
From: Sandeep Goswami
Date: Monday, October 2
Subject: Barn scene retake

Dear Crew,

This is a reminder that on Saturday we will be doing a retake of the advertisement featuring the horses at Willow Stables. Filming with animals can be unpredictable, and last week we were not able to get the footage we needed. -------, I would like to begin promptly at 8:00 A.M. so that we can film from a number of angles before lunch. As long as everyone is punctual and everything goes well, we should get the footage we need by then. -------.
209. (first blank) **210.** (second blank)

I also want to ------- the fact that the set is closed to all who are not absolutely essential to the filming of the scene. Anyone else will be too much of a -------.
211. (first blank) **212.** (second blank)

Sandeep Goswami
Monarda Productions

209. (A) Otherwise
(B) In either case
(C) If possible
(D) Alternatively

210. (A) I was impressed by the rehearsal.
(B) Luckily, it is not noticeable to viewers.
(C) We will need different equipment.
(D) However, it may take the full day.

211. (A) research
(B) challenge
(C) avoid
(D) stress

212. (A) distraction
(B) distracting
(C) distracted
(D) distract

問題201-204は次の記事に関するものです。

トフトルンド（6月10日）――地元の駐車場に列を成す電気自動車は、トフトルンド市がガソリン車に見切りをつけ始めたことを示しているように見える。実際、トフトルンド市の路上を走る車の20%が電気自動車だが、この数字は急速なペースで変化している。

これは一つには電気自動車のドライバーに与えられる市の大幅な減税措置によるものだ。トフトルンド環境保護ビジネス社の社長であるAnne Rasmussenによると、より魅力的なデザインとより長持ちするバッテリーもまた影響している。Rasmussen氏は、トフトルンドの電気自動車の台数は今後数年で2倍以上になると予測している。*それどころか、20年後に同市では電気自動車しか販売されていないだろうと彼女は考えている。

*Q.204の挿入文の訳

201

(A) rapid	(A) 急速な
(B) brief	(B) 簡潔な
(C) narrow	(C) 狭い
(D) valuable	(D) 貴重な

正解 A

【語注】

row　列／after　★*A* after *A* でAが反復される様子を表す。ここでは電気自動車の列があちこちに見られるといった意味／indicate that ～　～であることを示す／give up on ～　～に見切りをつける、～を見限る／gasoline-fueled car　ガソリン車／in fact　実際、実のところ、それどころか／at a ～ pace　～なペースで／to some extent　ある程度は、いくらか／due to ～　～によるもので、～が原因で／generous　惜しみない、寛大な／tax benefits　税の優遇措置、減税措置／offer to ～　～に与える／green　環境保護の／longer-lasting　もっと長持ちする／make a difference　影響する／predict (that) ～　～であると予測する／more than　～以上に ★ここでは副詞句として動詞doubleを修飾している／double　2倍になる／in the coming years　これから数年後には、今後数年のうちに
204 convenience　便利さ／recharging station　充電スタンド／highway　幹線道路／note that ～　～であると述べる／steadily　着実に、絶え間なく

202

(A) beneficial
(B) benefitting
(C) benefits
(D) to benefit

(A) 有益な
(B) 利益をもたらしている
(C) 特典
(D) 利益をもたらすために

正解 C

203

(A) just
(B) over
(C) very
(D) also

(A) ちょうど
(B) 越えて
(C) 非常に
(D) ～もまた

正解 D

204

(A) Moreover, she likes the convenience of having recharging stations on highways.
(B) In fact, she believes that in twenty years only electric cars will be sold here.
(C) Therefore, she feels that the price of electric cars is too high.
(D) She notes that the population of Toftlund has been decreasing steadily.

(A) さらに、彼女は幹線道路に充電スタンドがあるという便利さが気に入っている。
(B) それどころか、20 年後に同市では電気自動車しか販売されていないだろうと彼女は考えている。
(C) それゆえに、彼女は電気自動車の値段は高過ぎると感じている。
(D) 彼女はトフトルンドの人口は減少の一途をたどってきたと述べている。

必答解説

正解 B

文脈に合う**文**を選ぶ設問。問われているのは記事の最後に当たる文。記事の前半（第 1 段落）から、トフトルンド市の電気自動車の普及状況を読み取る。後半（第 2 段落）ではまず、急速な普及の理由が述べられ、次いでそれに関する Anne Rasmussen 社長の発言が引用されている。同氏はまず more attractive designs ... have ------- made a difference で電気自動車が増加した他の要因を述べ、次に predicts the number of ... in the coming years で数年後における電気自動車の台数が 2 倍以上になると言っている。それに続く文が空所になっているが、(B) は In fact「それどころか」で始まって「20 年後には同市では電気自動車しか販売されていないだろう」とあり、Rasmussen 氏の電気自動車増加予測を補強する、筋の通った流れになる。正解は (B)。(A) は電気自動車に関連する選択肢なのでつい選びたくなるが、Rasmussen 氏の客観的な状況説明と予測の直後に、she likes ...「彼女（= Rasmussen 氏）は……を気に入っている」という個人的な感想が続くのはつながりが悪い。(C) は Therefore「それゆえに」で始まるが、以降の内容が前文の結果となっていない。また (D) は前文の more than double からの連想を招くが、最後に唐突にトフトルンドの人口について言及するのは違和感が大きい。文書の概要を踏まえた上で、先行する文との関連を考えて選択すべき設問だ。

問題 205-208 は次の手紙に関するものです。

> 2月25日
>
> Nguyen 様
>
> 当社は Medusa 航空 859 便についてのご意見に感謝いたします。この便は 2 月 19 日午前 9 時 35 分に出発を予定しておりました。同便が欠航となり、申し訳ございません。当社では、ご不便をお掛けしたことに対する補償をさせていただくことにいたしました。410 ドルと見積もられるお客さまの搭乗券の未使用分をご返金しました。また、この混乱により、お客さまが支払われたホテル宿泊料 200 ドルもご返済します。*どちらの金額もお客さまの銀行口座にお振り込みいたしました。取引の処理には最長で 5 営業日の猶予を頂きたく存じます。
>
> 敬具
>
> Yeeking Lai
> 顧客窓口部長
>
> *Q.208 の挿入文の訳

205

(A) was canceled	(A) 欠航になった
(B) will be canceled	(B) 欠航になるだろう
(C) had to cancel	(C) 欠航にしなければならなかった
(D) is canceling	(D) 欠航にしているところだ

正解 A

【語注】

appreciate　～をありがたく思う、～に感謝する／feedback　意見／regarding　～に関する／*be* scheduled to *do*　～する予定だ／depart　出発する／compensate ～ for …　～に…の償いをする／refund　～を返金する／portion　一部分／value ～ at …　～を…（金額）と見積もる／reimburse　～を返済する／result from ～　～に起因する／disruption　混乱、中断／allow　～（時間）を見ておく、～を猶予する／up to ～　最大～まで／transaction　商取引／process　～を処理する／customer relations　顧客窓口、お客さま係
208 enjoyable　楽しい／amount　金額／credit ～ to …　…（口座）に～（金額）を振り込む／complaint　不平、不満、苦情／review　～を検討する、～を見直す

206

(A) work (A) 仕事
(B) time (B) 時間
(C) drawback (C) 欠点
(D) inconvenience (D) 不便

正解 D

207

(A) above (A) ～の上方に
(B) near (B) ～の近くに
(C) from (C) ～から
(D) beyond (D) ～を越えて

正解 C

208

(A) We hope you have an enjoyable trip. (A) 楽しい旅になることを願っております。
(B) Both amounts have been credited to your account. (B) どちらの金額もお客さまの銀行口座にお振り込みいたしました。
(C) Your complaint will soon be reviewed. (C) お客さまのご不満についてはすぐに検討いたします。
(D) Thank you for your understanding. (D) ご理解をいただきありがとうございます。

必答解説

正解 B

文脈に合う**文**を選ぶ設問。まず手紙をざっと眺めると、末尾にある差出人名のCustomer Relations Managerと冒頭のDear Ms. Nguyen, We appreciate your feedback ... on 19 February. から、特定の航空便に関するNguyenさんからの意見に顧客窓口の責任者が感謝を伝えていることが分かる。また、1文目のflight 859, which was scheduled to depart at ～「859便、この便は～に出発を予定していた」という表現と、その直後のWe are sorry ...という謝罪から、何らかのトラブルがあったと推測できる。以降は具体的な対応が述べられているが、正解の選択肢はその中に入る一文となる。compensate「～に償う」、refund「～を返金する」、reimburse「～を返済する」など難しい語が続くが、これらを知らなくてもunused ... ticketやhotel、具体的な金額($410、$200)から航空運賃と宿泊料を払い戻す対応だと理解できるだろう。空所後にPlease allow up to ... to process.「処理には最長で5営業日の猶予を頂きたい」とあるので、空所の前の払戻金額のお知らせと5営業日という取引完了の期間のお知らせの間に入る内容の文を選べばよい。正解は、すでに振り込みは済ませたことを伝えている(B)。手紙の締めくくりの言葉にふさわしい(D)をつい選びたくなるが、お礼であれば文末で述べられるはずで、この後に取引完了期間の情報を述べるのは不自然だ。また、苦情はすでに処理されているので、(C)はwillという時制が不適切。(A)は航空便の出発前か出発直後に述べられるべきメッセージなので、文脈と無関係な内容だ。

問題 209-212 は次の E メールに関するものです。

受信者：撮影班各位
送信者：Sandeep Goswami
日付　：10 月 2 日（月曜日）
件名　：納屋のシーンの再撮影

撮影班の皆さん

これは、土曜日に Willow 馬屋で馬がメインで出演する広告の再撮影をするという通知です。動物を使う撮影は予測がつかない場合があり、先週私たちは必要な映像を撮れませんでした。可能なら、昼食前に多数のカメラアングルから撮影できるよう、午前 8 時ちょうどに始めたいと思います。全員が時間厳守で行動し、全てがうまくいく限り、その時間までに必要な映像を撮れるはずです。*しかし、それは丸一日かかるかもしれません。

また、そのシーンの撮影に必要不可欠ではない人は全て、撮影現場には立入禁止であることも強調しておきたいと思います。それ以外の人がいると、ひどく気が散ってしまいますので。

Sandeep Goswami
Monarda 制作会社

*Q.210 の挿入文の訳

209

(A) Otherwise	(A) もしそうでなければ
(B) In either case	(B) どちらにしても
(C) If possible	(C) 可能ならば
(D) Alternatively	(D) あるいは

正解 C

【語注】

film　映画、映画製作／crew　(仕事の) 隊、班 ★ここでは「撮影班」／barn　納屋、小屋／retake　再撮影、撮り直し／reminder　(思い出させるための) 通知、お知らせ／feature　～を主役として出演させる／stable　馬 (小) 屋、畜舎／filming　映画撮影、映画製作／unpredictable　予想がつかない、予測不能な／footage　映像、場面／promptly　きっかり (の時刻に)、ちょうど／film　～を (映画用に) 撮影する／angle　角度、アングル／as long as ～　～しさえすれば、～する限りは／punctual　(人が) 時間を厳守する／set　撮影現場／*be* closed to ～　～は入れない、～は立入禁止である／not absolutely　絶対に～というわけではない／essential　必要不可欠な／too much of ～　あまりに～で、～の度が過ぎて
210 impressed　感心した、感銘を受けた／noticeable　目につく／viewer　(テレビの) 視聴者／full day　丸一日

210

(A) I was impressed by the rehearsal.
(B) Luckily, it is not noticeable to viewers.
(C) We will need different equipment.
(D) However, it may take the full day.

(A) 私はそのリハーサルに感銘を受けました。
(B) 幸い、それは視聴者の目につくものではありません。
(C) 私たちには別の機器が必要でしょう。
(D) しかし、それは丸一日かかるかもしれません。

必答解説

正解 D

文脈に合う**文**を選ぶ設問。まずEメールの受信者、送信者、件名、そして末尾にある送信者の社名を見て、映像関連の制作会社の担当者から撮影班への再撮影の連絡であることを頭に入れておく。空所はEメールの第1段落の最後の文にあるので、それまでの内容を踏まえて正解を考える。同段落の1文目には、この撮影で馬を出演させることが書かれているが、2文目の前半で述べている Filming with animals can be unpredictable「動物を使う撮影は予測がつかない場合がある」の部分をしっかり押さえよう。続く文の I would like to begin promptly at 8:00 A.M. so that we can film ... before lunch. では、今回の撮影は午前8時ちょうどに開始し、昼食前に撮影を終えたい旨が述べられている。さらに、空所直前の文では As long as everyone ... by then は「全員が時間厳守で行動し、全てがうまくいく限り、その時間（昼食時）までに必要な映像を撮れるはずだ」と伝えている。空所はこうした文脈に続く文であることを考えると、動物を使う撮影ゆえに首尾よく進行しなかった場合について補足した(D)が適切だ。(B)はitが指すものが「撮影」だと取ると誤って選ぶ可能性があるが、前文の内容とつながらない。(A)の「リハーサル」と(C)の「別の機器」は内容と関連しそうだが、話題に上っていないので不適切。

211

(A) research
(B) challenge
(C) avoid
(D) stress

(A) ～を研究する
(B) ～に挑戦する
(C) ～を避ける
(D) ～を強調する

正解 D

212

(A) distraction
(B) distracting
(C) distracted
(D) distract

(A) 気を散らすもの
(B) 気を散らすような
(C) 気を散らされた
(D) ～の気を散らす

正解 A

Part 7 1つの文書／複数の文書

発言の意図を問う設問（1文書）

ここでは、チャット形式の1文書問題で出題される、文書中の発言の意図を問う設問を見ていきます。チャットの状況と話の流れを踏まえた上で、発言者の意図を最も的確に表す選択肢を選びましょう。

Questions 213-214 refer to the following text-message chain.

Bishwa Poudel [9:27 A.M.]
I missed my train to Jaipur. Apparently it leaves from another station. No other trains can get me to the business forum in time for my keynote address. Any ideas?

Shraddha Kher [9:32 A.M.]
No problem. I'll send a car for you.

Bishwa Poudel [9:33 A.M.]
What a relief! Thank you. The dinner begins at 7 P.M., so if I leave New Delhi within two hours, I should arrive on time.

Shraddha Kher [9:34 A.M.]
Where shall the driver collect you?

Bishwa Poudel [9:35 A.M.]
At the Safdarjung station, Entrance 1. Please confirm when the car is on the way.

213. At 9:32 A.M., what does Ms. Kher most likely mean when she writes, "No problem"?

(A) She appreciates that Mr. Poudel is thankful.
(B) She will help Mr. Poudel get to the correct station.
(C) She will change the time of Mr. Poudel's keynote address.
(D) She knows how she can help Mr. Poudel.

214. What is suggested about Mr. Poudel?

(A) He is going to miss his dinner engagement.
(B) He is within driving distance of the business forum.
(C) He will be going to a different restaurant.
(D) He needs to pick up a colleague at 7 P.M.

※ Part 7では、正答率に基づいて選んだ「必答問題」（◎）によって設問タイプをカテゴリー分けしています。
「必答問題」以外の設問に別カテゴリーのものが含まれている場合があるので、別カテゴリーの解説も参考にしてください。

→解答と解説はp. 228～229

Questions 215-218 refer to the following online chat discussion.

Monday, 8 May

Gabriel Li (9:10 A.M.)	Good morning, everyone. I want to remind you that Larkin Landscaping will be here at Derryco tomorrow morning to remove the trees from the front parking area. My workers will block off the area before the contractor arrives, so you and your staff should plan to find parking elsewhere or use public transit.
Ava Abberton (9:11 A.M.)	I have a client, Jan McGonagle, who will be driving in from Belfast to meet with me at 10:00 A.M. What should I tell her? Can she contact the facilities department?
Martin Beattie (9:12 A.M.)	There's heavy rain in the forecast. Are you sure the tree work will go forward?
Gabriel Li (9:13 A.M.)	Yes, give Ms. McGonagle my mobile phone number and have her call me when she arrives. I will direct her around the back. The spots there will be reserved for visitors only.
Gabriel Li (9:14 A.M.)	And yes, Larkin assured me the crew comes out rain or shine.
Daniel Deegan (9:15 A.M.)	Remember, too, that we can approve team members to work from home tomorrow. Just make sure that all conference calls are listed on the master schedule on the intranet.
Gabriel Li (9:16 A.M.)	Right. Thank you, all.

215. Who most likely is Mr. Li?

(A) A landscaping crew member
(B) A delivery coordinator
(C) A warehouse worker
(D) A facilities supervisor

216. Why will Ms. McGonagle contact Mr. Li?

(A) To schedule a visit with him
(B) To obtain parking assistance
(C) To get a list of directions to the office
(D) To advise him of transit delays

217. What is likely to happen on May 9?

(A) Some Derryco employees will work at home.
(B) Derryco will be closed for business.
(C) Ms. McGonagle will stay in a local hotel.
(D) Mr. Deegan will cancel a conference call.

218. At 9:14 A.M., what does Mr. Li mean when he writes, "the crew comes out rain or shine"?

(A) The weather forecast is probably wrong.
(B) The outdoor work will proceed as scheduled.
(C) Larkin Landscaping employs an outstanding group of workers.
(D) Derryco employees should prepare for bad weather.

→解答と解説はp. 230～231

Questions 219-222 refer to the following text-message chain.

Delroy Gerew (1:29 P.M.):
Hi, Ms. Chichester, we'd like to order another 10 shirts, featuring the company's name, Magnalook, and its logo. We need four small, two medium, and four large sizes. Could you fill the order by Friday?

Nina Chichester (1:32 P.M.):
That's two days from today, so a $75 rush-order fee will be added.

Delroy Gerew (1:34 P.M.):
How can we avoid the fee?

Nina Chichester (1:36 P.M.):
By choosing the standard 5-day production option. Your order would be ready Monday of next week.

Delroy Gerew (1:38 P.M.):
I guess it can't be helped. Since we have employees starting this Friday and you open at 8:00 A.M., can I pick up the shirts at that time?

Nina Chichester (1:39 P.M.):
Pick-up time is normally after 1:00 P.M., but I'll see to it they're ready by 8:00 A.M.

Delroy Gerew (1:41 P.M.):
Thank you. Actually, my assistant will be picking them up.

Nina Chichester (1:42 P.M.):
That's fine. Could you please e-mail me your logo again? The computer on which I had it stored crashed the other day and is awaiting repair.

Delroy Gerew (1:44 P.M.):
Will do. Thanks, and please charge the credit card you have on file for us.

 →解答と解説はp. 232～233

219. What is suggested about the company Ms. Chichester works for?

(A) It currently has no large-sized shirts in stock.

(B) It has filled an order for Mr. Gerew before.

(C) It offers discounts on large orders.

(D) It is open every evening.

220. Why is Mr. Gerew ordering new shirts?

(A) Additional staff members have been hired.

(B) More were sold than had been anticipated.

(C) The company's logo has been changed.

(D) The style currently in use has become outdated.

221. At 1:38 P.M., what does Mr. Gerew mean when he writes, "I guess it can't be helped"?

(A) He will pay a $75 rush-order fee.

(B) He will ask his assistant to help him.

(C) He will meet Ms. Chichester at 1:00 P.M.

(D) He will select the standard production option.

222. What will Mr. Gerew likely do next?

(A) Provide payment information to Ms. Chichester

(B) Schedule a meeting with Ms. Chichester

(C) Send an e-mail to Ms. Chichester

(D) Fix Ms. Chichester's computer

問題 213-214 は次のテキストメッセージのやりとりに関するものです。

Bishwa Poudel [午前 9 時 27 分]
乗るはずのジャイプール行きの電車に乗れませんでした。どうやら、その電車は別の駅から出ているようです。私が行う基調講演に間に合うようにビジネスフォーラムに着ける電車は他にありません。何か案はありますか。

Shraddha Kher [午前 9 時 32 分]
大丈夫ですよ。私が車を向かわせます。

Bishwa Poudel [午前 9 時 33 分]
ああ、よかった！ ありがとう。夕食会は午後 7 時に始まるので、2 時間以内にニューデリーを出発すれば、時間通りに着くはずです。

Shraddha Kher [午前 9 時 34 分]
運転手にはどこへあなたを迎えに行かせればいいですか。

Bishwa Poudel [午前 9 時 35 分]
Safdarjung 駅の 1 番出入口です。車がいつ頃到着しそうか確かめてください。

→ 問題文は p. 224

213

At 9:32 A.M., what does Ms. Kher most likely mean when she writes, "No problem"?

(A) She appreciates that Mr. Poudel is thankful.

(B) She will help Mr. Poudel get to the correct station.

(C) She will change the time of Mr. Poudel's keynote address.

(D) She knows how she can help Mr. Poudel.

午前9時32分に、"No problem"という発言で、Kherさんは何を意図していると考えられますか。

(A) Poudelさんが感謝していることをよく理解している。

(B) Poudelさんが正しい駅にたどり着くのを手伝うつもりだ。

(C) Poudelさんの基調講演の時間を変更するつもりだ。

(D) Poudelさんを手助けする方法が分かっている。

必答解説　　正解 D

ある**発言の意図**を問う設問。チャット形式の問題では必ずやりとりの流れを踏まえてメッセージの意図を判断する。流れを確認すると、Poudelさんの最初の発言のI missed my trainからはPoudelさんが電車に乗れなかったこと、そして3文目のNo other trains ... からは他に利用できる電車の手段がなく困っている状況が読み取れる。これを踏まえると、最後のAny ideas?は「そこにたどり着く手段は他にないですか」という意味だと解釈できるが、それに対するNo problem.がここで問われている発言。この表現は日常的に使われる返答で、「いいですよ」、「どういたしまして」、「気にしないで」、「大丈夫ですよ」などさまざまな意味を表す。ここでは直後にI'll send a car for you.「私が車を向かわせる」と具体案を述べているので、この発言は(D)の「手助けする方法が分かっている（ので大丈夫だ）」という意味になる。

Poudelさんの最初の発言の2文目の「別の駅から出ているようだ」を基に、Any ideas?を漠然と「どうしたらいいでしょうか」と取った場合は(B)を選んでしまう。これだと「大丈夫」と請け負うNo problem.の解釈には問題ないが、Kherさんの言う具体的な対応（車を向かわせる）と合致しない。また同発言の3文目の「基調講演に間に合う電車がない」という部分に注目した場合は(C)を選んでしまうが、これもKherさんの対応内容と合わず不正解。(A)の解釈だと、No problem.をお礼に対する「どういたしまして」の意味で言っていることになり、文脈にそぐわない。

214

What is suggested about Mr. Poudel?

(A) He is going to miss his dinner engagement.

(B) He is within driving distance of the business forum.

(C) He will be going to a different restaurant.

(D) He needs to pick up a colleague at 7 P.M.

Poudelさんについて何が示唆されていますか。

(A) 夕食会の約束に間に合いそうもない。

(B) ビジネスフォーラムから車で行ける距離にいる。

(C) 別のレストランに行くことになっている。

(D) 午後7時に同僚を車で迎えに行く必要がある。

正解 B

【語注】

text-message chain　テキストメッセージのやりとり／my train　自分の乗る電車／apparently　どうやら～らしい／get ～ to …　～を…に連れて行く／forum　公開討論会／in time for ～　～に間に合うように／keynote address　基調講演／send　～を向かわせる／What a relief!　よかった！、安心した！／on time　時間通りに／～ shall *do*　～（三人称主語）に…させる ★話し手の強い意思を表し、使役表現に近い／collect　～を迎えに行く／*be* on the way　向かっているところである、間もなく到着する

213 appreciate that ～　～であることを正しく理解する／thankful　感謝して

214 engagement　約束／within driving distance of ～　～から車で行ける距離に／pick up ～　～を車で迎えに行く

問題 215-218 は次のオンラインチャットの話し合いに関するものです。

5月8日 (月曜日)	
Gabriel Li (午前 9 時 10 分)	皆さん、おはようございます。Larkin 景観整備社が明日の朝、正面駐車場の樹木撤去のため Derryco 社に来ることをあらためてお知らせしたいと思います。うちの課の作業員が、業者が到着する前にその場所を封鎖しますので、皆さんと皆さんのところのスタッフは他に駐車スペースを見つけるか、公共交通機関を使うことを考えてください。
Ava Abberton (午前 9 時 11 分)	私には、午前 10 時の会議のためにベルファストから車で来社する Jan McGonagle というクライアントがいます。彼女にどう伝えればいいですか。施設課に連絡をしてもらいましょうか。
Martin Beattie (午前 9 時 12 分)	予報では大雨です。樹木の作業がこのまま行われるのは確かですか。
Gabriel Li (午前 9 時 13 分)	はい、McGonagle さんに私の携帯番号をお知らせし、到着したら私に電話をかけてもらってください。彼女には裏手に向かってもらいます。その場所は来客専用に取っておくことになっていますから。
Gabriel Li (午前 9 時 14 分)	そして、はい、Larkin 社は私に、雨でも晴れでも作業班はこちらに来ると確約しました。
Daniel Deegan (午前 9 時 15 分)	それから、明日はチームメンバーが在宅勤務をすることを認めてもいいことも覚えておきましょう。全ての電話会議が必ずイントラネット上のマスター日程表に掲載されているようにしてください。
Gabriel Li (午前 9 時 16 分)	そうですね。皆さん、ありがとう。

215

Who most likely is Mr. Li?

(A) A landscaping crew member
(B) A delivery coordinator
(C) A warehouse worker
(D) A facilities supervisor

Li さんは誰だと考えられますか。

(A) 景観整備作業班のメンバー
(B) 配送の調整役
(C) 倉庫の作業員
(D) 施設の管理者

正解 D

216

Why will Ms. McGonagle contact Mr. Li?

(A) To schedule a visit with him
(B) To obtain parking assistance
(C) To get a list of directions to the office
(D) To advise him of transit delays

McGonagle さんはなぜ Li さんに連絡をすることになりますか。

(A) 彼と一緒の訪問の予定を立てるため
(B) 駐車の手助けをしてもらうため
(C) オフィスへの道順のリストをもらうため
(D) 彼に交通機関の遅延を知らせるため

正解 B

→ 問題文は p. 225

217

What is likely to happen on May 9?

(A) Some Derryco employees will work at home.
(B) Derryco will be closed for business.
(C) Ms. McGonagle will stay in a local hotel.
(D) Mr. Deegan will cancel a conference call.

5月9日に何が起こると考えられますか。

(A) 一部の Derryco 社の従業員が家で仕事をする。
(B) Derryco 社が休業する。
(C) McGonagle さんが地元のホテルに泊まる。
(D) Deegan さんが電話会議を取りやめる。

正解 A

218

At 9:14 A.M., what does Mr. Li mean when he writes, "the crew comes out rain or shine"?

(A) The weather forecast is probably wrong.
(B) The outdoor work will proceed as scheduled.
(C) Larkin Landscaping employs an outstanding group of workers.
(D) Derryco employees should prepare for bad weather.

午前9時14分に、"the crew comes out rain or shine" という発言で、Li さんは何を意図していますか。

(A) 天気予報はおそらく間違っている。
(B) 屋外作業は予定通り進行する。
(C) Larkin 景観整備社は優れた作業員の一団を雇っている。
(D) Derryco 社の従業員は悪天候に対する備えをすべきだ。

必答解説　　正解 B

ある**発言の意図**を問う設問。問われている発言にある rain or shine は「雨でも晴れでも、天候にかかわらず」の意味。転じて「何があっても」の意味でも使われるが、ここでは文字通りの意味。下線部の発言はチャットの後半に登場するので、まずそれまでの流れを確認する。冒頭で Gabriel Li が書いている、明朝に樹木の撤去作業があり駐車場が使用できなくなるという説明をしっかり理解する。続いて Ava Abberton と Martin Beattie が異なる質問をし、Gabriel Li がそれぞれに対して Yes ... と And yes ... で順に回答している。設問文の発言は2つ目の And yes ... の一部だが、Martin Beattie の質問（樹木の撤去作業は雨天決行かどうか）への回答であることを踏まえると、この発言は (B) の「屋外作業は予定通り進行する」と解釈できる。as scheduled「予定通りに」は rain or shine の趣旨を言い換えたもの。

rain or shine しか読んでいないと、天気予報に関する (A) を選んでしまう可能性がある。大雨でも作業班が現場に来るという情報から発展して従業員の悪天候に対する備えまで想像を膨らませてしまうと、誤って (D) を選んでしまうかもしれない。(C) は the crew「作業班」の説明だが、彼らが優秀かどうかはここでは話題になっていない。

【語注】

remind　～に思い出させる、～に念を押す／landscape　～の景観整備をする／remove ～ from …　～を…から撤去する／block off ～　～を遮断する／contractor　請負業者／parking　駐車スペース、駐車／elsewhere　どこか他に／transit　交通機関／facility　施設／forecast　（天気）予報／go forward　先に進める、進行する／have ～ *do*　～に…してもらう／direct ～ …　～を…に向かわせる／around the back　裏のあたりに／spot　（特定の）場所、地点／assure　～（人）に確約する／crew　（作業者の）一団、班／come out　（人を）訪ねて行く／rain or shine　雨でも晴れでも、天候にかかわらず／approve ～ to *do*　～が…するのを認める／work from home　在宅勤務をする／make sure that ～　確実に～であるようにする、～であることを確認する／conference call　（テレビ）電話会議／master　主要な、（複製の）元となる／intranet　イントラネット　★組織（企業）内のコンピューターネットワーク
215 warehouse　倉庫
216 obtain　～を手に入れる／directions　<複数形で>道順／advise ～ of …　～に…を通知する、～に…を教える／delay　遅延
217 work at home　自宅で仕事をする／*be* closed for business　休業する
218 proceed　進行する／as scheduled　予定通りに／employ　～を雇用する／outstanding　傑出した、優れた

問題 219-222 は次のテキストメッセージのやりとりに関するものです。

Delroy Gerew（午後 1 時 29 分）：
こんにちは、Chichester さん。社名の Magnalook と社のロゴを入れてシャツをあと 10 枚注文したいと思います。必要なのは S サイズ 4 枚、M サイズ 2 枚、L サイズ 4 枚です。金曜日までにこの注文に対応していただけますか。

Nina Chichester（午後 1 時 32 分）：
それは今日から 2 日後ですので、75 ドルの特急料金が加算されることになります。

Delroy Gerew（午後 1 時 34 分）：
どうすればその料金がかからないようにできますか。

Nina Chichester（午後 1 時 36 分）：
標準の 5 日間制作の選択肢をお選びいただければ。その場合、ご注文品は来週月曜日の仕上がりになります。

Delroy Gerew（午後 1 時 38 分）：
やむを得ないですね。当社には今週金曜日に働き始める社員がいて、そちらのお店は午前 8 時開店ですから、その時間にシャツを受け取れますか。

Nina Chichester（午後 1 時 39 分）：
受け取りのお時間は通常午後 1 時以降なのですが、午前 8 時までに用意できているように私が取り計らいます。

Delroy Gerew（午後 1 時 41 分）：
ありがとうございます。実際には、私のアシスタントが受け取りに行きます。

Nina Chichester（午後 1 時 42 分）：
承知いたしました。御社のロゴをもう一度 E メールで送っていただけますか。それを保存しておいてもらったコンピューターが先日突然動かなくなってしまい、修理待ちなのです。

Delroy Gerew（午後 1 時 44 分）：
お送りします。ありがとう、そちらに登録されている当社のクレジットカードに請求してください。

219

What is suggested about the company Ms. Chichester works for?

(A) It currently has no large-sized shirts in stock.
(B) It has filled an order for Mr. Gerew before.
(C) It offers discounts on large orders.
(D) It is open every evening.

Chichester さんが勤めている会社について何が示唆されていますか。

(A) 現在 L サイズのシャツの在庫がない。
(B) 以前に Gerew さんの注文に応じたことがある。
(C) 大量の注文には割引を提供している。
(D) 毎晩営業している。

正解 B

220

Why is Mr. Gerew ordering new shirts?

(A) Additional staff members have been hired.
(B) More were sold than had been anticipated.
(C) The company's logo has been changed.
(D) The style currently in use has become outdated.

Gerew さんはなぜ新たなシャツを注文していますか。

(A) 追加の職員が雇用された。
(B) 予想されていたよりも多くの数が売れた。
(C) 会社のロゴが変更された。
(D) 現在使われているデザインが時代遅れになった。

正解 A

 → 問題文は p. 226～227

221

At 1:38 P.M., what does Mr. Gerew mean when he writes, "I guess it can't be helped"?

(A) He will pay a $75 rush-order fee.
(B) He will ask his assistant to help him.
(C) He will meet Ms. Chichester at 1:00 P.M.
(D) He will select the standard production option.

午後1時38分に、"I guess it can't be helped" という発言で、Gerew さんは何を意図していますか。

(A) 75ドルの特急料金を支払う。
(B) アシスタントに手伝ってくれるように頼む。
(C) Chichester さんと午後1時に会う。
(D) 標準制作の選択肢を選ぶ。

必答解説　　正解 A

ある**発言の意図**を問う設問。問われている発言の it can't be helped は「やむを得ない、仕方ない」という意味の慣用表現。この発言はやりとりの中盤で述べられているので、まずはやりとりの前半をしっかり確認する。冒頭の発言で、Gerew さんは社員用シャツの注文内容（枚数とサイズ）と希望の納期を伝えている。それに対して Chichester さんは rush-order fee「特急料金」の説明をし、それを支払わないで済む方法を尋ねる Gerew さんに標準の5日間制作注文を提示する。これに対する Gerew さんの発言が I guess it can't be helped.「やむを得ない」だ。直後の Since we have ... this Friday「当社には今週金曜日に働き始める社員がいて」を踏まえると、新しい社員が働き始める金曜日に間に合わせる必要があるので、75ドルの特急料金を支払うのは「やむを得ない」という意味だと分かる。正解は (A)。

発言を直訳して「それは助けられない」と取ると、同じ help を使って手助けの依頼を述べている (B) を選んでしまうかもしれないが、その解釈では文脈上意味不明の発言となってしまう。また、発言の意味を「やむを得ない」と理解できても、直後の文に目を通さないと、逆の意図に解釈して (D) を選んでしまうかもしれないので注意。(C) にある 1:00 P.M. は設問の発言以降に出てくる語句なので、ここまでの文脈を踏まえていれば選ぶことはないだろう。

222

What will Mr. Gerew likely do next?

(A) Provide payment information to Ms. Chichester
(B) Schedule a meeting with Ms. Chichester
(C) Send an e-mail to Ms. Chichester
(D) Fix Ms. Chichester's computer

Gerew さんは次に何をすると考えられますか。

(A) Chichester さんに支払情報を提供する
(B) Chichester さんとの会議の予定を入れる
(C) Chichester さんにEメールを送る
(D) Chichester さんのコンピューターを直す

正解 C

Section 2 Part 7

【語注】

another　＜数詞などの前に置いて＞さらに～の、もう～の／feature　（特色として）～を入れる／fill an order　注文に応じる／rush-order　急ぎの注文の、特急注文の／fee　料金／It can't be helped.　やむを得ない。／pick up ～　～を取りに行く ★次の発言の pick-up は「受け取り、集荷」／see to it (that) ～　～であるように取り計らう／crash　（プログラムなどが）突然動かなくなる、暴走する、クラッシュする／await　～を待つ、～を待ち受ける／repair　修理／Will do.　そうします。★Could you please ... again? に対する返答。主語の I/We が省略されている／charge　～に請求する／have ～ on file　～を保管している
219 have ～ in stock　～の在庫がある
220 hire　～を雇う／more　＜名詞で＞より多くのもの／anticipate　～を予測する／style　スタイル、デザイン／in use　使われて／outdated　時代遅れの
221 ask ～ to *do*　～に…するよう頼む
222 schedule　～を予定に入れる／fix　～を直す、～を修理する

挿入文の位置を問う設問（1文書）

ここでは、1文書問題で出題される、挿入文の位置を問う設問を見ていきます。
挿入文の内容をしっかり把握した上で、文書全体の流れに最も合う位置を示す選択肢を選びましょう。

Questions 223-225 refer to the following memo.

PLEASE READ IMMEDIATELY

To: All Staff
From: Information Technology Services
Date: July 28

Last night, we experienced an outage of the main webmail server that has affected e-mail and web service throughout the company. — [1] —. Our host server, webmail.raass.net, failed overnight, and this has interrupted our mail service. — [2] —. As a result, it takes much longer to open e-mail. In many cases, accounts may not respond at all.

At this moment, service has still not been fully restored. We are investigating the cause of the problem and working to resolve it. — [3] —. We will keep you posted with further notices via automated voice messages, so please do not ignore your phone. We apologize for the inconvenience. — [4] —.

223. What does the memo explain?

(A) How passwords should be changed
(B) How to apply for new e-mail accounts
(C) Why staff have received so many voice messages
(D) Why staff have had difficulty accessing e-mails

224. What are employees asked to do?

(A) Contact the help desk
(B) Post messages on a board
(C) Update their user information
(D) Wait for further announcements

225. In which of the positions marked [1], [2], [3], and [4] does the following sentence best belong?

"Unfortunately, it is unclear when that will happen."

(A) [1]
(B) [2]
(C) [3]
(D) [4]

 → 解答と解説は p. 238～239

Questions 226-228 refer to the following e-mail.

E-mail

From: evaluation@crawfordds.com
To: trosinsky@mailssen.com
Subject: Crawford Design Contest
Date: April 2

Dear Ms. Rosinsky,

Thank you for entering the Crawford Design Studio Awards Contest. Today we received your project titled "Old Rexto Factory Restoration," including a total of nine photographs and an 18-page description file. — [1] —. Your submission has been forwarded for further processing and has been assigned the entry number P1298. — [2] —.

Your project will now be reviewed by a panel of judges, which consists of our in-house experts as well as outside designers. — [3] —. You will be able to check on the status of your entry via the "Submissions Being Processed" link in our Web site's Main Menu.

Should you have any questions, please do not hesitate to call us. — [4] —.

Kind regards,

Crawford Design Studio

226. What is the purpose of the e-mail?

(A) To report missing documents
(B) To inquire about building costs
(C) To confirm receipt of materials
(D) To request additional photographs

227. What is Ms. Rosinsky advised to do online?

(A) Read the contest rules
(B) Obtain a map and directions
(C) Update her contact information
(D) Track the progress of her submission

228. In which of the positions marked [1], [2], [3], and [4] does the following sentence best belong?

"Please use it when you contact us regarding your entry."

(A) [1]
(B) [2]
(C) [3]
(D) [4]

→ 解答と解説は p. 240～241

Questions 229-232 refer to the following e-mail.

To:	jgonzalez@centralavemarketing.com
From:	pamison@dantonpubliclibrary.org
Subject:	Library update
Date:	May 10
Attachment:	Volunteer opportunities

Dear Ms. Gonzalez,

Thank you for your generosity in donating to the Danton Public Library once again last year. Because of donations from you and others, we were able to purchase twenty new computers for our patrons' use. — [1] —. We also acquired a new collection of nonfiction books for our children's room.

At this time, I would like to tell you about another project we hope to complete with additional funds: converting many of our old, worn-out books into electronic files to help preserve their content for future use. This is a costly endeavor. — [2] —. If you are able to contribute even a small amount toward this new goal, it would be greatly appreciated.

If you are unable to make another monetary donation, please consider helping us complete some small renovation projects that we have scheduled for this year. — [3] —. A list of those projects is attached. We hope you will find one that interests you. — [4] —. We look forward to working alongside enthusiastic and engaged community members like yourself to ensure the library's future success.

Sincerely,

Peter Amison, Community Outreach Coordinator
Danton Public Library

229. Why did Mr. Amison send the e-mail to Ms. Gonzalez?

(A) Because she has a history of helping the library

(B) Because she is overseeing a new project

(C) Because she wrote a book about the town of Danton

(D) Because she is a frequent user of the library's computers

230. What is most likely true about Ms. Gonzalez?

(A) She is a retired librarian.

(B) She has applied for a job at the library.

(C) She owns a book scanner.

(D) She is a resident of Danton.

231. What current project is the Danton Public Library trying to complete?

(A) Purchasing new books

(B) Replacing old computers

(C) Transferring books to electronic format

(D) Reorganizing the nonfiction section

232. In which of the positions marked [1], [2], [3], and [4] does the following sentence best belong?

"It will require both financial resources from dedicated patrons and additional staff hours."

(A) [1]

(B) [2]

(C) [3]

(D) [4]

→解答と解説はp. 242～243

問題 223-225 は次のメモに関するものです。

至急お読みください

宛先　：全スタッフ
差出人：IT サービス部
日付　：7 月 28 日

昨夜、全社の E メールとウェブサービスが影響を与えている主要ウェブメールサーバーの停止が起きました。当社のホストサーバーである webmail.raass.net が一晩中停止し、そのため当社の E メールサービスが遮断されてしまいました。その結果、E メールを開くまでに、いつもよりはるかに時間がかかります。多くの場合、メールアカウントはまったく応答しないかもしれません。

現時点で、サービスはまだ完全には復旧していません。私たちは問題の原因を調査し、それを解決しようと努めております。*残念ながら、それがいつ起こるかは不明です。自動音声メッセージを通じて皆さんに続報を随時お伝えしますので、電話を聞き流さないようにしてください。ご不便をおわびいたします。

*Q.225 の挿入文の訳

223

What does the memo explain?
(A) How passwords should be changed
(B) How to apply for new e-mail accounts
(C) Why staff have received so many voice messages
(D) Why staff have had difficulty accessing e-mails

メモは何について説明していますか。
(A) パスワードをどのように変えるべきか
(B) 新しいメールアカウントの申請方法
(C) スタッフがなぜそれほど多くの音声メッセージを受け取っているのか
(D) スタッフがなぜ E メールにアクセスするのに苦労しているのか

正解 D

→ 問題文は p. 234

224

What are employees asked to do?

(A) Contact the help desk
(B) Post messages on a board
(C) Update their user information
(D) Wait for further announcements

従業員は何をするように依頼されていますか。

(A) ヘルプデスクに連絡する
(B) 掲示板に伝言を貼り出す
(C) ユーザー情報を更新する
(D) 続報を待つ

正解 D

 **225**

In which of the positions marked [1], [2], [3], and [4] does the following sentence best belong?

"Unfortunately, it is unclear when that will happen."

(A) [1]
(B) [2]
(C) [3]
(D) [4]

[1]、[2]、[3]、[4] と記載された箇所のうち、次の文が入るのに最もふさわしいのはどれですか。

「残念ながら、それがいつ起こるかは不明です」

(A) [1]
(B) [2]
(C) [3]
(D) [4]

必答解説

正解 C

挿入文の位置を問う設問。まず挿入文（強調構文）に目を通して意味を確認すると、代名詞 that「それ」の内容が不明なので、この that が指すものを探しながら適切な位置を判断する。メモの第1段落はサーバーの障害によるEメールとウェブサービスの不具合に関する説明だ。[1] はサーバー障害の状況を説明する2つの文の間にあり、that が1文目の「サーバーの停止」を指すとしても、続く Our host server ... の文とのつながりが不自然だ。[2] の位置は、原因を説明する直前の文 Our host server ... our mail service. と、結果を述べる直後の文 As a result ... open e-mail. を分断してしまうので不適切。[3] の位置に入れると、直前の文 We are investigating the cause of the problem and working to resolve it.「私たちは問題の原因を調査し、それを解決しようと努めている」から、挿入文中の that は「（メールサーバーの障害という）問題の解決」のことだと理解でき、続く文で解決されるまでの対応を述べていることともうまくつながる。正解は (C)。

[4] は文書の最後の位置だが、締めくくりの言葉である We apologize for the inconvenience.「ご不便をおわびいたします」の後にこの挿入文を付けるのは明らかに不自然だ。

【語注】

immediately 即座に／experience ～を経験する、（主語に）～が起きる／outage 停止／affect ～に影響を与える／throughout ～の至る所に／fail 故障する、停止する／overnight 一晩中／interrupt ～を遮断する／respond 反応する、応答する／at this moment 現在のところ、現時点では／restore ～を復旧させる／investigate ～を調査する／resolve ～を解決する／keep ～ posted ～に最新状況を伝える、～に逐次連絡する／further 今後の、さらなる／via ～を通じて／automated 自動の／ignore ～を無視する、～を聞き流す／apologize for ～ ～のことでわびる、～について謝る／inconvenience 不便、不都合
223 apply for ～ ～を申請する／have difficulty *doing* ～するのが困難だ、～するのに苦労する
224 help desk ヘルプデスク ★コンピューターの不具合などの相談窓口／post ～を貼る、～を掲示する／board 掲示板

問題 226-228 は次の E メールに関するものです。

送信者：evaluation@crawfordds.com
受信者：trosinsky@mailssen.com
件名　：Crawford デザインコンテスト
日付　：4 月 2 日

Rosinsky 様

Crawford デザインスタジオ社賞コンテストにご参加いただきありがとうございます。 本日、当社は『旧 Rexto 工場の修復』と題された、合計 9 枚の写真と 18 ページの説明資料を含むあなたの事業計画を受領しました。ご提出物はその後の手続きに回され、応募受付番号 P1298 が付与されております。*応募作品に関して当社にご連絡いただく際にはそれをお使いください。

あなたの事業計画は今後、審査委員会によって精査されます。同委員会は当社内の専門家および外部のデザイナーで構成されております。弊社ウェブサイトの「メインメニュー」にある「手続き中の提出物」のリンク経由で応募作品の状況をご確認いただくことができます。

ご質問がございましたら、ご遠慮なく当社までお電話をください。

敬具

Crawford デザインスタジオ社

*Q.228 の挿入文の訳

226

What is the purpose of the e-mail?

(A) To report missing documents
(B) To inquire about building costs
(C) To confirm receipt of materials
(D) To request additional photographs

E メールの目的は何ですか。

(A) 見当たらない書類を報告すること
(B) 建設費について尋ねること
(C) 資料の受理を確認すること
(D) 追加の写真を依頼すること

正解 C

→ 問題文は p. 235

227

What is Ms. Rosinsky advised to do online?

(A) Read the contest rules
(B) Obtain a map and directions
(C) Update her contact information
(D) Track the progress of her submission

Rosinsky さんはオンラインで何をするよう勧められていますか。

(A) コンテストの規定を読む
(B) 地図と道順を入手する
(C) 自分の連絡先の情報を更新する
(D) 自分の提出物の経過を確認する

正解 D

228

In which of the positions marked [1], [2], [3], and [4] does the following sentence best belong?

"Please use it when you contact us regarding your entry."

(A) [1]
(B) [2]
(C) [3]
(D) [4]

[1]、[2]、[3]、[4] と記載された箇所のうち、次の文が入るのに最もふさわしいのはどれですか。

「応募作品に関して当社にご連絡いただく際にはそれをお使いください」

(A) [1]
(B) [2]
(C) [3]
(D) [4]

必答解説

正解 B

挿入文の位置を問う設問。まず挿入文に目を通して、大きなヒントとなる代名詞 it「それ」に注目する。そして、文の意味「応募作品に関して当社に連絡する際はそれを使ってください」を確認した後、it が指す対象を念頭に、適切な位置を検討する。E メールの第 1 段落 1 文目から、この E メールはコンテスト応募者への受付確認メールであると分かる。[1] は提出物の内容を確認する文の直後だが、挿入文を入れてみると、it が指すものは直前の単数名詞 an 18-page description file になるので意味が通じない。[2] は提出物の手続きが進行して、応募受付番号が振られたという説明の後にある。ここに入れると、it が指す対象は the entry number P1298 となり、連絡する際に受付番号を使用するのは自然なことなので (B) が正解。

[3] であれば it の対象は直前の文の a panel of judges「審査委員会」となるが、応募者が応募先に連絡する際に審査委員会を使うというのは意味が通らない。[4] は直前の文 Should you ... call us. が連絡に関する内容なので当てはまりそうだが、「使う」ものとしての it が指す単数名詞が見つからないので不適切。it の対象を確認せずに関連性や印象だけで判断してしまうと他の選択肢を誤って選んでしまいかねない。挿入文の位置を問う設問で代名詞を含む場合は、挿入文中の代名詞が指しているものを確認しよう。

【語注】

enter　～に参加する／project　事業計画、プロジェクト／title　～にタイトルを付ける／restoration　修復、復旧／description　説明／submission　提出物／forward　～を送る、～を転送する／processing　処理、手続き、過程／assign　～を割り振る、～を付与する／entry　（競技などへの）参加、参加者、出品物／panel of judges　審査委員会／consist of ～　～で構成される、～から成る／in-house　社内の／expert　専門家／outside　外部の／status　状況／via　～を通じて、～経由で／Should you have　★= If you should have／not hesitate to *do*　遠慮なく～する／Kind regards,　敬具
226 missing　見当たらない／inquire about ～　～について尋ねる／receipt　受領／material　資料
227 advise to *do*　～するよう勧める／obtain　～を手に入れる／directions　<複数形で>道案内、道順／contact information　連絡先の情報／track　～を追跡調査する、～を確認する／progress　進行、経過
228 regarding　～に関して

問題 229-232 は次の E メールに関するものです。

受信者：jgonzalez@centralavemarketing.com
送信者：pamison@dantonpubliclibrary.org
件名　：図書館の最新情報
日付　：5 月 10 日
添付　：ボランティアの機会

Gonzalez 様

昨年もまた Danton 市立図書館へご寄付いただいた際の寛大なご行為に感謝申し上げます。Gonzalez 様や他の皆さまからのご寄付のおかげをもちまして、当館は施設利用者用の 20 台の新しいコンピューターを購入することができました。また、児童室用の新しいノンフィクション作品集も入手いたしました。

今回は、追加の基金を使って完成させたい別のプロジェクトについてお知らせしたく存じます。それは、当館の擦り切れた古い本の多くを今後利用できるよう、内容保存のために電子ファイル化するというものです。これは費用がかかる試みです。*それには熱心な支援者の皆さまからの資金とスタッフの追加勤務時間の両方が必要となります。この新しい目標のためにたとえ少額でもご寄付いただけましたら、大変ありがたく存じます。

新たな金銭的ご寄付が難しい場合は、今年当館が予定している小規模の改装計画を完成させるお手伝いをご検討ください。それらの計画の一覧表を添付いたします。Gonzalez 様のご興味を引くものが見つかることを願っております。私たちは、当館の今後の成功を確実なものにするため、Gonzalez 様のような熱意ある積極的な地域メンバーの方々と共にお仕事をすることを楽しみにしております。

敬具

地域奉仕活動コーディネーター Peter Amison
Danton 市立図書館

*Q.232 の挿入文の訳

229

Why did Mr. Amison send the e-mail to Ms. Gonzalez?

(A) Because she has a history of helping the library
(B) Because she is overseeing a new project
(C) Because she wrote a book about the town of Danton
(D) Because she is a frequent user of the library's computers

Amison さんはなぜ Gonzalez さんに E メールを送りましたか。

(A) 同図書館を援助した経歴があるため
(B) 新しい計画を監督しているため
(C) Danton 市に関する本を執筆したため
(D) 同図書館のコンピューターを頻繁(ひんぱん)に使用しているため

正解 A

230

What is most likely true about Ms. Gonzalez?

(A) She is a retired librarian.
(B) She has applied for a job at the library.
(C) She owns a book scanner.
(D) She is a resident of Danton.

Gonzalez さんについて何が正しいと考えられますか。

(A) 退職した図書館員である。
(B) 図書館での仕事に応募している。
(C) ブックスキャナーを所有している
(D) Danton 市の居住者である。

正解 D

→ 問題文は p. 236～237

231

What current project is the Danton Public Library trying to complete?

(A) Purchasing new books
(B) Replacing old computers
(C) Transferring books to electronic format
(D) Reorganizing the nonfiction section

Danton 市立図書館はどんな新しい計画を完成させようとしていますか。

(A) 新しい書籍の購入
(B) 古いコンピューターの交換
(C) 書籍の電子版への移行
(D) ノンフィクション部門の再編

正解 C

232

In which of the positions marked [1], [2], [3], and [4] does the following sentence best belong?

"It will require both financial resources from dedicated patrons and additional staff hours."

(A) [1]
(B) [2]
(C) [3]
(D) [4]

[1]、[2]、[3]、[4] と記載された箇所のうち、次の文が入るのに最もふさわしいのはどれですか。

「それには熱心な支援者の皆さまからの資金とスタッフの追加勤務時間の両方が必要となります」

(A) [1]
(B) [2]
(C) [3]
(D) [4]

必答解説　正解 B

挿入文の位置を問う設問。まず挿入文の意味を理解し、主語である代名詞 It が指す対象を見極めるため、何が資金とスタッフの追加勤務を必要とするのかを念頭に各位置を点検する。[1] は第 1 段落、[2] は第 2 段落、[3] と [4] は第 3 段落にある。[1] は直前の文が Because of donations ... we were able to ～.「寄付のおかげで私たちは～ができた」と、資金によってすでに達成されたことを述べているので、この位置は不適切。第 2 段落は、冒頭で追加資金で達成できる別のプロジェクトについて述べられ、[2] の直前に This is a costly endeavor.「これは費用がかかる試みだ」、直後に If you are able to contribute ..., it would be greatly appreciated.「……をご寄付いただけると大変ありがたい」とある。挿入文中の It が前文の a costly endeavor を指すとすると、「その費用がかかる試み」には資金や追加勤務が必要だ、という自然なつながりになるので、(B) が正解。

第 3 段落は、冒頭の文で If you are unable to make another monetary donation とあり、金銭的支援が不可の場合の代案が述べられている。従って、この文の直後の [3] で再び資金援助の話を持ち出すのは不自然。[4] もこの代案に関する補足説明の直後の位置なので、同じく不自然である。

【語注】

generosity　寛大な行動／in *doing*　～するに際して／donate to ～　～に寄付する／patron　支援者、（図書館など施設の）利用者、顧客／acquire　～を取得する、～を獲得する／collection　作品集／at this time　今回は、この度は／convert ～ into …　～を…に変換する／worn-out　使い古した、擦り切れた／electronic file　電子ファイル／preserve　～を保存する／costly　費用のかかる、高くつく／endeavor　（困難な）試み、事業／contribute ～ toward …　～を…のために寄付する／*be* greatly appreciated　心より感謝する／make a donation　寄付をする／monetary　金銭の／consider *doing*　～することを検討する／renovation　改修、改装／schedule for ～　～に予定する／alongside　一緒に／enthusiastic　熱心な／engaged　積極的に関わっている／ensure　～を確実にする／outreach　奉仕活動

229 history　経歴／help　～を援助する／oversee　～を監督する

230 retired　引退した／librarian　図書館員、司書／apply for ～　～に申し込む、～を志願する／resident　居住者

231 replace　～を交換する／transfer　～を移し替える、～を変える／electronic　電子（媒体）の／reorganize　再編する

232 financial resource　資金／dedicated　熱心な／hours　<複数形で>勤務時間、就業時間

Section 2 Part 7

語の意味を問う設問（2文書）

ここでは、2文書の問題を用いて、語の意味を問う設問を見ていきます。
まず2文書に目を通して共通のテーマをつかんだ上で、文脈に合う最も適した選択肢を選びましょう。

Questions 233-237 refer to the following survey and e-mail.

SURVEY

Please take a few minutes to complete this survey about your shopping experience at Woodruff's. Indicate your answer using the 5-point scale to the right of each statement. (1 = Strongly Disagree, 2 = Disagree, 3 = No Opinion, 4 = Agree, 5 = Strongly Agree)

Statement	1	2	3	4	5
The store was clean and organized in appearance.	□	□	□	■	□
There was a wide selection of items in my size.	□	□	□	□	■
There were dressing rooms available for me to use.	□	□	□	□	■
The salespeople were courteous and attentive to me.	□	■	□	□	□
The items were priced well compared to other stores.	□	□	□	□	■
I am satisfied overall with my experience at Woodruff's.	□	□	□	■	□

Amount you spent on this purchase: $60

Age (optional): □ 16-25 □ 26-35 ■ 36-45 □ 46-55 □ 56-65 □ 66+

Name (optional): Consuela Torres **E-mail (optional):** catorres81@aumail.co.au

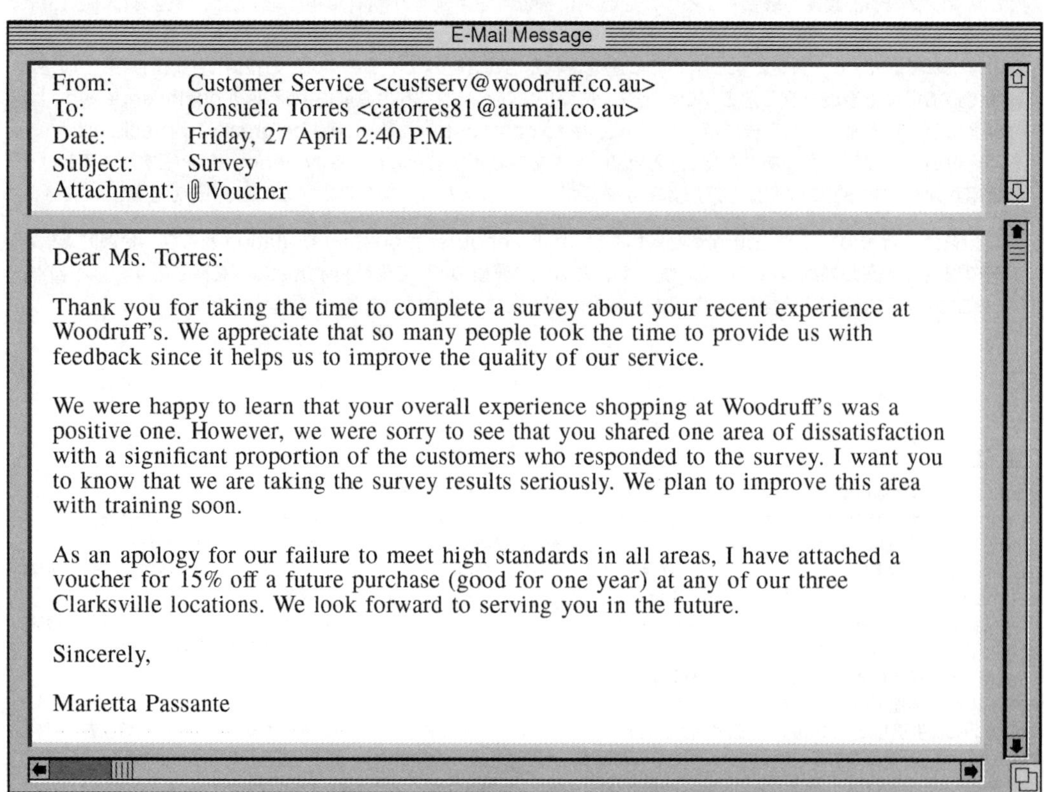

E-Mail Message

From: Customer Service <custserv@woodruff.co.au>
To: Consuela Torres <catorres81@aumail.co.au>
Date: Friday, 27 April 2:40 P.M.
Subject: Survey
Attachment: Voucher

Dear Ms. Torres:

Thank you for taking the time to complete a survey about your recent experience at Woodruff's. We appreciate that so many people took the time to provide us with feedback since it helps us to improve the quality of our service.

We were happy to learn that your overall experience shopping at Woodruff's was a positive one. However, we were sorry to see that you shared one area of dissatisfaction with a significant proportion of the customers who responded to the survey. I want you to know that we are taking the survey results seriously. We plan to improve this area with training soon.

As an apology for our failure to meet high standards in all areas, I have attached a voucher for 15% off a future purchase (good for one year) at any of our three Clarksville locations. We look forward to serving you in the future.

Sincerely,

Marietta Passante

233. What type of business is Woodruff's?

(A) A computer software company
(B) A clothing store
(C) A mobile-phone service provider
(D) A consulting firm

234. With what statement about Woodruff's would Ms. Torres most likely agree?

(A) It is located close to her home.
(B) It has a large staff.
(C) It is relatively inexpensive.
(D) It is open later than other businesses.

235. In the e-mail, the word "appreciate" in paragraph 1, line 2, is closest in meaning to

(A) increase
(B) order
(C) understand
(D) value

236. What most likely is Woodruff's planning to do?

(A) Teach its employees to be more friendly and helpful to customers
(B) Make the workplace cleaner and more organized
(C) Open an additional location in Clarksville
(D) Offer a discount voucher to all customers who complete a survey

237. What is suggested about the survey?

(A) It has been taken by many customers.
(B) It was created by Ms. Passante.
(C) It is accessible on the company Web site.
(D) It has been in use for one year.

→ 解答と解説は p. 250〜253

Questions 238-242 refer to the following Web page and e-mail.

http://www.mountainandforest.ca/custserv/shippinginfo

Clothing | Gear | **Customer Service** | About Us

Mountain and Forest Company

The Leader in Quality Camping and Hiking Gear

Please note that most regular electronic or phone orders can be processed and made ready for shipping almost immediately. Custom and personalized orders may take up to five days for processing before they are shipped.

Please direct any questions or concerns to our customer service department at service@mountainandforest.ca. We will respond within 24 hours.

Our shipping rates:

Order cost with tax	Overnight shipping (1 day)	Express shipping (3 days)	Standard (6–8 days)
Under $25	$8	$5	$3
$25 to $100	$13	$7	$5
Over $100	$18	$15	FREE

To: service@mountainandforest.ca

From: jinheeshin@sharemail.ca

Date: 10 January

Subject: Order B75022

I recently placed an order for $135 for hiking boots and a thermal jacket intended for a camping trip this weekend. According to the confirmation I received at the time of my purchase, my order should have arrived yesterday. Since I paid an additional fee for three-day shipping, I was expecting that my order would arrive in a timely fashion. As it has not, I am requesting a refund of the shipping cost. Additionally, if my order has not been delivered by tomorrow, please cancel my order as I will have to purchase similar items at a local shop.

Sincerely,

Jin-Hee Shin

238. In the Web page, what is indicated about Mountain and Forest's shipping?

(A) Standard shipping is free for orders under $25.

(B) Some shipped orders may take up to eight days to arrive.

(C) The shipping cost depends on the total weight of an order.

(D) Custom orders are not eligible for standard delivery.

239. In the Web page, the word "direct" in paragraph 2, line 1, is closest in meaning to

(A) address

(B) supervise

(C) prescribe

(D) handle

240. What is the purpose of the e-mail?

(A) To suggest a new service policy

(B) To inquire about an order packing error

(C) To request a personalized item

(D) To report a delivery problem

241. How much did Ms. Shin pay for shipping?

(A) $5

(B) $8

(C) $15

(D) $18

242. According to the e-mail, why might Ms. Shin decide to visit a local shop?

(A) She expects to purchase her items for a lower price.

(B) She wants to support businesses in her town.

(C) She needs to have her items before a certain date.

(D) She hopes to find a greater selection of sportswear.

→ 解答と解説は p. 254～257

Questions 243-247 refer to the following job advertisement and e-mail.

Vos Communications, Inc.—Current Openings

Vos Communications, Inc. (VCI), is headquartered in Johannesburg, with a print division in Cape Town and a digital media division in Pretoria. We produce scientific publications with a focus on health and wellness in Africa and have been expanding rapidly in the three years following our launch. To meet our current needs, we are seeking applicants with a solid understanding of the medical communications industry for the following positions:

Senior Medical Writer
Develops original print materials. Requirements include a master's degree in clinical medicine, at least five years of experience as a medical writer, excellent communication skills, and the ability to work both independently and collaboratively. The successful candidate will be based in our print division.

Assistant Editor
Works as a member of the Editorial Panel in our print division. Requirements include a bachelor's degree in journalism or related field, excellent copyediting skills, and experience using editing software.

Medical Writer/Quality Control Reviewer
Works closely with other members of the print division team to ensure the accuracy of all print division publications. Based in our print division.

Applicants should submit a cover letter, a résumé, and a writing sample to Mr. Leon Madisha at lmadisha@vci.co.za. Interviews will be conducted from 7 through 12 May at our headquarters, at which time three letters of recommendation must be presented. Only candidates selected for an interview will be contacted.

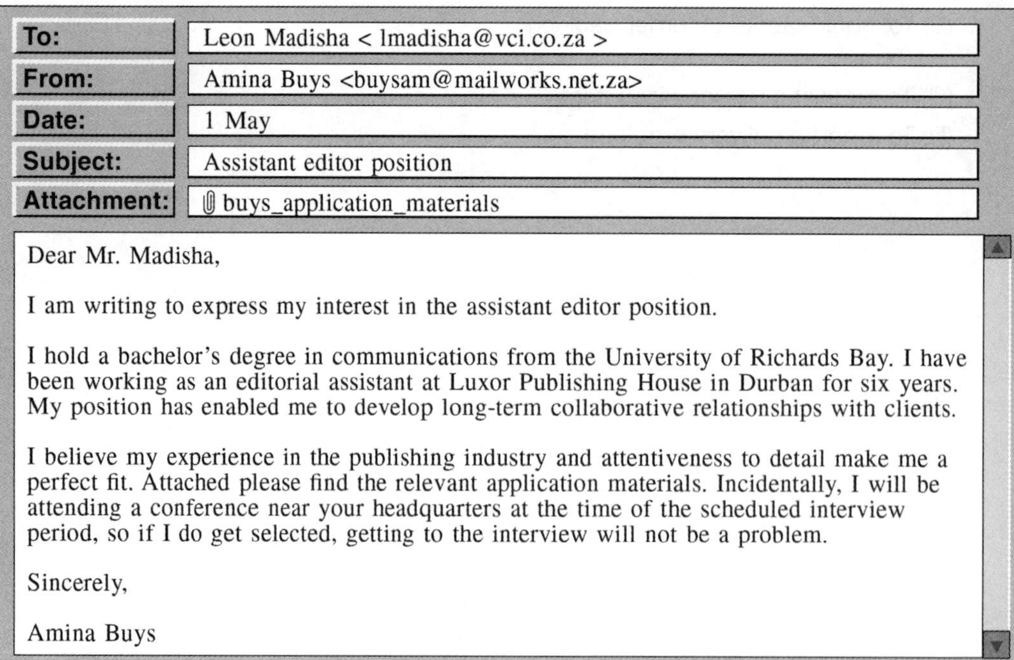

To: Leon Madisha < lmadisha@vci.co.za >
From: Amina Buys <buysam@mailworks.net.za>
Date: 1 May
Subject: Assistant editor position
Attachment: buys_application_materials

Dear Mr. Madisha,

I am writing to express my interest in the assistant editor position.

I hold a bachelor's degree in communications from the University of Richards Bay. I have been working as an editorial assistant at Luxor Publishing House in Durban for six years. My position has enabled me to develop long-term collaborative relationships with clients.

I believe my experience in the publishing industry and attentiveness to detail make me a perfect fit. Attached please find the relevant application materials. Incidentally, I will be attending a conference near your headquarters at the time of the scheduled interview period, so if I do get selected, getting to the interview will not be a problem.

Sincerely,

Amina Buys

243. What is indicated about VCI?

(A) It has been in operation for three years.

(B) It currently has jobs available in various cities.

(C) Its publications center around issues of finance.

(D) Its staff is dedicated to improving its publications.

244. In the advertisement, the word "solid" in paragraph 1, line 4, is closest in meaning to

(A) hard

(B) constant

(C) thorough

(D) dense

245. Which qualification is required by all the job openings?

(A) An ability to work as part of a team

(B) A master's degree in a science field

(C) Strong software skills

(D) A medical background

246. What most likely was NOT an application document submitted by Ms. Buys?

(A) An illustration of her writing capabilities

(B) An expression of her interest for the job

(C) A description of her qualifications and experience

(D) An employer's evaluation of her abilities and knowledge

247. Where will Ms. Buys attend a conference?

(A) In Cape Town

(B) In Durban

(C) In Johannesburg

(D) In Pretoria

→ 解答と解説は p. 258～261

問題 233-237 は次のアンケートと E メールに関するものです。

1 アンケート

アンケート

数分お時間をお取りいただき、Woodruff's でのお買物体験に関するこのアンケートにご記入ください。各記載事項の右側にある 5 段階評価を使ってあなたの回答を示してください。

(1 ＝全くそう思わない、2 ＝そう思わない、3 ＝どちらとも言えない、4 ＝そう思う、5 ＝強くそう思う)

店は見た目が清潔で整頓されていた。	□1	□2	□3	■4	□5
私のサイズの商品の品ぞろえが豊富だ。	□1	□2	□3	□4	■5
私が使える試着室が空いていた。	□1	□2	□3	□4	■5
店員が礼儀正しく、私への気配りがあった。	□1	■2	□3	□4	□5
商品は他店と比べて値段が手頃だった。	□1	□2	□3	□4	■5
Woodruff's での体験に全体として満足している。	□1	□2	□3	■4	□5

今回のご購入で使用した金額：60 ドル

年齢（任意）：　□16-25　□26-35　■36-45　□46-55　□56-65　□66 以上

お名前（任意）：Consuela Torres　　E メール（任意）：catorres81@aumail.co.au

→ 問題文は p. 244～245

2 Eメール

送信者：カスタマーサービス <custserv@woodruff.co.au>
受信者：Consuela Torres <catorres81@aumail.co.au>
日付　：4月27日（金曜日）午後2時40分
件名　：アンケート
添付　：割引券

Torres様

Woodruff'sでの最近のご体験に関するアンケートのご記入にお時間をお取りいただき、ありがとうございました。当店がサービスの質を向上させるのに役立ちますので、これほど多くの方々がお時間を取ってご意見をお寄せいただいたことをありがたく存じます。

Woodruff'sでお買い物をされた際、Torres様の全般的な体験が好ましいものであったことが分かり、うれしく思っております。しかし、アンケートにご回答いただいた中のかなりの割合のお客さまと同様に、Torres様もある分野についてご不満を持たれたことが分かり、申し訳なく思いました。私はTorres様に、当店がアンケート結果を真剣に受け止めていることを知っていただきたく存じます。当店は研修ですぐにこの分野を改善するつもりです。

全分野で高い水準を達成できなかったおわびとして、当店のクラークスビルにある3店舗のいずれでも、今後の1回のご購入で15%引きとなる割引券（1年間有効）を添付いたしました。今後のご来店をお待ち申し上げております。

敬具

Marietta Passante

233

What type of business is Woodruff's?

(A) A computer software company
(B) A clothing store
(C) A mobile-phone service provider
(D) A consulting firm

Woodruff's はどんな種類の企業ですか。

(A) コンピューターソフト会社
(B) 衣料品店
(C) 携帯電話サービス供給会社
(D) コンサルティング会社

正解 B

234

With what statement about Woodruff's would Ms. Torres most likely agree?

(A) It is located close to her home.
(B) It has a large staff.
(C) It is relatively inexpensive.
(D) It is open later than other businesses.

Torres さんは、Woodruff's についてのどの記述に賛同すると考えられますか。

(A) 彼女の家の近くにある。
(B) 多くのスタッフを抱えている。
(C) 比較的安価である。
(D) 他店より遅くまで営業している。

正解 C

 **235**

In the e-mail, the word "appreciate" in paragraph 1, line 2, is closest in meaning to

(A) increase
(B) order
(C) understand
(D) value

E メールの第 1 段落・2 行目にある "appreciate" に最も意味が近いのは

(A) ～を増やす
(B) ～を注文する
(C) ～を理解する
(D) ～を尊重する

必答解説

正解 D

文脈の中での**語の意味**を問う設問。文書全体は、 1 アンケート が店の顧客による記入済みアンケート用紙、 2 Eメール がその顧客への店舗カスタマーサービスからの E メールとなっている。このタイプの設問は、問われる語が多義語で、それが持つ複数の意味が選択肢になっている場合が多いので、文脈の確認が不可欠だ。前提として appreciate には「～を正しく理解する」「～の真価を認める」「～をありがたく思う、～に感謝する」などの意味があることを知らなくてはならない。第 1 段落冒頭の文で Thank you for taking the time to complete a survey about ... とアンケートへの協力に対する感謝を伝え、それに続く文で appreciate が登場する。これは動詞なので、選択肢の語も全て動詞であると判断できる。この文は冒頭の文の補足で、核となる前半部分 We appreciate that so many people took the time to provide us with feedback は「当店はこれほど多くの方々がお時間を取ってご意見をお寄せいただいたことを〇〇〇します」という意味。つまり、回答してくれたこと「をありがたく思う」ということなので、最も近いのは (D) の value「～を尊重する、～を高く評価する」。名詞ではなく動詞の value の意味を辞書で確認しておこう。

We appreciate that ... の文だけを見て appreciate の別の意味の「～を正しく理解する」だと判断した場合、(C) understand を誤って選んでしまうだろう。appreciate は (A) の「～を増やす」や (B) の「～を注文する」の意味を持たないので、語の意味を知っていればこれらはすぐ除外できる。仮に appreciate の語義を知らなくても、文脈に基づいて判断すれば、この文が前文と同じ趣旨のことを述べていると分かり、そこから最も合致しそうな (D) を選べるだろう。

236

What most likely is Woodruff's planning to do?

(A) Teach its employees to be more friendly and helpful to customers
(B) Make the workplace cleaner and more organized
(C) Open an additional location in Clarksville
(D) Offer a discount voucher to all customers who complete a survey

Woodruff's が行う予定なのは何だと考えられますか。

(A) 従業員を、顧客に対してより親しみやすく助けになるよう指導する
(B) 職場をより清潔で整頓されているようにする
(C) クラークスビルに追加の店舗を開く
(D) アンケートに記入した全ての顧客に割引券を提供する

正解 A

237

What is suggested about the survey?

(A) It has been taken by many customers.
(B) It was created by Ms. Passante.
(C) It is accessible on the company Web site.
(D) It has been in use for one year.

アンケートについて何が示唆されていますか。

(A) 多くの客がそれに答えた。
(B) Passante さんによって作成された。
(C) 会社のウェブサイト上で回答できる。
(D) 1年間使用されている。

正解 A

【語注】

survey　アンケート、調査

1 アンケート　complete　～に（全て）記入する／indicate　～を示す／scale　段階、（評価・測定の）基準／statement　記述／organized　整理整頓された／in appearance　見た目は、外見上／selection　品ぞろえ／dressing room　試着室／available　利用できる、空いている／courteous　礼儀正しい／attentive to ～　～に気遣いのある／*be* priced well　手頃な価格である／compared to ～　～と比べて／overall　全般に、全体として／optional　任意の

2 Eメール　attachment　添付書類／voucher　割引券、引換券／since　～なので／positive　好ましい、好意的な／share ～ with …　～を…と共有する／dissatisfaction　不満／significant　かなりの／proportion　割合／seriously　真面目に、真剣に／apology　謝罪／failure to *do*　～できないこと／meet　～を満たす／area　分野／standards　＜複数形で＞基準、標準／good for ～　～に有効な／location　店舗

233 business　会社、店、事業

234 relatively　比較的／inexpensive　安価な／open　営業して、開店して

236 teach ～ to *do*　～に…することを指導する／helpful　助けになる

237 take a survey　アンケートに答える／accessible　利用できる／in use　使用されて

問題 238-242 は次のウェブページと E メールに関するものです。

1 ウェブページ

http://www.mountainandforest.ca/custserv/shippinginfo

衣類	用具	**カスタマーサービス**	会社案内

山と森林社

高品質のキャンプ・ハイキング用具のトップ企業

通常のインターネットもしくはお電話でのご注文品のほとんどは、ほぼ即時に処理され発送のご手配ができますことをご承知おきください。特注品や名入りのご注文品は発送前の処理に最大 5 日かかる場合がございます。

ご質問やご心配な点は service@mountainandforest.ca までカスタマーサービス係宛てにお送りください。24 時間以内にお返事いたします。

当社配送料金：

税込注文価格	**翌日配送（1 日）**	**速達配送（3 日）**	**通常配送（6 ～ 8 日）**
25 ドル未満	8 ドル	5 ドル	3 ドル
25 ドルから 100 ドル	13 ドル	7 ドル	5 ドル
100 ドルを超える場合	18 ドル	15 ドル	無料

→ 問題文は p. 246 ～ 247

2 Eメール

受信者：service@mountainandforest.ca
送信者：jinheeshin@sharemail.ca
日付　：1月10日
件名　：注文品 B75022

私は先日、今週末のキャンプ旅行用にハイキング用ブーツと防寒ジャケットを135ドルで注文しました。私が購入時に受け取った確認書によると、私の注文品は昨日届いているはずでした。3日後配送として追加料金をお支払いしましたので、注文品は適切なタイミングで届くものと思っていました。そうではなかったので、配送費の返金を要請いたします。加えて、明日までに注文品が配達されなかった場合、地元の店で似た商品を購入しなければなりませんから、この注文を取り消してください。

敬具

Jin-Hee Shin

238

In the Web page, what is indicated about Mountain and Forest's shipping?

(A) Standard shipping is free for orders under $25.
(B) Some shipped orders may take up to eight days to arrive.
(C) The shipping cost depends on the total weight of an order.
(D) Custom orders are not eligible for standard delivery.

ウェブページには、山と森林社の配送について何が示されていますか。

(A) 通常配送は25ドル未満の注文について無料である。
(B) 配送の注文品は、届くまで最大8日かかる可能性がある。
(C) 配送料金は、注文品の総重量によって決まる。
(D) 特注品は通常配送の適用外である。

正解 B

239

In the Web page, the word "direct" in paragraph 2, line 1, is closest in meaning to

(A) address
(B) supervise
(C) prescribe
(D) handle

ウェブページの第2段落・1行目にある"direct"に最も意味が近いのは

(A) ～に宛てる
(B) ～を監督する
(C) ～を指示する
(D) ～に対処する

必答解説

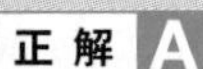

文脈の中での**語の意味**を問う設問。2つの文書は、1 ウェブページ が企業のウェブサイトの中の注文品の配送に関する案内、2 Eメール が配送トラブルに関する顧客からの苦情だ。問われている語の品詞は4つの選択肢からも動詞と判断できる。動詞directには「～をするよう指示する」「～を監督する」「～に道を教える」「～を向ける」など多くの意味があるので、文意と文脈の正確な理解が必須。Please note that ... から始まる第1段落では、注文品の配送日数が述べられていることを踏まえて次の段落を見ると、Please direct any questions or concerns to ... から「質問や心配な点は……まで送ってください」という意味だと予測できるだろう。(A) addressは動詞としては難しい語だが、address ～ to … で「～（郵便物など）を…（人）に宛てる、～（情報など）を…（人）に向けて送る」という意味があり、これが正解だ。頻（ひん）出語なので覚えておこう。

directに続くquestionsからhandle questions「問い合わせに対処する」というコロケーションを想起すると(D)を選んでしまいかねない。また、directを「～をするよう指示する」という意味に解釈すると(C) prescribeを、また、「～を監督する」という意味に解釈すると(B) superviseを類義語として選んでしまうかもしれない。なお、2 Eメール が該当の文の指示に従った顧客からカスタマーサービスへの問い合わせであることからもdirectの意味を推測できるが、それでも動詞addressの意味を知っていることが正解の鍵となる。

240

What is the purpose of the e-mail?

(A) To suggest a new service policy
(B) To inquire about an order packing error
(C) To request a personalized item
(D) To report a delivery problem

E メールの目的は何ですか。

(A) 新しいサービスの方針を提案すること
(B) 注文品の包装のミスについて問い合わせること
(C) 名入りの品物を依頼すること
(D) 配達の問題を報告すること

正解 D

241

How much did Ms. Shin pay for shipping?

(A) $5
(B) $8
(C) $15
(D) $18

Shin さんは配送にいくら支払いましたか。

(A) 5 ドル
(B) 8 ドル
(C) 15 ドル
(D) 18 ドル

正解 C

242

According to the e-mail, why might Ms. Shin decide to visit a local shop?

(A) She expects to purchase her items for a lower price.
(B) She wants to support businesses in her town.
(C) She needs to have her items before a certain date.
(D) She hopes to find a greater selection of sportswear.

E メールによると、Shin さんはなぜ地元の店に行くことにするかもしれないのですか。

(A) もっと安い価格で商品を購入するつもりである。
(B) 自分の町にある店を支援したい。
(C) 特定の期日より前に商品を手に入れる必要がある。
(D) もっと豊富な品ぞろえのスポーツウエアが見つかるだろうと期待している。

正解 C

【語注】

1 ウェブページ gear　用具、装備／leader　トップ企業 ★= leading company／Please note that ～　～をご承知おきください、～をご了承ください／process　～を処理する／make ready for ～　～の準備をする／custom order　注文品／personalized order　名入れ品／up to ～　最大～まで／ship　～を発送する／direct ～ to …　～を…宛てに送る／concern　心配事／rate　料金／under　～未満／over　～を超えて／overnight shipping　翌日配送

2 Eメール place an order　注文する／thermal　防寒の／intended for ～　～に向けられた／confirmation　確認（書）／at the time of ～　～のときに／should have *done*　～するはずだった／in a timely fashion　適時に、タイミングよく／refund　返金、払い戻し／similar　類似した

238 depend on ～　～によって決まる、～次第である／*be* eligible for ～　～に適用される

240 inquire about ～　～について尋ねる／packing　包装、荷造り

242 expect to *do*　～するつもりだ、～だろうと予期する

問題 243-247 は次の求人広告と E メールに関するものです

1 求人広告

Vos コミュニケーションズ社──現在の求人

Vos コミュニケーションズ社（VCI）は、ヨハネスブルクに本社を置き、ケープタウンに印刷物部門、プレトリアにデジタルメディア部門を持っています。当社はアフリカで健康と健康維持に焦点を合わせた科学出版物を制作しており、創立後 3 年で急成長しています。当社の目下のニーズを満たすため、以下の職について、医療コミュニケーション業界に関して確固たる知識のある応募者を探しています。

上級医療ライター

独創的な印刷物を制作します。要件として、臨床医学の修士号、最低 5 年の医療ライターとしての経験、優れたコミュニケーション能力、そして、単独でも共同でも仕事ができる能力が含まれます。採用された応募者は当社印刷物部門での勤務になる予定です。

編集助手

印刷物部門の編集委員会の一員として仕事をします。要件として、ジャーナリズムやその関連分野の学士号、優れた原稿整理能力と編集ソフトウエアの使用経験が含まれます。

医療ライター／品質管理のための校閲者

印刷物部門チームの他のメンバーと密接に組んで仕事をし、印刷物部門の全出版物の正確さを確実なものにします。当社印刷物部門での勤務です。

応募者はカバーレター、履歴書、執筆見本を Leon Madisha 氏宛てに lmadisha@vci.co.za まで提出してください。面接は当社本社にて 5 月 7 日から 12 日まで行われる予定ですが、その際、3 通の推薦状を提出しなければなりません。面接に選ばれた応募者にのみご連絡を差し上げます。

→ 問題文は p. 248～249

2 Eメール

受信者：Leon Madisha <lmadisha@vci.co.za>
送信者：Amina Buys <buysam@mailworks.net.za>
日付　：5月1日
件名　：編集助手の職
添付　：buys_application_materials

Madisha 様

編集助手の職に関心があることをお伝えするために、メールを差し上げております。

私は Richards Bay 大学のコミュニケーション論の学士号を持っています。ダーバンにある Luxor 出版社で6年間、編集助手として働いております。私の職は、クライアントとの長期的な協力関係を築くことを可能にしてくれました。

私は、出版業界における経験と細部への注意深さから、自分が最適な人材であると思っております。添付の応募関連資料をご確認ください。ついでながら、予定されている面接期間に私は貴社本社近くでの会議に出席することになっておりますので、もし私が実際に選ばれるようなことがあれば、面接に伺うことは問題ありません。

敬具

Amina Buys

243

What is indicated about VCI?

(A) It has been in operation for three years.
(B) It currently has jobs available in various cities.
(C) Its publications center around issues of finance.
(D) Its staff is dedicated to improving its publications.

VCI について何が示されていますか。

(A) 3 年間営業している。
(B) 現在、さまざまな都市での求人がある。
(C) 同社の出版物は財政問題を中心に展開している。
(D) 同社の社員は出版物の改善に熱心である。

正解 A

244

In the advertisement, the word "solid" in paragraph 1, line 4, is closest in meaning to

(A) hard
(B) constant
(C) thorough
(D) dense

求人広告の第 1 段落・4 行目にある "solid" に最も意味が近いのは

(A) 硬い
(B) 絶え間ない
(C) 完全な
(D) 濃い

必答解説　　正解 C

文脈の中での**語の意味**を問う設問。文書全体は、 1 求人広告 が Vos コミュニケーションズ社 (VCI) の 3 つの募集職が掲載された求人広告、 2 Eメール がその職の一つ「編集助手」への応募メールとなっている。問われている solid は「固体の」だけでなく「固い」「確固たる」「途切れない」「(雲などが) 厚い」など数多くの意味を持つ多義語で、選択肢に並んでいるのは全て形容詞。この語を含む文は 1 求人広告 の最初の段落にある。求人を行っている VCI は広告冒頭で会社を紹介した後、同段落の 3 文目で募集人材について、applicants with a solid understanding of ～「～に関して○○○知識のある応募者」を求めていると述べている。このことから、solid は「確かな、確固たる」という意味と考えられる。この意味に最も近いのは (C) の「完全な、徹底した」だ。「～を通って」の through と間違えないよう注意しよう。

(D) の dense は「(密度が) 高い、濃い、深い」という意味。日本語では「濃い知識」と言えそうな気がするが、英語では雲や霧などの厚さ・濃さにしか使われない。また、dense には比喩的な語義として「(情報過多で) 難解な」や「頭の回転が遅い」といった否定的な意味もあり、この文脈には適さない。(A) の「硬い」と (B) の「絶え間ない」は solid の定義にあるが、「硬い知識」や「絶え間ない知識」では意味が通らない。

245

Which qualification is required by all the job openings?

(A) An ability to work as part of a team
(B) A master's degree in a science field
(C) Strong software skills
(D) A medical background

全ての求人に求められるのはどの技能ですか。

(A) チームの一員として仕事をする能力
(B) 科学の分野での修士号
(C) 優れたソフトウエアの技能
(D) 医療業界の経歴

正解 A

246

What most likely was NOT an application document submitted by Ms. Buys?

(A) An illustration of her writing capabilities
(B) An expression of her interest for the job
(C) A description of her qualifications and experience
(D) An employer's evaluation of her abilities and knowledge

Buys さんが提出した応募書類ではないと考えられるものはどれですか。

(A) 彼女の執筆能力の実例
(B) 仕事への関心の表明
(C) 彼女の資格と経験の説明
(D) 彼女の能力と知識に対する雇用主の評価

正解 D

247

Where will Ms. Buys attend a conference?

(A) In Cape Town
(B) In Durban
(C) In Johannesburg
(D) In Pretoria

Buys さんはどこで会議に出席しますか。

(A) ケープタウン
(B) ダーバン
(C) ヨハネスブルク
(D) プレトリア

正解 C

【語注】

job advertisement　求人広告
1 求人広告 *be* headquartered in ～　～に本社を置く／division　部門、部署／publication　出版物／with a focus on ～　～に焦点を当てて、～に重点を置いて／wellness　健康維持のための活動／expand rapidly　急速に拡大する、急成長する／following　～の後の／launch　新事業の開始、新製品の売り出し／seek　～を探す／applicant　応募者／solid　確かな、確固たる／the following　次の、下記の／senior　上級の／develop　～を作り出す、～を開発する／original　独創的な／requirement　必須条件、要件／master's degree　修士号／clinical medicine　臨床医学／independently　独りで／collaboratively　共同で／*be* based in ～　～で勤務する、～を拠点とする／panel　委員会／bachelor's degree　学士号／related　関連のある／copyedit　～(原稿)を編集・整理する／quality control　品質管理／reviewer　校閲者／work closely with ～　～と密に協力して仕事をする／accuracy　正確さ、間違いがないこと／cover letter　カバーレター ★英文履歴書に添付する書類で、履歴書の送付理由や業務経験などを簡潔にまとめたもの／conduct an interview　面接を行う／at which time　そのときに／a letter of recommendation　推薦状／candidate　応募者、候補者
2 Eメール communications　コミュニケーション論／enable ～ to *do*　～が…することを可能にする／collaborative　協力的な／attentiveness　注意力、気配り／detail　細部／perfect fit　（仕事などに）ぴったりの人・物／Attached please find ～.　添付した～をご確認ください。／relevant　関連のある／incidentally　ちなみに、ついでに言えば／scheduled　予定された／period　期間、時期
243 *be* in operation　営業している／job available　募集中の職、求人／center around ～　～を中心に展開する／issue　問題、論点／*be* dedicated to ～　～に打ち込んでいる、～に献身的である
245 qualification　技能、資格、適格性／job opening　求人／strong　有能な、優秀な／background　経歴
246 illustration　実例／capability　能力／expression　表明／description　説明／evaluation　評価

複数文書を参照する設問（3文書）

ここでは、3文書の問題を用いて、複数の文書を照らし合わせて解く必要のある設問を見ていきます。文書を確認する手順を押さえて関連情報を素早く探し、最も適した選択肢を選びましょう。

Questions 248-252 refer to the following e-mails and schedule.

E-mail

To: All Staff
From: Leila Hedlund
Subject: November software training
Date: October 30
Attachment: Software Training Schedule

Dear Staff,

Throughout November, we will be holding mandatory training sessions for two of our major software products.

Training in the Abacus Deepthink software will be required for all staff members and can be completed in a single online session. Several possible session times are available. The software has gone through several changes recently, so even longtime users must attend.

The Optisafe software training will be offered in person and is a requirement only for Drug Safety department members. This past year, major upgrades have been made to the software, and all department staff will need to learn how to use its new capabilities.

Please look over the attached schedule and go to the company training Web site to sign up.

Thank you,

Leila Hedlund
Kodarex Pharmaceuticals

Software Training Schedule

Date	Title	Time	Location
November 6	Abacus Deepthink	9 A.M.–11 A.M.	Online
November 9	Optisafe	9 A.M.–1 P.M.	Building C, Room 822
November 14	Abacus Deepthink	1 P.M.–3 P.M.	Online
November 17	Abacus Deepthink	10 A.M.–12 P.M.	Online
November 22	Optisafe	1 P.M.–5 P.M.	Building C, Room 822
November 27	Abacus Deepthink	3 P.M.–5 P.M.	Online
The online lessons can be accessed at https://www.abacusdeepthink.com			

E-mail

To:	Leila Hedlund
From:	Diego Ramos-Toro
Re:	November software training
Date:	October 31

Dear Leila,

I need to attend both software trainings, but I had planned to take off work from November 6 through November 18. Also, I must attend an all-day client meeting on November 22 that we cannot reschedule. Will there be any alternative sessions for the Optisafe training that I could attend?

Thank you,

Diego Ramos-Toro

248. According to the first e-mail, what is true about the Optisafe software?

(A) It is replacing another software program.

(B) It is used for data analysis.

(C) It has undergone significant updates.

(D) It is the focus of monthly trainings.

249. According to the schedule, what do the Abacus Deepthink trainings have in common?

(A) They are given on the same day of the month.

(B) They are taught by the same instructor.

(C) They are delivered through a Web site.

(D) They all start at the same time.

250. Why did Mr. Ramos-Toro write to Ms. Hedlund?

(A) To register for a training session

(B) To ask for help resolving a conflict

(C) To report a software malfunction

(D) To request additional time off

251. What is suggested about Mr. Ramos-Toro?

(A) He works in the Drug Safety department.

(B) He completed a required training.

(C) He is Ms. Hedlund's supervisor.

(D) He wants an alternative position in the company.

252. When will Mr. Ramos-Toro most likely complete a training?

(A) On November 14

(B) On November 17

(C) On November 22

(D) On November 27

→解答と解説はp. 268〜271

Questions 253-257 refer to the following article, e-mail, and outline.

Tolley Praises Local Farms

MANCHESTER (June 2)—Local horticulture expert Cassandra Tolley is scheduled to deliver a lecture Friday night at the Burton Auditorium in Manchester. The owner of Green Ridge Farm in nearby Windham County, Ms. Tolley will discuss the importance of supporting and promoting local farmers.

A strong advocate for small-scale farmers and a small-scale farmer herself, Ms. Tolley has traveled extensively over the past few years to deliver her message of "eating locally."

"If we make an effort to source our ingredients locally, we not only sustain and assist the local economy, we also encourage variety in the marketplace," says Ms. Tolley. "And that is beneficial to consumers."

"Everyone should spend their weekends browsing the regional farmers' markets," she adds. "It's the best place to get your groceries during the summer."

Friday night's lecture begins at 7 P.M. It is free, but seating is limited. Please arrive early. To view a comprehensive listing of statewide summer farmers' markets, visit www.vermontfarmersmarkets.org.

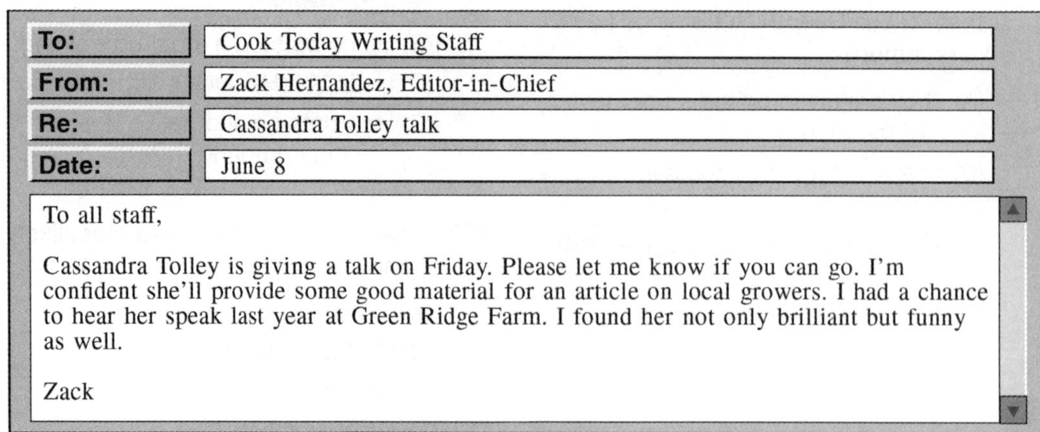

To:	Cook Today Writing Staff
From:	Zack Hernandez, Editor-in-Chief
Re:	Cassandra Tolley talk
Date:	June 8

To all staff,

Cassandra Tolley is giving a talk on Friday. Please let me know if you can go. I'm confident she'll provide some good material for an article on local growers. I had a chance to hear her speak last year at Green Ridge Farm. I found her not only brilliant but funny as well.

Zack

Features Outline for the August Issue of *Cook Today Magazine*		
Feature Title	**Topic**	**Writer**
Local Made Good	Sourcing and showcasing local producers and ingredients	Ira Newton
Herbs All Year	Growing and maintaining an indoor kitchen herb garden	Makalah Young
Vegan Delicious	Modern, nutritious, organic vegan recipes	Keyon Davis
Amazing August	A calendar of events in August	Jae-eun Park

253. What is the purpose of the article?

(A) To advertise a local business
(B) To discuss the local economy
(C) To promote an upcoming event
(D) To profile a new shopping market

254. What does Ms. Tolley encourage people to do?

(A) Visit her Web site
(B) Read her book
(C) Grow their own produce
(D) Shop at farmers' markets

255. What is indicated about Mr. Hernandez?

(A) He is a friend of Ms. Tolley's.
(B) He organized Ms. Tolley's talk.
(C) He has visited Ms. Tolley's business.
(D) He is selling tickets to Ms. Tolley's talk.

256. What featured article will help readers grow a garden inside their home?

(A) Local Made Good
(B) Herbs All Year
(C) Vegan Delicious
(D) Amazing August

257. Who most likely attended Ms. Tolley's talk?

(A) Mr. Newton
(B) Ms. Young
(C) Mr. Davis
(D) Ms. Park

→ 解答と解説はp. 272～275

Questions 258-262 refer to the following Web page, order form, and e-mail.

http://www.singhsupplies.com

Home | **About Us** | Products | Orders | Contact Us

Singh Supplies LLC

Singh Supplies LLC is your leading source for shipping and packaging materials. Our founder, Chatar Singh, started the business more than 30 years ago, when he coined the company's motto, "Expect the best for less."

How do we, his children and grandchildren, make his pledge a reality today? We buy all materials in bulk and pass the savings along to our customers. You will receive the lowest prices and highest quality as well as the most attentive customer service in the shipping-supplies business.

- ✓ Each order is filled within 24 hours.
- ✓ You may phone, fax, e-mail, or text your order.
- ✓ Customer service agents are available 24 hours a day, 7 days a week.
- ✓ Five shipping centers in the Northeast minimize costs and shorten delivery times.

This is our satisfaction guarantee: If you are not completely satisfied, you may return your order within 10 days of purchase for a full refund. After 10 days you may return an order for a credit that is valid for up to one year. Please note that the cost of return shipping is the responsibility of the customer.

Singh Supplies LLC

Date: July 10 **Name:** Montjoy Antiques, attn. Shipping Department

Shipping address: 102 Danbury Street, Valleyville, New Hampshire 03038

Product number	Description	Quantity	Unit Price	Total Price
MB 01267	cardboard box (large)	80	1.75	140.00
MB 01257	cardboard box (medium)	200	1.50	300.00
MB 01268	reinforced crate	50	15.78	789.00
TR 01345	tape roll	30	2.90	87.00
BW 01456	bubble wrap roll	10	5.60	56.00

Thank you for your business!

Subtotal: 1372.00
Delivery charge: 140.12
Total: 1512.12

E-mail

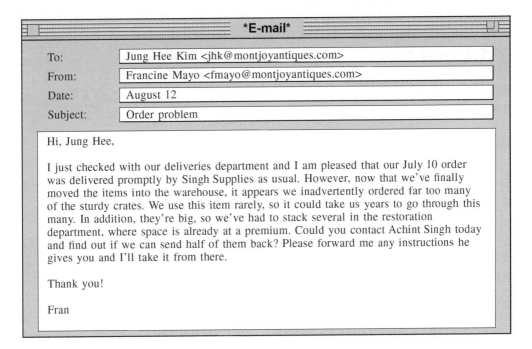

To:	Jung Hee Kim <jhk@montjoyantiques.com>
From:	Francine Mayo <fmayo@montjoyantiques.com>
Date:	August 12
Subject:	Order problem

Hi, Jung Hee,

I just checked with our deliveries department and I am pleased that our July 10 order was delivered promptly by Singh Supplies as usual. However, now that we've finally moved the items into the warehouse, it appears we inadvertently ordered far too many of the sturdy crates. We use this item rarely, so it could take us years to go through this many. In addition, they're big, so we've had to stack several in the restoration department, where space is already at a premium. Could you contact Achint Singh today and find out if we can send half of them back? Please forward me any instructions he gives you and I'll take it from there.

Thank you!

Fran

258. What is indicated about Singh Supplies?

(A) It is a relatively new business.
(B) It is operated by members of a family.
(C) It ships its products all over the world.
(D) It manufactures the products that it sells.

259. Which aspect of business does the Web page emphasize?

(A) Attentive service to clients
(B) A wide selection of products
(C) Partnerships with other companies
(D) Conveniently located retail locations

260. In the e-mail, what does Ms. Mayo praise about Singh Supplies?

(A) It is easy to contact.
(B) It packs items securely.
(C) It delivers orders quickly.
(D) It sends product samples.

261. Which product does Ms. Mayo want to return?

(A) MB 01257
(B) MB 01268
(C) TR 01345
(D) BW 01456

262. How will Mr. Singh most likely respond to Ms. Kim's request?

(A) By sending Ms. Mayo additional items
(B) By apologizing to Ms. Kim for an error
(C) By issuing a credit to Montjoy Antiques
(D) By giving Montjoy Antiques a full refund

→ 解答と解説は p. 276～279

問題 248-252 は次の 2 通の E メールと予定表に関するものです。

1 Eメール

受信者：全社員
送信者：Leila Hedlund
件名　：11 月のソフトウエア研修
日付　：10 月 30 日
添付　：ソフトウエア研修の予定表

社員の皆さん

11 月を通して、当社では自社の主要ソフトウエア製品のうちの 2 つに関する、参加必須の研修会を行うことになっています。

Abacus Deepthink ソフトウエアの研修は全社員にとって必須で、1 回のオンラインの会で修了できます。受講可能な研修日時が幾つか用意されています。同ソフトウエアは最近幾つかの改修を経ているので、長年使用している方でも出席しなければなりません。

Optisafe ソフトウエアの研修は対面で行われ、医薬安全管理部の社員にのみ必須です。過去 1 年で、同ソフトウエアに重要なアップグレードが行われたので、同部門の全社員が新しい機能の使い方を覚える必要があります。

添付の予定表に目を通し、会社の研修サイトに行って参加申込をしてください。

よろしくお願いします。

Leila Hedlund
Kodarex 製薬社

→ 問題文は p. 262～263

2 予定表

ソフトウエア研修予定表			
日付	**研修名**	**時刻**	**場所**
11月6日	Abacus Deepthink	午前9時—午前11時	オンライン
11月9日	Optisafe	午前9時—午後1時	C館、822号室
11月14日	Abacus Deepthink	午後1時—午後3時	オンライン
11月17日	Abacus Deepthink	午前10時—午後12時	オンライン
11月22日	Optisafe	午後1時—午後5時	C館、822号室
11月27日	Abacus Deepthink	午後3時—午後5時	オンライン
オンラインの講習は https://www.abacusdeepthink.com からアクセスできます。			

3 Eメール

受信者：Leila Hedlund
送信者：Diego Ramos-Toro
件名　：11月のソフトウエア研修
日付　：10月31日

Leila 様

私は両方のソフトウエア研修に出席する必要がありますが、11月6日から11月18日まで休みを取るつもりでいました。また、11月22日にはクライアントとの終日の会議に出席しなければならず、それは日程変更ができません。私が出席できそうな別の会の Optisafe 研修はありますか。

よろしくお願いします。

Diego Ramos-Toro

248

According to the first e-mail, what is true about the Optisafe software?

(A) It is replacing another software program.
(B) It is used for data analysis.
(C) It has undergone significant updates.
(D) It is the focus of monthly trainings.

1通目のEメールによると、Optisafeソフトウエアについて正しいのはどれですか。

(A) 別のソフトウエアプログラムの代わりになることになっている。
(B) データ分析に使われる。
(C) 重要な更新が行われた。
(D) 月次研修の重点である。

正解 C

249

According to the schedule, what do the Abacus Deepthink trainings have in common?

(A) They are given on the same day of the month.
(B) They are taught by the same instructor.
(C) They are delivered through a Web site.
(D) They all start at the same time.

予定表によると、Abacus Deepthink研修に共通しているのは何ですか。

(A) 月の同じ日に行われる。
(B) 同じ講師によって指導される。
(C) ウェブサイトを通じて提供される。
(D) 全て同じ時刻に始まる。

正解 C

250

Why did Mr. Ramos-Toro write to Ms. Hedlund?

(A) To register for a training session
(B) To ask for help resolving a conflict
(C) To report a software malfunction
(D) To request additional time off

Ramos-ToroさんはなぜHedlundさんにEメールを書きましたか。

(A) 研修会に登録するため
(B) 予定の重なりを解決する手助けを求めるため
(C) ソフトウエアの不具合を報告するため
(D) 追加の休暇を要請するため

正解 B

251

What is suggested about Mr. Ramos-Toro?
(A) He works in the Drug Safety department.
(B) He completed a required training.
(C) He is Ms. Hedlund's supervisor.
(D) He wants an alternative position in the company.

Ramos-Toro さんについて何が示唆されていますか。
(A) 医薬安全管理部で働いている。
(B) 必須の研修を修了した。
(C) Hedlund さんの上司である。
(D) 社内の別の職を求めている。

必答解説　正解 A

複数文書を参照して解く設問。1 Eメール は研修コーディネーターと思われるHedlund さんが全社員に宛てたソフトウエア研修のお知らせ、2 予定表 が研修の予定表、3 Eメール が社員のRamos-Toro さんが 1 Eメール の送信者である Hedlund さんへ宛てた研修に関する相談となっており、社員向けのソフトウエア研修が全体のテーマだと分かる。

正解を導く鍵は 1 Eメール と 3 Eメール の情報の照らし合わせにある。Hedlund さんは全社員宛ての 1 Eメール 第2段落冒頭で、「Abacus Deepthink ソフトウエアの研修は全社員にとって必須」、第3段落冒頭で「Optisafe ソフトウエアの研修は医薬安全管理部の社員にのみ必須」と述べている。一方、Ramos-Toro さんは 3 Eメール の本文冒頭で「私は両方のソフトウエア研修に出席する必要がある」と書き、最後で Optisafe 研修の代替の会がないかを尋ねている。よって、彼は医薬安全管理部の社員だと判断することができる。正解は (A)。

(B) は、1 Eメール と 2 予定表 から研修は11月で 3 Eメール の日付は10月であること、3 Eメール の内容が日程調整依頼であることから、必要な研修をまだ終えていないと分かるので誤り。(C) は、Ramos-Toro さんが送信した 3 Eメール は Hedlund さんが送信した 1 Eメール（ソフトウエア研修の受講のお知らせ）に関する相談であることを踏まえると、Ramos-Toro さんは Hedlund さんの上司とは考えられないので、不適切。(D) は、3 Eメール にある alternative という語を用いているだけで、3つの文書とは全く関係のない内容だ。

252

When will Mr. Ramos-Toro most likely complete a training?
(A) On November 14
(B) On November 17
(C) On November 22
(D) On November 27

Ramos-Toro さんはいつ研修を修了すると考えられますか。
(A) 11月14日
(B) 11月17日
(C) 11月22日
(D) 11月27日

正解 D

【語注】

1 Eメール throughout 〜の間中／hold 〜を開く、〜を催す／mandatory 必須の、全員参加の／session 集まり、会／major 主要な、(規模の) 大きな／training in 〜 〜の研修／*be* required 必須である／single ただ一つの、単独の／go through 〜 〜を経る、〜が行われる／in person 対面で／this past year この1年、過去1年／capability 機能／look over 〜 〜に目を通す／attached 添付の／sign up 参加申込をする／pharmaceuticals ＜複数形で＞調合薬、製薬、製薬会社

2 予定表 access 〜にアクセスする、〜を利用する

3 Eメール take off work 仕事を休む／reschedule 予定を変更する／alternative 代わりの、別の／could 〜かもしれない

248 replace 〜に取って代わる、〜を代替する／undergo 〜を経験する、〜を受ける／significant 重要な／trainings ★本来 training は不可算名詞だが、ここでは training sessions の意味で複数形になっている

249 have 〜 in common 共通して〜を持っている／deliver 〜を届ける、〜を配信する

250 register for 〜 〜に登録する／resolve 〜を解決する／conflict 予定が重なること／malfunction 不具合／time off ＜名詞で＞休暇

問題 253-257 は次の記事、E メール、そして概要に関するものです。

1 記事

Tolley 氏が地元の農園を称賛

マンチェスター（6月2日）──地元の園芸専門家である Cassandra Tolley は、マンチェスターの Burton 公会堂で金曜夜に講演を行うことになっている。近隣のウィンダム郡にある Green Ridge 農園の所有者である Tolley 氏は、地元の農家を支援し振興することの重要性を論じる予定だ。

小規模農家の強力な擁護者であり、彼女自身も小規模農家である Tolley 氏は、「地元のものを食べる」という自らのメッセージを伝えるため、この数年にわたって広く旅している。

「地元で食材を調達する努力をすれば、私たちは地元経済を持続させ支援するだけでなく、市場（いちば）における多種多様な品ぞろえを促すことになります」と Tolley 氏は言う。「そしてそれは消費者のためになります」

彼女は「皆さん、週末に地域の農家の市場をぶらぶら見て回った方がいいですよ」と付け加える。「夏に食料品を入手するには最適な場所ですから」

金曜夜の講演は午後 7 時に始まる。講演は無料だが、席に限りがある。到着はお早めに。州全域における夏期の農家の市場の総合リストを見るには、www.vermontfarmersmarkets.org へどうぞ。

→ 問題文は p. 264 ～ 265

2 Eメール

受信者：『クック・トゥデイ』執筆スタッフ
送信者：Zack Hernandez 編集長
件名　：Cassandra Tolley の講演
日付　：6月8日

スタッフの皆さん

Cassandra Tolley が金曜日に講演を行うことになっています。参加できる人は私に知らせてください。彼女は必ず、地元の生産者についての記事に良い題材を提供してくれると思います。私は去年、Green Ridge 農園で彼女の講演を聴く機会がありました。彼女は才能にあふれているだけでなく愉快な人でもあると思いました。

Zack

3 概要

『クック・トゥデイ』誌 8月号の特集記事概要		
特集タイトル	**テーマ**	**執筆者**
地元産の良品	地元の生産者および食材の調達と紹介	Ira Newton
ハーブを一年中	室内キッチン・ハーブ園の育成と維持	Makalah Young
おいしいビーガン	最新の栄養豊かな有機栽培のビーガン・レシピ	Keyon Davis
素晴らしき8月	8月のイベントカレンダー	Jae-eun Park

253

What is the purpose of the article?

(A) To advertise a local business
(B) To discuss the local economy
(C) To promote an upcoming event
(D) To profile a new shopping market

記事の目的は何ですか。

(A) 地元企業を宣伝すること
(B) 地元経済を論じること
(C) 近く行われるイベントを宣伝すること
(D) 新しい買物市場を紹介すること

正解 C

254

What does Ms. Tolley encourage people to do?

(A) Visit her Web site
(B) Read her book
(C) Grow their own produce
(D) Shop at farmers' markets

Tolleyさんは人々に何をすることを奨励していますか。

(A) 彼女のウェブサイトを訪れる
(B) 彼女の著書を読む
(C) 彼ら自身の農産物を栽培する
(D) 農家の市場で買い物をする

正解 D

255

What is indicated about Mr. Hernandez?

(A) He is a friend of Ms. Tolley's.
(B) He organized Ms. Tolley's talk.
(C) He has visited Ms. Tolley's business.
(D) He is selling tickets to Ms. Tolley's talk.

Hernandezさんについて何が示されていますか。

(A) Tolleyさんの友人である。
(B) Tolleyさんの講演を企画した。
(C) Tolleyさんの農園を訪問したことがある。
(D) Tolleyさんの講演のチケットを販売している。

正解 C

256

What featured article will help readers grow a garden inside their home?

(A) Local Made Good
(B) Herbs All Year
(C) Vegan Delicious
(D) Amazing August

読者が家の中で菜園を育てるのに役立つのはどの特集記事ですか。

(A) 地元産の良品
(B) ハーブを一年中
(C) おいしいビーガン
(D) 素晴らしき8月

正解 B

257

Who most likely attended Ms. Tolley's talk?

(A) Mr. Newton
(B) Ms. Young
(C) Mr. Davis
(D) Ms. Park

Tolley さんの講演に参加したのは誰だったと考えられますか。

(A) Newton さん
(B) Young さん
(C) Davis さん
(D) Park さん

必答解説

正解 A

複数文書を参照して解く設問。文書の内容は、1 記事 が Tolley 氏の講演紹介と彼女のプロフィール、2 Eメール が『クック・トゥデイ』編集長から執筆スタッフに宛てた、Tolley 氏の講演案内、3 概要 が『クック・トゥデイ』8月号の特集概要となっている。

設問文の Tolley 氏は 1 記事 の見出しにある人物。まず、記事の第1段落を読み、彼女が地元の園芸専門家で、金曜夜に地元農家の支援・振興の重要性をテーマとする講演を行う予定であることを覚えておく。次に、2 Eメール の送受信者と件名から、この E メールは『クック・トゥデイ』の編集長 Zack Hernandez が Tolley 氏の講演について執筆スタッフに送信したものであることを確認。その中で Hernandez はまず、誰か Tolley 氏の講演に行けるかと尋ね、3文目で she'll provide some good material for an article on local growers「彼女は地元の生産者についての記事に良い題材を提供してくれる」と述べている。これを念頭に置いて 3 概要（『クック・トゥデイ』誌8月号の特集記事概要）という表に目を通す。Writer「執筆者」は 2 Eメール の Writing staff のメンバーのことだと考えられる。Feature Title「特集タイトル」や Topic「テーマ」の欄に Tolley 氏の名前はないが、Tolley 氏の講演テーマと関係する内容を探すと、1つ目の特集記事のテーマにある local producers and ingredients「地元の生産者と食材」というキーワードから、この記事の執筆を担当した (A) Mr. Newton が情報を得るために講演に参加したと判断できる。

(D) は講演時期とも合致しない8月のイベントカレンダーなので選ぶことはないだろうが、(B) と (C) は広い意味での農産物関連の話題であり、(B) は growing や herb が記事にある farmers や eating から連想されやすく、(C) も同様に nutritious や organic vegan recipes という語句につられやすい。だが、これらは Tolley 氏の講演との関連性が薄いテーマだ。一見それらしい選択肢があっても焦らず、文書を精読することが肝心だ。

Section 2 Part 7

【語注】

outline 概要
1 記事 praise ～を称賛する／local 地元の、地場の／horticulture 園芸／*be* scheduled to *do* ～する予定だ／deliver ～（演説・講演など）を行う、～（伝言など）を伝える／auditorium 公会堂／county （米国の）郡 ★英国では「州」を表す／discuss ～を論じる／promote ～を（販売）促進する、～を振興する／farmer 農家、農民／advocate 擁護者／extensively 広範囲に、広く／locally 地元で、産地で／source ～を調達する／ingredient （料理の）材料／sustain ～を持続させる／encourage ～を促進する／variety 種類、品種／marketplace 市場／*be* beneficial to ～ ～に利益がある、～にとって役に立つ／browse ～をぶらぶら見て回る／groceries ＜複数形で＞食料雑貨類 ★英国では grocery で同義を指す／seating 座席／limited 限られた／comprehensive 網羅的な、包括的な／statewide 州全体の
2 Eメール Editor-in-Chief 編集長／talk 講演／give a talk 講演を行う／*be* confident (that) ～ ～（ということ）を確信している／material 素材、題材／grower 生産者／have a chance to *do* ～する機会がある／hear ～ *do* ～が…するのを聞く／brilliant 才気あふれる、優秀な
3 概要 feature 特集記事／topic テーマ、話題／showcase ～を紹介する、～を陳列する／producer 生産者／nutritious 栄養のある／organic 有機栽培の／vegan ビーガンの、完全菜食主義（者）の／amazing 素晴らしい
253 upcoming 今度の、来る／profile ～の紹介を書く
254 produce 農産物／shop 買い物をする
255 organize ～を企画する
256 feature ～を特集する

問題 258-262 は次のウェブページ、注文伝票、そして E メールに関するものです。

1 ウェブページ

http://www.singhsupplies.com

ホーム	**会社案内**	製品	ご注文	お問い合わせ

Singh 用品社

Singh 用品社は、皆さまの配送・梱包資材の第一の仕入先です。当社創業者 Chatar Singh は 30 年以上前にこの事業を始め、そのとき「最高の物をより安く求めよ」という会社のモットーを作りました。

彼の子や孫である私たちは、今日どのようにして彼の誓いを実現しているのでしょうか。私たちは全ての資材を大量に買い付け、節約した分を顧客の皆さまに還元しています。皆さまは、最安値で最高の品質を、そしてまた配送用品業界の中でも最もきめ細やかな顧客サービスをお受けになるでしょう。

✓ 各注文品は 24 時間以内にご対応します。
✓ 電話、ファクス、E メール、もしくはテキストメッセージでご注文いただけます。
✓ カスタマーサービスの代理店は 1 日 24 時間、週 7 日ご対応します。
✓ 北西部にある 5 つの配送センターがコストを最小にし、配達時間を短縮いたします。

これが当社の満足保証です。十分にご満足いただけなかった場合は、お客さまはご購入後 10 日以内にご注文品をご返品いただくことができ、全額の返金を受けられます。10 日後以降は、最大 1 年間有効なストアクレジットと引き換えでご注文品をご返品いただけます。返品送料はお客さまのご負担となりますことにご注意ください。

→ 問題文は p. 266 〜 267

2 注文伝票

Singh用品社

日付：7月10日　**お名前：**Montjoy アンティーク社 配送部御中
配送先ご住所：102 Danbury 通り、Valleyville、ニューハンプシャー州、03038

製品番号	**明細**	**数量**	**単価**	**合計額**
MB 01267	段ボール箱（大）	80	1.75	140.00
MB 01257	段ボール箱（中）	200	1.50	300.00
MB 01268	強化木箱	50	15.78	789.00
TR 01345	ロールテープ	30	2.90	87.00
BW 01456	気泡緩衝シート	10	5.60	56.00
ご購入ありがとうございます！			小計：	1372.00
			配達料：	140.12
			総計：	**1512.12**

3 Eメール

受信者：Jung Hee Kim <jhk@montjoyantiques.com>
送信者：Francine Mayo <fmayo@montjoyantiques.com>
日付　：8月12日
件名　：注文品の問題

こんにちは、Jung Hee

先ほど社の配送部に確認しましたが、7月10日の注文品がSingh用品社から通常通り即時配達されており、よかったです。しかし、ようやく商品を倉庫の中に移したところ、頑丈な木箱をうっかり過剰発注してしまったようです。当社ではこの商品はめったに使わないので、こんなにたくさんの量を使い切るには何年もかかるでしょう。その上、それは大きいので、補修部に幾つか積み重ねなければなりませんでしたが、そこはすでにスペースが限られています。今日 Achint Singh に連絡して、このうちの半数を返送できるかどうか調べてもらえますか。彼からのどんな指示も私に転送してください。それからどうするかを考えますので。

よろしくお願いします！

Fran

258

What is indicated about Singh Supplies?
(A) It is a relatively new business.
(B) It is operated by members of a family.
(C) It ships its products all over the world.
(D) It manufactures the products that it sells.

Singh用品社について何が示されていますか。
(A) 比較的新しい企業である。
(B) 家族によって運営されている。
(C) 製品を世界中に出荷している。
(D) 自社が販売する製品を製造している。

正解 B

259

Which aspect of business does the Web page emphasize?
(A) Attentive service to clients
(B) A wide selection of products
(C) Partnerships with other companies
(D) Conveniently located retail locations

ウェブページは会社のどんな側面を強調していますか。
(A) 配慮が行き届いた顧客サービス
(B) 製品の幅広い品ぞろえ
(C) 他社との提携
(D) 便利な場所にある小売店

正解 A

260

In the e-mail, what does Ms. Mayo praise about Singh Supplies?
(A) It is easy to contact.
(B) It packs items securely.
(C) It delivers orders quickly.
(D) It sends product samples.

Eメールで、Mayoさんは Singh用品社について何を称賛していますか。
(A) 同社は連絡が取りやすい。
(B) 同社は商品をしっかり梱包する。
(C) 同社は注文品を迅速に配達する。
(D) 同社は製品サンプルを送ってくれる。

正解 C

261

Which product does Ms. Mayo want to return?
(A) MB 01257
(B) MB 01268
(C) TR 01345
(D) BW 01456

Mayoさんはどの製品を返品したいのですか。
(A) MB 01257
(B) MB 01268
(C) TR 01345
(D) BW 01456

正解 B

262

How will Mr. Singh most likely respond to Ms. Kim's request?

(A) By sending Ms. Mayo additional items
(B) By apologizing to Ms. Kim for an error
(C) By issuing a credit to Montjoy Antiques
(D) By giving Montjoy Antiques a full refund

Singh さんは Kim さんの依頼にどのように応えると考えられますか。

(A) Mayo さんに追加の商品を送ることによって
(B) Kim さんに間違いを謝罪することによって
(C) Montjoy アンティーク社にストアクレジットを発行することによって
(D) Montjoy アンティーク社に全額返金をすることによって

必答解説　　正解 C

複数文書を参照して解く設問。文書の内容は、1 ウェブページ が Singh用品社の会社案内、2 注文伝票 が Singh用品社が Montjoy アンティーク社宛てに発行した注文伝票、3 Eメール が Montjoy アンティーク社の社員間での業務連絡メールである。まず、設問と選択肢に出てくる Mr. Singh、Ms. Kim、Ms. Mayo を特定する。3 Eメール を見ると、メールの受信者に Jung Hee Kim、送信者に Francine Mayo とあり、この2人が同じ会社の同僚だということはメールアドレスのドメインが同じであることから分かる。さらにこのドメイン名は、2 注文伝票 の Name の項に記載された Montjoy Antiques である。この注文伝票は Singh用品社から発行されたもので、同社は 1 ウェブページ の会社案内にある家族経営の企業である。次に 3 Eメール のメール本文の5文目で Ms. Mayo は「今日 Achint Singh に連絡して、このうちの半数を返送できるかどうか調べてもらえるか」と書いているので、設問文の Mr. Singh とは Singh用品社の担当者である Achint Singh のことだと分かる。

Ms. Mayo が Ms. Kim に返品の手配を依頼しており、Ms. Kim はこれから Mr. Singh に返品の連絡をすることになる、という状況をつかんだ上で、具体的な返品手続きを確認する。1 ウェブページ の最後の段落に、購入後10日以内は全額返金、10日を過ぎるとストアクレジットと引き換えできるとある。次に、2 注文伝票 を確認すると購入日は7月10日、Eメールの送信日が8月12日なので、すでに1カ月以上経過していることが分かる。従って、Mr. Singh は Ms. Kim からの依頼を受けたら、規定に従い、Montjoy アンティーク社にストアクレジットを発行すると考えられる。よって正解は (C)。3つの文書の念入りな照合が必要な難易度の高い問題だ。

【語注】

order form　注文伝票
1 ウェブページ supplies　＜複数形で＞用品、備品／LLC　有限責任会社 ★＝ Limited Liability Company。日本の「合同会社」に似た形態／leading　首位の、有数の／source　供給源／shipping　配送、発送／packaging　梱包／business　事業、商売／coin　～（新語など）を作り出す／motto　モットー／make ～ a reality　～を実現する／pledge　誓い、約束／in bulk　大量に／pass ～ along to …　～を…に回す／savings　＜複数形で＞節約したお金／attentive　よく気の付く、気遣いのある／fill an order　注文に応じる／text　～を携帯電話でメールする／agent　代行業者／available　対応できる／minimize　～を最小化する／shorten　～を短縮する／satisfaction guarantee　満足保証／full refund　全額返金／credit　ストアクレジット ★その店で使える買物券やポイント／valid　有効な
2 注文伝票 attn.　御中、～宛て ★attention の略／description　明細、品名／quantity　数量／unit price　単価／total price　合計価格／cardboard　段ボール／reinforced　補強された／crate　木箱、木枠／bubble wrap roll　気泡緩衝シート／business　取引、売買／subtotal　小計／delivery charge　配達料
3 Eメール check with ～　～（人）に確認する、～に相談する／*be* pleased that ～　～であることをうれしく思う／promptly　即座に、迅速に／now that ～　今や～なので／appear　～と思われる／inadvertently　うっかりして／far too　ひどく／many　多くの物／sturdy　頑丈な／take ～ years to *do*　～が…するのに何年もかかる／go through ～　～を使い尽くす、～を全部使う／this　こんなに／stack　～を積み重ねる／several　＜代名詞で＞幾つか／restoration　補修／at a premium　（希少なため）貴重で ★ここでは「倉庫がすでにいっぱいで空きスペースが見つけにくい」という意味合い／find out if ～　～かどうかを調べる／forward　～を転送する／I'll take it from there.　そこから考えます。★「具体的なことは後で決める」という意味で使うフレーズ
258 relatively　比較的／ship　～を出荷する／manufacture　～を製造する
259 aspect　側面／emphasize　～を強調する／partnership with ～　～との提携、～との（仕事上の）協力／conveniently　便利なところに／retail location　小売店
260 praise　～を賞賛する／securely　しっかり、安全に
262 apologize ～ for …　～に…のことで謝る

Column

音読でリーディング力アップ

～読解スピードを上げる～

中級者が目指すべき目標の一つに「リーディングセクションを試験時間内に最後までしっかり解答する」というものがあります。英文の情報処理能力の向上なくしてはこの目標は達成できません。そこで、ここでは英文の読解スピードを上げるための音読練習を紹介します。

まずは、読解スピードを上げるために、返り読み（英文を日本語の語順に合わせて何度も読み返す）の習慣を卒業しましょう。速読には**文頭から意味の固まり（チャンク）ごとに順次読み下していく**読み方（**フレーズリーディング**）が必須です。例を見てみましょう。以下はSection 2のPart 7のEメール（p. 244）から抜粋した英文です。これを始めから順番に、スラッシュ（／）でチャンクごとに区切っています。チャンクの意味を順に理解していけば、必要十分な情報を得ることができます。

Thank you /	for taking the time /	to complete a survey /	about your recent experience /	at Woodruff's.
ありがとう	時間を取ってくれたことを	アンケートに記入するための	あなたの最近の体験について	Woodruff'sでの

スラッシュを入れる位置に厳密な決まりはありませんが、意味の切れ目が目安となります。大まかに言って、①長い目的語の前、②前置詞・接続詞・関係代名詞の前、③不定詞・分詞の前、④副詞（句）の前にスラッシュを入れるとよいでしょう。

では実際に練習してみましょう。英文掲載ページの拡大コピーを使用すると作業が容易です。まず上の例の … at Woodruff's. に続く文を、意味を考えながらチャンクに区切ってみてください。その際、日本語訳は記入してはいけません。

We appreciate / that so many people / took the time / to provide us / with feedback / since it helps us / to improve the quality / of our service.

さて、上記のような感じに区切れたでしょうか。慣れてきたら、チャンクの固まりをもう少し大きくしてもよいでしょう。そうしたら、最後は、このスラッシュ付きの英文を、鉛筆で下線を引きながら音読します。単に読むのではなく、チャンクの意味を頭の中で考えながら音読します。自分の発音でよいので、中断せずに音読するよう心掛けてください。いったん下線を引いたら、その箇所に戻って読み直すのはご法度です。

Thank you / for taking the time / to complete a survey / about your recent experience / at Woodruff's. / We appreciate / that so many people / took the time / to provide us / with feedback / since it helps us / to improve the quality / of our service.

さまざまな文章で試してみて、この練習に慣れてきたら、スラッシュは入れないで、指で英文をなぞりながら黙読し、文頭からチャンクごとに意味を取っていくという、試験に備えた実践的練習に切り替えていきましょう。次第に返り読みをせずに文頭から読み下すことができるようになり、英文読解のスピードが上がっていきます。この読み方は特に文字量の多いPart 7に有効で、Part 7が時間内に無理なく解けるようになっていくのを実感できるでしょう。

Section 3

本番形式テスト 200問

本番形式の200問、約2時間のテストに挑戦しましょう。制限時間内に全問に解答し、全体の5割以上に正解できることを目標に、タイムマネジメントも意識しながら取り組んでみてください。リスニングセクションは途中で音声を止めずに約45分間で、リーディングセクションはタイマーを設定して75分間で解答します。General Directions （p. 322）を先に読んでから始めましょう。

LISTENING TEST

In the Listening test, you will be asked to demonstrate how well you understand spoken English. The entire Listening test will last approximately 45 minutes. There are four parts, and directions are given for each part. You must mark your answers on the separate answer sheet. Do not write your answers in your test book.

PART 1

Directions: For each question in this part, you will hear four statements about a picture in your test book. When you hear the statements, you must select the one statement that best describes what you see in the picture. Then find the number of the question on your answer sheet and mark your answer. The statements will not be printed in your test book and will be spoken only one time.

Statement (C), "They're sitting at a table," is the best description of the picture, so you should select answer (C) and mark it on your answer sheet.

1.

2.

Section 3 Part 1

GO ON TO THE NEXT PAGE

3.

4.

5.

6.

Section 3 Part 1

GO ON TO THE NEXT PAGE

PART 2

Directions: You will hear a question or statement and three responses spoken in English. They will not be printed in your test book and will be spoken only one time. Select the best response to the question or statement and mark the letter (A), (B), or (C) on your answer sheet.

7. Mark your answer on your answer sheet.

8. Mark your answer on your answer sheet.

9. Mark your answer on your answer sheet.

10. Mark your answer on your answer sheet.

11. Mark your answer on your answer sheet.

12. Mark your answer on your answer sheet.

13. Mark your answer on your answer sheet.

14. Mark your answer on your answer sheet.

15. Mark your answer on your answer sheet.

16. Mark your answer on your answer sheet.

17. Mark your answer on your answer sheet.

18. Mark your answer on your answer sheet.

19. Mark your answer on your answer sheet.

20. Mark your answer on your answer sheet.

21. Mark your answer on your answer sheet.

22. Mark your answer on your answer sheet.

23. Mark your answer on your answer sheet.

24. Mark your answer on your answer sheet.

25. Mark your answer on your answer sheet.

26. Mark your answer on your answer sheet.

27. Mark your answer on your answer sheet.

28. Mark your answer on your answer sheet.

29. Mark your answer on your answer sheet.

30. Mark your answer on your answer sheet.

31. Mark your answer on your answer sheet.

PART 3

Directions: You will hear some conversations between two or more people. You will be asked to answer three questions about what the speakers say in each conversation. Select the best response to each question and mark the letter (A), (B), (C), or (D) on your answer sheet. The conversations will not be printed in your test book and will be spoken only one time.

32. What does the woman say she did in Montana?
(A) She camped in a tent.
(B) She attended a conference.
(C) She visited company headquarters.
(D) She saw some relatives.

33. What is the woman concerned about?
(A) She received a complaint.
(B) She missed some training.
(C) She forgot to make a reservation.
(D) She misplaced some notes.

34. What do the speakers plan to do together?
(A) Talk to their manager
(B) Take a lunch break
(C) Clean up a workstation
(D) Check in some guests

---

35. What are the speakers discussing?
(A) A furniture delivery service
(B) An interior design application
(C) A real estate company
(D) A home insurance platform

36. What can the advisory board do for the speakers?
(A) Refer qualified employees
(B) Help them save money
(C) Train them to be more competitive
(D) Organize successful business events

37. What does the man ask the woman to do?
(A) Order a new desk chair
(B) Read an investment report
(C) Talk with a former employee
(D) Provide contact information

---

38. Where most likely are the speakers?
(A) At a childcare facility
(B) At a convention center
(C) At an airport
(D) At a shopping mall

39. Why is the woman concerned?
(A) Her presentation location changed.
(B) Her copy of a schedule is missing.
(C) She is late for an interview.
(D) She mixed up an appointment time.

40. According to the man, how can the woman find more information?
(A) By checking her e-mail
(B) By inquiring at the registration desk
(C) By asking another colleague
(D) By consulting a message board

---

41. How did the woman find out about the resort?
(A) From a travel magazine
(B) From a colleague
(C) From a social media feed
(D) From a family member

42. What does the man recommend doing?
(A) Waiting for better weather
(B) Reserving restaurants in advance
(C) Bringing friends
(D) Taking some guided tours

43. What does the man say about parking?
(A) It is not available at the resort.
(B) It is expensive.
(C) The ferry service provides parking.
(D) The parking garage is being renovated.

GO ON TO THE NEXT PAGE

44. Where most likely are the speakers?
(A) At a construction site
(B) At a restaurant
(C) At a government office
(D) At an advertising agency

45. Why does the man say, "I handle residential permits"?
(A) To clarify his role to a coworker
(B) To indicate that he cannot help an applicant
(C) To explain that a process has been revised
(D) To suggest returning on a different day

46. What is missing from an application?
(A) An e-mail address
(B) Personal references
(C) A signature
(D) Proof of payment

---

47. What does the woman say about a presentation?
(A) It might lead to more sales.
(B) It should be postponed.
(C) It will be held in a store.
(D) It should be shortened.

48. What products are the speakers discussing?
(A) Printed materials
(B) Clothing items
(C) Blankets
(D) Clocks

49. What does the woman say she will do?
(A) Contact a factory
(B) Reschedule a meeting
(C) Request a cost estimate
(D) Obtain executive approval

---

50. What kind of product is the Multi-Pro?
(A) A laptop computer
(B) A cooking pan
(C) A camera
(D) A wristwatch

51. What is the reason for the Multi-Pro's high price?
(A) The shipping cost
(B) The marketing expenses
(C) The limited availability
(D) The material used

52. How can the man learn about a discount?
(A) By following a social media page
(B) By reading a store's newsletter
(C) By checking with the manufacturer
(D) By visiting the store's Web site

---

53. What type of event are the speakers discussing?
(A) A corporate dinner
(B) A retirement party
(C) A wedding celebration
(D) A conference luncheon

54. Why is the woman calling?
(A) To complain about a delay
(B) To change a reservation
(C) To make a food selection
(D) To inquire about an additional cost

55. What does the man offer to do in the Magnolia Room?
(A) Move some tables
(B) Close some windows
(C) Arrange some decorations
(D) Remove some flowers

---

56. Why does the woman contact the man?
(A) To order a dining table
(B) To schedule the delivery of an item
(C) To ask about having some items repaired
(D) To check on the availability of an item

57. What does the woman plan to do in two weeks?
(A) Paint her kitchen
(B) Install an appliance
(C) Host a dinner party
(D) Move to a new home

58. What will the man do tomorrow?
(A) Estimate the time for a task
(B) Obtain some new supplies
(C) Empty a storage area
(D) Consult with a colleague

---

59. What did the speakers recently learn about?
(A) A research grant
(B) A product launch
(C) A revised project schedule
(D) A change in leadership

60. What does the man mean when he says, "My weekly budget meeting starts in ten minutes"?
(A) He will be late for a meeting.
(B) He cannot work on a report now.
(C) He will meet a new employee.
(D) He will get information for the woman.

61. What does the man suggest that the woman do?
(A) Send a package
(B) Schedule a meeting
(C) Consult with some colleagues
(D) Take notes at a meeting

1	2
Shoma Funai [Cover Art] *Emi's Kite Day*	*Emi's Kite Day* Shoma Funai [Cover Art]
3	**4**
Shoma Funai *Emi's Kite Day* [Cover Art]	[Cover Art] *Emi's Kite Day* Shoma Funai

62. Why does the man apologize?
(A) He cannot attend an event.
(B) He arrived late for a meeting.
(C) He missed a call.
(D) He does not agree with the woman.

63. What did the woman's friend do?
(A) She took some photographs.
(B) She bought some kites.
(C) She suggested a title.
(D) She read a draft.

64. Look at the graphic. Which layout does the man prefer?
(A) 1
(B) 2
(C) 3
(D) 4

GO ON TO THE NEXT PAGE

Baggage Claim

Flight	Origin
FR72	LONDON
AT88	VIENNA
PP22	FRANKFURT
VZ15	ROME

65. Look at the graphic. Which city have the speakers arrived from?

(A) London
(B) Vienna
(C) Frankfurt
(D) Rome

66. What industry do the speakers most likely work in?

(A) Engineering
(B) Health
(C) Agriculture
(D) Hospitality

67. Where most likely will the speakers go next?

(A) To dinner
(B) To a hotel
(C) To a client meeting
(D) To a colleague's office

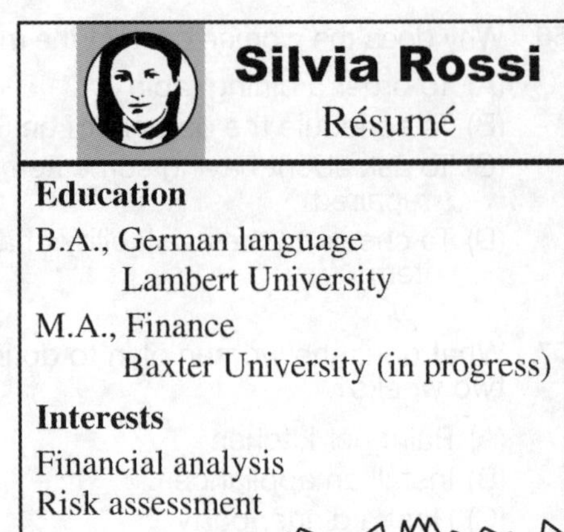

Silvia Rossi
Résumé

Education
B.A., German language
Lambert University
M.A., Finance
Baxter University (in progress)

Interests
Financial analysis
Risk assessment

68. Who is the woman?

(A) An insurance representative
(B) An intern
(C) A university professor
(D) An investor

69. Look at the graphic. Which part of the woman's résumé drew the man's interest?

(A) Her B.A. degree
(B) Her M.A. degree
(C) Her interest in financial analysis
(D) Her interest in risk assessment

70. What does the man offer to do?

(A) Introduce a colleague
(B) Correct an error
(C) Arrange an interview
(D) Provide a recommendation

PART 4

Directions: You will hear some talks given by a single speaker. You will be asked to answer three questions about what the speaker says in each talk. Select the best response to each question and mark the letter (A), (B), (C), or (D) on your answer sheet. The talks will not be printed in your test book and will be spoken only one time.

71. Who is Paul Gonzales?
(A) A farmer
(B) A forest ranger
(C) A professor of agriculture
(D) A supermarket manager

72. What will the interview be about?
(A) Alternative energy
(B) Gardening techniques
(C) Healthy eating habits
(D) Sales strategies

73. What does the speaker remind the listeners to do?
(A) Try a recipe
(B) Download an article
(C) Visit a farm
(D) Call the studio

---

74. Where was the cruise recently featured?
(A) In an advertising campaign
(B) In a television special
(C) In a documentary film
(D) In a magazine

75. What change does the speaker announce?
(A) The location of a dinner has been moved.
(B) Some merchandise is no longer available.
(C) A cruise destination has been added.
(D) A new performer has been scheduled.

76. What does the speaker offer the listeners?
(A) A discounted group rate
(B) A complimentary souvenir
(C) A coupon for repeat customers
(D) A restaurant voucher

---

77. Where is the talk most likely taking place?
(A) In a local market
(B) In a restaurant
(C) In a cooking school
(D) In a food factory

78. What is the goal of the business?
(A) To use only homegrown food
(B) To speed up customer service
(C) To make a process easier
(D) To improve the quality of products

79. What does the speaker encourage the listeners to do?
(A) Wear a uniform
(B) Purchase a cookbook
(C) Ask questions
(D) Take many pictures

---

80. What does the speaker say will change?
(A) An event's performers
(B) An event's location
(C) An event's date
(D) An event's organizer

81. Why does the speaker say, "I wish this were my idea"?
(A) To praise a coworker
(B) To ask the listeners for help
(C) To remind the listeners of a past event
(D) To recommend a different band

82. According to the speaker, what will begin next week?
(A) Staff training
(B) Ticket sales
(C) A search for musicians
(D) An advertising campaign

GO ON TO THE NEXT PAGE

83. Who is the speaker congratulating?
(A) A group of clients
(B) A company team
(C) A retiring employee
(D) A magazine publisher

84. What does *TWQ* magazine specialize in?
(A) Health
(B) Education
(C) Technology
(D) Current news

85. What are listeners invited to do?
(A) E-mail a journalist
(B) Read an article
(C) Subscribe to a publication
(D) Write a review

---

86. What is the goal of the workshop?
(A) To create an exercise program
(B) To develop a brand identity
(C) To improve public speaking skills
(D) To manage finances effectively

87. According to the speaker, who is Astrid Klein?
(A) An author
(B) An advertising executive
(C) A personal trainer
(D) A business owner

88. What does the speaker mean when she says, "space at the talk is limited"?
(A) She hopes to find a larger meeting room.
(B) She thinks few people will attend the talk.
(C) Interested people should sign up soon.
(D) The presentation will be short.

---

89. Who is the audience for the announcement?
(A) Delivery drivers
(B) Construction workers
(C) Bank tellers
(D) Repair shop employees

90. According to the speaker, what has caused a problem?
(A) An incorrect code
(B) A traffic jam
(C) A computer error
(D) A power failure

91. What change will occur?
(A) A Web site will be created.
(B) More staff will be added.
(C) A new location will be opened.
(D) Business hours will be extended.

---

92. What is the speaker's job?
(A) Designing software
(B) Recruiting temporary employees
(C) Providing consulting services
(D) Organizing work spaces

93. What does the speaker suggest?
(A) Creating a software application
(B) Using social media
(C) Merging with another company
(D) Researching competitors

94. What does the speaker mean when she says, "You need to determine the scope of my involvement first"?
(A) She needs an answer quickly.
(B) Her rates are based on the scope of work.
(C) She wants a longer commitment.
(D) A delay was unavoidable.

Survey Results—Average Score

	1	2	3	4	5
Prices		X			
Product selection				X	
Store atmosphere		X			
Web site					X

95. Where do the listeners most likely work?

(A) At a home goods store
(B) At an athletic gear store
(C) At a computer store
(D) At a bookstore

96. Look at the graphic. What category will the speaker address immediately?

(A) Prices
(B) Product selection
(C) Store atmosphere
(D) Web site

97. What does the speaker ask the listeners to do?

(A) Provide recommendations
(B) Attend training sessions
(C) Improve a Web site
(D) Fill out a survey form

Seat Group	Go To
Beta	Gate 1
Delta	Gate 2
Charlie	Gate 3
Echo	Gate 4

98. What type of event is being held?

(A) A dinner
(B) A sports game
(C) A conference
(D) An award ceremony

99. Look at the graphic. Which gate is the most crowded?

(A) Gate 1
(B) Gate 2
(C) Gate 3
(D) Gate 4

100. What will be given out to some attendees?

(A) Trophies
(B) Gift cards
(C) Free hats
(D) Additional tickets

This is the end of the Listening test. Turn to Part 5 in your test book.

GO ON TO THE NEXT PAGE

READING TEST

In the Reading test, you will read a variety of texts and answer several different types of reading comprehension questions. The entire Reading test will last 75 minutes. There are three parts, and directions are given for each part. You are encouraged to answer as many questions as possible within the time allowed.

You must mark your answers on the separate answer sheet. Do not write your answers in your test book.

PART 5

Directions: A word or phrase is missing in each of the sentences below. Four answer choices are given below each sentence. Select the best answer to complete the sentence. Then mark the letter (A), (B), (C), or (D) on your answer sheet.

101. Mr. Bao will meet your team ------- 11:00 A.M. today.

(A) of
(B) at
(C) with
(D) under

102. GLR Bank's mobile application allows customers to pay ------- bills easily.

(A) they
(B) their
(C) theirs
(D) them

103. Customers are advised to read the ------- included for assembly before putting the new table together.

(A) calendars
(B) folders
(C) envelopes
(D) instructions

104. Peiwa Communications was ------- founded to provide rural customers with telephone service.

(A) origin
(B) original
(C) originally
(D) originate

105. Ligley's Auto Company has worked hard to maintain the ------- of its customers.

(A) loyalty
(B) shelf
(C) shoulder
(D) brightness

106. Dernside Realty will provide an ------- of the value of your home by conducting a competitive market analysis.

(A) estimate
(B) estimating
(C) estimator
(D) estimated

107. Since 1920, Yang Dairy Ltd. ------- high-quality cattle on the grassy slopes of the Highland Hills.

(A) raise
(B) be raised
(C) will raise
(D) has raised

108. The neighborhood store is convenient for residents ------- need basic household items.

(A) why
(B) when
(C) who
(D) whose

109. The apartment rental agreement is ------- for a term of one year.

(A) tense
(B) valid
(C) artificial
(D) occasional

110. The ------- of Bistleby's new charitable foundation will depend on the company's profitability.

(A) succeed
(B) success
(C) succeeded
(D) successfully

111. Since Mr. Sing is new to Mazzurri Motors, he will ------- on his routine tasks before being introduced to special projects.

(A) share
(B) adapt
(C) concentrate
(D) base

112. Ms. Hak has experience ------- companies' production processes.

(A) evaluates
(B) evaluating
(C) evaluator
(D) evaluations

113. The focus group's ------- suggestions were adopted when the new marketing campaign was developed.

(A) heavy
(B) busy
(C) doubtful
(D) valuable

114. Kemperson Electricity, Inc., needs to secure the ------- of government regulators before providing service to the public.

(A) approves
(B) approval
(C) approve
(D) approved

115. The restaurant has earned the Fetzger Award for its ------- interior design.

(A) innovative
(B) scarce
(C) eventful
(D) frequent

116. New staff must submit the required forms so that the human resources department ------- their personal information.

(A) can verify
(B) verified
(C) to verify
(D) have verified

117. The most recent version of the software is ------- faster than the earlier version.

(A) anyhow
(B) carefully
(C) along
(D) noticeably

118. Delesterio Bank, Inc., has drawn the attention of the banking industry with its ------- expansion plans.

(A) ambition
(B) ambitiously
(C) ambitious
(D) ambitiousness

119. All users' passwords must be updated ------- the Web site has been updated.

(A) such as
(B) even now
(C) in fact
(D) as soon as

120. The financial advisor will help us choose an investment plan that ------- meets the company's needs.

(A) best
(B) once
(C) suddenly
(D) very

GO ON TO THE NEXT PAGE

121. The new-product development team participates in ------- weekly meetings with the project manager.

(A) mandate
(B) mandates
(C) mandating
(D) mandatory

122. Ms. Himura will attend the meeting in person ------- through a video call.

(A) whether
(B) rather than
(C) as long as
(D) not only

123. The mobile phone model was recently discontinued, so the survey results can be ------- ignored.

(A) large
(B) larger
(C) largely
(D) largest

124. The employees' ------- was evident from their lengthy applause during the opening ceremony for the remodeled headquarters.

(A) incident
(B) enthusiasm
(C) efficiency
(D) hesitation

125. ------- next month, employees at Etterly Enterprises will need to show security badges before entering the parking area.

(A) Beginning
(B) Still
(C) Sooner
(D) Depending

126. Employees are invited to ------- any issues they have regarding management at the next staff meeting.

(A) head out
(B) move over
(C) aim at
(D) bring up

127. ------- the main customer groups of the Hennaly chain of restaurants, only retirees have provided constant revenue this year.

(A) Behind
(B) During
(C) Among
(D) Upon

128. In the final production stage, the perfume is ------- modified by adding organic compounds.

(A) chemical
(B) chemically
(C) chemists
(D) chemistry

129. Though most of Mr. Kwan's time is ------- with writing grant proposals, he does occasionally meet with clients.

(A) selected
(B) combined
(C) occupied
(D) located

130. Several items on our Web site have already sold out ------- the big sales campaign.

(A) whereas
(B) afterward
(C) as a result of
(D) for example

PART 6

Directions: Read the texts that follow. A word, phrase, or sentence is missing in parts of each text. Four answer choices for each question are given below the text. Select the best answer to complete the text. Then mark the letter (A), (B), (C), or (D) on your answer sheet.

Questions 131-134 refer to the following e-mail.

To: apham@derbin.ie
From: outreach@gbzmobile.ie
Date: 21 March
Subject: Survey

Dear Mr. Pham,

Last week you contacted the customer support team at GBZ Mobile ------- **131.** assistance. ------- **132.** . We have developed a short three-question survey, and we hope that you ------- **133.** within the next ten days. To provide your ------- **134.**, log in to your account and click on the notice.

Thank you,

GBZ Mobile Outreach

131. (A) for
(B) of
(C) in
(D) to

132. (A) Our technicians are some of the most highly qualified in the industry.
(B) We appreciate your business and would like to hear about your experience.
(C) Sign up for paperless billing and receive a €5 discount on your next bill.
(D) GBZ Mobile has four corporate divisions.

133. (A) responding
(B) have responded
(C) respond
(D) responded

134. (A) address
(B) donation
(C) feedback
(D) résumé

GO ON TO THE NEXT PAGE

Questions 135-138 refer to the following advertisement.

Stay Three Nights, Get a Fourth Night Free!

Are you planning your dream vacation? Are you hoping to reconnect -------- an old friend? Whatever the nature of your travel, play it smart with Stay Serrano. When you reserve three consecutive nights at any of our partner hotels worldwide, you are eligible for 6,000 reward points, redeemable for a complimentary fourth night. Apply these points to the end of your stay -------- use them for a future excursion. The choice is yours. --------. You can use the points whenever you need them.

(135. / 136. / 137. mark the blanks)

To register for this exclusive offer, -------- by June 30, and complete your three-night stay by December 31.

(138.)

135. (A) after
(B) by
(C) from
(D) with

136. (A) or
(B) yet
(C) but
(D) and

137. (A) Contact Customer Service if you have any questions.
(B) The best part is that your extra night never expires.
(C) Stay Serrano has been in business for 50 years.
(D) Stay Serrano consistently earns high ratings from customers.

138. (A) book
(B) books
(C) booked
(D) booking

Questions 139-142 refer to the following notice.

This laundry room is provided for the convenience of -------(139.). Please be considerate of others. Remove laundry from washing machines and clothes dryers promptly so that others who live in the building may -------(140.) the machines. -------(141.). To prevent any issues, please monitor the wash cycle so that -------(142.) know when it has ended.

139. (A) viewers
(B) residents
(C) officials
(D) installers

140. (A) rinse
(B) identify
(C) absorb
(D) use

141. (A) Laundry left unattended may be removed from the machines.
(B) The cost of the machines will increase next month.
(C) The machines are made in Springfield.
(D) Please contact the management office for refunds.

142. (A) you
(B) your
(C) yours
(D) yourself

GO ON TO THE NEXT PAGE

Questions 143-146 refer to the following Web page.

Sellwicky Apparel specializes in creating T-shirts with customized designs or logos. ------- (143.) we make all our garments on demand and have no inventory of our own to manage, we do not have any minimum order requirements. No matter whether you need just one shirt or several thousand, Sellwicky Apparel will ensure that the finished product ------- (144.) reflects your design specifications. ------- (145.). Our current clients range from individuals and small shops to major corporations. Above all, remember that you will never need to pay for larger ------- (146.) than you need or any hidden costs. To learn more about pricing and the customization process, please e-mail us at salesforce@sellwickyapparel.com.au.

143. (A) Instead of
(B) Depending on
(C) Because
(D) Rather

144. (A) perfect
(B) perfectly
(C) perfected
(D) perfecting

145. (A) We work with all types of customers.
(B) We were founded in Brisbane.
(C) We ship items from other locations as well.
(D) We will e-mail you with the revisions.

146. (A) accessories
(B) quantities
(C) systems
(D) displays

PART 7

Directions: In this part you will read a selection of texts, such as magazine and newspaper articles, e-mails, and instant messages. Each text or set of texts is followed by several questions. Select the best answer for each question and mark the letter (A), (B), (C), or (D) on your answer sheet.

Questions 147-148 refer to the following ticket.

Section	Row/Aisle	Seat	Admission
Mezzanine	**E**	**13**	**$45.00**

Sunday, March 24, 7:00 P.M.

The Toronto Ballet presents

Dance of the Moon and Stars

Directed by Burleigh Koh
Accompaniment by the All-Canada Orchestra
Anya Petronova, Conductor

Latecomers will be seated during intermission, halfway through the performance.

147. What is NOT indicated on the ticket?

(A) The cost of the ticket
(B) The location of the seat
(C) A warning about arriving late
(D) The length of the performance

148. Who is Ms. Petronova?

(A) The director of a play
(B) A famous ballet dancer
(C) The manager of a ballet company
(D) The leader of an orchestra

Section 3 Part 6 Part 7

GO ON TO THE NEXT PAGE

Questions 149-150 refer to the following online chat discussion.

Levi Moreno [2:00 P.M.]
Hi, Marisa. How are you doing?

Marisa Huang [2:00 P.M.]
Great. Thanks for chatting with me. I know you're busy with payroll this week, but I wanted to talk briefly about the job candidates who are coming in next week.

Levi Moreno [2:01 P.M.]
I think that's a great idea. We should agree on what our priorities are beforehand so we ask the right questions.

Marisa Huang [2:02 P.M.]
Definitely. Were you able to look at the résumés?

Levi Moreno [2:03 P.M.]
No, did you e-mail them to me?

Marisa Huang [2:03 P.M.]
Yes, I sent them a few hours ago.

Levi Moreno [2:04 P.M.]
There they are. I've been receiving so many messages about accounting reports that I must have missed your e-mail. Give me a minute. I'll have a quick look at the attachments.

149. What are the speakers planning to do together next week?

(A) Meet with a client
(B) Complete a payroll-processing job
(C) Interview potential employees
(D) Attend a résumé-writing workshop

150. At 2:04 P.M., what does Mr. Moreno most likely mean when he writes, "There they are"?

(A) He found an e-mail containing documents.
(B) He found some accounting reports on his desk.
(C) His colleagues finally showed up for a meeting.
(D) His job candidates are waiting in the lobby.

Questions 151-152 refer to the following table.

Top Photoliker Influencers Week of April 12				
Rank	**Name**	**Focus**	**Followers**	**Change from Last Week**
1	Ilhan Geary	Action sports	3,900,000	+12%
2	Priscilla Lameure	Beauty	3,350,000	–19%
3	Ken Carzon	Vegetarian cooking	2,900,700	+6%
4	Fred Wabash	Home remodeling	2,850,000	+4%

151. Who experienced a loss of followers during the week of April 12?

(A) Ilhan Geary
(B) Priscilla Lameure
(C) Ken Carzon
(D) Fred Wabash

152. What is Mr. Wabash most likely to demonstrate on his feed?

(A) Styling techniques for hair
(B) Cooking vegetable curry recipes
(C) Building kitchen cabinets
(D) Snowboarding skills

GO ON TO THE NEXT PAGE

Questions 153-154 refer to the following e-mail.

To:	Nha Nguyen
From:	NCEO Membership Committee
Date:	June 15
Subject:	Membership renewal

Dear Mr. Nguyen:

Thank you so much for renewing your National Civil Engineering Organization membership with us. Your membership dues help support our organization. NCEO members enjoy access to the latest articles and studies about civil engineering. Members can also build their professional skills and maintain licensure requirements as well as engage with peers in discipline-specific groups.

Your annual membership was renewed on June 1. You are registered in the Utility and Pipelines Engineering interest group. Mark your calendar for August 16–19 for the NCEO annual convention to be held in Seattle this year. We hope to see you there.

Sincerely,

The NCEO Membership Committee
www.nceo.org/membership

153. What is one purpose of the e-mail?

(A) To provide a link to licensing study materials
(B) To distribute statistical data to professional engineers
(C) To thank Mr. Nguyen for registering for a convention
(D) To describe the benefits of belonging to the NCEO

154. What is indicated about Mr. Nguyen?

(A) He recently received his engineering license.
(B) He recruits new members for NCEO.
(C) He is part of a group within NCEO.
(D) He plans to travel to Seattle in August.

Questions 155-157 refer to the following instructions.

VK6200 Instructions

First, remove the speaker from the packaging and place it upright on a flat surface, as shown in the figure on the next page.

Then, using the included adapter, connect the speaker to an electrical outlet. Wait at least one hour for the speaker to charge. The light on the front panel will turn blue when the speaker is fully charged.

Once the speaker is charged, connect the speaker to your radio or mobile phone (or other audio device). Adjust the volume using the + and – buttons on the side panel.

155. In paragraph 1, line 2, the word "figure" is closest in meaning to

(A) image
(B) total
(C) person
(D) amount

156. Why most likely would someone use the product?

(A) To light a room
(B) To listen to music
(C) To record a phone call
(D) To make an announcement

157. According to the instructions, why should someone wait before first using the product?

(A) To let the product rise to room temperature
(B) To see whether any error lights turn on
(C) To allow software to fully download
(D) To ensure that the product has enough power

GO ON TO THE NEXT PAGE

Questions 158-160 refer to the following e-mail.

To:	Edward Cazal <ecazal@morriganbirds.ca>
From:	Adela Rosier <arosier@morriganbirds.ca>
Subject:	Information
Date:	25 January

Dear Mr. Cazal:

I'm writing to inform the management team about the field tests for the new version of the bird-watching application. The tests are going well. As you know, the first version of the app was very basic. In particular, it took some time for us to determine how to get the birdsong-identification software to ignore sounds such as traffic, planes, and machinery. Our engineers have finally determined how to do so.

Additionally, the database of recorded bird calls and songs was initially quite small, and the accuracy of the app depends on having a large quantity of samples. We have recruited bird-watchers, both professional and amateur, to capture high-quality audio of birdsongs to add to the database. They've logged thousands of hours, and the new version of the app should be significantly more accurate than the last. And as more people submit recordings, it will become even more so.

Assuming there are no additional problems, we're on target to release the new version of the app in March.

Sincerely,

Adela Rosier, Project Coordinator

158. What is the purpose of the e-mail?

(A) To thank someone for a reference
(B) To provide an update
(C) To inquire about field testing
(D) To ask about some research

159. What problem does Ms. Rosier mention?

(A) A shortage of engineers
(B) A Web site that crashed
(C) Interference from background noise
(D) Low interest in an app

160. What has the company hired bird-watchers to do?

(A) Submit photographs
(B) Update maps
(C) Report bird sightings
(D) Make recordings

Questions 161-163 refer to the following Web page.

https://www.excelekksupply.com

In operation for more than for 25 years, Excelekk Supply specializes in manufacturing customizable computer furniture for clients in diverse industries, from university administration to warehousing and shipping services. — [1] —. With the client's requirements in mind, we can develop a precisely tailored design that will reduce clutter and maximize efficiency. — [2] —. Common to all of our workstations are desktops that are easily adjusted to varying heights. — [3] —. We also understand that clients may need custom products on a last-minute basis, with very tight design timelines. Thanks to our experience and expertise, we can handle these types of orders with confidence.

Excelekk Supply operates Melway City's only computer furniture showroom, centrally located at 10 Franklin Street and open Monday to Friday from 10:00 A.M. to 5:00 P.M. Whether you need a single computer desk for a home office or are seeking to equip an entire IT laboratory, this showroom is a must-visit. Here, you can try out a selection of our most popular products and discuss your design needs with one of our knowledgeable staff. — [4] —.

161. What is indicated about Excelekk Supply?

(A) It has two production facilities.
(B) It started at a university.
(C) It can fulfill rush orders.
(D) It offers free shipping.

162. What are readers encouraged to do?

(A) Recycle used furniture
(B) Visit a display space
(C) Write an online review
(D) View a digital video

163. In which of the positions marked [1], [2], [3], and [4] does the following sentence best belong?

"This feature allows any user to work comfortably in a standing position."

(A) [1]
(B) [2]
(C) [3]
(D) [4]

GO ON TO THE NEXT PAGE

Questions 164-167 refer to the following article.

Telling Your Company's Story

By Eva Yavuz

The idea for this article came to me about two weeks ago, when I served on the judging panel for the Web Build Awards. The Web sites that won the first and second prizes were designed for video game developers and featured stunning visual design. Indeed, all the submissions were highly innovative, but I noticed one area that Web-based enterprises could concentrate more on—namely, the business description section, or "About Us" page. — [1] —.

In my experience, the "About Us" page is one of the most visited sections of any small business's Web site. — [2] —. This page allows a company to distinguish itself from the competition. Writing an "About Us" page is as simple as outlining your company's history. A former client of mine, Marvalian Enterprises, uses this page to tell how the business was started. The inspiration for the company, which focuses exclusively on selling T-shirts and caps with images of rare animals, came after its founders participated in a tour of Costa Rica to observe endangered wildlife. Note, too, that the "About Us" page provides an ideal opportunity for the company to present its guiding principles. — [3] —. Another good topic to cover is your company's future goals.

When developing an "About Us" page, many entrepreneurs write their stories quickly, but I would advise doing the opposite. It is better to create your company description at a deliberate pace, allowing ample time to review your writing and ensure your message is clear. — [4] —. Overall, a well-written "About Us" page is key to attracting new customers.

164. According to the article, what has Ms. Yavuz done recently?

(A) She hired an assistant.
(B) She judged a contest.
(C) She designed a video game.
(D) She launched a Web site.

165. What kind of business is Marvalian Enterprises?

(A) A Web site design firm
(B) A specialty tour operator
(C) A photography service
(D) A clothing company

166. What does Ms. Yavuz recommend doing?

(A) Subscribing to business journals
(B) Hiring outside marketing agencies
(C) Writing Web site content carefully
(D) Creating detailed budgets

167. In which of the positions marked [1], [2], [3], and [4] does the following sentence best belong?

"Highlighting core values is especially important for companies that champion environmentalism."

(A) [1]
(B) [2]
(C) [3]
(D) [4]

Questions 168-171 refer to the following text-message chain.

Alex Palakiko (9:16 A.M.)
Have you both submitted the documents for the governor's budget review meeting on Tuesday?

Kristina Rath (9:18 A.M.)
I just sent mine in.

Samuel Kubo (9:20 A.M.)
I am still working with the legislative office to review a few items—I will have my documents in by Friday.

Alex Palakiko (9:21 A.M.)
Is that the earliest you can manage?

Samuel Kubo (9:22 A.M.)
I'm waiting on a few expenditure reports from the legislative office.

Kristina Rath (9:23 A.M.)
I need to go to another meeting soon. Is there anything else either one of you needs from me?

Alex Palakiko (9:24 A.M.)
Nothing from me. Samuel, we're also reviewing the full state budget report at the Tuesday meeting, so if there's anything you could get to me before Friday, that would be good.

Samuel Kubo (9:25 A.M.)
I can send you the documents I've completed so far. Then I'll send you the last three by Friday.

Alex Palakiko (9:26 A.M.)
Yes, please do that!

168. Who most likely employs the writers?

(A) An industrial fishing company
(B) A government office
(C) A financial firm
(D) A law firm

169. What is indicated about Ms. Rath?

(A) She works in data processing.
(B) She is unwilling to take on another assignment.
(C) She has completed her assigned work.
(D) She does not usually work on Fridays.

170. At 9:21 A.M., what does Mr. Palakiko most likely mean when he writes, "Is that the earliest you can manage?"

(A) He knows that the legislative office causes delays.
(B) He wants some documents before Friday.
(C) He thinks Mr. Kubo will arrive soon.
(D) He wants to meet before Tuesday.

171. What will Mr. Kubo probably do next?

(A) Visit an office
(B) Attend a meeting
(C) Send some documents
(D) Read a budget report

GO ON TO THE NEXT PAGE

Questions 172-175 refer to the following e-mail.

To:	Ravi Tomboli
From:	Hana Jeong
Sent:	December 12
Subject:	Upcoming projects

Dear Mr. Tomboli,

I need help from your Technology Support Team with some upcoming projects. First, I would like to borrow one of the office laptops that runs the Zinzer 3D Modeling software. I am traveling to Atlanta to meet a client at their headquarters, so I need something portable. They want us to design a multistory apartment complex in Savannah. My trip will be from January 7 to January 10.

Secondly, I need to reserve a conference room with full presentation capabilities. The property developers for the Franklinville Shopping Center project are visiting January 15 and 16. They will be coming from their Chicago office to discuss our latest design. The last time they were here, they were not able to connect to wireless Internet in our office. Can you be sure to check on this and have someone available to help them when they arrive?

Thank you,

Hana Jeong
Bivonly, Inc.

172. What is one purpose of the e-mail?

(A) To postpone a project
(B) To request some equipment
(C) To offer help with faulty technology
(D) To solicit suggestions for a new project

173. What most likely is Ms. Jeong's job?

(A) Architect
(B) Computer specialist
(C) Sales representative
(D) Human resources manager

174. Where will Ms. Jeong probably be on January 8?

(A) Atlanta
(B) Savannah
(C) Franklinville
(D) Chicago

175. What is suggested about the shopping center property developers?

(A) They are celebrating the opening of the shopping center.
(B) They planned for free wireless Internet in the shopping center.
(C) They have visited Bivonly, Inc., before.
(D) They would like Ms. Jeong to join their company.

GO ON TO THE NEXT PAGE

Questions 176-180 refer to the following Web page and e-mail.

https://www.highdesertassociation.com

Home	Hikes	About Us	Contact Us

May 16: Spring Wildflowers This moderate hike near Grand Smokey Butte is approximately five miles round-trip.

June 12: Bird-Watching This challenging hike along Wolf Tree Trail is about eight miles round-trip. The trail is steep and rocky in places.

July 17: Families and Nature This easy hike at Briton Rock is approximately two miles round-trip. It is perfect for people of all ages and abilities.

August 19: Water Adventure This moderate hike along Chimney Lake Trail is about six miles round-trip. It includes stops at swimming spots along Chimney Lake.

• There is a strict limit of fifteen participants per hike. We understand that there are always many more people who want to come but cannot be accommodated. We have a waiting list for each outing. If you are on a waiting list, you will be notified by e-mail if a place becomes available.

• Cost: $15 for members and $25 for nonmembers

E-Mail Message

To: High Desert Association
From: Annika Pedersen
Date: June 7
Subject: RE: Waiting list for June 12 hike

Hello,

Thank you for letting me know there is a spot for me on the June 12 hike. As I reread its description, I realized that it was not suitable for me. I cannot handle a steep and rocky trail. Please remove me from your list of participants.

I am also on the waiting list for the August 19 hike. I recently moved here, and I enjoy exploring the many outdoor recreational areas. I hope that you can find a space for me on this hike.

Thank you,

Annika Pedersen

176. What does the Web page suggest about the July 17 hike?

(A) It is a challenging outing.
(B) Children are welcome.
(C) Lunch is provided.
(D) A phone is required.

177. What does the Web page indicate about the hikes?

(A) They are popular.
(B) They are for members only.
(C) They all start at the same location.
(D) They are being offered for the first time.

178. In the e-mail, the word "spot" in paragraph 1, line 1 is closest in meaning to

(A) job
(B) mark
(C) place
(D) problem

179. What does Ms. Pedersen indicate in her e-mail?

(A) She is new to the area.
(B) She has been hiking for a long time.
(C) She wants to be added to a waiting list.
(D) She has recently joined the High Desert Association.

180. Which hike does Ms. Pedersen hope to participate in?

(A) The Spring Wildflowers hike
(B) The Bird-Watching hike
(C) The Family Nature hike
(D) The Water Adventure hike

GO ON TO THE NEXT PAGE

Questions 181-185 refer to the following notice and form.

City Water System (CWS): Special Notice of System Maintenance

To deliver the highest-quality water, CWS performs a maintenance activity every April and October called water main flushing. In the flushing process, increased amounts of water are pushed through the drinking-water distribution pipes to scrub away minerals and allow for cleaner water.

When this maintenance takes place, residents may notice that their water is discolored or contains mineral residue. This is harmless. They may also experience a slight drop in water pressure when they turn on their faucets.

Water main flushing will be conducted in our four different districts on the following schedule.

Business: October 1, 9–11 A.M.

South Metro: October 2, 9–11 A.M.

North Metro: October 3, 1–3 P.M.

Rural: October 4, 1–3 P.M.

City Water System (CWS)
Service Turn-On Request Form
(for new residential customers only)

Completion of this form authorizes the City Water System (CWS) to turn on water service at the customer's residence, either in the customer's presence or absence. This form also releases CWS from responsibility for any leaks that may occur on a customer's property in the event of the customer's absence.

Name: Ellen Kitamura
Service address: 71 Cedar Street
Turn-on date: September 28

Account number: 270-2199
District: South Metro

Fees:

Security Deposit	$75.00
Initial Water Service Turn-On	$25.00
Total	$100.00
Paid: (✓) In person	( ) Online

Please note:

- Do less paperwork—customers are invited to enroll in our online billing program.
- If water service is disconnected, a $55.00 restoration fee will be assessed.
- A $6.00 monthly water treatment charge is assessed monthly regardless of consumption.

Customer Signature: *Ellen Kitamura* Date: *September 26*

181. According to the notice, when does water main flushing occur?

(A) In the mornings
(B) As needed
(C) Every month
(D) Twice a year

182. In the notice, the word "drop" in paragraph 2, line 3, is closest in meaning to

(A) stumble
(B) mistake
(C) reduction
(D) delivery

183. What is the purpose of the form?

(A) To pause a regular delivery
(B) To request a repair
(C) To begin a service
(D) To add new features

184. What does CWS encourage customers to do?

(A) Pay their bills online
(B) Pay their bills ahead of schedule
(C) Submit water quality reports
(D) View videos of a maintenance process

185. When will system maintenance be conducted at Ms. Kitamura's residence?

(A) On October 1
(B) On October 2
(C) On October 3
(D) On October 4

GO ON TO THE NEXT PAGE

Questions 186-190 refer to the following announcement, receipt, and article.

Local Mural Contest Announced

To support local artists, the County Cork Arts Commission has announced a mural contest. Four winners will be chosen, and the winning artists will create murals on public buildings in these four cities:

- Carrigaline: Post Office
- Kinsale: Train Station
- Bantry: Tourist Centre
- Bandon: Central Library

The contest is open to all artists. The project provides the chosen artists with a generous stipend, enabling them to focus full-time on their artwork. Artists will be reimbursed by the council for the cost of paints, but they will need to pay for all other items.

Applicants must submit a preliminary sketch they have created by hand depicting their vision for the mural. To ensure fairness, the selection process will be anonymous. A panel of judges will select four submissions based on both concept and execution, while the artists' names are withheld.

For further information, see the County Cork Web site. The deadline is midnight 30 June. Winners will be announced by Arts Commissioner Ciaran Finn on 1 August.

Ardmore Art Supplies

Date: 11 August
SOLD TO:
Evan McHugh

Item	Unit Price	Quantity	Total
Rosslea paint, assorted colours	€9	15	€135
Large brushes	€5	2	€10
2.5 m ladder	€105	1	€105
TOTAL			€250

Art Talk

CORK (21 October)—Last night was the long-awaited unveiling of the mural by artist Evan McHugh, one of the winners of the regional mural contest hosted by the County Cork Arts Commission. Because the work area in the train station was cordoned off behind a curtained wall, no one had a look at the work in progress.

Last night's unveiling revealed a colourful depiction of the area's rich culture. Cork's music, cuisine, crafts, literature, and fine arts are depicted boldly in both abstract and realistic forms. Some famous figures from Cork's history can be seen at the edges of the mural, but the main focus is on the here and now.

McHugh is the first winner of the County Cork Arts Commission mural contest to complete his work. The other winners are scheduled to show their work in December.

186. According to the announcement, what are applicants asked to submit?

(A) A résumé
(B) A list of references
(C) An estimate
(D) A drawing

187. What does the announcement indicate about the judges?

(A) They are previous contest winners.
(B) They will interview the applicants.
(C) They will be unable to access the applicants' names.
(D) They work for the Bantry Tourist Centre.

188. How much will Mr. McHugh be reimbursed by the County Cork Arts Commission?

(A) €135
(B) €10
(C) €105
(D) €250

189. What does the article indicate about the mural?

(A) It will soon be completed.
(B) It emphasizes the area's agricultural work.
(C) It features images of trains.
(D) It highlights present-day Cork.

190. In what city did Mr. McHugh paint a mural?

(A) Carrigaline
(B) Kinsale
(C) Bantry
(D) Bandon

GO ON TO THE NEXT PAGE

Questions 191-195 refer to the following e-mails and page from a contract.

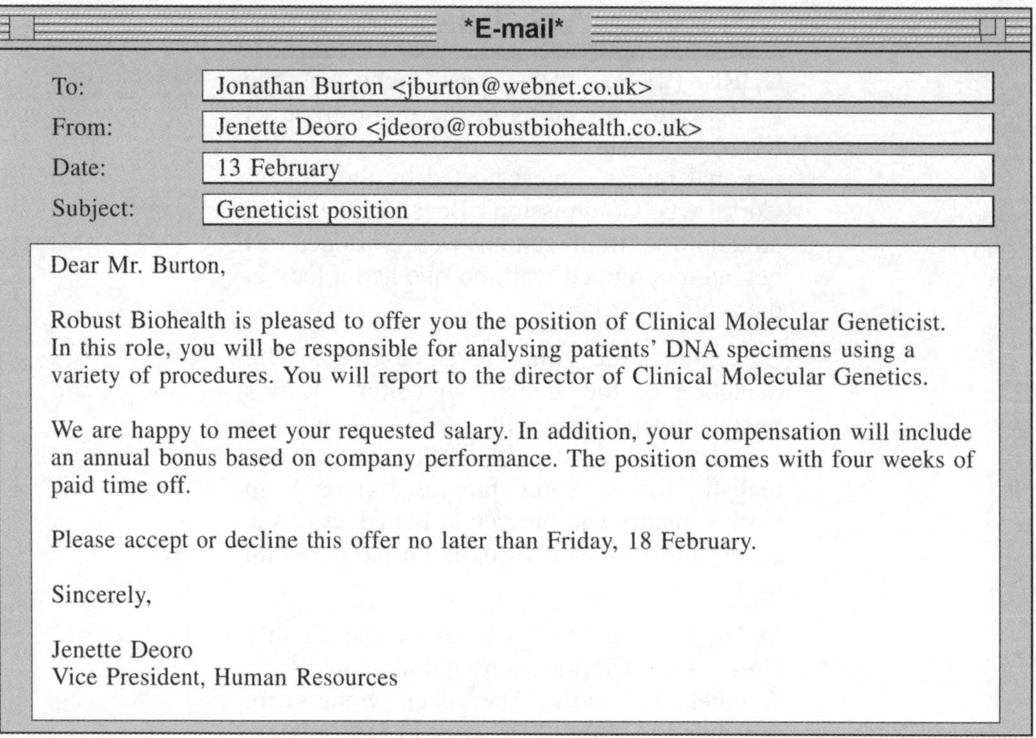

E-mail

To: Jonathan Burton <jburton@webnet.co.uk>

From: Jenette Deoro <jdeoro@robustbiohealth.co.uk>

Date: 13 February

Subject: Geneticist position

Dear Mr. Burton,

Robust Biohealth is pleased to offer you the position of Clinical Molecular Geneticist. In this role, you will be responsible for analysing patients' DNA specimens using a variety of procedures. You will report to the director of Clinical Molecular Genetics.

We are happy to meet your requested salary. In addition, your compensation will include an annual bonus based on company performance. The position comes with four weeks of paid time off.

Please accept or decline this offer no later than Friday, 18 February.

Sincerely,

Jenette Deoro
Vice President, Human Resources

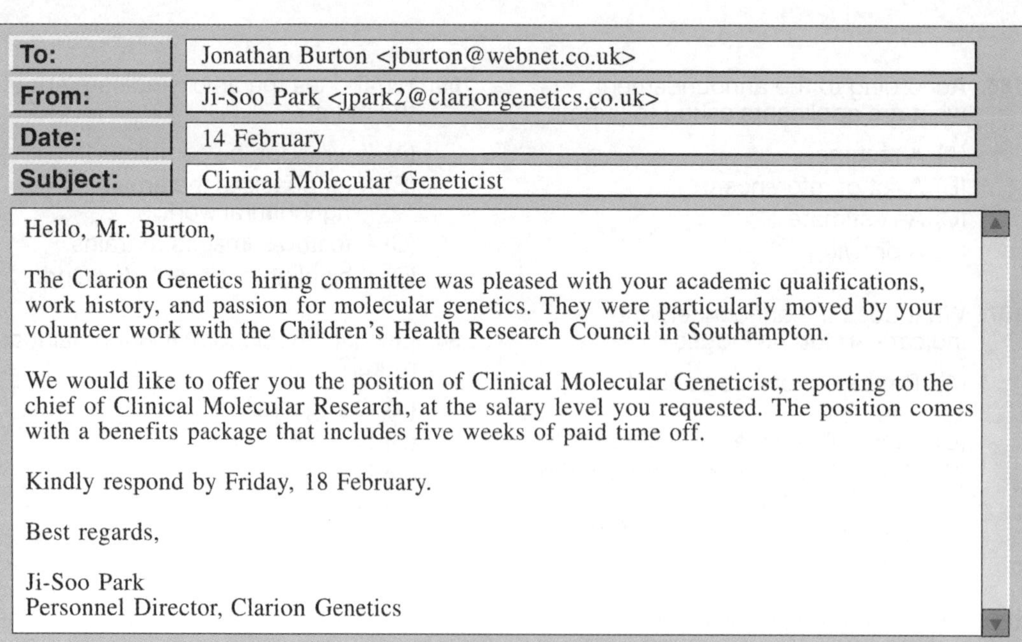

To: Jonathan Burton <jburton@webnet.co.uk>

From: Ji-Soo Park <jpark2@clariongenetics.co.uk>

Date: 14 February

Subject: Clinical Molecular Geneticist

Hello, Mr. Burton,

The Clarion Genetics hiring committee was pleased with your academic qualifications, work history, and passion for molecular genetics. They were particularly moved by your volunteer work with the Children's Health Research Council in Southampton.

We would like to offer you the position of Clinical Molecular Geneticist, reporting to the chief of Clinical Molecular Research, at the salary level you requested. The position comes with a benefits package that includes five weeks of paid time off.

Kindly respond by Friday, 18 February.

Best regards,

Ji-Soo Park
Personnel Director, Clarion Genetics

Signature Page

This agreement between Jonathan Burton (Employee) and Robust Biohealth (Employer) is effective as of 1 March. The Employer agrees to hire the Employee for the position of Clinical Molecular Geneticist.

I. Employee Duties. The Employee will perform all duties to the best of his ability. The Employee agrees to follow the Employer's policies and procedures.

II. Compensation. The Employee shall be paid the agreed-upon salary. The Employee will also receive the following benefits:

A. Annual bonus distributed on 30 November

B. Five weeks of paid time off

Jonathan Burton	*17 February*
Employee Signature	Date
Jenette Deoro	*20 February*
Employer Signature	Date

191. According to the first e-mail, in what setting will Mr. Burton most likely work?

(A) In a dental clinic
(B) In a scientific laboratory
(C) In a health food store
(D) In a human resources office

192. According to the second e-mail, what most impressed the Clarion Genetics hiring committee?

(A) Mr. Burton's academic credentials
(B) Mr. Burton's knowledge of history
(C) Mr. Burton's research publications
(D) Mr. Burton's unpaid work for young people

193. According to the contract, when will Mr. Burton begin working?

(A) On February 17
(B) On February 20
(C) On March 1
(D) On November 30

194. What does Robust Biohealth offer Mr. Burton that Clarion Genetics does not?

(A) A bonus
(B) Flexible working hours
(C) A large work space
(D) Temporary housing

195. What contract term did Robust Biohealth change?

(A) The deadline for responding
(B) The amount of paid time off
(C) The job duties to be performed
(D) The work location

GO ON TO THE NEXT PAGE

Questions 196-200 refer to the following e-mails and checklist.

E-mail

To: Pavarti Murthy
From: Callie McGregor
Date: Tuesday, April 7
Subject: Remodel

Hello, Pavarti,

I just examined today's work with the contractors, and I wanted to let you know that all the lights in the dining room and kitchen have been replaced as planned. The rooms are brighter than we were expecting. Our staff will be so surprised!

There's been a change to tomorrow's schedule, though. The contractors won't be working in the front entry because of a delivery issue. But don't worry; they won't fall behind schedule. They expect to receive the delivery tomorrow. They'll have plenty of time to work on the entry on April 9.

Also, I'm not sure whether the new tablecloths and napkins we ordered have arrived. We received many packages today, but I did not have time to open everything. Can you follow up on this? Chef Ko confirmed that she received the spices and oils she ordered.

I won't be at the restaurant tomorrow, but the daily checklists that the contractor originally sent are posted in the office.

Best,

Callie McGregor
Manager, Wistergans Restaurant

Wistergans Restaurant Remodel Checklist: Wednesday, April 8

- Patch cracks in walls in dining room
- Replace carpet in dining room
- Repair outdoor lights
- Paint walls in front entry

E-mail

To: Callie McGregor
From: Pavarti Murthy
Date: Wednesday, April 8
Subject: RE: Remodel

Hi, Callie,

The contractors completed the work today that you outlined in your e-mail. And the supplies you wanted have, in fact, arrived.

The contractors are on schedule to have all work completed on Friday, and they'll work on Saturday to do any final cleanup. We will be able to reopen on Sunday as scheduled. I'm going to post a message on our social media announcing that we'll be open during our usual hours this Sunday.

Pavarti Murthy
Assistant Manager, Wistergans Restaurant

196. Why does Ms. McGregor think the staff will be surprised?

(A) They did not know the restaurant was being remodeled.
(B) The restaurant has created a new menu.
(C) The new lights are brighter than expected.
(D) The project will be done earlier than planned.

197. What work was NOT completed on April 8?

(A) Patching the walls
(B) Replacing the carpet
(C) Repairing the lights
(D) Painting some walls

198. According to the first e-mail, who will probably review the remodeling work on April 8?

(A) Chef Ko
(B) Waitstaff
(C) Ms. McGregor
(D) Ms. Murthy

199. What supplies does Ms. Murthy refer to?

(A) Tables and chairs
(B) Tablecloths and napkins
(C) Spices and oils
(D) Pots and pans

200. According to the second e-mail, what will Ms. Murthy do next?

(A) Share information online about the remodel
(B) Continue making repairs in the restaurant
(C) Create a schedule for restaurant employees
(D) Call the construction workers to discuss repairs

Stop! This is the end of the test. If you finish before time is called, you may go back to Parts 5, 6, and 7 and check your work.

General Directions

This test is designed to measure your English language ability. The test is divided into two sections: Listening and Reading.

You must mark all of your answers on the separate answer sheet. For each question, you should select the best answer from the answer choices given. Then, on your answer sheet, you should find the number of the question and fill in the space that corresponds to the letter of the answer that you have selected. If you decide to change an answer, completely erase your old answer and then mark your new answer.

実際のテストでは問題用紙の裏側に、上記のようなテスト全体についての指示が印刷されています。この指示を念頭に置いてテストに取り組みましょう。

訳　**全体についての指示**

このテストはあなたの英語言語能力を測定するよう設計されています。テストはリスニングとリーディングという２つのセクションに分けられています。

答えは全て別紙の解答用紙にマークしてください。それぞれの設問について、与えられた選択肢から最も適切な答えを選びます。そして解答用紙の該当する問題番号に、選択した答えを塗りつぶしてください。答えを修正する場合は、元の答えを完全に消してから新しい答えをマークしてください。

解答と解説

Section 3　正解一覧

参考スコア範囲の換算表

解答と解説

Section 3 正解一覧

リスニングセクション

問題番号	正解
Part 1	
1	B
2	A
3	D
4	C
5	C
6	B
Part 2	
7	A
8	B
9	A
10	C
11	B
12	C
13	B
14	A
15	C
16	C
17	C
18	B
19	B
20	C
21	A
22	B
23	A
24	C
25	C
26	B
27	A
28	A
29	C
30	C
31	B
Part 3	
32	D
33	B
34	D
35	B
36	A
37	D
38	B
39	A
40	D
41	C
42	D
43	A
44	C
45	B
46	D
47	A
48	B
49	A
50	B

問題番号	正解
51	D
52	B
53	A
54	B
55	C
56	C
57	C
58	A
59	D
60	B
61	C
62	C
63	A
64	D
65	B
66	A
67	B
68	B
69	A
70	C
Part 4	
71	A
72	B
73	D
74	D
75	A
76	B
77	C
78	C
79	D
80	C
81	A
82	D
83	B
84	C
85	B
86	B
87	D
88	C
89	C
90	D
91	B
92	C
93	A
94	B
95	D
96	C
97	A
98	B
99	C
100	C

リーディングセクション

問題番号	正解
Part 5	
101	B
102	B
103	D
104	C
105	A
106	A
107	D
108	C
109	B
110	B
111	C
112	B
113	D
114	B
115	A
116	A
117	D
118	C
119	D
120	A
121	D
122	B
123	C
124	B
125	A
126	D
127	C
128	B
129	C
130	C
Part 6	
131	A
132	B
133	C
134	C
135	D
136	A
137	B
138	A
139	B
140	D
141	A
142	A
143	C
144	B
145	A
146	B
Part 7	
147	D
148	D
149	C
150	A

問題番号	正解
151	B
152	C
153	D
154	C
155	A
156	B
157	D
158	B
159	C
160	D
161	C
162	B
163	C
164	B
165	D
166	C
167	C
168	B
169	C
170	B
171	C
172	B
173	A
174	A
175	C
176	B
177	A
178	C
179	A
180	D
181	D
182	C
183	C
184	A
185	B
186	D
187	C
188	A
189	D
190	B
191	B
192	D
193	C
194	A
195	B
196	C
197	D
198	D
199	B
200	A

参考スコア範囲の換算表

以下の手順に従って、本番形式テストの正答数から「参考スコア範囲」を確認することができます。

1. 本番形式テストを解き終わったら、左ページの「正解一覧」を参照し、正答数を数えてください。
   各セクションの正答数がそれぞれの素点となります。
2. 「参考スコア範囲の換算表」であなたの素点に対応する換算点範囲を見つけます。
   例 リスニングセクションの素点が 45 であれば、あなたの換算点範囲は「160 ～ 230 点」です。
   各セクションの換算点範囲の合計が、あなたのトータルスコア（参考スコア範囲）になります。

あなたの参考スコア範囲　必要に応じて複数回問題を解きましょう。

	素点		換算点範囲
1 回目	________	▶	________
2 回目	________	▶	________

参考スコア範囲の換算表

リスニングセクション		リーディングセクション	
素点	換算点範囲	素点	換算点範囲
96 — 100	475 — 495	96 — 100	460 — 495
91 — 95	435 — 495	91 — 95	425 — 490
86 — 90	405 — 470	86 — 90	400 — 465
81 — 85	370 — 450	81 — 85	375 — 440
76 — 80	345 — 420	76 — 80	340 — 415
71 — 75	320 — 390	71 — 75	310 — 390
66 — 70	290 — 360	66 — 70	285 — 370
61 — 65	265 — 335	61 — 65	255 — 340
56 — 60	240 — 310	56 — 60	230 — 310
51 — 55	215 — 280	51 — 55	200 — 275
46 — 50	190 — 255	46 — 50	170 — 245
41 — 45 (例)	160 — 230	41 — 45	140 — 215
36 — 40	130 — 205	36 — 40	115 — 180
31 — 35	105 — 175	31 — 35	95 — 150
26 — 30	85 — 145	26 — 30	75 — 120
21 — 25	60 — 115	21 — 25	60 — 95
16 — 20	30 — 90	16 — 20	45 — 75
11 — 15	5 — 70	11 — 15	30 — 55
6 — 10	5 — 60	6 — 10	10 — 40
1 — 5	5 — 50	1 — 5	5 — 30
0	5 — 35	0	5 — 15

132-133

1

2

1 W

(A) A man is closing a car door.
(B) A man is working outside.
(C) A man is holding a toolbox.
(D) A street is being swept.

(A) 男性が自動車のドアを閉めている。
(B) 男性が屋外で作業をしている。
(C) 男性が道具箱を抱えている。
(D) 道路が掃かれているところである。

正解 B　1人の人物写真だが、風景写真の要素もある。選択肢は大半が A man is ～ing.「男性が～している」の形なので、写真の男性が現在行っている動作と合うものがあるかどうか検討する。男性は屋外で作業をしているように見えるので、A man の後に is working outside を続けている (B) が正解。
(A) 自動車のドアはすでに閉まった状態である。
(C) 男性の足元に道具箱のようなものが見えるが、男性はそれを抱えてはいない。
(D) 写真の奥に道路が見えるが、掃いている人は見当たらない。is being swept は be swept「掃かれている」の現在進行形。

---

2 W

(A) They're walking across the sand.
(B) They're folding beach towels.
(C) They're painting a fence.
(D) They're cutting bushes on a beach.

(A) 彼らは砂浜を横切って歩いている。
(B) 彼らはビーチタオルを畳んでいる。
(C) 彼らは柵にペンキを塗っている。
(D) 彼らは浜辺の茂みを刈っている。

正解 A　必答解説
複数の人物写真。人物の動作や持っている物に注目して音声を聞く。選択肢はいずれも They're ～ing.「彼らは～している」で、この2人が現在行っている動作と合うものを選ぶ。2人は砂浜を横切って歩いているように見えるので、(A) が正解。人物の動作に注目すれば正解を導けるので、確実にクリアしたい。
(B) 写真にはビーチタオルが見当たらない。
(C) 2人の後方に柵が見えるが、それにペンキを塗っているところではない。
(D) 浜辺の奥に茂みが見えるが、それを刈っているところではない。

※ Part 1 のスクリプトでは "Look at the picture marked number x in your test book." の指示文を省略しています。

134

3

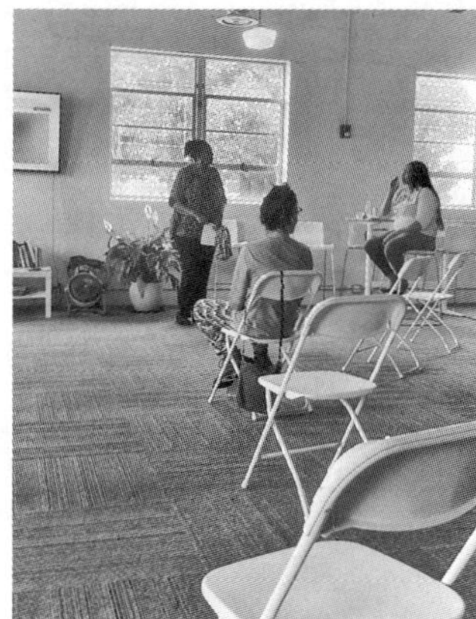

3 M

(A) One of the women is lying down.
(B) Some windows are being opened.
(C) Some women are repairing a television.
(D) An area is set up with chairs.

(A) 女性の１人は横になっている。
(B) 窓が開けられているところである。
(C) 女性たちがテレビを修理している。
(D) ある場所に椅子が配置されている。

正解 D 必答解説

複数の人物と物・風景の両方の要素が含まれる写真。部屋を an area「ある場所」と表現し、「その場所に椅子が配置されている」とした (D) が、写真と合致しているので正解。*be* set up with ～は set up with ～「～を配置する」の受動態。

(A)(C) 人物が主語だが、横になったりテレビを修理したりしている女性は見えないので不適切。lying は lie「横になる」の ing 形。

(B) 物が主語になっている。窓は開いているように見えるが、今誰かによって開けられているところではないので誤り。are being opened は、受動態 are opened「開けられる」の現在進行形。

【語注】

1 hold ～を（手に）持つ／toolbox 道具箱／sweep ～を掃く ★swept は sweep の過去形・過去分詞。ここでは過去分詞
2 sand 砂浜、砂地／fold ～を畳む／bush 茂み
3 lie down 横になる／repair ～を修理する／set up with ～ ～を配置する

135-136

4

5

4 M

(A) Piles of plates are stacked in a hallway.
(B) A painting is leaning against a display case.
(C) A plant is displayed on a piece of furniture.
(D) A picture is being framed.

(A) たくさんの皿が廊下に積み重ねられている。
(B) 絵が陳列ケースに立て掛けてある。
(C) 植物が家具の上に飾られている。
(D) 絵が額に入れられているところである。

正解 C 物・風景写真。中央に見える飾り棚を a piece of furniture「家具」と表現し、その上の植物鉢に注目して「植物が家具の上に飾られている」とした (C) が正解。

(A) 写真の右手に廊下のようなものが見えるが、積み重ねられた皿は見えない。
(B) 壁に掛かっている絵は見えるが、陳列ケースに立て掛けてある状態の絵はない。
(D) 壁に掛かっている絵は額に入った状態であり、is being framed は現在進行形で「(今まさに) 額に入れられているところである」という意味なので誤り。*be* framed「額に入れられた」。

---

5 W

(A) A man is putting dishes on a rack.
(B) A man is looking at a map.
(C) A man is bending over to clean.
(D) A man is pushing a cart.

(A) 男性がラックの上に皿を置いている。
(B) 男性が地図を見ている。
(C) 男性が体をかがめて掃除をしている。
(D) 男性がカートを押している。

正解 C 必答解説

1 人の人物写真。選択肢はいずれも A man is ~ing.「男性が～している」となっている。男性は体をかがめて掃除をしているように見えるので、正解は (C)。

(A) 右奥にラックは見えるが、パンフレット用ラックであり、皿は見当たらない。
(B) 地図らしきものは見当たらない。
(D) カートは見えるが、男性はそれを押してはいない。

137

6

6 M

(A) One of the people is fixing a bicycle.
(B) An unpaved road is next to a field.
(C) Some bicycles are lined up along a riverfront.
(D) A line of people are walking down a roadway.

(A) 人々の中の1人は自転車を修理している。
(B) 舗装されていない道路が畑の隣にある。
(C) 自転車が川岸に沿って1列に並べられている。
(D) 1列になった人々が道路を歩いている。

正解 B 複数の人物と物・風景の両方の要素が含まれる写真。物が主語になっている(B)は、舗装されていない道路(unpaved road)が畑の隣にある(is next to a field)という描写で写真の内容と合っており、正解。

(A) 人物が主語だが、自転車を修理している人は見えないので不適切。fix「～を修理する」。
(C) 川も1列に並んだ自転車も見当たらない。
(D) 人物が主語だが、列になった人々は見えないので不適切。down「向こうへ、離れていって」。

【語注】

4 piles of ～　たくさんの～／stack　～を積み重ねる／lean against ～　～に寄り掛かる／display case　陳列棚／display　～を飾る／*be* framed　額に入れられた
5 rack　ラック、台、棚／bend over　身をかがめる
6 fix　～を直す、～を修理する／unpaved　舗装されていない／field　田畑、野原／line up ～　～を1列に並べる／riverfront　川岸／roadway　道路

139-142

7 M Which doctor do you usually go to?

W (A) The one on Grant Street.
(B) After the holiday.
(C) Either the chicken or the beef.

あなたは普段、どの医者にかかっていますか。
(A) Grant 通りの医者です。
(B) 休暇の後です。
(C) チキンかビーフのどちらかです。

正解 A 質問は<Which ＋名詞>で始まる WH 疑問文。「どの医者にかかっているか」という質問に、Grant Street というその医者のクリニックがある地名を伝え、特定の医者を答えている (A) が適切な応答。
(B) いつ医者に行くかは尋ねられていない。
(C) 質問と全くかみ合わない応答。

---

8 W When will the flowers for the lobby be delivered?

W (A) To catch the three o'clock bus.
(B) By the end of the day.
(C) Sure, I'll order some.

ロビー用の花はいつ配達されますか。
(A) 3 時のバスに乗るためです。
(B) 今日中です。
(C) 分かりました、私が幾つか注文します。

正解 B 質問は When で始まる WH 疑問文。ロビーに置く花が配達される時を問う質問に、「今日の終わりまでに」つまり「今日中に」と具体的な時を答えている (B) が正解。
(A) 質問と全くかみ合わない応答。
(C)「いつ～？」という質問に Sure「分かった」と答えており、応答になっていない。

---

9 W Where will you practice your sales presentation?

M (A) In the meeting room.
(B) From now on.
(C) Their recent sales event.

販売のプレゼンテーションをどこで練習する予定ですか。
(A) 会議室でです。
(B) これからずっとです。
(C) 彼らの最近の販売イベントです。

正解 A 質問は Where で始まる WH 疑問文。プレゼンテーションの練習をする場所を問う質問に、「会議室で」と具体的な場所を答えている (A) が適切。
(B) 練習する時は尋ねられていない。
(C) プレゼンテーションの機会については尋ねられていない。

---

10 M Why did we get a customer survey from Bonner Office Supply?

M (A) I'll try to be there.
(B) Please keep your comments brief.
(C) Because Maria purchased pens from them.

なぜ私たちは、Bonner 事務用品社の顧客アンケートをもらったのですか。
(A) 私がそこに行くようにしましょう。
(B) 意見は簡潔にお願いします。
(C) Maria がそこからペンを購入したからです。

正解 C 質問は Why で始まる WH 疑問文。事務用品社から顧客アンケートをもらった理由として、Because「なぜなら」で始め、「Maria がそこからペンを購入したからだ」と続け、その会社と取引があったからだと伝えている (C) が適切な応答。
(A) there が事務用品社を指すとしても、理由を述べる応答になっていない。
(B) アンケートに関連のある comments「意見」を含んでいるが、理由を答えていない。

143-145

11 M Can you recommend a good mechanic?

W (A) The café around the corner.
(B) Yes, my brother Lee.
(C) I bought my home five years ago.

優秀な整備士を推薦してもらえますか。
(A) 角のカフェです。
(B) はい、私の兄の Lee です。
(C) 私は 5 年前に家を購入しました。

正解 B 質問は Can you ~? を用いた依頼表現で、優秀な整備士を推薦してもらえないかと依頼している。それに対して「はい」と承諾し、自分の兄という具体的な人物を推薦している (B) が正解。
(A) 推薦してほしいと言っているのはカフェではない。
(C) 質問と全くかみ合わない応答。

---

12 W Who's visiting the facility next week?

M (A) About ten euros each.
(B) That unusual noise we heard.
(C) The project director.

来週、誰が施設を訪れることになっていますか。
(A) それぞれ 10 ユーロ程度です。
(B) 私たちが聞いたその異常な騒音です。
(C) プロジェクトの責任者です。

正解 C 質問は Who で始まる WH 疑問文。文末に next week があるので、この Who's visiting (=Who is visiting) という現在進行形は近未来の確定した予定を表し、「誰が訪れることになっているか」という意味になる。この質問に対し、人名ではなく「プロジェクトの責任者だ」と役職名を答えている (C) が正解。
(A) 価格は尋ねられていない。
(B) facility「施設、設備」から連想される noise「騒音」を含んでいるが、質問と全く関係のない応答。この文では we の前に関係代名詞 that/which が省略されている。

---

13 M How accurate were Ema's calculations?

W (A) Yes, that makes sense.
(B) She was off by a few dollars.
(C) I'm afraid not.

Ema の計算はどのくらい正確でしたか。
(A) はい、それは納得がいきますね。
(B) 彼女は数ドル間違っていました。
(C) そうではないと思います。

正解 B 必答解説 質問は How で始まる WH 疑問文。計算の正確さはどうだったかと程度を尋ねている。(B) は計算の正確さについて off「間違って」と by「~だけ」を使って「数ドル間違っていた」と答えており、これが正解。
(A) How ~? に対して Yes/No では答えないので、すぐに除外できる。That makes sense. は「それは道理にかなっている」「それは理解できる」という意味。
(C) 定型表現で「(残念ながら) そうではない」という意味。「彼女の計算は正確か」という Yes/No 疑問文への答えなら正解になり得るが、How ~? に対する応答にはならない。

【語注】
7 go to a doctor 医者に行く、医者に診てもらう
9 from now on 今後、これからずっと/recent 最近の
10 customer survey 顧客アンケート/brief 簡潔な
12 unusual 普通でない、異常な
13 accurate 正確な/calculation 計算/off 外れて、離れて/by ~だけ、~の差で ★~には数量が入り、変動幅を表す

146-148

14 W What is the price of the plane ticket?
M (A) More than I can afford.
(B) On the east coast.
(C) Just behind the library.

航空券の値段はどのくらいですか。
(A) 私が買える以上の値段です。
(B) 東海岸でです。
(C) 図書館のちょうど裏手です。

正解 A　必答解説
質問はWhatで始まるWH疑問文。whatには「何」だけでなく「どのくらい」という意味もある。航空券の値段はどのくらいかと尋ねる疑問に対し、具体的な金額ではなく、「私が買える以上の値段だ」と答え、高価であることを暗に伝えている(A)が正解。質問の冒頭のWhat is the priceを聞き取れれば、値段に関する選択肢が正解だとすぐ分かるので、確実にクリアしたい設問である。
(B)(C) 場所は尋ねられていない。

15 W Should we make a reservation or just go to the restaurant?
W (A) The soup is pretty filling.
(B) By the theater.
(C) Let's call ahead.

私たちは予約をした方がいいですか、それともとにかくレストランに行きますか。
(A) そのスープはかなり食べ応えがあります。
(B) 劇場のそばです。
(C) 前もって電話しましょう。

正解 C　必答解説
質問はShouldで始まり、orで2つの要素が結ばれた選択疑問文。orをしっかり聞き取り、2つの提案内容を確実に捉えるのが鍵。質問は「予約をした方がいいか」、それとも予約をせずに「とにかく行った方がいいか」と尋ねているので、「前もって電話をしよう」と答えて予約する方を選択している(C)が正解。
(A) レストランの食事の評価は尋ねられていない。
(B) レストランの場所は尋ねられていない。

---

16 M I will take my break in fifteen minutes.
W (A) It will have to be built into the wall.
(B) They all sound the same to me.
(C) That's when I have mine too.

私は15分後に休憩を取ります。
(A) それは壁に作り付けなければなりません。
(B) 私には、それらは皆同じに聞こえます。
(C) それは私も休憩を取る時間です。

正解 C
疑問文ではなく平叙文による話し掛け。「私は15分後に休憩を取る」という発言に対し、「それは私も自分の休憩を取る時間だ」、つまり「同じ頃に私も休む」と応答している(C)が自然な流れで正解。
(A) break「～を壊す」から連想されるbuilt (buildの過去分詞)を含んでいるが、Itが何を指しているのか不明で、応答になっていない。
(B) Theyがfifteen minutesを指すとしても、応答になっていない。

149-151

17 W What's the tallest building in the city?

M (A) No, construction hasn't started yet.
(B) That paint was well chosen.
(C) The office tower next to city hall.

市内で一番高いビルは何ですか。
(A) いいえ、建設工事はまだ始まっていません。
(B) そのペンキは適切でした。
(C) 市役所の隣のオフィスビルです。

正解 C 質問は What で始まる WH 疑問文。「市内で一番高いビルは何か」という質問に対し、「市役所の隣のオフィスビルだ」と具体的な建物を答えている (C) が正解。
(A) construction「建設工事」はビルから連想される語だが、質問の答えになっていない。
(B) paint「ペンキ」もビルとの関連はあるが、応答になっていない。

---

18 W How's the order for Springton Automotive coming along?

M (A) Yes, I heard about that.
(B) It's taking longer than we thought.
(C) That's true.

Springton 自動車社用の注文品の進行はどうですか。
(A) はい、それについて聞きました。
(B) 思ったより長くかかっています。
(C) その通りです。

正解 B 質問は How で始まる WH 疑問文。注文品の進行状況を尋ねているのに対し、「思ったより長くかかっている」と、スムーズに進行していないことを伝えている (B) が適切な応答になる。
(A) that が進行状況を指すにしても、How ～? に対して Yes/No では答えない。
(C) How ～? に対する応答になっていない。

---

19 M Do you think we should reschedule our lunch meeting?

M (A) Should we go by car or by bus?
(B) Probably, since Gilberto's out.
(C) Yes, in the yellow notebook.

ランチミーティングの予定を変更した方がよいと思いますか。
(A) 私たちは車で行く方がよいですか、それともバスで行く方がよいですか。
(B) おそらくそうですね、Gilberto がいないので。
(C) はい、黄色いノートにあります。

正解 B 必答解説
質問は Do you think (that) ～?「あなたは～だと思いますか」と尋ねる Yes/No 疑問文。「ランチミーティングの予定を変更した方がよいと思うか」という質問に対して、probably で「おそらく（そうだ [＝予定を変更した方がよい]）」と肯定の返事をし、since「だから」の後にその理由を続けている (B) が正解。probably の直後に we should などが省略されている。
(A) 質問と同じ should を用いて交通手段を尋ねているが、「変更した方がよいか」に対する応答になっていない。
(C) 応答になっていない。

【語注】
14 can afford　～（時間・金）を割くことができる
15 just　とにかく、ただ単に／filling　食べ応えのある／ahead　前もって、あらかじめ
16 build ～ into …　～を…に作り付ける、～を…に組み込む
17 construction　建設工事／well chosen　適切な、精選された／office tower　高層のオフィスビル
18 come along　進歩する、うまくいく
19 reschedule　～の予定を変更する／since　～だから ★後には<S＋V>が入る／out　外出して、不在で

20 M Have you read the revised employee handbook?

W (A) No, my cousin drives me to work.
(B) Eun-Ji will retire at the end of October.
(C) How did you know it was available?

改訂された従業員ハンドブックを読みましたか。
(A) いいえ、いとこが会社へ車で送ってくれます。
(B) Eun-Ji は 10 月末に退職します。
(C) それが利用できることをどのように知りましたか。

正解 C 質問は現在完了形を使った Yes/No 疑問文で、「改訂された従業員ハンドブックを読んだか」と尋ねている。それに対し、読んだかどうかを直接的に答えてはいないが、「それが利用できることをどのように知ったか」と聞き返すことでまだ読んでいないことを暗に示している (C) が、応答として適切。
(A) 質問に対して No と答えているが、続く文の内容が質問とかみ合わない。
(B) 従業員の名前を挙げているが、その人物や退職する時期については尋ねられていない。

---

21 W I could help you get ready for your presentation.

M (A) There might not be enough time.
(B) Kaori found them.
(C) That was my favorite gift.

私があなたのプレゼンテーションの準備を手伝ってもいいですよ。
(A) 十分な時間がないかもしれません。
(B) Kaori がそれらを見つけました。
(C) それは私の大好きな贈り物でした。

正解 A 質問は疑問文ではなく平叙文による話し掛け。それに対して「(プレゼンテーションの準備を手伝ってもらうのに) 十分な時間がないかもしれない」と答えている (A) が適切な応答。発言の I could *do* はここでは控えめな提案を表している。
(B) them が何を指すのか不明で、応答として不適切。
(C) presentation (動詞 present の派生語) から gift の連想を誘う選択肢だが、応答になっていない。

---

22 M Why do you need Friday's weather report?

W (A) Daisuke won first prize in the competition.
(B) Actually, it may not be useful after all.
(C) The budget proposal was approved.

なぜ金曜日の天気予報が必要なのですか。
(A) Daisuke がコンテストで優勝しました。
(B) 実は、結局それは役に立たないかもしれません。
(C) 予算案は承認されました。

正解 B 質問は Why で始まる WH 疑問文。金曜日の天気予報が必要な理由を尋ねている。それに対し、「結局それは役に立たないかもしれない」と、それがあまり必要ではなくなったことを暗に伝えている (B) が正解。
(A) 質問と全くかみ合わない応答。
(C) 質問にある report から連想される budget proposal を含むが、応答になっていない。

155-157

23 W Should we add another fragrance to our line of scented candles?

M (A) Yes, it will bring some variety to the collection.
(B) Did you get the candy for the reception?
(C) Because that color matches your suit.

当社の香り付きろうそくの商品ラインに別の香りを追加した方がいいですか。

(A) はい、そうすると品ぞろえに変化が出るでしょう。
(B) 歓迎会用のキャンディーをもらいましたか。
(C) その色があなたのスーツに合うからです。

正解 A 質問は Should we で始まる Yes/No 疑問文で、現状の商品ラインに別の香りを追加すべきかどうかと尋ねている。それに対して Yes と答え、it (= 追加すること) は「品ぞろえに変化をもたらすだろう」と賛同している (A) が自然な応答。
(B) 質問にある candles に発音が少し似ている candy を含んでいるが､応答になっていない。
(C) 質問にある line「商品ライン」から連想される color を含んでいるが、尋ねられているのは香りについてで色ではない。

---

24 M Some replacement parts for the packaging machine arrived this afternoon.

W (A) The volunteers are needed for the dinner event.
(B) Ahmed is visiting our London office.
(C) It stopped working during the night shift.

今日の午後、梱包機用の交換部品が届きました。

(A) そのボランティアの人たちは夕食会に必要です。
(B) Ahmed が当社のロンドンオフィスを訪ねることになっています。
(C) それは夜のシフトの間に動かなくなったのです。

正解 C 質問は疑問文ではなく平叙文による話し掛け。「今日の午後、梱包機用の交換部品が届いた」という発言に対し、packaging machine を it で受け、「それは夜のシフトの間に作動しなくなった」と交換部品を注文した理由を伝えている (C) が適切。
(A) ボランティアも夕食会も発言の内容と関係がなく、応答になっていない。
(B) Ahmed が誰なのかが不明で、ロンドンオフィスも発言と関係のない事柄なので、応答として不適切。

---

25 M When is the annual factory inspection?

W (A) I like to plant several types of flowers.
(B) We have enjoyed this celebration for many years.
(C) It is scheduled for July 15th.

年 1 回の工場の立入検査はいつですか。

(A) 私は数種類の花を植えるのが好きです。
(B) 私たちは何年間もこの祝賀会を楽しんできました。
(C) 7 月 15 日に予定されています。

正解 C 必答解説
質問は When で始まる WH 疑問文で、立入検査の予定日を尋ねている。それに対し、「7 月 15 日」という具体的な日にちを答えている (C) が正解。*be* scheduled for ～というやや難しい表現が使われているが、When ～? に対して直接的に時を答えているので、確実にクリアしたい。
(A) 質問の factory「工場」と同義の plant を含んでいるが、この文の plant は動詞「～を植える」という意味で、応答になっていない。
(B) 質問の annual「年 1 回の」から連想される celebration「祝賀会」を含んでいるが、質問とは関係ない応答。

【語注】

20 revised 改訂された、修正された／drive ～ to … ～(人)を…へ車で送る／available 利用できる、入手可能な
22 win first prize 優勝する／competition コンテスト／budget proposal 予算案／approve ～を承認する
23 fragrance 香り／line 商品ライン／scented 香り付きの／collection 品ぞろえ／match ～に合う
25 annual 年に 1 度の、毎年恒例の／inspection 立入検査／*be* scheduled for ～ ～に予定されている

26 W Where did Cho-Hee go for her vacation?

M (A) Tell Jason what you recently discovered.
(B) Her manager might know.
(C) Two weeks maximum.

Cho-Hee は休暇にどこへ行きましたか。
(A) あなたが最近気付いたことを Jason に伝えてください。
(B) 彼女の部署長が知っているかもしれません。
(C) 最長で 2 週間です。

正解 B 必答解説
質問は Where で始まる WH 疑問文。Cho-Hee が休暇で行った場所を尋ねている。それに対し、「(自分は知らないが) 彼女の部署長が知っているかもしれない」と可能性のある情報入手先を答えている (B) が適切。
(A) 場所を答えていない。
(C) 休暇の期間は尋ねられていない。

---

27 W Isn't the rent automatically deducted from our bank account?

M (A) The system is usually so reliable.
(B) The property has six apartments.
(C) I paid cash for my new air conditioner.

賃貸料は私たちの銀行口座から自動的に差し引かれないのですか。
(A) システムは普段はとても信頼できるのですが。
(B) その物件には 6 戸入っています。
(C) 私は新しいエアコンを現金で支払いました。

正解 A 質問は否定語 (Isn't) から始まる現在形の否定疑問文。「賃貸料は自動的に差し引かれないのか」という、驚きや意外な気持ちを込めた否定疑問文に対し、「システムは普段はとても信頼できる」と答え、何らかの原因で今回は自動的に差し引かれなかったのだろうと示唆している (A) が適切。
(B) rent と関連のある property「物件」が使われているが、かみ合わない応答。
(C) 銀行口座に関連のある paid cash「現金で支払った」という語句を含んでいるが、エアコンの購入については尋ねられていない。

---

28 M Should we update the product specifications in the manual?

W (A) Let's check with the engineers.
(B) Here is my new assistant.
(C) That's the type of calendar I prefer.

マニュアルにある製品仕様を更新した方がよいですか。
(A) 技術者たちに確認しましょう。
(B) こちらが私の新しいアシスタントです。
(C) それが、私が好きなタイプのカレンダーです。

正解 A 必答解説
質問は Should we で始まる Yes/No 疑問文。製品仕様を更新した方がよいかと尋ねる質問に対し、自分の判断は述べずに「技術者たちに確認しよう」と提案している (A) が自然な応答。
(B) 自分のアシスタントを紹介しているが、質問の答えになっていない。
(C) 質問と全くかみ合わない応答。

161-163

29 M Who signed for the shipment?

W (A) I preferred Ina's strategy.
(B) It seems backwards to me.
(C) Kai was at the reception desk.

その荷物に誰がサインをしましたか。

(A) 私は Ina の戦略の方がよかったです。
(B) それは私には逆行しているように思えます。
(C) Kai が受付にいましたよ。

正解 C　必答解説

質問は Who で始まる WH 疑問文。荷物にサインした人を尋ねる質問に対し、（荷物を受け取った可能性の高い）受付に Kai がいたと答え、その人物が受け取りのサインをしたのではという推測を暗に伝えている (C) が正解。間接的な応答だが、Who ～? に対して (C) だけが人名を主語にして答えているので、確実にクリアしたい。

(A) 人名は含むが、質問は何かの戦略に関するものではなく、応答になっていない。
(B) It が何を指すか不明で、意味不明な応答。

30 M Do you want to eat now or after the meeting?

W (A) The library is closed.
(B) With a projector.
(C) I'm pretty hungry.

あなたは今食事をしたいですか、それとも会議の後にしたいですか。

(A) 図書館は閉まっています。
(B) プロジェクターを使ってです。
(C) 私はかなり空腹です。

正解 C　必答解説

質問は or で 2 つの要素が結ばれた選択疑問文。「今食事をしたいか」それとも「会議の後にしたいか」と尋ねる質問に対し、「私はかなり空腹だ」と答え、今食事をしたいことを暗に伝えている (C) が適切な応答。2 つの選択肢のどちらにも直接的には答えていないが、Do you ～? に対し (C) だけが I を主語に答えており、これが応答者の希望を述べていることを素早くつかむのが鍵。

(A) 会議が図書館で開かれるとしても、質問に答えていない。
(B) 会議と関連のある projector を含んでいるが、選択疑問文への答えになっていない。

---

31 W The revised brochures look terrific, don't they?

M (A) Let's take the subway to avoid traffic congestion.
(B) Sales of our product are sure to increase.
(C) I just bought a new briefcase.

改訂されたパンフレットは素晴らしい見た目ですよね？

(A) 交通渋滞を避けるために地下鉄を利用しましょう。
(B) 製品の売り上げは必ず伸びますね。
(C) 私は新しい書類かばんを買ったばかりです。

正解 B

質問は現在形の文に don't they? が付いた付加疑問文。ここでは文末を上げて発音しているので、「パンフレットは素晴らしい見た目ですよね？」と確認している。それに対して、「（そのパンフレットの効果で）製品の売り上げは必ず伸びる」と述べて、その意見に暗に同意している (B) が正解。

(A) 質問の terrific「素晴らしい」に発音の似た traffic「交通」を含んでいるが、質問とは全く関係のない応答。
(C) 質問の brochures と音が似ている briefcase を含んでいるが、質問とかみ合わない応答。

【語注】

26 maximum　最大で
27 deduct from ～　～から差し引く
28 specifications　＜複数形で＞仕様（書）／check with ～　～（人）に確かめる、～に相談する
29 backward(s)　逆行して、後ろ向きに／reception desk　受付
31 revised　改訂された、修正された／brochure　パンフレット、小冊子／terrific　素晴らしい／traffic congestion　交通渋滞／*be* sure to *do*　必ず～する

165

Questions 32 through 34 refer to the following conversation.

問題 32-34 は次の会話に関するものです。

M　Hi, Anna. Welcome back! How was your trip to Montana?

やあ、Anna。お帰りなさい！ モンタナ州への旅はどうでしたか。

W　Great! ❶I was so happy to spend some time with my family. But now ❷I'm worried about using our new hotel check-in software, since I missed the training while I was away.

素晴らしかったです！ 家族と時間を過ごせてとても楽しかったです。でも、不在中に研修を欠席したので、今はホテルの新しいチェックイン・ソフトウエアを使うのが心配です。

M　I have an idea. ❸Let's check in guests together this morning. That way you'll learn quickly by using the software. I think you'll see that it's not that different from the old version.

僕に考えがあります。今日の午前中は一緒に宿泊客のチェックインをしましょう。そうすれば、そのソフトウエアを使うことによって早く覚えられるでしょう。前のバージョンとそれほど違いはないことが分かると思いますよ。

【語注】

Montana　モンタナ州 ★アメリカ北西部の州／
check-in　<名詞で>チェックイン ★check in ～は「～（客）のチェックイン（宿泊手続き）をする」／training　研修／
that way　そうすれば／not that ～　それほど～ではない ★～には形容詞・副詞が入る
32 camp　キャンプする、野営する／headquarters　<複数形で>本社／relative　家族、親戚、身内
33 forget to *do*　～するのを忘れる／misplace　～を置き忘れる、～を置き間違える
34 talk to ～　～に相談する／workstation　業務スペース ★個人用に仕切られた仕事場所

166

32 What does the woman say she did in Montana?

(A) She camped in a tent.
(B) She attended a conference.
(C) She visited company headquarters.
(D) She saw some relatives.

女性はモンタナ州で何をしたと言っていますか。

(A) テントでキャンプをした。
(B) 会議に出席した。
(C) 会社の本社を訪問した。
(D) 親族と会った。

正解 D 詳細（女性の発言内容）を問う設問。女性は旅が素晴らしかったと伝えた後、❶で「家族と時間を過ごせてとても楽しかった」と続けている。そのことを「親族と会った」と表現した (D) が正解。
(A) 旅先でのキャンプの話題は出ていない。
(B)(C) 男性の最初の発言にある trip には「出張」という意味もあるが、女性は家族と時間を過ごしたと述べているので、彼女の trip は商用ではない。

---

33 What is the woman concerned about?

(A) She received a complaint.
(B) She missed some training.
(C) She forgot to make a reservation.
(D) She misplaced some notes.

女性は何を心配していますか。

(A) 苦情を受けた。
(B) 研修を欠席した。
(C) 予約をするのを忘れた。
(D) メモを置き忘れた。

正解 B 詳細（女性の心配事）を問う設問。女性は❷で、ホテルの新しいチェックイン・ソフトウエアを使うのが心配だと言い、その理由を since I missed the training while I was away「不在中に研修を欠席したので」と述べている。よって (B) が適切。発言中の worried about を設問文では concerned about と言い換えている。
(A) 苦情の話題は出ていない。
(C) 予約の話題は出ていない。
(D) メモの話題は出ていない。

---

34 What do the speakers plan to do together?

(A) Talk to their manager
(B) Take a lunch break
(C) Clean up a workstation
(D) Check in some guests

話し手たちは一緒に何をするつもりですか。

(A) 部長と話す
(B) 昼休みを取る
(C) 業務スペースを掃除する
(D) 宿泊客のチェックインをする

正解 D 話し手たちの次の行動を問う設問。女性の心配事を聞いた男性は2回目の発言で考えがあると言い、❸で Let's check in guests together this morning.「今日の午前中は一緒に宿泊客のチェックインをしよう」と提案している。これが2人の次の行動に当たるので、正解は (D)。
(A)(B)(C) いずれも述べられていない。

167

Questions 35 through 37 refer to the following conversation.

問題 35-37 は次の会話に関するものです。

W Hiroto, our start-up company is doing great. ❶Lots of people are using our mobile application to plan the layout and furnishing of their apartments. But we need more help.

Hiroto、私たちの新会社はとても順調です。たくさんの人たちがアパートのレイアウトや家具の取り付けを考えるのに当社のモバイルアプリを使っています。でも、私たちにはもっと人手が必要です。

M You're right. We've been working nonstop. But it's difficult to find app developers who understand our field.

その通りです。私たちは休みなしで働き続けていますから。ですが、われわれの分野を理解しているアプリ開発者を見つけるのは難しいんです。

W Well, there's a start-up advisory board we can contact. ❷Their advisers have lots of connections and can help us identify potential candidates.

実は、私たちが連絡を取れる、新興企業向けの相談機関があるんです。そこのアドバイザーたちは多くの人脈を持っていて、私たちが見込みのある候補者を特定するのを手伝ってくれます。

M OK. ❸Can you send me their details, and I'll get in touch with them? I'll also check how many new downloads we have and report that number to our investors.

分かりました。彼らの詳しい情報を私に送ってもらえますか。そうしたら私が彼らに連絡しますよ。それと、私は当社の新しいダウンロード数がどのくらいあるかを確認し、出資者にその数を報告します。

【語注】

start-up　新会社、新興企業 ★start-up company とも言う／do great　とても調子がよい／furnishing　家具の取り付け／nonstop　<副詞で>休まずに／app developer　アプリ開発者 ★app は application の略／field　分野／advisory board　アドバイスを行う機関、諮問委員会／connection　人脈、つながり／identify　～を特定する／potential　見込みのある、可能性のある／candidate　候補者／detail　詳細、詳しい情報／get in touch with ～　～と連絡を取る／investor　出資者

35 home insurance　住まいの保険／platform　プラットフォーム ★ IT システムやサービスを動かすための基盤となる環境

36 refer　～を差し向ける／qualified　有能な、適任の／train ～ to *do*　…するように～を教育する／competitive　競争力のある／organize　～を企画する

37 investment　投資／former　元の、以前の／contact information　連絡先の情報

168

35 What are the speakers discussing?

(A) A furniture delivery service
(B) An interior design application
(C) A real estate company
(D) A home insurance platform

話し手たちは何について話し合っていますか。

(A) 家具の配達サービス
(B) 室内装飾のアプリ
(C) 不動産会社
(D) 住宅保険のためのプラットフォーム

正解 B 必答解説

概要（会話のトピック）に関する設問。女性の最初の発言にある our start-up company から、2人は新会社を立ち上げたばかりであることが分かる。その業務内容については❶で、「たくさんの人たちがアパートのレイアウトや家具の取り付けを考えるのに当社のモバイルアプリを使っている」と述べられており、その後もこのアプリに関連する話が続いているので、(B) が正解。

(A) 家具に関連のある話をしているが、配達サービスについては述べられていない。
(C) 不動産会社は話題に上っていない。
(D) application と関連のある platform「プラットフォーム、基盤システム」を含んでいるが、保険は話題に出ていない。

---

36 What can the advisory board do for the speakers?

(A) Refer qualified employees
(B) Help them save money
(C) Train them to be more competitive
(D) Organize successful business events

相談機関は話し手たちのために何をしてくれますか。

(A) 適任の従業員を紹介する
(B) 資金の節約を手助けする
(C) もっと競争力が付くように彼らを教育する
(D) 好評を博すビジネスイベントを企画する

正解 A

詳細（相談機関の業務内容）を問う設問。女性が最初の発言の最後に「もっと人手が必要だ」と述べたのに対し、男性はそれを肯定しつつ「われわれの分野を理解しているアプリ開発者を見つけるのは難しい」と答えている。すると女性は「新興企業向けの相談機関がある」と述べ、❷で、その機関は「私たちが見込みのある候補者を特定するのを手伝ってくれる」と男性に教えている。この identify potential candidates を言い換えた (A) が正解。

(B)(D) いずれも話題に上っていない。
(C) この組織は人材を紹介するが、教育するとは述べられていない。

37 What does the man ask the woman to do?

(A) Order a new desk chair
(B) Read an investment report
(C) Talk with a former employee
(D) Provide contact information

男性は女性に何をするよう頼んでいますか。

(A) 新しい事務用椅子を注文する
(B) 投資報告書を読む
(C) 元社員と話す
(D) 連絡先の情報を提供する

正解 D 必答解説

依頼（男性が女性に頼んでいること）に関する設問。依頼表現に注意しながら聞くと、男性は最後の発言の❸で、相談機関と連絡を取るために Can you send me their details ...?「彼らの詳しい情報を私に送ってもらえますか……」と依頼している。この details「情報」を contact information と言い換えた (D) が正解。

(A) 家具の話は出ているが、椅子の注文の話は出ていない。
(B) 男性の最後の発言に出資者の話は出ているが、投資報告書は話題に上っていない。
(C) 男性がこれから話す予定の相手は元社員ではない。

Section 3 Part 3

169

Questions 38 through 40 refer to the following conversation.

問題 38-40 は次の会話に関するものです。

W　Excuse me, ❶are you here for the Association for Pediatric Medicine Conference? Is this the room for the panel on infant socialization?

すみません、小児科医学協会協議会のためにこちらにいらっしゃっていますか。ここは幼児の社会化に関する公開討論会の部屋でしょうか。

M　❷There were some room changes. My session was moved to this one.

部屋の変更があったのです。私の会合がここに移動になりました。

W　❸Oh no! My panel is in twenty minutes, and I'm one of the presenters.

あら困った！ 私の公開討論会は 20 分後にあり、私は発表者の 1 人なんです。

M　Don't worry. ❹There's an electronic conference message board in the lobby that's continually updated with all changes. It's a short walk from here.

ご心配なく。全ての変更に伴って絶えず更新される協議会の電子掲示板がロビーにあります。ここから歩いてすぐですよ。

【語注】

association　協会、組合／pediatric　小児科の／medicine　医学／conference　(専門家による正式な) 会議、協議会／panel　公開討論会、パネルディスカッション／infant　幼児、幼児の／socialization　社会化／session　会合、集まり／message board　掲示板／continually　絶えず、継続的に／update　～を更新する、～(情報など) を最新のものにする／short　(長さ・距離・時間などが) 短い、近い

38 childcare facility　託児所／convention center　会議場

39 concerned　心配そうな／copy　写し、控え／missing　<形容詞で>見当たらない／*be* late for ～　～に遅れる／mix up ～　～を取り違える

40 inquire　尋ねる／registration　登録／colleague　同僚／consult　～を参照する

170

38 Where most likely are the speakers?

(A) At a childcare facility
(B) At a convention center
(C) At an airport
(D) At a shopping mall

話し手たちはどこにいると考えられますか。

(A) 託児所
(B) 会議場
(C) 空港
(D) ショッピングモール

正解 B　必答解説

概要（会話が行われている場所）に関する設問。会話全体から手掛かりを探しながら判断する。女性は❶で男性に、「小児科医学協会協議会のためにここに来ているか」と尋ねている。また、男性の最後の発言の❹に「絶えず更新される協議会の電子掲示板がロビーにある」とあるので、話し手たちは大規模な会議などが行われる会議センターにいると思われる。conference「会議、協議会」の類義語である convention「協議会、大会」を用いた (B) が正解。

(A) この会議は pediatric medicine「小児科医学」や「幼児の社会化」に関するものだが、託児所の話題は出ていない。
(C)(D) 話題に出ていない。

---

39 Why is the woman concerned?

(A) Her presentation location changed.
(B) Her copy of a schedule is missing.
(C) She is late for an interview.
(D) She mixed up an appointment time.

女性はなぜ心配していますか。

(A) 発表の場所が変わった。
(B) 自分の分の日程表が見当たらない。
(C) 面接に遅れている。
(D) 約束の時間を取り違えた。

正解 A　必答解説

詳細（女性の心配事）を問う設問。男性が❷で「部屋の変更があり、私の会合がここに移動になった」と言うと、女性は❸で Oh, no! と驚き、My panel is ... one of the presenters.「私の公開討論会は 20 分後にあり、私は発表者の 1 人だ」と言っている。それに対して男性は変更を確認できる掲示板があることを教えているので、女性は自分の公開討論会の部屋が移動になったのに移動先が分からないことを心配していると考えられる。正解は (A)。

(B) 日程表の話は出ていない。
(C) 女性は面接に来ているのではない。
(D) 女性は自分の公開討論会は 20 分後にあると言っているだけで、約束の時間を取り違えたわけではない。

---

40 According to the man, how can the woman find more information?

(A) By checking her e-mail
(B) By inquiring at the registration desk
(C) By asking another colleague
(D) By consulting a message board

男性によると、女性はどのようにしてさらなる情報を見つけることができますか。

(A) E メールを確認することによって
(B) 登録デスクで尋ねることによって
(C) 別の同僚に尋ねることによって
(D) 掲示板を参照することによって

正解 D

詳細（女性が情報を見つける方法）を問う設問。男性は❹で「全ての変更に伴って絶えず更新される協議会の電子掲示板がロビーにある」と女性に教えている。女性はそれを見てさらなる情報を見つけることができるので、「掲示板を参照することによって」と表現した (D) が正解。

(A)(C) いずれも話題に上っていない。
(B) ロビーに掲示板があると述べられているが、登録デスクの話は出ていない。

Questions 41 through 43 refer to the following conversation.

問題 41-43 は次の会話に関するものです。

M　Ruby Island Resort. How may I assist you?

ルビー島リゾートホテルです。ご用件を承ります。

W　Hi. ❶I saw your hotel on my social media feed—it is beautiful! I'd love to spend a few days on Ruby Island. Is early summer a good time to visit?

こんにちは。ソーシャルメディアのタイムラインでそちらのホテルを見ました──美しいですね！ぜひルビー島で数日過ごしたいと思います。初夏は訪れるのによい季節ですか。

M　Yes! The weather is lovely. ❷I'd suggest taking daily wildlife walking tours led by our guides.

はい！ 天候がとても良いです。毎日行われる、当ホテルのガイドがご案内する野生動物ウォーキングツアーにお出掛けになるといいですよ。

W　Great! I plan to rent a car and take the ferry. Do you have parking at the resort?

いいですね！私はレンタカーを借りてフェリーに乗る予定です。ホテルに駐車スペースはありますか。

M　❸We do not. There is only one parking garage on the island. It's near the ferry landing. You would have to take the shuttle to our resort.

ホテルにはございません。島に 1 カ所だけ屋内駐車場がございます。フェリー乗り場の近くです。当ホテルまではシャトルバスをご利用いただかなければならないでしょう。

【語注】

resort　行楽地、行楽地のホテル／assist　～を助ける／
feed　フィード、タイムライン ★ウェブサイトの更新情報の配信形式、またはその配信データを指す。SNS のタイムラインなど／
suggest *doing*　～することを勧める／daily　毎日行われる／wildlife　野生動物／
parking garage　屋内駐車場、立体駐車場／ferry landing　フェリー乗り場／shuttle　定期往復便（のバス・列車・飛行機）
41 find out about ～　～の存在を知る
42 recommend *doing*　～することを勧める／in advance　事前に／guided tour　ガイド付きツアー
43 available　用意できる、求めに応じられる／service　公共機関、公共事業／renovate　～を改修する

172

41 How did the woman find out about the resort?

(A) From a travel magazine
(B) From a colleague
(C) From a social media feed
(D) From a family member

女性はどのようにしてホテルの存在を知りましたか。

(A) 旅行雑誌から
(B) 同僚から
(C) ソーシャルメディアのタイムラインから
(D) 家族から

正解 C 詳細（ホテルを見つけた方法）を問う設問。ホテルの男性スタッフが電話に出ると、女性は❶で「ソーシャルメディアのタイムラインでそちらのホテルを見た」と言っているので、正解は(C)。
(A)(B)(D) いずれも述べられていない。

---

42 What does the man recommend doing?

(A) Waiting for better weather
(B) Reserving restaurants in advance
(C) Bringing friends
(D) Taking some guided tours

男性は何をするよう勧めていますか。

(A) もっと良い天候を待つ
(B) 事前にレストランを予約する
(C) 友達を連れてくる
(D) ガイド付きツアーに出掛ける

正解 D 提案（男性が女性に勧めていること）に関する設問。男性は２回目の発言中の❷で、「毎日行われる、当ホテルのガイドが案内する野生動物ウォーキングツアーに出掛けるといい」と言っている。tours led by our guides を guided tours と言い換えた(D)が正解。
(A) 女性が１回目の発言の最後に「初夏は訪れるのによい季節か」と尋ねると、男性はYes! と答えており、もっと良い天候を待つようには言っていない。
(B)(C) いずれも話題に上っていない。

---

43 What does the man say about parking?

(A) It is not available at the resort.
(B) It is expensive.
(C) The ferry service provides parking.
(D) The parking garage is being renovated.

男性は駐車スペースについて何と言っていますか。

(A) ホテルには用意がない。
(B) 値段が高い。
(C) フェリー会社が駐車スペースを提供している。
(D) 屋内駐車場は改修されているところだ。

正解 A 必答解説
詳細（男性の発言内容）を問う設問。女性が２回目の発言で「ホテルに駐車スペースはあるか」と尋ねると、男性は❸で「ない」と答え、島内の別の駐車場を教えている。よって、ホテルに駐車スペースがないことを not available at the resort と表した(A)が正解。
(B) 値段についてのコメントはない。
(C) 屋内駐車場はフェリー乗り場の近くだと説明されているが、フェリー会社が駐車スペースを提供しているとは述べられていない。
(D) 改修の話は出ていない。

173

Questions 44 through 46 refer to the following conversation with three speakers.

問題 44-46 は 3 人の話し手による次の会話に関するものです。

W　Hi. ❶I'm here to submit a building permit application. We're planning to expand our restaurant's outdoor dining area.

こんにちは。建築許可証の申請書を提出しに来ました。うちのレストランの屋外の食事エリアを広げる計画なのです。

M　❷I handle residential permits. ❸Ms. Raya Haddad is in charge of commercial permits. Here she is now.

私は住宅の許可証を扱っています。Raya Haddad さんが商業用許可証の担当です。今参りました。

W　Yes, I'm Raya. How can I help you?

はい、私が Raya です。ご用件を伺います。

W　I think I have the necessary paperwork for a construction permit—the application form, building plans, property deed. ❹Am I missing anything?

手元に建設許可証用に必要な書類がそろっていると思います——申請書、建築設計図、不動産権利書です。何か抜けていますか。

W　Well, yes, ❺I don't see a receipt for the processing fee. The cashier down the hall can give you a receipt after you make your payment.

そうですね、はい、手数料の領収証が見当たりません。廊下の先の出納係が、お支払い後に領収証をお渡しします。

W　I will do that right now. Thanks!

今すぐやります。ありがとうございます！

【語注】

submit　～を提出する／permit　許可証／application　申請、申し込むこと、申請書／expand　～を拡張する／handle　～を取り扱う、～を処理する／residential　住宅の、居住（者）の／in charge of ～　～の担当で／commercial　商業用の／paperwork　書類／construction　建設、建設工事／application form　申請書、申請用紙／plan　設計図／property deed　不動産権利書／miss　～を見落とす、～を抜かす／receipt　領収書／processing fee　手数料／cashier　出納係／down　～をちょっと行った所に／hall　廊下

44 site　現場／government　政府（機関）

45 clarify　～を明確にする／role　役割、任務／indicate that ～　～であることを示す／applicant　申請者／revise　～を改訂する／return　再訪する

46 *be* missing from ～　～から抜けている、～から漏れている／personal reference　身元保証書、保証人

174

44 Where most likely are the speakers?

(A) At a construction site
(B) At a restaurant
(C) At a government office
(D) At an advertising agency

話し手たちはどこにいると考えられますか。

(A) 建設現場
(B) レストラン
(C) 官庁
(D) 広告代理店

正解 C 概要（会話が行われている場所）に関する設問。女性の1人が最初の発言の❶で「建築許可証の申請書を提出しに来た」と述べると、応対する男性は❷、❸で「私は住宅の許可証を扱っており、Raya Haddad が商業用許可証の担当だ」と伝えている。建築許可証は公的機関に申請するので、話し手たちがいる場所は(C)が適切。

(A) 建築に関する話題だが、建設現場に住宅許可証の担当者がいたり、出納係が廊下の先にあったりするのは不自然。
(B) 1人目の女性の申請目的はレストランの拡張だが、今3人がレストランにいるわけではない。
(D) 話題に出ていない。

---

45 Why does the man say, "I handle residential permits"?

(A) To clarify his role to a coworker
(B) To indicate that he cannot help an applicant
(C) To explain that a process has been revised
(D) To suggest returning on a different day

男性はなぜ "I handle residential permits" と言っていますか。

(A) 同僚に対して彼の役目を明確にするため
(B) 申請者の応対ができないことを示すため
(C) 手続きが改訂されたことを説明するため
(D) 別の日に出直すよう勧めるため

正解 B 発言の意図を問う設問。1人目の女性の建築申請がレストランに関するものだと分かると、男性は下線部のように発言し、続けて❸で、（レストランなどの）商業用許可証担当の女性を紹介している。つまり、男性は下線部の発言で、自分は商業用施設の申請者の応対はできないことを示していると考えられるので、(B)が正解。

(A) 同僚とは Raya Haddad を指すと思われるが、下線部は彼女に向けた発言ではない。
(C) 手続きの改訂は話題に上っていない。
(D) 男性は発言の後で担当の Raya Haddad を紹介し、申請者と Haddad の間で手続きが進んでいるので不適切。

46 What is missing from an application?

(A) An e-mail address
(B) Personal references
(C) A signature
(D) Proof of payment

申請から何が抜けていますか。

(A) E メールアドレス
(B) 身元保証書
(C) 署名
(D) 支払いの証明

正解 D 必答解説

詳細（申請手続で抜けているもの）を問う設問。申請者の女性は2回目の発言で申請のために用意してきた書類を示し、❹で「何か抜けているか」と尋ねているので、この後の発言をしっかりと聞き取る。Raya Haddad は❺で申請者の女性に、手数料の領収証が見当たらないことと、それは出納係が支払い後に渡すことを教えている。会話中の receipt を Proof of payment と言い換えた(D)が正解。

(A)(B)(C) いずれも述べられていない。

Section 3 Part 3

175

Questions 47 through 49 refer to the following conversation.

問題 47-49 は次の会話に関するものです。

W　Arnaud, great news—Crafterson Retail wants us to give a presentation on our line of uniforms. ❶If they like our products and decide to stock them, sales are sure to increase nationwide! They'd like to meet with us early next week.

Arnaud、素晴らしいニュースです──Crafterson Retail 社が、当社の制服の商品ラインについてプレゼンテーションをしてほしいそうです。彼らが当社の製品を気に入って店に置くことにしてくれたら、売り上げは間違いなく全国的に伸びますよ！彼らは来週早々に当社と会合したいとのことです。

M　That's great news, but we may have a problem—our latest batch of uniforms hasn't shipped from the factory yet. We'll need products from that shipment for the talk.

それはすごいニュースですが、1 つ問題があるかもしれません──制服の最新の出荷分がまだ工場から発送されていないのです。話し合いにはその出荷分からの製品が必要になるでしょう。

W　Can we call the factory and ask them to expedite it?

工場に電話して出荷を急ぐように頼むことはできますか。

M　We can, but we'll have to pay a premium for faster shipping.

できますが、急ぎの出荷のための割増料金を支払わなければならないでしょうね。

W　This sales meeting is a huge opportunity for our company, so it's worth it. ❷I'll contact the facility right away.

この販売会議は当社にとって極めて大きなチャンスなので、その価値はあります。私が今すぐ工場に連絡します。

【語注】

line　商品ライン ★ここでは洋服の型・デザインを指す／stock　～を店に置く、～を取り扱う／*be* sure to *do*　必ず～する／nationwide　全国的に／early next week　来週早々／batch of ～　1 回分の～、1 束の～／ship from ～　～から出荷される／expedite　～を早める／premium　割増料金／huge　非常に大きい、大変な／*be* worth ～　～の価値がある／facility　施設、設備

47 lead to ～　～につながる、～をもたらす／postpone　～を延期する／shorten　～を短縮する

49 reschedule　～の予定を変更する／cost estimate　費用見積／executive　経営陣の

47 What does the woman say about a presentation?

(A) It might lead to more sales.
(B) It should be postponed.
(C) It will be held in a store.
(D) It should be shortened.

女性はプレゼンテーションについて何と言っていますか。

(A) より多くの売り上げにつながるかもしれない。
(B) 延期されるべきだ。
(C) 店内で開催される予定である。
(D) 短縮されるべきだ。

正解 A 詳細（女性の発言内容）を問う設問。女性は最初の発言で、Crafterson Retail 社から、彼女たちの会社の製品である制服に関するプレゼンテーションの依頼があったことを伝え、❶で「彼らが当社の製品を気に入って店に置くことにしてくれたら、売り上げは間違いなく全国的に伸びる」という予測を述べている。これを「より多くの売り上げにつながるかもしれない」と表現した(A)が正解。
(B)(C)(D) いずれも述べられていない。

48 What products are the speakers discussing?

(A) Printed materials
(B) Clothing items
(C) Blankets
(D) Clocks

話し手たちはどんな製品について話し合っていますか。

(A) 印刷物
(B) 衣類
(C) 毛布
(D) 時計

正解 B 必答解説

概要（会話のトピック）に関する設問。女性は最初の発言で presentation on our line of uniforms「当社の制服の商品ラインに関するプレゼンテーション」と述べている。その後も2人は、制服がまだ出荷されていないことへの対応策を話しているので、uniforms を Clothing items と言い換えた(B)が正解。会話は込み入ったものではなく、話題が最後まで制服に絞られているので、選択肢の言い換え表現に気付けばクリアできる設問だ。
(A)(C)(D) いずれも話題に上っていない。

49 What does the woman say she will do?

(A) Contact a factory
(B) Reschedule a meeting
(C) Request a cost estimate
(D) Obtain executive approval

女性は何をすると言っていますか。

(A) 工場に連絡する
(B) 会議の日程変更をする
(C) 費用見積を依頼する
(D) 経営陣の承認を得る

正解 A 必答解説

女性の次の行動を問う設問。会話の終盤の I will ～や I can ～などの表現に注意しながら聞き取る。男性は最初の発言で、プレゼンテーションに必要と思われる制服が工場からまだ出荷されていないという問題を伝え、2回目の発言では、出荷を急がせると割増料金がかかると述べている。それに対して女性は、この会議は大きなチャンスなのでその価値はあると答え、❷で I'll contact the facility right away.「私が今すぐ施設（＝工場）に連絡する」と言っている。(A)が正解。会話内や選択肢での factory ↔ facility の言い換えに気付くことがポイントとなる。
(B)(D) いずれも述べられていない。
(C) 急ぎの料金がかかることは話題に上っているが、費用の見積もりの話は出ていない。

177

Questions 50 through 52 refer to the following conversation with three speakers.

問題 50-52 は 3 人の話し手による次の会話に関するものです。

M　Hi. ❶I'm looking for the Multi-Pro roasting pan. I hear it's great. Do you have it?

こんにちは。Multi-Pro ロースト鍋を探しているのですが。とてもいいらしいですね。それを置いていますか。

W　Yes, here it is—our top seller!

はい、こちらです——当店の一番の売れ筋ですよ！

M　Oh, wow. It is nice, but 75 dollars is more than I was hoping to spend.

わあ。すてきですけど、75 ドルは私が使おうと思っていた金額より多いなあ。

W　Well, ❷that price reflects the triple layer of stainless steel that helps the pan conduct heat so evenly. The pan may be going on sale, though. Let me ask my manager: Mary, do you happen to know if the Multi-Pro will go on sale anytime soon?

そうですね、そのお値段は、鍋が熱をむらなく伝えやすくする 3 層のステンレス鋼だからなんです。ですが、この鍋はセールになるかもしれません。店長に聞いてみます。Mary、ひょっとして Multi-Pro が近いうちにセールになるかどうかを知っていますか。

W　It's hard to say right now, but if you leave us your e-mail address, ❸we'll send you our weekly newsletter. It lists store items on sale.

現時点では何とも言えませんが、お客さまが E メールアドレスを残してくだされば、当店の週刊ニュースレターをお送りします。それにはセール中の店頭商品の一覧が掲載されています。

【語注】

roasting pan　ロースト鍋 ★pan は「平鍋」／have　～の在庫がある、～を売っている／top　最高の／seller　売筋商品／spend　～（お金）を使う／reflect　～を反映する、～を表す／conduct　～（熱・電気など）を伝える、～を伝導する／evenly　均等に／go on sale　セールになる／though　だが、しかし／happen to *do*　偶然～する、たまたま～する／anytime soon　近いうちに／leave ～ …　～に…を残す／list　～の一覧を載せる／on sale　セール中の

51 limited　限られた／availability　入手できること

52 follow　～を追う、～を見守る／check with ～　～に確認する、～に相談する／manufacturer　メーカー／visit　～（ウェブサイト）を訪れる、～を閲覧する

178

50 What kind of product is the Multi-Pro?

(A) A laptop computer
(B) A cooking pan
(C) A camera
(D) A wristwatch

Multi-Pro はどんな種類の製品ですか。

(A) ノートパソコン
(B) 調理鍋
(C) カメラ
(D) 腕時計

正解 B 詳細（製品の種類）を問う設問。男性は最初の発言の❶で、「Multi-Pro ロースト鍋を探している」と言っている。roasting は「肉などを焼くための、ロースト用の」の意味。roasting pan を cooking pan「調理鍋」と言い換えた (B) が正解。
(A)(C)(D) いずれも話題に上っていない。

---

51 What is the reason for the Multi-Pro's high price?

(A) The shipping cost
(B) The marketing expenses
(C) The limited availability
(D) The material used

Multi-Pro の高い値段の理由は何ですか。

(A) 配送料
(B) 販売経費
(C) 入手の難しさ
(D) 使用素材

正解 D 詳細（製品の値段が高い理由）を問う設問。男性が2回目の発言で、「75ドルは私が使おうと思っていた金額より多い」と言うと、店員の女性は❷で「その値段は、鍋が熱をむらなく伝えやすくする3層のステンレス鋼だからだ」と答えている。それを The material used「使用素材」と表現した (D) が正解。
(A)(B)(C) いずれも述べられていない。

---

52 How can the man learn about a discount?

(A) By following a social media page
(B) By reading a store's newsletter
(C) By checking with the manufacturer
(D) By visiting the store's Web site

男性はどのようにして割引を知ることができますか。

(A) ソーシャルメディアのページを追うことによって
(B) 店のニュースレターを読むことによって
(C) メーカーに確認することによって
(D) 店のウェブサイトを閲覧することによって

正解 B 詳細（情報の入手方法）を問う設問。女性店員が2回目の発言で、鍋がセールになるかどうかを店長の Mary に尋ねると、Mary は男性に対して今は何とも言えないと答えたが、続く❸で、「E メールアドレスを残してもらえれば、店の週刊ニュースレターを送る。それにはセール中の店頭商品の一覧が掲載されている」と伝えている。よって正解は (B)。
(A)(D) 店長がセール品の情報を知るために客に提案しているのはソーシャルメディアやウェブサイトを見ることではなく、同店のニュースレターを読むこと。
(C) 述べられていない。

179

Questions 53 through 55 refer to the following conversation.

問題 53-55 は次の会話に関するものです。

W This is Amelia Zayas. ❶I'm calling about the banquet reservation for Devoncamp Financial's annual shareholders' dinner.

Amelia Zayas です。Devoncamp フィナンシャル社の年次株主夕食会の予約についてお電話しています。

M How can I help you?

どういったご用件でしょうか。

W ❷I need to add fifteen more guests. Is that possible?

お客をあと 15 人追加する必要があります。可能でしょうか。

M Well, the Rose Room you reserved is too small. But we do have another room we could use: the Magnolia Room.

そうですね、ご予約いただいた「バラの間」は狭過ぎます。ですが、他に使えそうな「マグノリアの間」がございます。

W Is that room as nice as the Rose Room?

そこは「バラの間」と同じぐらいいいお部屋ですか。

M Well, the Magnolia Room was recently renovated, but it doesn't have as good a view of the garden. ❸If you want, I can find some flower centerpieces to place on the tables and add other small decorations. It'll look lovely.

そうですね、「マグノリアの間」は最近改装されましたが、お庭の眺めはあちらほどよくありません。お望みでしたら、テーブルの中央に置く花を入手したり、その他のちょっとした飾り付けを加えたりすることができます。美しく見えますよ。

W That will be great. Thank you for your help.

それはすごくいいですね。ご協力ありがとうございます。

【語注】

banquet　夕食会／shareholder　株主／do　★続く動詞の意味を強調する／renovate　～を改修する／not ～ as good a view of the garden　庭の眺めはそれほどよくない ★ここでは比較の対象になる「『バラの間』の眺めほど」に当たる語句が省略されている。この形の比較表現において形容詞に修飾される名詞がある場合は<形容詞＋ a/an ＋名詞>の語順になる／centerpiece　テーブルの中央に置く装飾品／decorations　<しばしば複数形で>装飾物、飾り付け

53 corporate　法人の、企業の／luncheon　昼食会

54 complain about ～　～について不満を言う／inquire about ～　～について尋ねる

55 offer to *do*　～すると申し出る

53 What type of event are the speakers discussing?

(A) A corporate dinner
(B) A retirement party
(C) A wedding celebration
(D) A conference luncheon

話し手たちはどんな種類のイベントについて話し合っていますか。

(A) 企業の夕食会
(B) 退職パーティー
(C) 結婚祝賀会
(D) 協議会の昼食会

正解 A 必答解説

概要（会話のトピック）に関する設問。女性は最初の発言の❶で、「Devoncamp フィナンシャル社の年次株主夕食会の予約について電話をしている」と伝えている。その後も、2人はその夕食会で使う部屋の話を続けているので、その会社のイベントを A corporate dinner「企業の夕食会」と表現した(A)が正解。会話の中にその他のイベント名は登場していないので、確実にクリアしたい。

(B)(D) いずれも企業関係のイベントだが、話題に上っていない。
(C) 述べられていない。

54 Why is the woman calling?

(A) To complain about a delay
(B) To change a reservation
(C) To make a food selection
(D) To inquire about an additional cost

女性はなぜ電話をかけていますか。

(A) 遅延に対して不満を述べるため
(B) 予約の変更をするため
(C) 食べ物を選ぶため
(D) 追加の費用について尋ねるため

正解 B 必答解説

概要（電話の目的）に関する設問。男性が1回目の発言で用件を尋ねると、女性は❷で「客をあと15人追加する必要がある」と伝えている。人数変更の話の後にも部屋の変更の話が続いており、会話全体が予約の変更に関するものだと分かる。これを「予約の変更をするため」と表現した(B)が正解。

(A)(C) いずれも述べられていない。
(D) ❷の add の派生語の additional を含む選択肢だが、追加費用については述べられていない。

---

55 What does the man offer to do in the Magnolia Room?

(A) Move some tables
(B) Close some windows
(C) Arrange some decorations
(D) Remove some flowers

男性は「マグノリアの間」で何をすると申し出ていますか。

(A) テーブルを移動する
(B) 窓を閉める
(C) 飾り付けを手配する
(D) 花を撤去する

正解 C 必答解説

申し出（男性が申し出ていること）に関する設問。男性は最後の発言で「マグノリアの間」について、最近改装されたが庭の眺めはあちら（＝「バラの間」）ほどよくはないと伝えた後、❸で「テーブルの中央に置く花を入手したり、その他のちょっとした飾り付けを加えたりすることができる」と申し出ている。よって、これらをまとめて「飾り付けを手配する」と表現した(C)が正解。「マグノリアの間」で行うと申し出ていることは男性の最後の発言にだけあるので、聞き逃さないようにしよう。

(A) テーブルの話は出ていない。
(B) 庭の眺めはあまりよくないと言っているが、窓を閉めるという申し出はしていない。
(D) 花の手配を申し出ているが、その撤去については述べられていない。

Section 3 Part 3

181

Questions 56 through 58 refer to the following conversation.

問題 56-58 は次の会話に関するものです。

M ❶Westfork Furniture Repair. How may I help you?

Westfork 家具修理店です。どのようなご用件でしょうか。

W Hi. You repaired some chairs for me last year. Now I have four more that need some work. Can I bring them to you?

こんにちは。昨年そちらで椅子を修理してもらいました。今、修理が必要なものがさらに 4 脚あるんです。そちらに持ち込んでもいいですか。

M Sure. Bring them here tomorrow afternoon.

もちろんです。明日の午後こちらへお持ちください。

W I will. But could you tell me how long it'll take? ❷I'm having guests over for dinner in two weeks. If I don't get the chairs back by then, I won't have enough.

そうします。ですが、修理にどのくらい時間がかかるか教えていただけますか。2 週間後に客を招いて夕食会があります。その時までに椅子が戻らないと、椅子が足りなくなります。

M It depends on their condition. ❸Once I see the chairs tomorrow, I can determine how much work they need and how long it'll take.

それは椅子の状態によります。明日椅子を見れば、必要な作業量とかかる時間を見定めることができますよ。

【語 注】

repair　<名詞で>修理、<動詞で>～を修理する／work　作業／have ～ over　～を客に迎える／get ～ back　～を戻す／by then　そのときまでに／enough　<代名詞で>必要なだけの数・量／
determine　～（程度・範囲など）を判断する、～を見極める
56 schedule　～の予定を立てる、～（日時・会合など）を予定する／have ～ *done*　～を…してもらう、～が…される／check on ～　～を調べる／availability　入手の可能性
57 install　～を設置する／appliance　家庭用電化製品、電気器具／host　～を主催する
58 estimate　～を見積もる／obtain　～を入手する／supplies　<複数形で>補給品、備品／empty　～を空にする／consult with ～　～と相談する

182

56 Why does the woman contact the man?

(A) To order a dining table
(B) To schedule the delivery of an item
(C) To ask about having some items repaired
(D) To check on the availability of an item

女性はなぜ男性に連絡していますか。

(A) ダイニングテーブルを注文するため
(B) 品物の配達予定を立てるため
(C) 品物を修理してもらうことについて尋ねるため
(D) 品物が入手できるかどうかを確認するため

正解 C 概要（会話の目的）に関する設問。男性は冒頭の❶で「Westfork家具修理店です」と名乗り、女性とはその後も椅子の修理に関する会話が続いているので、女性は椅子の修理依頼のために男性に連絡をしたことが分かる。よって、chairsをitemsと言い換えている(C)が正解。

(A) 連絡したのは椅子の修理のためであり、テーブルの注文のためではない。
(B) 修理後の配達予定の段階までは話は進んでいない。
(D) 品物の入手ではなく、椅子の修理ができるかどうかを尋ねている。

57 What does the woman plan to do in two weeks?

(A) Paint her kitchen
(B) Install an appliance
(C) Host a dinner party
(D) Move to a new home

女性は2週間後に何をすることを計画していますか。

(A) 台所にペンキを塗る
(B) 電化製品を設置する
(C) 夕食会を主催する
(D) 新居に引っ越す

正解 C 必答解説

詳細（女性の計画）を問う設問。女性は2回目の発言で修理の所要期間を知りたいと告げた後、それを知りたい理由として、❷で「2週間後に客を招いて夕食会がある」と続けている。これが女性の2週間後の計画なので、それを「夕食会を主催する」と表現した(C)が正解。

(A)(B)(D) いずれも述べられていない。

---

58 What will the man do tomorrow?

(A) Estimate the time for a task
(B) Obtain some new supplies
(C) Empty a storage area
(D) Consult with a colleague

男性は明日何をしますか。

(A) 作業時間を見積もる
(B) 新しい補給品を入手する
(C) 保管場所を空にする
(D) 同僚に相談する

正解 A 男性の次の行動を問う設問。男性は2回目の発言で女性に対し、修理する椅子を明日持ち込むように言っている。そして最後の発言では、修理にかかる時間を知りたい女性に対して❸で、「明日椅子を見れば、必要な作業量とかかる時間を見定めることができる」と伝えている。これが男性が明日することなので、このことを「作業時間を見積もる」と表現した(A)が正解。

(B)(C)(D) いずれも述べられていない。

183

Questions 59 through 61 refer to the following conversation.

問題 59-61 は次の会話に関するものです。

W ❶I just heard that Mr. Ajibade was named vice president of the research division.

Ajibade さんが研究部の部長に指名されたことをたった今聞きました。

M ❷It was just announced. We need to give him a full report on our current projects by next week.

つい先ほど発表されました。来週までに、私たちの現行プロジェクトについての詳細な報告書を彼に渡さなければなりません。

W I can help you get started now if you'd like.

よろしければ今、着手するのを手伝えますよ。

M My weekly budget meeting starts in ten minutes.

私が参加する週次の予算会議があと 10 分で始まるんです。

W Oh, that's right. I can start it myself, and then you can jump in when you're ready.

ああ、そうでしたね。私が独りで始められるので、その後準備ができたら、加わってもらえばいいですよ。

M Thank you so much. ❸You should probably check in with the project leads to get their latest updates.

どうもありがとうございます。プロジェクトの担当者たちに連絡して、彼らの最新情報をもらうといいと思います。

【語注】

name ～ …　～を…に指名する、～を…に選ぶ／vice president　副社長、部門長／research division　研究部（門）、調査部（門）／full　詳細な／current　現行の、今の／get started　開始する／budget　予算／*oneself*　独力で／jump in　加わる／check in with ～　～に連絡をする／lead　職務の担当者／update　最新情報

59 grant　助成金／launch　新発売、発売開始／leadership　＜集合的に＞指導者、幹部

61 schedule　～の予定を立てる、～（日時・会合など）を予定する／consult with ～　～に相談する、～に助言を求める／colleague　同僚、仲間

59 What did the speakers recently learn about?

(A) A research grant
(B) A product launch
(C) A revised project schedule
(D) A change in leadership

話し手たちは最近何を知りましたか。

(A) 研究の助成金
(B) 製品の新発売
(C) 変更されたプロジェクトの日程
(D) 指導者層の変更

正解 D 詳細(話し手たちが最近知ったこと)を問う設問。女性は❶で「Ajibade さんが研究部の部長に指名されたことをたった今聞いた」と言っている。それに対し男性は❷で「それはつい先ほど発表された」と応答しているので、話し手たちはどちらも、この知らせを最近知ったことが分かる。よって、その情報を「指導者層の変更」と表現した(D)が正解。

(A) 研究部の人事に関する会話だが、助成金については述べられていない。
(B) 話題に上っていない。
(C) 現行プロジェクトの報告書は話題に出ているが、日程の変更には言及されていない。

---

60 What does the man mean when he says, "<u>My weekly budget meeting starts in ten minutes</u>"?

(A) He will be late for a meeting.
(B) He cannot work on a report now.
(C) He will meet a new employee.
(D) He will get information for the woman.

男性は "<u>My weekly budget meeting starts in ten minutes</u>" という発言で何を意図していますか。

(A) 彼は会議に遅れるだろう。
(B) 彼は今は報告書を作成できない。
(C) 彼は新入社員と会う予定だ。
(D) 彼は女性のために情報を入手するつもりだ。

正解 B 男性の発言の意図を問う設問。男性は最初の発言で、新任の部長に「現行プロジェクトについての詳細な報告書を渡さなければならない」と述べると、女性は「今、着手するのを手伝える」と伝えている。下線部はそれを受けた男性の発言。女性はそれを了解し、「私が独りで作業を始められる」と伝えているので、男性は今は報告書を作成できないことが分かる。正解は(B)。

(A) 男性は週次の予算会議にこれから出席するが、それに遅れるとは言っていない。
(C) 話題になっているのは新任の部長で、新入社員ではない。
(D) 男性は最後の発言で、プロジェクトの担当者たちに連絡して最新情報をもらうよう女性に勧めているので不適切。

---

61 What does the man suggest that the woman do?

(A) Send a package
(B) Schedule a meeting
(C) Consult with some colleagues
(D) Take notes at a meeting

男性は女性が何をするように提案していますか。

(A) 小包を送る
(B) 会議の日程を立てる
(C) 同僚に相談する
(D) 会議でメモを取る

正解 C 提案(男性の提案内容)に関する設問。男性は最後の発言で、女性が先に報告書の作成を始めることに謝意を述べ、❸で、作業をするに当たって「プロジェクトの担当者たちに連絡して、彼らの最新情報をもらうといい」と提案している。これを「同僚に相談する」と表現した(C)が正解。

(A) 述べられていない。
(B)(D) 会議の話題は出ているが、その日程立てやメモ取りについては述べられていない。

185

Questions 62 through 64 refer to the following conversation and book-cover layout.

問題 62-64 は次の会話と本の表紙のレイアウトに関するものです。

M　Hi, Elena. ❶Sorry for missing our video call earlier. I was talking to my agent.

こんにちは、Elena。さっきビデオ電話に気付かなくてごめんなさい。代理人と話をしていました。

W　No worries, Shoma! Let's discuss the cover art for your children's book *Emi's Kite Day*. ❷A friend of mine took some beautiful photographs of kites flying over the beaches in Okinawa. I think one of them would complement your book perfectly. But first, what have you decided on for the layout of the cover?

気にしないで、Shoma！あなたの児童書『エミの凧の日』のカバーアートについて話し合いましょう。私の友人が沖縄の浜辺の上を飛んでいる凧のすてきな写真を撮りました。そのうちの 1 枚があなたの著書を完璧に引き立てるように思います。でもまず、表紙のレイアウトをどれに決めましたか。

M　Oh, yes. I saw your e-mail about the four options. I will have to see the photo, of course. But ideally, ❸I would like the art to be in the center of the cover. The book title and my name can go at the bottom.

あ、はい。4 つの選択肢についてのあなたの E メールを見ました。もちろん、その写真を見なければなりません。ですが、理想を言うと、写真は表紙の中央に入れたいです。書名と私の名前は下に配置するとよいでしょう。

1	2
Shoma Funai [Cover Art] *Emi's Kite Day*	*Emi's Kite Day* Shoma Funai [Cover Art]
3	**4**
Shoma Funai *Emi's Kite Day* [Cover Art]	[Cover Art] *Emi's Kite Day* Shoma Funai

1	2
Shoma Funai [表紙写真] *Emi's Kite Day*	*Emi's Kite Day* Shoma Funai [表紙写真]
3	**4**
Shoma Funai *Emi's Kite Day* [表紙写真]	[表紙写真] *Emi's Kite Day* Shoma Funai

【語注】

miss　～に気が付かない、～を見落とす／video call　ビデオ電話、ビデオ通話／earlier　先ほど／agent　代理人、代行業者／cover art　カバーアート★表紙に使う写真やイラストのこと。cover は「(本の) 表紙」、art は「(新聞・雑誌などの) 挿絵、図版」／kite　凧／complement　～を補完する、～を引き立てる／decide on ～　～に決める／option　選択肢／ideally　理想的には／go　置かれる、入れられる／bottom　一番下

63 draft　草稿

62 Why does the man apologize?

(A) He cannot attend an event.
(B) He arrived late for a meeting.
(C) He missed a call.
(D) He does not agree with the woman.

男性はなぜ謝っていますか。

(A) イベントに参加できない。
(B) 会議に遅れて到着した。
(C) 電話に気付かなかった。
(D) 女性に同意していない。

正解 C 必答解説

詳細（男性の謝罪の理由）を問う設問。男性は冒頭の❶で「ビデオ電話に気付かなくてごめんなさい」と謝罪をしているので、(C) が正解。この冒頭部分を聞き逃すと正解を選ぶのは難しい。集中して聞き取ろう。

(A)(B)(D) いずれも述べられていない。

---

63 What did the woman's friend do?

(A) She took some photographs.
(B) She bought some kites.
(C) She suggested a title.
(D) She read a draft.

女性の友人は何をしましたか。

(A) 写真を撮った。
(B) 凧を買った。
(C) 書名を提案した。
(D) 草稿を読んだ。

正解 A

詳細（女性の友人がしたこと）を問う設問。女性は❷で「友人が沖縄の浜辺の上を飛んでいる凧のすてきな写真を撮った」と述べているので、(A) が正解。

(B) 凧の写真を撮ったのであり、買ったとは述べられていない。
(C) title については男性の 2 回目の発言に出てくるが、友人が書名を提案したとは述べられていない。
(D) 述べられていない。

---

64 Look at the graphic. Which layout does the man prefer?

(A) 1
(B) 2
(C) 3
(D) 4

図を見てください。男性はどのレイアウトがよいと思っていますか。

(A) 1
(B) 2
(C) 3
(D) 4

正解 D 必答解説

図表に関する情報（男性がよいと思うレイアウト）を問う設問。女性に「表紙のレイアウトをどれに決めたか」と尋ねられた男性は❸で、「写真は表紙の中央に入れたい」「書名と私の名前は下に配置するとよい」と答えている。図表を見ると、写真が中央で署名と作者名が表紙の下部にあるのは 4 のレイアウトなので (D) が正解。男性の 2 回目の発言にある art、center、book title、my name、bottom などのキーワードをしっかり聞き取って位置関係を正確に把握しよう。

(A)(B) 写真の位置は合っているが、書名と男性の名前の位置が発言内容と一致しない。
(C) 写真の位置、書名と名前の位置ともに、発言内容と一致しない。

187

Questions 65 through 67 refer to the following conversation and information display monitor.

問題 65-67 は次の会話と情報表示モニターに関するものです。

W Finally, the baggage claim area! What a long walk! Thank goodness there's only one carousel.

ようやく手荷物受取所です！ なんて長い道のりでしょう！ コンベヤーが1台だけとはありがたいです。

M Yes, ❶I see our flight listed: AT88. Hopefully our luggage will arrive soon. ❷We need to hurry to get to the engineering conference.

そうですね。私たちの便 AT88 が表示されています。うまくいけば荷物は間もなく届くでしょう。急いで工学協議会に行く必要があります。

W I know! It starts in two hours. Who is the guest speaker?

全くです！ 協議会は2時間後に始まりますからね。ゲスト講演者は誰ですか。

M Min-Soo Yun from Tranol Engineering. He's going to talk about the relative strengths of materials in bridge design. ❸I'd like to drop our luggage at the hotel before going to the conference.

Tranol エンジニアリング社の Min-Soo Yun です。彼は橋の設計における資材の相対的強度について講演をすることになっています。協議会に行く前にホテルに荷物を置きに行きたいです。

W ❹Here comes some luggage now. We should have time. Our hotel isn't far from the conference center.

今幾つか荷物が出てきました。時間はあるはずです。ホテルは会議場からそれほど遠くありませんから。

Baggage Claim

Flight	Origin
FR72	LONDON
AT88	VIENNA
PP22	FRANKFURT
VZ15	ROME

手荷物受取所

便	出発地
FR72	ロンドン
AT88	ウィーン
PP22	フランクフルト
VZ15	ローマ

【語注】

finally　ようやく／baggage claim　手荷物受取所／Thank goodness ～.　～でよかった。／carousel　回転式コンベヤー／see ～ *done*　～が…されているのが見える／hopefully　うまくいけば／luggage　手荷物、旅行かばん／hurry to *do*　急いで～する／engineering　工学、工学技術／talk about ～　～について講演をする／relative　相対的な／strength　強度／material　素材、資材／drop　（途中で）～（荷物・客など）を降ろす、～を届ける／should *do*　～するはずだ

図表 origin　出発地

66 industry　業界／agriculture　農業／hospitality　接客

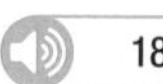

65 Look at the graphic. Which city have the speakers arrived from?

(A) London
(B) Vienna
(C) Frankfurt
(D) Rome

図を見てください。話し手たちはどの都市から到着しましたか。

(A) ロンドン
(B) ウィーン
(C) フランクフルト
(D) ローマ

正解 B 必答解説

図表に関する情報（話し手たちの出発地）を問う設問。女性の最初の発言から、2人は手荷物受取所にいることが分かる。続いて男性は受取所にある情報表示モニターを見て、❶I see our flight listed: AT88.「私たちの便AT88が表示されている」と述べている。図表を見るとAT88便の出発地はウィーンなので、正解は(B)。便名が出てくるのはこの1カ所だけなので、聞き逃さないようにしよう。

---

66 What industry do the speakers most likely work in?

(A) Engineering
(B) Health
(C) Agriculture
(D) Hospitality

話し手たちはどんな業界で働いていると考えられますか。

(A) 工学
(B) 健康
(C) 農業
(D) 接客

正解 A

概要（話し手たちの業界）に関する設問。男性は1回目の発言の❷でWe need to hurry to get to the engineering conference.「私たちは急いで工学協議会に行く必要がある」と述べている。男性は2回目の発言では、ゲスト講演者がTranolエンジニアリング社の人物で、橋の設計における資材の相対的強度について講演をするとも言っているので、(A)が正解。

(B)(C) いずれも話題に上っていない。

(D) 接客業であるホテルの話題は出ているが、2人が働いている業界ではない。

---

67 Where most likely will the speakers go next?

(A) To dinner
(B) To a hotel
(C) To a client meeting
(D) To a colleague's office

話し手たちは次にどこへ行くと考えられますか。

(A) 夕食
(B) ホテル
(C) クライアントとの会議
(D) 同僚の事務所

正解 B

話し手たちの次の行動を問う設問。男性は❸で「協議会に行く前にホテルに荷物を置きに行きたい」と述べている。これに対して女性は❹で荷物が出始めたことを確認し、「時間はあるはずだ。ホテルは会議場からそれほど遠くない」と言っているので、2人はこの後、荷物を置きにホテルに行くと考えられる。よって(B)が正解。

(A)(C)(D) いずれも述べられていない。

189

Questions 68 through 70 refer to the following conversation and résumé.

問題 68-70 は次の会話と履歴書に関するものです。

M Good morning, Ms. Rossi. ❶Are you enjoying your internship with Stevens Investment Group so far?

おはようございます、Rossi さん。ここまで Stevens 投資グループ社でのインターンシップを楽しんでいますか。

W I am. I've learned a lot about international investments by working with Mr. Okada.

はい。Okada さんと一緒に仕事をすることで国際投資についてたくさんのことを学びました。

M Yes, he gave me your résumé. He thinks you might be a good candidate for a permanent position.

そうそう、彼があなたの履歴書を私に渡してくれたんです。彼は、あなたが常勤職の有力候補者かもしれないと考えています。

W Oh! As you can see, I'm just finishing a degree in finance from Baxter University.

わあ！ご覧の通り、私は Baxter 大学で財政学課程を間もなく修了します。

M Yes, but ❷it's actually your German degree that drew my interest. We have several clients in Germany and need skilled German speakers.

ええ、しかし、私の興味を引いたのは、実はあなたのドイツ語の学位です。当グループにはドイツのクライアントも何社かあって、ドイツ語の上手な話し手が必要です。

W How exciting! I wasn't sure I'd ever get to use those skills.

何とうれしいことでしょう！その技能を使うことになるなんて思っていませんでした。

M If you're interested, ❸I'd like to set up a formal job interview for you.

もしご興味があれば、あなたのために正式な就職面接を設定したいと思います。

Silvia Rossi
Résumé

Education
B.A., German language
Lambert University
M.A., Finance
Baxter University (in progress)

Interests
Financial analysis
Risk assessment

Silvia Rossi
履歴書

学歴
文学士号、ドイツ語
Lambert 大学
文学修士号、財政学
Baxter 大学（在学中）

関心事
財政分析
リスク評価

【語注】

internship　インターンシップ、実務研修／investment　投資／so far　これまでのところ／résumé　履歴書／candidate　候補者／permanent position　常勤職／finish a degree in ～　～の教育課程を終える ★degree は「学位」／draw *one's* interest　～の興味を引く／skilled　熟練した／*be* sure that ～　～だと確信している、～だと自信がある／ever　そもそも、一体／get to *do*　～することになる／set up ～　～を設定する／job interview　就職面接

図表 B.A.　文学士号 ★= Bachelor of Arts／M.A.　文学修士号 ★= Master of Arts／risk assessment　リスク評価

68 intern　インターン、実務訓練生／insurance　保険／representative　営業担当者／investor　投資家

70 recommendation　<可算名詞で>推薦状

68 Who is the woman?

(A) An insurance representative
(B) An intern
(C) A university professor
(D) An investor

女性は誰ですか。

(A) 保険の営業担当者
(B) インターン
(C) 大学教授
(D) 投資家

正解 B 概要（女性の職業）に関する設問。男性が❶で女性に対し、「ここまで Stevens 投資グループ社でのインターンシップを楽しんでいるか」と声を掛けると、女性はそれを肯定している。その後も男性の「彼（=Okada さん）はあなたが常勤職の有力候補者かもしれないと考えている」や、女性の「私は Baxter 大学で財政学課程を間もなく修了する」という発言などからも、女性は (B) のインターンであることが分かる。

(A) 話題に上っていない。
(C) 女性は Baxter という大学に在学している学生である。
(D) 投資家は女性がインターンシップ中の会社の業界に関わる人たちで、女性自身が投資家だとは述べられていない。

69 Look at the graphic. Which part of the woman's résumé drew the man's interest?

(A) Her B.A. degree
(B) Her M.A. degree
(C) Her interest in financial analysis
(D) Her interest in risk assessment

図を見てください。男性の興味を引いたのは女性の履歴書のどの部分ですか。

(A) 文学士号
(B) 文学修士号
(C) 財政分析に対する関心
(D) リスク評価に対する関心

正解 A 必答解説

図表に関する情報（男性が興味を持った女性の経歴）を問う設問。女性が２回目の発言で自分の学歴をアピールするために「私は Baxter 大学で財政学課程を間もなく修了する」と言うと、男性は❷で「私の興味を引いたのは、実はあなたのドイツ語の学位だ」と応答している。図の履歴書を見ると Education「学歴」の項に B.A., German language「文学士号、ドイツ語」とあるので、正解は (A)。

(B) 修士号は女性が修めた財政学に関する学位。
(C)(D) どちらも履歴書の「関心事」の項に書かれているが、男性が興味を持った部分ではない。

70 What does the man offer to do?

(A) Introduce a colleague
(B) Correct an error
(C) Arrange an interview
(D) Provide a recommendation

男性は何を申し出ていますか。

(A) 同僚を紹介する
(B) 間違いを正す
(C) 面接の手配をする
(D) 推薦状を提供する

正解 C 必答解説

申し出（男性が女性に申し出ていること）に関する設問。男性は最後の発言で「もし興味があれば」と断った上で、❸「あなたのために正式な就職面接を設定したい」と続けている。よって正解は、それを Arrange an interview と言い換えた (C)。

(A)(B)(D) いずれも述べられていない。

192

Questions 71 through 73 refer to the following broadcast.

M

❶In the studio with me today is Paul Gonzales from Apple Hill Farm. Paul's organic farm is renowned for having one of the largest vegetable yields in the region. He follows certain techniques to avoid using artificial chemical fertilizers and pesticides. So ❷today Paul will share with you some secrets about his success that you can use in your home garden. ❸And, as usual, don't forget to call in with your questions at the top of the hour. We're looking forward to talking to you!

問題 71-73 は次の放送に関するものです。

今日スタジオには、Apple Hill 農園の Paul Gonzales をお迎えしています。Paul の有機栽培農園はこの地域最多の野菜収穫量を有することで有名です。彼は合成化学肥料や農薬の使用を避けるために、ある技法に従っています。そこで今日、Paul は皆さんが家庭菜園で使える彼の成功のコツを話してくれます。そしていつものように、正時に質問のお電話をお寄せになるのをお忘れなく。皆さんとお話しするのを楽しみにしています！

【語注】

organic　有機栽培の／renowned for ～　～で有名な／yield　収穫量／follow　～に従う、～を守る／technique　技法、手法／artificial　合成の、人工の／chemical fertilizer　化学肥料／pesticide　農薬／share with ～　～に話す／home garden　家庭菜園／call in　電話を入れる／the top of the hour　正時 ★「1 時ちょうど」「2 時ちょうど」などの時刻のこと。時計の長針が一番上に来ることから／look forward to *doing*　～するのを楽しみに待つ

71 farmer　農民、農業従事者／ranger　監視員

72 alternative energy　代替エネルギー／eating habit　食習慣

73 remind ～ to *do*　～に…することを思い出させる

193

71 Who is Paul Gonzales?

(A) A farmer
(B) A forest ranger
(C) A professor of agriculture
(D) A supermarket manager

Paul Gonzales とは誰ですか。

(A) 農業従事者
(B) 森林監視員
(C) 農学教授
(D) スーパーマーケットの店長

正解 A 概要（ゲストの職業）を問う設問。番組の司会者と思われる話し手の男性は、今日のゲストについて❶で、「Apple Hill 農園の Paul Gonzales」と紹介し、「Paul の有機栽培農園はこの地域最多の野菜収穫量を有することで有名だ」と続けている。よって (A) が正解。
(B) 述べられていない。
(C) 合成化学肥料や農薬が話題に上っているが、農学の教授とは述べられていない。
(D) スーパーマーケットは野菜から連想されるが、話題に出ていない。

---

72 What will the interview be about?

(A) Alternative energy
(B) Gardening techniques
(C) Healthy eating habits
(D) Sales strategies

インタビューは何についてですか。

(A) 代替エネルギー
(B) ガーデニングの技法
(C) 健康的な食習慣
(D) 販売戦略

正解 B 必答解説
詳細（インタビューのテーマ）に関する設問。話し手は3文目で、Paul Gonzales は合成化学肥料や農薬の使用を避けるために、ある技法に従っていると紹介し、続く❷で「今日、Paul は皆さんが家庭菜園で使える彼の成功のコツを話してくれる」と述べている。これが、今日司会者がインタビューする予定の内容なので、それを「ガーデニングの技法」と表現した (B) が正解。
(A)(C)(D) いずれも述べられていない。

---

73 What does the speaker remind the listeners to do?

(A) Try a recipe
(B) Download an article
(C) Visit a farm
(D) Call the studio

話し手は聞き手に何をするよう念押ししていますか。

(A) レシピを試す
(B) 記事をダウンロードする
(C) 農園を訪れる
(D) スタジオに電話をする

正解 D 必答解説
聞き手がすること（聞き手が忘れずに行うこと）を問う設問。男性は❸で「そしていつものように、正時に質問の電話を入れるのをお忘れなく」と言っている。call in は「(番組に) 電話を入れる」という意味があるので、Call the studio「スタジオに電話をする」と言い換えた (D) が正解。
(A) 野菜、家庭菜園などが話題に上っているが、それを使ったレシピの話は出ていない。
(B) 述べられていない。
(C) Paul Gonzales は農園の所有者だが、農園を訪問する話は出ていない。

194

Questions 74 through 76 refer to the following announcement.

問題 74-76 は次のお知らせに関するものです。

M

Attention, passengers. We hope that you are enjoying your time on the Elk River Boat Cruise, ❶voted the number one tourist attraction in the region in last month's issue of *Modern Travel Magazine*. ❷Due to unexpected circumstances, the outdoor dinner service will be moved inside to our main cabin. But with our large windows, you will still have a wonderful view! ❸As an apology for this inconvenience, please accept a free cruise T-shirt. We hope to see you again soon!

乗客の皆さま。先月号の『Modern Travel マガジン』でこの地域一番の観光名所に選ばれた「Elk 川客船クルーズ」でのひと時をお楽しみのことと思います。予期せぬ事情によりまして、屋外でのディナーサービスは主船室の中に移されます。ですが、大きい窓があるので、素晴らしい眺めはそのままです！ご不便をお掛けするおわびとして、無料のクルーズＴシャツをお受け取りください。また後ほどお会いしましょう！

【語注】

cruise　(周遊の) 船旅、クルーズ／vote ～ …　(投票で) ～を…に選ぶ／tourist attraction　観光名所／issue　(雑誌などの) 号、発行／due to ～　～が原因で、～のせいで／unexpected　予期しない、思い掛けない／circumstances　＜複数形で＞事情／with　～がある (ので)／view　眺め、見晴らし／apology　謝罪、おわび／inconvenience　不便、不都合／free　無料の

74 feature　～を取り上げる、～を特集する／special　特集／film　映画

75 merchandise　商品／available　入手できる、求めに応じられる／destination　目的地／*be* scheduled　予定されている

76 rate　料金／complimentary　無料の／repeat customer　常連客／voucher　引換券、割引券

74 Where was the cruise recently featured?

(A) In an advertising campaign
(B) In a television special
(C) In a documentary film
(D) In a magazine

この船旅は最近どこで取り上げられましたか。

(A) 広告キャンペーン
(B) テレビの特集
(C) ドキュメンタリー映画
(D) 雑誌

正解 D 詳細（取り上げられた媒体）を問う設問。「Elk川客船クルーズ」の乗客に対して案内をしている男性は、そのクルーズについて❶で、「先月号の『Modern Travelマガジン』でこの地域で一番の観光名所に選ばれた」と説明しているので、(D)が正解。
(A)(B)(C) いずれも述べられていない。

75 What change does the speaker announce?

(A) The location of a dinner has been moved.
(B) Some merchandise is no longer available.
(C) A cruise destination has been added.
(D) A new performer has been scheduled.

話し手はどんな変更を知らせていますか。

(A) ディナーの場所が移された。
(B) ある商品がもう入手できない。
(C) 船旅の目的地が追加された。
(D) 新しい出演者が予定されている。

正解 A 必答解説
詳細（変更された内容）を問う設問。男性は❷で、Due to unexpected circumstances「予期せぬ事情によって」と言っているので、この後に何らかの予定変更のお知らせが続くと予測できる。男性は「屋外でのディナーサービスは主船室の中に移される」と続けているので、これを「ディナーの場所が移された」と表現した(A)が正解。変更された事柄は1つしか述べられていないので、この情報をしっかり聞き取ってクリアしたい問題だ。
(B)(D) いずれも話題に上っていない。
(C) クルーズの話だが目的地の話題は出ていない。

---

76 What does the speaker offer the listeners?

(A) A discounted group rate
(B) A complimentary souvenir
(C) A coupon for repeat customers
(D) A restaurant voucher

話し手は聞き手に何を提供しますか。

(A) 割引団体料金
(B) 無料のお土産
(C) お得意さま用クーポン
(D) レストランの割引券

正解 B 話し手の次の行動を問う設問。男性は窓が大きい主船室の眺めのよさをアピールした後、❸で「ご不便（ディナーの場所の移動）をお掛けするおわびとして、無料のクルーズTシャツを受け取ってください」と言っている。トーク内で言っているfreeの同義語complimentaryを使い、このおわびの品を「無料のお土産」と表現した(B)が正解。
(A)(C) 団体旅行やクーポンの話題は出ていない。
(D) レストランのサービスに関して変更があったが、割引券は話題に上っていない。

196

Questions 77 through 79 refer to the following speech.

問題 77-79 は次のスピーチに関するものです。

W

❶Thanks, everyone, for taking this cooking class. Today I'll teach you how to prepare a satisfying meal in under 30 minutes. As you know, ❷here at Battisto Cooking School our mission is to simplify the cooking process. You don't need any previous experience or special abilities to cook—just your curiosity and imagination. ❸As we work together, feel free to take as many photos as you wish. I find that images are easier to follow than written recipes.

皆さん、この料理教室をご受講いただき、ありがとうございます。今日は満足感のある食事を 30 分もかからずに調理する方法をお教えしましょう。ご承知の通り、Battisto 料理学校における私たちの目標は料理のプロセスを簡略化することです。以前の経験や特別な料理の腕は要りません――好奇心と想像力だけでいいのです。一緒に作業をする間に、遠慮なくお好きなだけ写真をお撮りください。画像は文字で書かれたレシピより理解しやすいことが分かっていますので。

【語注】

take a class　受講する／satisfying　満足のいく／under　～に満たない、～未満／mission　目標、目的、使命／simplify　～を簡略化する／previous　以前の、これまでの／curiosity　好奇心／feel free to *do*　遠慮なく～する／find that ～　（経験によって）～と分かる／image　画像、写真／follow　～についていく、～を理解する／written　文字で書かれた

78 homegrown　自家栽培の、地元産の

79 encourage ～ to *do*　～に…することを勧める

77 Where is the talk most likely taking place?

(A) In a local market
(B) In a restaurant
(C) In a cooking school
(D) In a food factory

話はどこで行われていると考えられますか。

(A) 地域の食料品店
(B) レストラン
(C) 料理学校
(D) 食品工場

正 解 C 概要(トークが行われている場所)に関する設問。女性は❶で、「この料理教室を受講いただき、ありがとうございます」とあいさつをし、続けて、「満足感のある食事を30分もかからずに調理する方法を教える」と今日の授業内容を伝えている。よって(C)が正解。

(A)(B)(D) いずれも食べ物に関係のある場所だが、触れられていない。

78 What is the goal of the business?

(A) To use only homegrown food
(B) To speed up customer service
(C) To make a process easier
(D) To improve the quality of products

この企業の目標は何ですか。

(A) 地元産の食材だけを使う
(B) カスタマーサービスを迅速化する
(C) プロセスをより簡単にする
(D) 製品の質を改善する

正 解 C 必答解説

詳細(企業の目標)を問う設問。女性は今日の授業内容を伝えた後、❷で mission「目標」という語を使い、「私たちの目標は料理のプロセスを簡略化することだ」と述べている。simplify the cooking process を make a process easier「プロセスをより簡単にする」と表現した(C)が正解。設問では school を business と言い換えている。

(A)(D) 述べられていない。

(B) 簡略化は迅速化につながるが、その対象は料理でありカスタマーサービスではない。

79 What does the speaker encourage the listeners to do?

(A) Wear a uniform
(B) Purchase a cookbook
(C) Ask questions
(D) Take many pictures

話し手は聞き手に何をするよう勧めていますか。

(A) 制服を着用する
(B) 料理本を買う
(C) 質問をする
(D) 多くの写真を撮影する

正 解 D 必答解説

聞き手がすること(聞き手が勧められていること)を問う設問。特に終盤にかけて話者が何か具体的に促している箇所がないか注意して聞く。今日の授業の内容や料理の方針を説明した話し手は、❸で feel free to *do*「遠慮なく〜する」という表現を命令文の形で使い、「一緒に作業する間に、遠慮なく好きなだけ写真を撮ってください」と言い、それを勧める理由を「画像は文字で書かれたレシピより理解しやすい」と補足している。(D)が正解。

(A)(B)(C) いずれも料理学校で勧められそうな事柄だが、述べられていない。

198

Questions 80 through 82 refer to the following excerpt from a meeting.

問題 80-82 は次の会議の抜粋に関するものです。

M

Good morning, all. The first topic on today's agenda is this year's jazz festival at Riverfront Park. ❶We've made an important change in plans. ❷To avoid the heat, we've decided to move the festival from July to late September. I wish this were my idea. ❸Sandrine made the suggestion after analyzing feedback from last year's attendees. ❹The hot weather was the biggest complaint from both the music fans and the event staff. Lastly, we've confirmed our list of performers, so ❺we will start publicizing the festival next week.

皆さん、おはようございます。今日の協議事項の最初の議題は今年の Riverfront 公園でのジャズフェスティバルです。私たちは重要な計画変更をしました。暑さを避けるため、フェスティバルを7月から9月の終わりごろに移すことを決定しました。これが私のアイデアならよかったのですが。Sandrine が昨年の参加者の意見を分析した後、この提案をしました。暑い天候は音楽ファンとイベントスタッフの両方からの最大の不満でした。最後に、私たちは演奏者のリストを確認しましたので、来週フェスティバルの宣伝を始めます。

【語注】

topic　話題、主題／agenda　協議事項、議事、<集合的に>議題／heat　暑さ／late　～の終わり頃／analyze　～を分析する／feedback　意見、反応、感想／attendee　参加者／complaint　不満、苦情／lastly　最後に、結論として／confirm　～を確認する／publicize　～を宣伝する

80 organizer　主催者、運営者

81 praise　～を褒める／past　過去の／remind ~ of …　～に…を気付かせる、～に…を思い出させる

80 What does the speaker say will change?

(A) An event's performers
(B) An event's location
(C) An event's date
(D) An event's organizer

話し手は何を変更すると言っていますか。

(A) イベントの演奏者
(B) イベントの場所
(C) イベントの日付
(D) イベントの主催者

正解 C 必答解説

詳細（変更内容）を問う設問。冒頭で、最初の議題は今年のジャズフェスティバルだと述べた話し手は、❶で We've made an important change in plans.「私たちは重要な計画変更をした」と伝えている。続いて、❷で変更内容について「暑さを避けるため、フェスティバルを7月から9月の終わりごろに移すことを決定した」と話しているので、(C)が正解。

(A) 話し手は最後に演奏者に触れているが、その変更については話題に上っていない。
(B) 開催場所を変更する話はしていない。
(D) 話題に上っていない。

---

81 Why does the speaker say, "I wish this were my idea"?

(A) To praise a coworker
(B) To ask the listeners for help
(C) To remind the listeners of a past event
(D) To recommend a different band

話し手はなぜ "I wish this were my idea" と言っていますか。

(A) 同僚を褒めるため
(B) 聞き手に助けを求めるため
(C) 聞き手に過去のイベントを思い出させるため
(D) 別のバンドを推薦するため

正解 A

発言の意図を問う設問。下線部は仮定法過去の文。「これ（フェスティバルの時期の変更）が私のアイデアならよかったのだが」という意味なので、この変更案は話し手自身のアイデアではないことが分かる。話し手は続く❸で、Sandrine がこれを提案したと述べ、❹で「暑い天候は音楽ファンとイベントスタッフの両方からの最大の不満だった」と言って、この変更が良い提案であったことを示唆している。さらに❸で「Sandrine が昨年の参加者の意見を分析した後、この提案をした」と説明しているので、彼女は話し手の同僚だと分かる。(A)が正解。

(B)(C)(D) いずれも不適切。

---

82 According to the speaker, what will begin next week?

(A) Staff training
(B) Ticket sales
(C) A search for musicians
(D) An advertising campaign

話し手によると、来週何が始まりますか。

(A) スタッフ研修
(B) チケット販売
(C) ミュージシャン探し
(D) 広告キャンペーン

正解 D

次に起こることを問う設問。話し手は最後の文で「演奏者のリストを確認した」と言い、続く❺で「来週フェスティバルの宣伝を始める」と話している。「宣伝」を「広告キャンペーン」と言い換えた(D)が正解。

(A)(B)(C) いずれも述べられていない。

200

Questions 83 through 85 refer to the following excerpt from a meeting.

W

Before ending this all-staff meeting, ❶I'd like to congratulate our research and development department on the success of their recent research. In fact, the results of their work on artificial intelligence and language processing were published in the latest edition of *TWQ* magazine, ❷one of the most prestigious technology journals out there. ❸I invite you all to read the article. Please visit the *TWQ* magazine Web page and log in with your company e-mail address. That way you won't be asked to pay.

問題 83-85 は次の会議の抜粋に関するものです。

今回の全社員会議を終える前に、最近の研究の成功について、当社の研究開発部を祝福したいと思います。実際、AI と言語処理に関する彼らの研究成果は、世間で最も権威ある科学技術専門誌の一つである『TWQ』誌の最新号に発表されました。皆さん全員にその記事を読むことをお勧めします。『TWQ』誌のウェブサイトに行って、ご自分の社用 E メールアドレスでログインしてください。そうすれば支払いを求められることはありません。

【語注】

congratulate ~ on …　~を…のことで祝福する／research and development department　研究開発部／artificial intelligence　AI、人工知能／language processing　言語処理／the latest edition　最新号／prestigious　権威のある／technology　科学技術、テクノロジー／journal　専門誌／out there　世の中で、巷(ちまた)で／article　記事／log in with ~　~を使ってログインする／that way　そうすれば

84 specialize in ~　~を専門に扱う、~に特化する／current news　時事ニュース

85 subscribe to ~　~を定期購読する／review　レビュー、批評、論評

201

83 Who is the speaker congratulating?

(A) A group of clients
(B) A company team
(C) A retiring employee
(D) A magazine publisher

話し手は誰を祝福していますか。

(A) 顧客のグループ
(B) 会社のチーム
(C) 退職する社員
(D) 雑誌の出版社

正解 B 必答解説

詳細（祝福対象）を問う設問。話し手は全社員会議が終わる前に、❶「最近の研究の成功について、当社の研究開発部を祝福したい」と述べている。その後もその研究成果に関する話を続けているので、our research and development department「当社の研究開発部」をa company team「会社のチーム」と表現した(B)が正解。

(A)(C) 話題に上っていない。
(D) 研究成果が発表された雑誌名は出ているが、その雑誌の出版社を祝福してはいない。

---

84 What does *TWQ* magazine specialize in?

(A) Health
(B) Education
(C) Technology
(D) Current news

『TWQ』誌は何を専門としていますか。

(A) 健康
(B) 教育
(C) 科学技術
(D) 時事ニュース

正解 C 詳細（雑誌のテーマ）を問う設問。話し手は2文目で「AIと言語処理に関する彼ら（＝研究開発部）の研究成果は……『TWQ』誌の最新号に発表された」と述べ、その雑誌について❷で「世間で最も権威のある科学技術専門誌（technology journals）の一つ」と説明を加えている。よって正解は(C)。

(A)(B)(D) いずれも述べられていない。

---

85 What are listeners invited to do?

(A) E-mail a journalist
(B) Read an article
(C) Subscribe to a publication
(D) Write a review

聞き手は何を勧められていますか。

(A) ジャーナリストにEメールを送る
(B) 記事を読む
(C) 出版物を定期購読する
(D) レビューを書く

正解 B 聞き手がすること（聞き手が勧められていること）を問う設問。話し手は❷で『TWQ』誌の紹介をした後、この設問文にあるinviteを含む❸で「皆さん全員にその記事を読むことを勧める」と述べているので、(B)が正解。invite ～ to *do*「～に…することを勧める」。

(A)(C)(D) いずれも雑誌に関連する事柄だが、述べられていない。

202

Questions 86 through 88 refer to the following talk.

問題 86-88 は次の話に関するものです。

W

Good morning, and ❶thank you for attending today's workshop on building a brand identity for your small business. My name is Carmen Flores, and I'll help you develop a brand identity that will communicate your business's values effectively. By the way, ❷we're thrilled that Astrid Klein, owner and CEO of Lifestyles by Astrid, will be giving a talk here next week. ❸She has spoken here before and has always been very popular. There is a sign-up sheet at the front desk, but space at the talk is limited.

おはようございます。そして本日の、皆さまが所有される中小企業向けのブランド・アイデンティティー構築に関する研修会にご参加いただき、ありがとうございます。私の名前は Carmen Flores です。ご自分の会社の価値を効果的に伝えるブランド・アイデンティティーを皆さまが作り上げるお手伝いをいたします。ところで、「Astrid のライフスタイル社」のオーナー兼 CEO、Astrid Klein が来週ここで講演をすることになり、とてもうれしいです。彼女は以前こちらで講演をしたことがあり、いつもとても評判がよいのです。受付に参加申込書がありますが、講演会の座席には限りがございます。

【語 注】

build　～を構築する／
brand identity　ブランド・アイデンティティー ★ブランドの個性を顧客に伝わるように明確化したもの／
small business　小規模企業、中小企業／communicate　～を伝える／effectively　効果的に／
thrilled　喜んで、わくわくして／CEO　最高経営責任者 ★＝ chief executive officer／give a talk　講演を行う／
sign-up sheet　申込用紙／space　座席／limited　限られた
86 public speaking　人前で話すこと／manage　～を管理する
87 executive　取締役／personal　個人相手の、個人用の
88 interested　関心のある

86 What is the goal of the workshop?

(A) To create an exercise program
(B) To develop a brand identity
(C) To improve public speaking skills
(D) To manage finances effectively

研修会の目的は何ですか。

(A) 運動プログラムを作成すること
(B) ブランド・アイデンティティーを構築すること
(C) 人前で話すスキルを伸ばすこと
(D) 財政を効果的に管理すること

正解 B 概要（研修会の目的）に関する設問。話し手は冒頭のあいさつの❶で「中小企業向けのブランド・アイデンティティー構築に関する研修会にご参加いただき」と述べている。よって(B)が正解。
(A) プログラム作成の話は出ていない。
(C) 話題に上っていない。
(D) 会社の価値を上げるための研修会だが、財政管理が目的ではない。

87 According to the speaker, who is Astrid Klein?

(A) An author
(B) An advertising executive
(C) A personal trainer
(D) A business owner

話し手によると、Astrid Kleinとは誰ですか。

(A) 作家
(B) 宣伝会社の幹部
(C) パーソナルトレーナー
(D) 会社所有者

正解 D 必答解説
詳細（人物の職業）を問う設問。話し手は冒頭のあいさつに続けて自己紹介をし、❷で次週この研修会で講演するAstrid Kleinについて話している。この人物は、「『Astridのライフスタイル社』のオーナー兼CEO」と説明されている。この肩書きをA business ownerと言い換えた(D)が正解。
(A)(B)(C) いずれも言及はない。

---

88 What does the speaker mean when she says, "space at the talk is limited"?

(A) She hopes to find a larger meeting room.
(B) She thinks few people will attend the talk.
(C) Interested people should sign up soon.
(D) The presentation will be short.

話し手は"space at the talk is limited"という発言で、何を意図していますか。

(A) 彼女はもっと広い会議室を見つけたい。
(B) 彼女は講演にほとんど人が参加しないと思っている。
(C) 関心のある人はすぐに申し込んだ方がよい。
(D) プレゼンテーションは短時間だろう。

正解 C 発言の意図を問う設問。話し手は❸で、以前開催したことのあるAstrid Kleinの講演について、「いつもとても評判がよい」と評価している。続けて「受付に参加申込書がある」と言い、さらに下線部で「講演会の座席には限りがある」と添えている。講演会の宣伝に続く発言なので、(C)が適切。名詞を修飾するinterestedは「関心のある、関連のある」。
(A)(B)(D) いずれも、トーク中にある語句と関連のあるroom、attend the talk、presentationなどを含むが、話の流れに合わない。

204

Questions 89 through 91 refer to the following announcement.

M

❶Attention, all tellers. ❷We just received word that a power failure has forced the uptown branch of the bank to close. Until power is restored, this downtown branch will likely be busier than usual. We contacted customers by e-mail to inform them of the uptown closure and encourage them to bank here instead. ❸To handle the additional customers, several experienced tellers from the uptown branch will be coming over to help. We know you'll make them feel welcome. Thank you!

問題 89-91 は次のお知らせに関するものです。

窓口係の皆さんにお知らせします。停電のために当銀行の住宅地区支店を休業せざるを得なくなったという知らせを、つい先ほど受けました。電気が復旧するまで、この商業地区支店はおそらくいつもより混み合います。お客さまにはＥメールで連絡を取り、住宅地区店の休業をお知らせするとともに、代わりにこちらの銀行でお取引をされるようお勧めしました。増えるお客さまに対応するため、住宅地区支店の経験豊富な窓口係数名が手伝いに来ることになっています。皆さんは彼らを温かく迎えてくださることと思います。よろしくお願いします！

【語注】

teller　銀行窓口係／word　知らせ、情報／power failure　停電 ★power は「電力、動力」／force ～ to *do*　～に…することを余儀なくさせる／uptown　山の手、住宅地区／branch　支店／close　～の営業を中止する／restore　～を修復する、～を復旧する／downtown　商業地区、都心／likely　おそらく／inform ～ of …　～に…を知らせる／closure　休業／encourage ～ to *do*　～に…するよう勧める／bank　＜動詞で＞(銀行と) 取引する／handle　～を扱う、～に対処する／come over to *do*　～するためにやって来る／make ～ feel welcome　～を温かく迎える

90 code　番号、記号、符号／traffic jam　交通渋滞

91 occur　起きる／location　店舗

89 Who is the audience for the announcement?

(A) Delivery drivers
(B) Construction workers
(C) Bank tellers
(D) Repair shop employees

お知らせの聞き手は誰ですか。

(A) 配達ドライバー
(B) 建設作業員
(C) 銀行の窓口係
(D) 修理店の従業員

正解 C 概要（聞き手の職業）に関する設問。話し手は冒頭で「窓口係の皆さんにお知らせします」と言っている。それに続くお知らせの内容は、話し手が働く銀行の他の支店が停電で休業になっていること、そのため話し手のいる支店が混み合うことが予測されるので経験豊富な窓口係が応援に来ることなど、銀行業務に関することなので、(C) が正解。
(A)(B)(D) いずれも話題に上っていない。

---

90 According to the speaker, what has caused a problem?

(A) An incorrect code
(B) A traffic jam
(C) A computer error
(D) A power failure

話し手によると、何が問題を引き起こしましたか。

(A) 誤ったコード番号
(B) 交通渋滞
(C) コンピューターの誤動作
(D) 停電

正解 D 詳細（問題の原因）を問う設問。この設問にある problem「問題」とはトーク全体を通して話されている銀行のある支店の休業であることをまず確認する。話し手は❷である知らせを受け取ったことを伝え、その内容を a power failure has forced the uptown branch of the bank to close「停電のために当銀行の住宅地区支店を休業せざるを得なくなった」と述べている。問題を引き起こしたのは停電なので、正解は (D)。
(A)(B) いずれも述べられていない。
(C) 休業の原因になり得るが、ここでは述べられていない。

91 What change will occur?

(A) A Web site will be created.
(B) More staff will be added.
(C) A new location will be opened.
(D) Business hours will be extended.

どんな変更が発生しますか。

(A) ウェブサイトが創設される。
(B) スタッフが追加される。
(C) 新しい店舗が開設される。
(D) 営業時間が延長される。

正解 B 必答解説
次の行動（次に起こること）を問う設問。トークの終盤に特に注意して、will などを含む発言をしっかりと聞き取る。話し手は、住宅地区支店の客が自分たちのいる商業地区支店に来ることになるのでおそらく混み合うということを伝えた後、❸でこの事態の対応策として、「住宅地区支店の経験豊富な窓口係数名が手伝いに来ることになっている（will be coming）」と、スタッフに関する変更が起きることを述べている。これを「スタッフが追加される」と表現した (B) が正解。tellers が staff、will be coming over to help が will be added と言い換えられていることに瞬時に気付けるかどうかがポイント。
(A)(C)(D) いずれも述べられていない。

206

Questions 92 through 94 refer to the following telephone message.

問題 92-94 は次の電話のメッセージに関するものです。

W

Hi, Nathan. ❶This is Lisa from Trusted Innovations returning your call about my consulting service. I am pleased that you accepted my proposal. ❷I have plenty of ideas for how your company can evolve to meet market demands. For example, since you make electric bicycles, ❸I suggest developing an application that your customers can use to check their battery's life and other functions. ❹As for your question about my hourly rate: some clients hire me for a few hours a month, others full-time for a few weeks. You need to determine the scope of my involvement first.

こんにちは、Nathan。Trustedイノベーションズ社の Lisa が、コンサルティング業務に関して折り返しお電話を差し上げています。あなたが私の提案を受け入れてくださってうれしく思います。御社がどうやって市場の需要を満たすように発展していけるかということに対し、私にはたくさんのアイデアがあります。例えば、御社は電動自転車を製造されているので、御社の顧客がバッテリーの持続時間やその他の機能を確認できるアプリの開発をご提案いたします。ご質問にありました私の時間給についてですが､私を月に数時間雇うクライアントさまもいらっしゃれば、数週間常勤で雇うクライアントさまもいらっしゃいます。まずは私が関わる範囲をお決めいただく必要があります。

【語 注】

return *one's* call ～に折り返し電話する／*be* pleased that ～ ～であることをうれしく思う／evolve 発展する／meet ～を満たす／develop ～を開発する／battery's life バッテリーの持続時間／as for ～ ～に関しては／hourly 1時間ごとの／rate 料金／
full-time ＜副詞で＞常勤で ★others (hire me) full-time for a few weeks の（ ）内が省略されている／
determine ～を決定する、～（程度・範囲など）を定める／scope 範囲／involvement 関わり
92 recruit ～を新たに採用する／temporary employee 臨時社員、非常勤社員／organize ～を整理する、～を手配する
93 merge with ～ ～と合併する／competitor 競合会社
94 *be* based on ～ ～に基づいている／commitment 献身、傾倒、関わり合い／unavoidable やむを得ない

207

92 What is the speaker's job?

(A) Designing software
(B) Recruiting temporary employees
(C) Providing consulting services
(D) Organizing work spaces

話し手の仕事は何ですか。

(A) ソフトウエアの設計
(B) 臨時社員の新規採用
(C) コンサルティング業務の提供
(D) 作業スペースの整理

正解 C 必答解説

概要（話し手の職業）に関する設問。話し手は電話メッセージの冒頭の❶で my consulting service という語句を使い、「Trusted イノベーションズ社の Lisa が、コンサルティング業務に関して折り返し電話をしている」と言っている。これだけで十分正解を絞り込めるが、❸でも I suggest ... と会社が発展していくための具体的な提案をしているので、(C) が正解。

(A) 話し手は Nathan の顧客用にアプリ開発を提案しているが、話し手がソフトウエアの設計者だとは述べていない。

(B)(D) 述べられていない。

---

93 What does the speaker suggest?

(A) Creating a software application
(B) Using social media
(C) Merging with another company
(D) Researching competitors

話し手は何を提案していますか。

(A) ソフトウエア・アプリケーションの開発
(B) ソーシャルメディアの活用
(C) 別の会社との合併
(D) 競合他社の調査

正解 A

詳細（話し手の提案内容）を問う設問。話し手は❷で、Nathan の会社の今後の発展についてたくさんのアイデアがあると言っている。続く❸の I suggest ... では「御社の顧客がバッテリーの持続時間やその他の機能を確認できるアプリの開発を提案する」と述べている。(A) が正解。

(B)(C) 述べられていない。

(D) 市場の需要の話題は出ているが、競合他社の調査は提案されていない。

---

94 What does the speaker mean when she says, "You need to determine the scope of my involvement first"?

(A) She needs an answer quickly.
(B) Her rates are based on the scope of work.
(C) She wants a longer commitment.
(D) A delay was unavoidable.

話し手は "You need to determine the scope of my involvement first" という発言で、何を意図していますか。

(A) 彼女はすぐに返事が必要である。
(B) 彼女の料金は仕事の範囲に基づいている。
(C) 彼女はもっと長期の関わりを望んでいる。
(D) 遅延はやむを得なかった。

正解 B 必答解説

発言の意図を問う設問。話し手は下線部の直前の❹で、Nathan からの質問にあった自分の時間給について他社の例を引き合いに、「私を月に数時間雇うクライアントもいれば、数週間常勤で雇うクライアントもいる」と伝えている。下線部の発言はこれを受けて「まずは私が関わる範囲を決めてもらう必要がある」と言っているので、「料金は業務範囲によって決まる」ということだと解釈できる。これを「彼女の料金は仕事の範囲に基づいている」と表現した (B) が正解。

(A) この電話メッセージでは、返事については触れていない。

(C) 話し手の言う involvement「関わり」の類語の commitment を含んでいるが、より長期間の関わりを望むとは述べていない。

(D) 遅延については述べられていない。

208

Questions 95 through 97 refer to the following report and chart.

問題 95-97 は次の報告と表に関するものです。

W

Let's start our meeting by looking at the customer-satisfaction survey. ❶We asked customers about both our bookstore and our Web site. ❷Ratings go from one to five—one is the lowest, and five is the highest. ❸As you can see, there are two low scores. We can't do anything about prices until we have a chance to consult with the other stores in our franchise, but we can start working on the other issue right away. ❹If you know of anyone who'd be qualified to help, please let the management team know.

顧客満足度調査に目を向けることからこの会議を始めましょう。私たちは当社の書店とウェブサイトの両方について顧客に尋ねました。評価は 1 から 5 までで、1 が「最も悪い」、5 が「最も良い」です。ご覧のように、低い評価が 2 つあります。価格については、フランチャイズの他店と協議する機会を持つまでどうすることもできませんが、もう 1 つの問題については今すぐ着手できます。その手助けに適任と思われる人を知っていたら、経営陣に知らせてください。

Survey Results—Average Score

	1	2	3	4	5
Prices		X			
Product selection				X	
Store atmosphere		X			
Web site					X

調査結果——平均スコア

	1	2	3	4	5
価格		X			
品ぞろえ				X	
店の雰囲気		X			
ウェブサイト					X

【語注】

look at ～　～に目を向ける、～について考える／customer-satisfaction　顧客満足（度）の／survey　調査／rating　評価、成績／not ～ until …　…になって初めて～、…まで～ない／consult with ～　～と相談する／franchise　フランチャイズ、チェーン店／issue　問題（点）、問題の論点／know of ～　～のことを知っている ★個人的によく知っているか否かにかかわらず「～という人の存在を知っている」という意味／qualified　有能な、適任の／help　～を改善する／management　運営、経営、管理

図表 product selection　品ぞろえ／atmosphere　雰囲気

95 home goods　家庭用品／athletic gear　スポーツ用品

96 address　～に取り組む

97 recommendation　推薦／fill out ～　～に記入する

209

95 Where do the listeners most likely work?

(A) At a home goods store
(B) At an athletic gear store
(C) At a computer store
(D) At a bookstore

聞き手はどこで働いていると考えられますか。

(A) 家庭用品店
(B) スポーツ用品店
(C) コンピューター店
(D) 書店

正解 D 概要（聞き手の職場）に関する設問。話し手は冒頭で顧客満足度調査を見ることから会議を始めると言い、❶で「当社の書店（our bookstore）とウェブサイトの両方について顧客に尋ねた」と調査内容を報告している。正解は(D)。
(A)(B)(C) 話題に上っていない。

96 Look at the graphic. What category will the speaker address immediately?

(A) Prices
(B) Product selection
(C) Store atmosphere
(D) Web site

図を見てください。話し手はどの項目にすぐに取り組みますか。

(A) 価格
(B) 品ぞろえ
(C) 店の雰囲気
(D) ウェブサイト

正解 C 必答解説

図表に関する情報（話し手がすぐに取り組むこと）を問う設問。話し手は、❷で表について「1が『最も悪い』、5が『最も良い』」と評価の見方を説明し、❸で「低い評価が2つある」と言っている。表を見ると、それは評価2の「価格」と「店の雰囲気」だと分かる。続いて話し手は「価格」については「（すぐには）どうすることもできないが、もう1つの問題については今すぐ着手できる」と述べているので、正解は(C)。トークの流れに沿って図表と照らし合わせながら正解を絞り込もう。
(A) 評価2だが、「価格については、フランチャイズの他店と協議する機会を持つまでどうすることもできない」と述べている。
(B) 評価4。
(D) 評価5。

---

97 What does the speaker ask the listeners to do?

(A) Provide recommendations
(B) Attend training sessions
(C) Improve a Web site
(D) Fill out a survey form

話し手は聞き手に何をするよう頼んでいますか。

(A) 推薦をする
(B) 研修会に出席する
(C) ウェブサイトを改良する
(D) アンケート用紙に記入する

正解 A 次の行動（聞き手が次にすること）を問う設問。店の雰囲気の改善に着手することを伝えた話し手は、❹で「手助けに適任と思う人を知っていたら、経営陣に知らせてください」と頼んでいる。これを「推薦をする」と表現した(A)が正解。
(B) 述べられていない。
(C) 調査結果ではウェブサイトは最も良い評価である5を得ているので不適切。
(D) 話題になっているのは顧客アンケートで、聞き手である従業員がアンケートに記入するとは述べられていない。

210

Questions 98 through 100 refer to the following announcement and table.

問題98-100は次のお知らせと表に関するものです。

M

Good morning, fans! ❶Thank you for coming to our football game today! We appreciate so many of you braving the chilly spring weather to support our club. ❷Now, please look at the television screen here above the main gate, where you will find the appropriate stadium entrance gate based on your seat location and group. Please make your way to the correct gate. ❸For those of you sitting in the Charlie group, note that your gate is the most crowded. So be patient. ❹Before we begin admitting patrons, we'd like to announce that we're giving out free hats for the first 500 guests. The hats are first come, first served at the souvenir stand.

ファンの皆さま、おはようございます！ 本日のフットボールの試合にお越しいただき、ありがとうございます！ 大変多くの方々が肌寒い春の気候にも負けずにわがクラブを応援してくださり、感謝しております。さて、正門の上にあるこのテレビスクリーンをご覧ください。このスクリーンで、皆さまの座席の位置とグループに基づくスタジアムの適切な入り口ゲートが分かります。正しいゲートにお進みください。Charlieグループに着席される皆さま、皆さまのゲートが一番混み合うことにご注意ください。ですので、ご辛抱くださいね。お客さま方にご入場を始めていただく前に、先着500名さまに無料の帽子をお配りすることをお知らせしたいと思います。帽子は土産物店で先着順に差し上げます。

Seat Group	Go To
Beta	Gate 1
Delta	Gate 2
Charlie	Gate 3
Echo	Gate 4

座席グループ	行き先
Beta	ゲート1
Delta	ゲート2
Charlie	ゲート3
Echo	ゲート4

【語注】

appreciate ～ *doing* ～が…することに感謝する／so many of you とても多くの皆さん／brave ＜動詞で＞～をものともしない／chilly 肌寒い／appropriate 適切な／based on ～ ～に基づいた／make *one's* way to ～ ～へ向かって進む／those of you *doing* ～する皆さん／note that ～ ～であることに留意する、～であることを覚えておく／patient 辛抱強い、気長な／admit ～を入場させる／patron 客／give out ～ ～を配る／free 無料で／first come, first served 先着順で

98 award ceremony 授賞式

100 attendee 参加者／trophy トロフィー、優勝記念品

98 What type of event is being held?

(A) A dinner
(B) A sports game
(C) A conference
(D) An award ceremony

どんな種類のイベントが開かれていますか。

(A) 夕食会
(B) スポーツ試合
(C) 会議
(D) 授賞式

正解 B 概要（イベントの内容）に関する設問。話し手は冒頭で「ファンの皆さま」と呼び掛け、❶で「本日のフットボールの試合にお越しいただき、ありがとうございます」と続けている。その後も座席とゲートの話が続いているので、正解は(B)。

(D) スポーツのイベントだが授賞式は話題に上っていない。

99 Look at the graphic. Which gate is the most crowded?

(A) Gate 1
(B) Gate 2
(C) Gate 3
(D) Gate 4

図を見てください。最も混み合うのはどのゲートですか。

(A) ゲート 1
(B) ゲート 2
(C) ゲート 3
(D) ゲート 4

正解 C 必答解説

図表に関する情報（最も混み合うゲート）を問う設問。話し手は❷で、正門の上にあるテレビスクリーンを見て、各自の座席に行くのに適切なゲートを見つけるよう伝えると、続く❸で「Charlie グループに着席される皆さま」と呼び掛け、そのゲートが一番混み合うことに注意するように言っている。表を見るとそのグループが使うべきゲートは 3 なので、(C) が正解。

---

100 What will be given out to some attendees?

(A) Trophies
(B) Gift cards
(C) Free hats
(D) Additional tickets

一部の参加者には何が配られますか。

(A) トロフィー
(B) ギフトカード
(C) 無料の帽子
(D) 追加のチケット

正解 C 次の行動（次に起こること）を問う設問。話し手は❸で、混み合うゲートを利用する Charlie グループのファンに呼び掛けて注意を促し、続く❹で「お客さまに入場を始めてもらう前に、先着 500 名に無料の帽子を配る」と知らせているので、正解は (C)。

(A)(D) スポーツイベントに関連があるが、述べられていない。

(B) 話題に上っていない。

101 Mr. Bao will meet your team ------- 11:00 A.M. today.

(A) of
(B) at
(C) with
(D) under

Bao さんはあなたのチームと、今日の午前 11 時に会う予定です。

(A) ～の
(B) ～に
(C) ～と
(D) ～の下に

正解 B 適切な文意となる前置詞を選ぶ語彙問題。空所に続く 11:00 A.M. today「今日の午前 11 時」が時刻を表し、述語動詞は will meet「～と会う予定だ」なので、「～（時）に」を表す (B) が正解。
(A)(C)(D) いずれも「～時に」という意味にならない。

---

102 GLR Bank's mobile application allows customers to pay ------- bills easily.

(A) they
(B) their
(C) theirs
(D) them

GLR 銀行の携帯電話アプリは、顧客が自分の請求書を手軽に支払えるようにしてくれます。

(A) 彼らは
(B) 彼らの
(C) 彼らのもの
(D) 彼らを

正解 B 適切な代名詞の形を選ぶ文法問題。選択肢は全て they に関連した語なので、不定詞の前の customers を受けたものだと判断できる。空所の後ろは名詞 bills「請求書」なので、名詞の前に置ける所有格の (B) が適切。allow ～ to *do*「～が…するのを可能にする」。
(A) 主格。
(C) 所有代名詞。
(D) 目的格。

103 Customers are advised to read the ------- included for assembly before putting the new table together.

(A) calendars
(B) folders
(C) envelopes
(D) instructions

購入者は、その新しいテーブルを組み立てる前に、組み立て用に同梱された説明書を読むよう勧められています。

(A) カレンダー
(B) フォルダー
(C) 封筒
(D) 説明書

正解 D 必答解説 適切な文意となる名詞を選ぶ語彙問題。空所を含む the ------- included for assembly は read「～を読む」の目的語になっている。空所の後の assembly「組み立て」、before の後の put ～ together「～を組み立てる」、そして put の目的語の the new table などがヒントとなり、新しいテーブルを組み立てるために (for) 読むものとして (D) が適切。
(A)(B)(C) いずれも文意に合わない。

【語注】
102 pay a bill　請求書の支払いをする
103 *be* advised to *do*　～するよう勧められる／assembly　組み立て（作業）／put ～ together　～を組み立てる

104 Peiwa Communications was ------- founded to provide rural customers with telephone service.

(A) origin
(B) original
(C) originally
(D) originate

Peiwaコミュニケーションズ社は当初、地方の顧客に電話サービスを提供するために設立されました。

(A) 起源
(B) 最初の
(C) 当初
(D) 生じる

正解 C 適切な品詞を選ぶ文法問題。主語はPeiwa Communicationsで、述語動詞が空所を含むwas ------- founded。述語動詞を修飾できるのは副詞なので、-lyで終わる(C) originallyが適切。provide ~ with …「~に…を提供する」。
(A) 名詞。
(B) 形容詞。
(D) 動詞の原形。

---

105 Ligley's Auto Company has worked hard to maintain the ------- of its customers.

(A) loyalty
(B) shelf
(C) shoulder
(D) brightness

Ligley's自動車会社は自社の顧客の忠誠心を維持するために懸命に仕事をしてきました。

(A) 忠誠心
(B) 棚
(C) 肩
(D) 明るさ

正解 A 必答解説 適切な文意となる名詞を選ぶ語彙問題。主語はLigley's Auto Company、述語動詞はhas worked「(ずっと)仕事をしてきた」。不定詞以降は、一生懸命仕事をする目的を表していると判断できる。maintainは他動詞でthe ------- of its customersはその目的語。(A)を入れると、「同社の顧客の忠誠心を維持するために」という意味になり、企業努力で維持するものとして適切。
(B)(C)(D) いずれも文意に合わない。

---

106 Dernside Realty will provide an ------- of the value of your home by conducting a competitive market analysis.

(A) estimate
(B) estimating
(C) estimator
(D) estimated

Dernside不動産は、他社に負けない市場分析を行うことによって、あなたの家の価格の見積もりをご提供します。

(A) 見積もり
(B) 見積もること
(C) 評価者
(D) 見積もられた

正解 A 適切な品詞を選ぶ文法問題。述語動詞はwill provideでこのprovideは「~を提供する」という意味の他動詞。それに続くan ------- ofは不定冠詞と前置詞の間に空所があるので、名詞が入ってprovide「~を提供する」の目的語になると判断できる。of the value of your home「あなたの家の価格の」は空所の修飾語句なので、「あなたの家の価格の見積もりを提供する」となる名詞の(A)が適切。なお、estimateは動詞で「~を見積もる」の意味もある。
(B) 動名詞。
(C) 名詞だが文意に合わない。
(D) 動詞の過去分詞。形容詞で「およそ~」の意味もある。

【語注】
104 *be* founded 設立される/rural 地方の
105 loyalty 愛着、忠誠(心)
106 realty 不動産/value 価格、価値/conduct ~を実施する/competitive 他に負けない/analysis 分析

107 Since 1920, Yang Dairy Ltd. ------- high-quality cattle on the grassy slopes of the Highland Hills.

(A) raise
(B) be raised
(C) will raise
(D) has raised

1920年以来、Yang乳製品社はHighland Hillsの青々とした丘で上質な牛を飼育してきました。

(A) ～を育てる
(B) 育てられる
(C) ～を育てるだろう
(D) ～を育ててきた

正解 D 適切な動詞の形を選ぶ文法問題。冒頭のsince「～以来」は現在完了形と共によく使われることに注目する。Yang乳製品社の1920年以来の業績を述べている文なので、現在完了形の(D)が適切。raise「～を育てる、～を飼育する」。
(A) 動詞の原形。現在の習慣を表すが、since「～以来」があるので不適切。
(B) 受動態。述語動詞にするにはbeをisやwasなどにする必要がある。ここでは、乳製品社は「育てられる」のではなく、牛を「育てる」側なので不適切。
(C) 未来形。sinceがあるので不適切。

---

108 The neighborhood store is convenient for residents ------- need basic household items.

(A) why
(B) when
(C) who
(D) whose

近所のその店は、生活必需品を必要とする住民たちにとって便利です。

(A) ～する理由
(B) ～するとき
(C) ～する人
(D) ～の

正解 C 適切な関係詞の形を選ぶ文法問題。主語はThe neighborhood store「近所のその店」、述部はis convenient「便利だ」。それに続くfor residentsは「住民たちにとって」。空所の後のneed「～を必要とする」には主語がなく、空所以降がresidentsを説明していると判断できるので、人を先行詞とする(C)の主格の関係代名詞whoが適切。
(A) reason「理由」などを先行詞とする関係副詞。
(B) 時を先行詞とする関係副詞。
(D) 直後に名詞を続けて「～の(…は)」という意味になる関係代名詞。

---

109 The apartment rental agreement is ------- for a term of one year.

(A) tense
(B) valid
(C) artificial
(D) occasional

そのアパート賃貸契約は1年間有効です。

(A) 緊張した
(B) 有効な
(C) 人工的な
(D) 時折の

正解 B 必答解説 適切な文意となる形容詞を選ぶ語彙問題。主語のThe apartment rental agreement「アパート賃貸契約」を受け、空所の後のfor a term of one year「1年の期間」とも意味を成すのは(B)。*be* valid for ～「(切符・方法などが)～に効力がある、(法的に)～に有効である」。
(C)(D) 通例、形容詞の前に置かれ、文の補語にはならない。

【語注】

107 dairy 乳製品／high-quality 高品質の／cattle (家畜の)牛／grassy 草で覆われた／slope 丘、傾斜地
108 neighborhood ＜形容詞的に＞近所の／basic household item 生活必需品
109 rental 賃貸／agreement 契約、協定／term 期間

110 The ------- of Bistleby's new charitable foundation will depend on the company's profitability.

(A) succeed
(B) success
(C) succeeded
(D) successfully

Bistleby's 社の新しい慈善財団の成功は同社の収益性次第でしょう。

(A) 成功する
(B) 成功
(C) 成功した
(D) 首尾よく

正解 B 適切な品詞を選ぶ文法問題。空所は定冠詞 The と前置詞の間にあるので名詞か動名詞が入る。選択肢でそれに当てはまるのは名詞の (B) success のみ。
(A) 動詞の原形。
(C) 動詞の過去形・過去分詞。
(D) 副詞。

---

111 Since Mr. Sing is new to Mazzurri Motors, he will ------- on his routine tasks before being introduced to special projects.

(A) share
(B) adapt
(C) concentrate
(D) base

Sing さんは Mazzurri モーターズ社に入社したばかりなので、特別なプロジェクトを経験させられる前に、定型業務に専念することになります。

(A) 共有する
(B) 適応する
(C) 専念する
(D) ～に基礎を置く

正解 C 必答解説 適切な文意となる動詞を選ぶ語彙問題。空所の後の on と意味のつながる動詞が入る。before の前後にある routine tasks「定型業務」と special projects「特別なプロジェクト」が対比関係にあることに気付けば、being introduced の意味が分からなくても、「(入社したばかりの) 彼は特別なプロジェクトを～される前に定型業務に……」という文の構造が分かる。正解は concentrate on ～で「～に専念する」という意味になる (C)。
(A)(B) いずれも、この文では on と意味がつながらない。
(D) base ～ on …「～の基礎を…に置く」や *be* based on ～「～を拠点にする」のように使われる。

---

112 Ms. Hak has experience ------- companies' production processes.

(A) evaluates
(B) evaluating
(C) evaluator
(D) evaluations

Hak さんは企業の製造工程の評価経験があります。

(A) ～を評価する
(B) ～を評価する
(C) 評価する人
(D) 評価

正解 B 必答解説 適切な動詞の形・品詞を選ぶ文法問題。主語は Ms. Hak、述語動詞は has、その目的語が experience「経験、(経験によって得た) 知識」。ここまでで文が成立しているので、空所以降は experience を修飾する語句だと予測できる。companies' production processes を目的語にして名詞 experience を修飾できるのは現在分詞の (B)。
(A) 動詞の三人称単数現在形。述語動詞にはなるが名詞を修飾することはできない。
(C)(D) 名詞。

【語注】
110 charitable foundation　慈善団体、慈善財団／profitability　収益性、採算性
111 *be* new to ～　～の新顔である／routine　定型の、決まりきった／introduce ～ to …　～を…に引き合わせる

113 The focus group's ------- suggestions were adopted when the new marketing campaign was developed.

(A) heavy
(B) busy
(C) doubtful
(D) valuable

新しい販売キャンペーンが開発されるに当たり、フォーカスグループの貴重な提案が採用されました。

(A) 重量のある
(B) 忙しい
(C) 疑わしい
(D) 貴重な

正解 D 必答解説 適切な文意となる形容詞を選ぶ語彙問題。主語は空所を含む The focus group's ------- suggestions「フォーカスグループの ------- な提案」で、述語動詞は were adopted「採用された」。when 以下は「新しい販売キャンペーンが開発されるに当たり」なので、採用されたこの提案はキャンペーンにとって好ましい影響を与えたものだと判断できる。よって (D) が正解。
(A) heavy は「(重量が) 重い」「(程度が) 激しい」などを表し、日本語の「重みのある提案・発言」のような意味では使わない。
(B)(C) いずれも採用された提案を修飾する語として不適切。

---

114 Kemperson Electricity, Inc., needs to secure the ------- of government regulators before providing service to the public.

(A) approves
(B) approval
(C) approve
(D) approved

Kemperson 電力会社は、一般の人々にサービスを提供する前に、関係官庁の監察官の認可を取得しておく必要があります。

(A) 認可する
(B) 認可
(C) 認可する
(D) 認可された

正解 B 適切な品詞を選ぶ文法問題。空所の前に定冠詞、後ろに of があるので、空所には名詞が入る。選択肢の中で名詞は (B) のみ。
(A) 動詞の三人称単数現在形。
(C) 動詞の原形。
(D) 動詞の過去形・過去分詞。形容詞で「公認の」。

---

115 The restaurant has earned the Fetzger Award for its ------- interior design.

(A) innovative
(B) scarce
(C) eventful
(D) frequent

そのレストランは、斬新なインテリアデザインで Fetzger 賞を獲得しました。

(A) 斬新な
(B) 乏しい
(C) 出来事の多い
(D) たびたび起こる

正解 A 必答解説 適切な文意となる形容詞を選ぶ語彙問題。主語は The restaurant、述語動詞は has earned「~を獲得した」、目的語は the Fetzger Award「Fetzger 賞」で、for its ------- interior design は受賞対象になったものを示している。受賞対象の interior design を修飾するのに適する (A) が正解。
(B)(C)(D) いずれもインテリアデザインを修飾する語として不適切。

【語注】

113 focus group　フォーカスグループ ★市場調査用に選ばれた消費者のグループ／adopt　~を採用する／develop　~を開発する、~を展開させる
114 secure　~を確保する／government　官庁、役所／regulator　監査官／the public　一般の人々、市民
115 earn　~を獲得する

116 New staff must submit the required forms so that the human resources department ------- their personal information.

(A) can verify
(B) verified
(C) to verify
(D) have verified

人事部が個人情報を確認することができるように、新入社員は必要書類を提出しなければなりません。

(A) 確認できる
(B) 確認した
(C) 確認するために
(D) 確認した

正解 A 必答解説 適切な動詞の形を選ぶ文法問題。着目するのは接続詞と同じ役割を持つ so that ～「～するように」。～の部分では、so that の前の「新入社員は必要書類を提出しなければならない」に対する理由が述べられているはず。so that 以降には述語動詞がなく、so that はしばしば後ろに can を伴い、「～することができるように」という意味になるので、正解は (A)。verify「～（が事実であるかどうか）を確かめる」。
(B)(D) どちらも述語動詞になるが、この文では so that より前の部分と時制が合わない。
(C) 不定詞は単独で述語動詞にはならない。

---

117 The most recent version of the software is ------- faster than the earlier version.

(A) anyhow
(B) carefully
(C) along
(D) noticeably

そのソフトウエアの最新バージョンは、旧バージョンよりも明らかに速いです。

(A) それはさておき
(B) 注意深く
(C) 前方へ
(D) 顕著に

正解 D 適切な文意となる副詞を選ぶ語彙問題。空所の後には faster than ～「～より速い」という比較級が続いており、空所には形容詞 faster を形容するのに適切な語が入ると推測できる。文意は「そのソフトウエアの最新バージョンは旧バージョンより ------- 速い」なので、選択肢の中では (D) の「顕著に、明らかに」が適切。
(A)(B)(C) いずれも副詞の働きを持つが、faster を修飾する語として不適切。

---

118 Delesterio Bank, Inc., has drawn the attention of the banking industry with its ------- expansion plans.

(A) ambition
(B) ambitiously
(C) ambitious
(D) ambitiousness

Delesterio 銀行株式会社は、その野心的な拡張計画で銀行業界の注目を集めています。

(A) 野心
(B) 野心を持って
(C) 野心的な
(D) 野心的であること

正解 C 適切な品詞を選ぶ文法問題。空所は with ... plans という前置詞句の中にあり、空所の直前に its「その（銀行の）」があるので、its ------- expansion plans 全体が名詞句になっていると判断できる。expansion plans という名詞句を修飾できる形容詞の (C) の「野心的な、大掛かりな」が適切。
(A) 名詞。
(B) 副詞。
(D) 名詞。

【語注】

116 required 必須の、不可欠な／form 用紙、書式／human resources department 人事部
117 earlier 以前の、初期の、古い
118 draw attention 注目を集める／expansion 拡張、拡大

119 All users' passwords must be updated ------- the Web site has been updated.

(A) such as
(B) even now
(C) in fact
(D) as soon as

ウェブサイトが更新されたらすぐに、全ユーザーのパスワードが更新されなければなりません。

(A) 例えば
(B) 今でも
(C) 実際に
(D) ～するとすぐ

正解 D 必答解説 適切な語句を選ぶ文法＋語彙問題。空所の前後にそれぞれ<S +V>があるので、空所には2つの節を結ぶ接続詞が入る。選択肢の中で接続詞と同様の働きを持つのは(D)のみ。空所の前に「全ユーザーのパスワードが更新されなければならない」、空所の後に「ウェブサイトが更新された」とあり、2つの更新が示されている。(D)の「～するとすぐに」は意味上でも適切に前後の内容をつなぐので、これが正解。
(A)(B)(C) いずれも接続詞に相当する機能を持たず、2つの節を結べない。

---

120 The financial advisor will help us choose an investment plan that ------- meets the company's needs.

(A) best
(B) once
(C) suddenly
(D) very

財務顧問は、会社のニーズを最もよく満たす投資計画を私たちが選ぶのを手助けしてくれるでしょう。

(A) 最もよく
(B) 一度
(C) 突然
(D) とても

正解 A 必答解説 適切な文意となる副詞を選ぶ語彙問題。空所の前のthatに着目すると、その前に名詞句investment plan、その後ろにmeets the company's needsという<V + O>があるので、このthatはplanを先行詞とする関係代名詞で、-------には動詞meetsを修飾する副詞が入ると分かる。「会社のニーズを満たす投資計画」という文意に合うのは(A)の「最もよく」。
(B)(C) いずれも副詞の働きを持つが、文意に合わない。
(D) 動詞を修飾するときにはvery単体ではなくvery muchを使う。

---

121 The new-product development team participates in ------- weekly meetings with the project manager.

(A) mandate
(B) mandates
(C) mandating
(D) mandatory

新製品開発チームは、プロジェクト責任者との出席必須の週次会議に参加します。

(A) 命令
(B) 命令
(C) 義務付けている
(D) 義務的な

正解 D 適切な品詞を選ぶ文法問題。主語はThe new-product development team「新製品開発チーム」。述部のparticipates in ～は「～に参加する」という意味なので、------- weekly meetings全体が～に当たる語句だと分かる。weekly meetings「週次会議」を修飾してふさわしい文意になるのは形容詞の(D)。
(A) 名詞、動詞の原形「～を命じる」。
(B) 名詞の複数形、動詞の三人称単数現在形。
(C) 動名詞または現在分詞。現在分詞は名詞を修飾するが、能動の意味を表すので不適切。

【語注】
120 advisor　顧問／investment　投資
121 new-product　<形容詞で>新製品の／development　開発

122 Ms. Himura will attend the meeting in person ------- through a video call.

(A) whether
(B) rather than
(C) as long as
(D) not only

Himura さんは、ビデオ通話を通してではなくじかに会議に出席する予定です。

(A) ～かどうか
(B) ～ではなく
(C) ～しさえすれば
(D) ～だけでなく

正解 B 必答解説 適切な語・句を選ぶ文法＋語彙問題。文頭から meeting までが<S＋V＋O>になっている。それに続く部分を見ると、空所の前後の in person「直接会って」と through a video call「ビデオ通話を通して」が対比関係になっていることが分かる。この2つを結び付けるには (B) の「～ではなく」が適切。
(A) 接続詞。後ろに<S＋V>が続く必要があるので不適切。
(C) 接続詞の働きを持ち、後ろに<S＋V>が必要。
(D) 副詞句だが文意に合わない。

---

123 The mobile phone model was recently discontinued, so the survey results can be ------- ignored.

(A) large
(B) larger
(C) largely
(D) largest

その携帯電話のモデルは最近生産中止になったので、その調査結果は大部分は無視することができます。

(A) 大きな
(B) より大きい
(C) 大部分は
(D) 最も大きい

正解 C 適切な品詞を選ぶ文法問題。接続詞 so 以降の主語は the survey results「その調査結果」、述語動詞が空所を含む can be ------- ignored「------- 無視されることができる」。述語動詞を修飾できるのは副詞なので、正解は (C)。
(A) 形容詞の原級。
(B) 形容詞の比較級。
(D) 形容詞の最上級。

---

124 The employees' ------- was evident from their lengthy applause during the opening ceremony for the remodeled headquarters.

(A) incident
(B) enthusiasm
(C) efficiency
(D) hesitation

従業員たちの熱意は、改築された本社の開館式の間に長く続いた拍手から明らかでした。

(A) 出来事
(B) 熱意
(C) 効率性
(D) ためらい

正解 B 適切な文意となる名詞を選ぶ語彙問題。主語は The employees' -------「従業員たちの -------」。述部は was evident「明らかだった」で、判断の根拠を表す from「～から」以降にその根拠が示されていると予測できる。「開館式で長く続いた拍手」からは、従業員の開館式に対する好意的な気持ちを察することができるので、文意に合う (B) が適切。
(A)(C)(D) いずれも文意に合わない。

【語注】
122 in person 直接会って／video call ビデオ電話、ビデオ通話
123 discontinue ～(生産・継続していたことなど)をやめる／ignore ～を無視する
124 *be* evident from ～ ～から明らかだ／lengthy 長々と続く／applause 拍手／remodel ～を改装する

125 ------- next month, employees at Etterly Enterprises will need to show security badges before entering the parking area.

(A) Beginning
(B) Still
(C) Sooner
(D) Depending

来月から、Etterlyエンタープライズ社の従業員は、駐車場に入る前に社員証を提示する必要があります。

(A) ～から
(B) 今でもまだ
(C) より早く
(D) ～に応じて

正解 A 必答解説 適切な語を選ぶ文法+語彙問題。カンマ以降の主語はemployees at Etterly Enterprises。述語動詞は未来形のwill need「～が必要だろう」なので、カンマの前は未来を表す語句になると判断できる。next monthの直前に置いて未来を表す語句にするには、現在分詞の(A) Beginningを入れると分詞構文として文全体を修飾して「来月に始まって」を表し、「来月から」という意味になる。
(B)(C) next monthの前に置いても意味が通らない。
(D) 現在分詞だが文意に合わない。

---

126 Employees are invited to ------- any issues they have regarding management at the next staff meeting.

(A) head out
(B) move over
(C) aim at
(D) bring up

従業員たちは、次のスタッフ会議で、経営に関して抱いているどんな問題でも提起するよう勧められています。

(A) 出発する
(B) 移動する
(C) ～を目指す
(D) ～を提起する

正解 D 適切な文意となる動詞句を選ぶ文法+語彙問題。述語動詞のare invitedは目的語にto *do*を続けると「～するよう勧められる」という意味になる。その目的語に当たるany issues「どんな問題でも」をthey ... managementという関係代名詞節が修飾し、「経営に関して抱いているどんな問題でも」となっているので、会議での積極的な発言を促す文意になる(D)が適切。
(A)(B) ＜自動詞+副詞＞の組み合わせで目的語を取らない。意味的にもつながらない。
(C) 目的語を取る動詞句だが、続くany issuesと意味がつながらない。

---

127 ------- the main customer groups of the Hennaly chain of restaurants, only retirees have provided constant revenue this year.

(A) Behind
(B) During
(C) Among
(D) Upon

Hennalyレストランチェーンの主な顧客層の間では、今年は年金受給者だけが安定した収益をもたらしました。

(A) ～の後ろに
(B) ～の期間に
(C) ～の間で
(D) ～の上に

正解 C 必答解説 適切な文意となる前置詞を選ぶ語彙問題。カンマの前には＜S+V＞がないので、文頭からカンマまでが長い前置詞句となる。カンマ以降の部分の主語はonly retirees「年金受給者だけ」で、一部の人たちを特定する表現になっているので、前半が「主な顧客層の間では」という意味になる(C)が適切。
(A)(B)(D) いずれも、目的語になるcustomer groupsと意味がつながらない。

【語注】
125 security badge　保安バッジ、身元証明証
126 *be* invited to *do*　～するよう勧められる／issue　問題（点）、問題の論点／regarding ～　～に関する
127 retiree　年金受給者、退職者／constant　一定した／revenue　収益

128 In the final production stage, the perfume is ------- modified by adding organic compounds.

(A) chemical
(B) chemically
(C) chemists
(D) chemistry

製造の最終段階で、その香水は有機化合物を加えることによって化学的に調合されます。

(A) 化学の
(B) 化学的に
(C) 化学者
(D) 化学

正解 B 適切な品詞を選ぶ文法問題。空所は述語動詞 is modified の間にあるので、これを修飾する副詞が入ると判断できる。副詞は (B) chemically のみなので (B) が正解。
(A) 形容詞。通例複数形で名詞の「化学薬品」という意味もある。
(C) 名詞の複数形。
(D) 名詞。

---

129 Though most of Mr. Kwan's time is ------- with writing grant proposals, he does occasionally meet with clients.

(A) selected
(B) combined
(C) occupied
(D) located

Kwan さんのほとんどの時間は助成金申請書を書くことで占められますが、彼は時にはクライアントと会合を持ちます。

(A) 選ばれた
(B) 結合された
(C) 占められた
(D) 位置した

正解 C 適切な文意となる動詞（過去分詞）を選ぶ語彙問題。カンマの前の部分の主語は most of Mr. Kwan's time「Kwan さんのほとんどの時間」。空所に続く with writing grant proposals は「助成金申請書を書くことで」なので、「ほとんどの時間は～で占められる」という意味になる (C) が適切。
(A)(B)(D) 文意と合わない。

---

130 Several items on our Web site have already sold out ------- the big sales campaign.

(A) whereas
(B) afterward
(C) as a result of
(D) for example

当社のウェブサイトにある幾つかの商品は、大規模な販売キャンペーンの結果、すでに売り切れました。

(A) ～である一方
(B) その後
(C) ～の結果として
(D) 例えば

正解 C 適切な語・句を選ぶ文法＋語彙問題。主語は Several items on our Web site「当社のウェブサイトにある幾つかの商品」、述語動詞は have sold out「売り切れた」。空所の後には the big sales campaign「大規模な販売キャンペーン」が続いているので、売り切れた理由がそのキャンペーンだったという文意になる (C) の「～の結果として」が適切。
(A) 接続詞。後ろに＜S＋V＞の形を続ける必要があるので不適切。
(B) 副詞。the big sales campaign とつながらない。
(D) 例を挙げる前に使う語句なので不適切。

【語注】
128 modify ～を改変する、～に変化を起こさせる／organic 有機の、有機体の／compound 化合物
129 though ～にもかかわらず、～だが／grant 助成金、補助金
130 sell out 売り切れる

Questions 131-134 refer to the following e-mail.

To: apham@derbin.ie
From: outreach@gbzmobile.ie
Date: 21 March
Subject: Survey

Dear Mr. Pham,

Last week you contacted the customer support team at GBZ Mobile -------(131.) assistance. -------(132.). We have developed a short three-question survey, and we hope that you -------(133.) within the next ten days. To provide your -------(134.), log in to your account and click on the notice.

Thank you,

GBZ Mobile Outreach

問題 131-134 は次の E メールに関するものです。

受信者：apham@derbin.ie
送信者：outreach@gbzmobile.ie
日付　：3月 21 日
件名　：アンケート調査

Pham 様

先週、お客さまは GBZ モバイル社のカスタマーサポートチームに支援を求めてご連絡くださいました。*お問い合わせに感謝するとともに、お客さまのご体験についてお聞かせいただきたいと思います。3 つの質問から成る短いアンケートを作成いたしましたので、10 日以内にご返答いただければ幸いです。ご意見を提供していただくには、ご自身のアカウントにログインして「通知」をクリックしてください。

よろしくお願いいたします。

GBZ モバイル社支援活動課

*Q132 の挿入文の訳

【語注】
outreach　支援活動、奉仕活動／survey　アンケート、調査／assistance　助力、援助／log in to ～　～にログインする
132 technician　技術者／some of ～　～中の何人か／highly　高度に／qualified　能力のある ★<the＋形容詞>で「～な人たち」という意味／sign up for ～　～に申し込む／billing　請求すること、請求書発送／bill　請求書／corporate　企業の

131 (A) for
(B) of
(C) in
(D) to

(A) ～を求めて
(B) ～の
(C) ～の中に
(D) ～へ

正解 A 必答解説 空所に適切な語（前置詞）を選ぶ語彙問題。このメールはGBZモバイル社の支援活動課がPhamという男性に送ったもの。メールの本文1文目からは、you（=Mr. Pham）がGBZモバイル社のカスタマーサポートチームに連絡をしたことが分かる。連絡をした理由が空所を含む ------- assistance なので「支援を求めて」という意味になる(A)が適切。
(B)(C)(D) いずれも「～を求めて」という意味にならない。

---

132 (A) Our technicians are some of the most highly qualified in the industry.
(B) We appreciate your business and would like to hear about your experience.
(C) Sign up for paperless billing and receive a €5 discount on your next bill.
(D) GBZ Mobile has four corporate divisions.

(A) 当社の技術者は、業界でも最も高い能力がある人たちです。
(B) お問い合わせに感謝するとともに、お客さまのご体験についてお聞かせいただきたいと思います。
(C) ペーパーレス請求書発行にご登録いただき、次の請求書で5ユーロの割引をお受けください。
(D) GBZモバイル社には4つの部門がございます。

正解 B 文脈に合う文を選ぶ設問。空所の前文には、Phamさんが何らかの支援を求めてGBZモバイル社に連絡をしたことが書かれている。一方、空所に続く文では、GBZモバイル社が「3つの質問から成る短いアンケートを作成したので、10日以内に返答してほしい」と伝えている。この2つの文の間に入る文としては、Phamさんに問い合わせへのお礼を述べ、そのときの体験を聞かせてほしいと依頼している(B)が適切。
(A)(C)(D) いずれも空所に後に続くアンケートとの関連がないので不適切。

---

133 (A) responding
(B) have responded
(C) respond
(D) responded

(A) 返答している
(B) 返答した
(C) 返答する
(D) 返答した

正解 C 必答解説 空所に適切な語・句（動詞の形）を選ぶ文法問題。空所を含む文のカンマの前では、短いアンケートを作ったことを伝え、カンマの後では we hope that you ------- within the next ten days「（今から）10日以内に ------- ほしい」と続けている。空所は that 節の述語動詞に当たる部分。Phamさんがこの行動を取るのは未来のことだが、hope that に続く that 節内の動詞は未来を表す形もしくは現在形を用いるので、(C)が適切。
(A) 動名詞または現在分詞。単独で述語動詞にならない。
(B)(D) それぞれ現在完了、過去形。時制が合わない。

134 (A) address
(B) donation
(C) feedback
(D) résumé

(A) アドレス
(B) 寄付
(C) 意見
(D) 履歴書

正解 C 必答解説 空所に適切な語（名詞）を選ぶ語彙問題。前文ではアンケートの回答期限を述べているが、この文のカンマの前で To provide your -------「あなたの ------- を提供するには」と述べ、カンマの後ではログインの方法を伝えているので、アンケートの回答の送付方法を伝えていると考えられる。よって、回答を feedback「意見」と表現した(C)が正解。
(A)(B)(D) 文意に合わない。

Questions 135-138 refer to the following advertisement.

Stay Three Nights, Get a Fourth Night Free!

Are you planning your dream vacation? Are you hoping to reconnect -------- (135.) an old friend? Whatever the nature of your travel, play it smart with Stay Serrano. When you reserve three consecutive nights at any of our partner hotels worldwide, you are eligible for 6,000 reward points, redeemable for a complimentary fourth night. Apply these points to the end of your stay -------- (136.) use them for a future excursion. The choice is yours. -------- (137.). You can use the points whenever you need them.

To register for this exclusive offer, -------- (138.) by June 30, and complete your three-night stay by December 31.

問題 135-138 は次の広告に関するものです。

3泊して、4泊目を無料で手に入れよう！

あなたは夢の休暇をご計画中ですか？ かつての友人と旧交を温めたいと思っていらっしゃいますか？ どんな種類のご旅行でも、Stay Serrano を使って賢く行動してください。当社の世界中の提携ホテルのいずれかに3連泊でご予約いただくと、謝礼の 6,000 ポイントを取得することができ、無料の4泊目とお引き換えになれます。このポイントは最終宿泊日までにお使いになるか、今後の小旅行でご利用ください。選択はあなた次第です。*最も良い点は、おまけの1泊が決して期限切れにならないことです。いつでも必要なときにそのポイントをお使いになれます。

この限定特典に登録するには6月30日までにご予約になり、12月31日までに3泊をご完了ください。

*Q137 の挿入文の訳

【語注】

night　宿泊、1泊／get ~ free　~を無料で手に入れる ★free は「無料で」／reconnect with ~　~と再び交際を始める／whatever　~が何であれ／nature　性質、種類／play it smart　賢く行動する／consecutive　連続した／any of ~　<肯定文で>~のどれでも／partner hotel　提携ホテル／worldwide　世界中の／*be* eligible for ~　~を得る資格がある／reward　謝礼、褒美／redeemable for ~　~と引換可能な／complimentary　無料の／apply　~を利用する／excursion　短い旅行／register for ~　~に登録する／exclusive　独占の、限定の／offer　特典／complete　~を完了する、~を終える

137 expire　期限が切れる／*be* in business　事業を行っている／consistently　いつも、一貫して／earn　~（評価など）を得る／rating　評価、成績

135 (A) after
(B) by
(C) from
(D) with

(A) ～の後で
(B) ～によって
(C) ～から
(D) ～と

正解 D 空所に適切な語（前置詞）を選ぶ語彙問題。reconnect は自動詞の connect「（～と）つながりを持つ、付き合いを始める」に「再び」を表す接頭辞の re- が付いた形。reconnect with ～の形を取るので (D) が正解。
(A)(B)(C) いずれも reconnect と動詞句を形成しない。

136 (A) or
(B) yet
(C) but
(D) and

(A) ～かもしくは
(B) けれども
(C) しかし
(D) ～と

正解 A 必答解説 空所に適切な語（接続詞）を選ぶ語彙問題。前文で、3 連泊すると手に入る 6,000 ポイントは無料の 4 泊目と引換可能と述べている。これに続く空所を含む文は apply という動詞で始まる命令文で、空所の前までは「このポイントは最終宿泊日までに使ってください」という意味。次に空所の後ろを見ると、この文の apply と同じ意味を持つ動詞 use で始まり、「それらを今後の小旅行で利用してください」と、同じ命令文でポイントの異なる使い方を説明しているのが分かる。よって「～かもしくは…」という意味の接続詞 or が適切。正解は (A)。
(B)(C) 接続詞だがどちらも逆接の意味なので不適切。
(D) 6,000 ポイントを最終宿泊日の 4 泊目に使うとポイントはゼロになる。つまりどちらかにしか使えないので「～と…」を意味する and は不適切。

---

137 (A) Contact Customer Service if you have any questions.
(B) The best part is that your extra night never expires.
(C) Stay Serrano has been in business for 50 years.
(D) Stay Serrano consistently earns high ratings from customers.

(A) 何かご質問があればカスタマーサービスにご連絡ください。
(B) 最も良い点は、おまけの 1 泊が決して期限切れにならないことです。
(C) Stay Serrano は 50 年間事業を行っています。
(D) Stay Serrano は常にお客さまから高い評価を受けています。

正解 B 文脈に合う文を選ぶ設問。空所の前までは、「ポイントを旅の最終宿泊日に使うのも今後の小旅行で利用するのも、あなたの自由だ」という文脈で、空所の後の文では、You can use the points whenever you need them.「いつでも必要なときにそのポイントを使うことができる」と述べている。この 2 つの文の間にポイントに使用期限がないことを述べた (B) を入れると、適切な流れになる。
(A)(C)(D) いずれも空所に続く文と文脈がつながらない。

---

138 (A) book
(B) books
(C) booked
(D) booking

(A) 予約する
(B) 予約する
(C) 予約した
(D) 予約している

正解 A 必答解説 空所に適切な語（動詞の形）を選ぶ文法問題。広告の最後の文は「この限定特典に登録するには」という to 不定詞句で始まり、「6 月 30 日までに -------- し、12 月 31 日までに 3 泊を完了してください」と続けている。手続きの仕方を説明しているので、後半の and complete ... と同様に命令文の形になる (A) が適切。
(B) 三人称単数現在形。命令文は動詞の原形から始まる。
(C) 過去形・過去分詞。
(D) 動名詞もしくは現在分詞。

Questions 139-142 refer to the following notice.

This laundry room is provided for the convenience of -------(139.). Please be considerate of others. Remove laundry from washing machines and clothes dryers promptly so that others who live in the building may -------(140.) the machines. -------(141.). To prevent any issues, please monitor the wash cycle so that -------(142.) know when it has ended.

問題 139-142 は次のお知らせに関するものです。

この洗濯室は、居住者の皆さまの利便のために用意されています。どうぞ他の方々にご配慮ください。この建物にお住まいの他の方々が機械をお使いになれるよう、洗濯物は洗濯機と乾燥機から速やかに取り出してください。*放置されたままの洗濯物は、機械から取り除かれる場合があります。トラブル防止のため、いつ終わったか分かるように、洗濯の工程を監視するようにしてください。

*Q141 の挿入文の訳

【語注】

laundry room　洗濯室 ★マンションなどの洗濯・乾燥の専用室／convenience　利便(性)、便利さ／
be considerate of ～　～に配慮する／remove ～ from …　～を…から撤去する／promptly　速やかに／
so that ～ may …　～が…できるように ★may を用いるのは can を用いるよりフォーマルな表現／prevent　～を防ぐ／
issue　論争(点)、問題(点)／monitor　～を監視する／wash cycle　(洗濯機の) 洗濯工程、洗濯サイクル
139 installer　取付作業員、設置業者
141 leave ～ *done*　～を…された状態にしておく／unattended　放置された／refund　払い戻し

139 (A) viewers
(B) residents
(C) officials
(D) installers

(A) 視聴者
(B) 居住者
(C) 公務員
(D) 設置業者

正解 B 必答解説 空所に適切な語（名詞）を選ぶ語彙問題。この文書は notice「お知らせ、告知」であり、1文目から、洗濯室に貼られているものだと判断できる。空所に続く文の Please be considerate of others.「どうぞ他の方々にご配慮ください」や、3文目後半の others who live in the building「この建物にお住まいの他の方々」などから、洗濯室はある建物内にあり、その居住者のために用意されていることが分かる。よって正解は (B)。

(A)(C) 建物に住んでいる可能性はあるが、建物内の洗濯室がこれら特定の人々の利便のためにあるというのは不自然。
(D) 洗濯室に何かを設置するというような話題は出ていない。

140 (A) rinse
(B) identify
(C) absorb
(D) use

(A) ～を洗い落とす
(B) ～を特定する
(C) ～を吸収する
(D) ～を使う

正解 D 必答解説 空所に適切な語（動詞）を選ぶ語彙問題。選択肢はいずれも他動詞で、空所の後の目的語が the machines（ここでは洗濯機や乾燥機を指す）になっている。文全体は「他の人が機械を -------- できるように、洗濯物は洗濯機と乾燥機から速やかに取り出してください」という命令文なので、適切な文意になる (D) が正解。この文だけ見ても正解を選べる設問だが、文書全体を読んで文脈上からも判断すると、より確実に解答できる。

(A)「洗濯機を洗い落とす」という意味になり、不適切。
(B) 文脈に合わない。
(C) machines を目的語にしても意味が通らない。

---

141 (A) Laundry left unattended may be removed from the machines.
(B) The cost of the machines will increase next month.
(C) The machines are made in Springfield.
(D) Please contact the management office for refunds.

(A) 放置されたままの洗濯物は、機械から取り除かれる場合があります。
(B) 機械の値段は来月上がる予定です。
(C) 機械は Springfield で製造されます。
(D) 払い戻しのために管理事務所にご連絡ください。

正解 A 文脈に合う文を選ぶ設問。空所の直前の文では、他者への配慮として洗濯物を機械から速やかに取り出すように、という注意が書かれている。その後に、もし洗濯物をすぐ取り出さなかったら何が起こり得るかを述べた (A) を続けると自然な流れになる。

(B)(C)(D) どの文も直前の文と自然につながらない。

---

142 (A) you
(B) your
(C) yours
(D) yourself

(A) あなたは
(B) あなたの
(C) あなたのもの
(D) あなた自身

正解 A 空所に適切な語（代名詞の形）を選ぶ文法問題。空所の前の so that ～「～するように」は接続詞と同じ働きを持つので <S + V> の形が続く。正解は主語になることができて文意にも合う主格の (A)。

(B) 所有格。
(C) 所有代名詞。主語になれるが文意に合わない。
(D) 再帰代名詞。単独では主語にならない。

Questions 143-146 refer to the following Web page.

Sellwicky Apparel specializes in creating T-shirts with customized designs or logos. -------(143.) we make all our garments on demand and have no inventory of our own to manage, we do not have any minimum order requirements. No matter whether you need just one shirt or several thousand, Sellwicky Apparel will ensure that the finished product -------(144.) reflects your design specifications. -------(145.). Our current clients range from individuals and small shops to major corporations. Above all, remember that you will never need to pay for larger -------(146.) than you need or any hidden costs. To learn more about pricing and the customization process, please e-mail us at salesforce@sellwickyapparel.com.au.

問題 143-146 は次のウェブページに関するものです。

Sellwickyアパレル社は、特注のデザインやロゴを用いたTシャツ製作を専門としています。全ての衣類をご注文に応じて作っており、管理すべき自社在庫を持たないので、当社には最小発注量の条件は一切ありません。ご入り用なのがたった1枚のシャツでも数千枚でも、Sellwickyアパレル社は、仕上がった製品があなたのデザイン仕様を完璧に反映しているようにいたします。*当社はさまざまなお客さまとお取引をしています。現在の取引先は、個人のお客さまや小売店から大企業まで多岐にわたっています。何よりも、必要以上の数量に対して、あるいは目に見えない費用に対してお支払いをされる必要は全くないということをお忘れなく。価格設定や特注生産の流れについてさらに詳しくお知りになりたい場合は、当社salesforce@sellwickyapparel.com.au までEメールをお送りください。

*Q145 の挿入文の訳

【語注】

apparel　衣服、衣料品／specialize in *doing*　～することを専門にする／customized　特別注文された、オーダーメイドの／garment　衣類／on demand　注文に応じて／inventory　在庫／manage　管理する／minimum　最小数量の／requirement　条件、要件／no matter whether ~ or …　～であろうと…であろうと／ensure that ~　～であることを確実にする／finished　出来上がった／reflect　～を反映する／specifications　＜複数形で＞仕様（書）／range from ~ to …　～から…まで幅がある／major corporation　大企業／above all　何よりも／hidden　目につかない、隠れた／pricing　価格設定／customization　特注生産
145 *be* founded　設立される／ship　～を出荷する／as well　同様に／revision　訂正、改訂

143 (A) Instead of
(B) Depending on
(C) Because
(D) Rather

(A) ～の代わりに
(B) ～に応じて
(C) ～なので
(D) むしろ

正解 C 必答解説 空所に適切な語・句を選ぶ文法（＋語彙）問題。1文目から、このウェブページはTシャツを受注生産する企業のものだと分かる。空所を含む2文目は、カンマの前に we make と (we) have、カンマの後ろに we do not have という＜S＋V＞の形があるので、空所にはこれらの節をつなぐ接続詞が入る。カンマの前は「全ての衣類を注文に応じて作っており、自社在庫を持たない」、後ろは「当社には最小発注量の条件は一切ない」なので、理由を表す接続詞の (C) Because を入れると2つの節を論理的につなぐことができる。

(A) 群前置詞。前置詞と同じく後ろに＜S＋V＞の形は続かない。
(B) 副詞句。後ろに＜S＋V＞の形は続かない。
(D) 副詞。接続詞の働きは持たない。

---

144 (A) perfect
(B) perfectly
(C) perfected
(D) perfecting

(A) 完璧な
(B) 完璧に
(C) 完成した
(D) 完成している

正解 B 空所に適切な品詞を選ぶ文法問題。空所を含む節の主語は Sellwicky Apparel、述語動詞は will ensure that ～「確実に～する」。そして that 節の中は、主語が the finished product「仕上がった製品」、述語動詞が reflects「～を反映する」。空所はその主語と動詞の間にあるので、動詞を修飾する副詞が適切。よって (B) が正解。

(A) 形容詞もしくは動詞の原形。
(C) 動詞の過去形・過去分詞。
(D) 動名詞もしくは現在分詞。

---

145 (A) We work with all types of customers.
(B) We were founded in Brisbane.
(C) We ship items from other locations as well.
(D) We will e-mail you with the revisions.

(A) 当社はさまざまなお客さまとお取引をしています。
(B) 当社はブリスベンで設立されました。
(C) 当社は他の場所からも同様に商品を出荷します。
(D) 当社はその修正箇所を添えて、あなたにEメールをお送りします。

正解 A 必答解説 文脈に合う文を選ぶ設問。空所の前までは製品の内容について述べているが、空所の後ろでは「現在の取引先は、個人のお客さまや小売店から大企業まで多岐にわたる」と、顧客の話題に変わっている。よって、空所に入る文は顧客の話題を新たに持ち出している (A) が適切。

(B) ここでいきなり会社の歴史に言及するのは文脈に合わず不自然。
(C) 何と同様にであるかが不明。
(D) the revisions「その修正箇所」が何を指すのか不明。

---

146 (A) accessories
(B) quantities
(C) systems
(D) displays

(A) 付属品
(B) 数量
(C) システム
(D) 展示品

正解 B 空所に適切な語（名詞）を選ぶ語彙問題。空所を含む部分は you will never need to pay for larger -------- than you need「あなたが必要とするよりも大きな -------- にお金を支払う必要は全くない」という意味。ウェブページの2文目後半に we do not have any minimum order requirements「当社には最小発注量の条件は一切ない」とあり、ここで自社の強みをもう一度強調していると考えられる。(B) が適切。

(A)(C)(D) いずれも、お金を支払う対象として話題に上っていない。

Questions 147-148 refer to the following ticket.

① Section	Row/Aisle	Seat	Admission
Mezzanine	**E**	**13**	**$45.00**

Sunday, March 24, 7:00 P.M.

The Toronto Ballet presents

Dance of the Moon and Stars

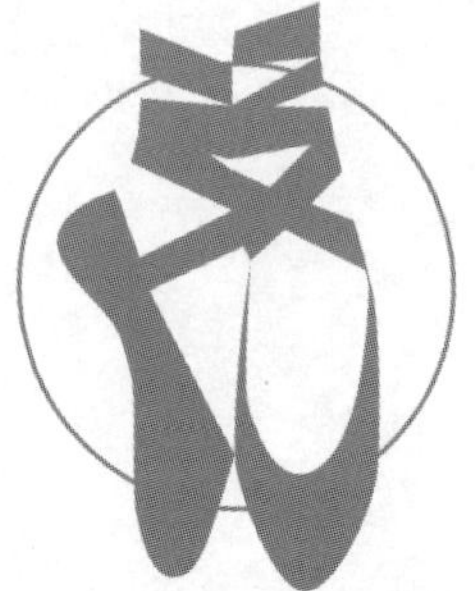

② Directed by Burleigh Koh
Accompaniment by the All-Canada Orchestra
Anya Petronova, Conductor

③ **Latecomers will be seated during intermission, halfway through the performance.**

問題 147-148 は次のチケットに関するものです。

区画	列 / 通路	座席	入場料
2 階正面	**E**	**13**	**45 ドル**

3 月 24 日（日曜日）午後 7 時

トロント・バレエ団公演

「月と星たちのダンス」

芸術監督　Burleigh Koh
伴奏　全カナダオーケストラ
指揮者　Anya Petronova

遅れて来られた方は、公演の途中の休憩時間にご着席いただきます。

147 What is NOT indicated on the ticket?

(A) The cost of the ticket
(B) The location of the seat
(C) A warning about arriving late
(D) The length of the performance

チケットに示されていないものは何ですか。

(A) チケットの値段
(B) 座席の位置
(C) 遅れて到着することについての注意
(D) 公演時間の長さ

正解 D 詳細（文書に書かれていない情報）に関する設問。❶に「入場料」が「45ドル」、「区画、列／通路、座席」が「2階正面、E、13」とあるので(A)と(B)は除外できる。❸に「遅れて来た人は、公演の途中の休憩時間に着席してもらう」という注意書きがあるので(C)も除外。公演時間の長さはチケットに記載がないので、(D)が正解。

148 Who is Ms. Petronova?

(A) The director of a play
(B) A famous ballet dancer
(C) The manager of a ballet company
(D) The leader of an orchestra

Petronovaさんとは誰ですか。

(A) 劇の監督
(B) 有名なバレエダンサー
(C) バレエ団の団長
(D) オーケストラの指揮者

正解 D 必答解説 詳細（ある人物の仕事）に関する設問。Petronovaさんの名は❷3行目にAnya Petronovaとあり、Conductor「指揮者」と記されている。Conductorをleader of an orchestraと言い換えた(D)が正解。
(A) balletをa play「ある劇」と表現しているが、このバレエの監督はBurleigh Kohなので不適切。
(B)(C) いずれも記述がない。

【語注】
❶ section　区画／row　列／aisle　通路／admission　入場料／mezzanine　2階正面（席）／present　～を公演する、～を上演する
❷ direct　～を監督する／accompaniment　伴奏／conductor　指揮者
❸ latecomer　遅刻者／*be* seated　着席する／intermission　休憩／halfway through ～　～の途中で
147 warning　注意
148 company　一団、一座／leader　（オーケストラの）指揮者 ★イギリス英語では「コンサートマスター」を指す

Questions 149-150 refer to the following online chat discussion.

1 **Levi Moreno [2:00 P.M.]**
Hi, Marisa. How are you doing?

2 **Marisa Huang [2:00 P.M.]**
Great. Thanks for chatting with me. I know you're busy with payroll this week, but I wanted to talk briefly about the job candidates who are coming in next week.

3 **Levi Moreno [2:01 P.M.]**
I think that's a great idea. We should agree on what our priorities are beforehand so we ask the right questions.

4 **Marisa Huang [2:02 P.M.]**
Definitely. Were you able to look at the résumés?

5 **Levi Moreno [2:03 P.M.]**
No, did you e-mail them to me?

6 **Marisa Huang [2:03 P.M.]**
Yes, I sent them a few hours ago.

7 **Levi Moreno [2:04 P.M.]**
There they are. I've been receiving so many messages about accounting reports that I must have missed your e-mail. Give me a minute. I'll have a quick look at the attachments.

問題 149-150 は次のオンラインチャットの話し合いに関するものです。

Levi Moreno [午後2時00分]
こんにちは、Marisa。調子はどうですか。

Marisa Huang [午後2時00分]
上々です。私とチャットしてくれてありがとう。あなたが今週は給与支払業務で忙しいことは分かっているんですが、来週来社する就職応募者についてちょっとお話ししたかったのです。

Levi Moreno [午後2時01分]
とてもいい考えだと思いますよ。的を射た質問をするために、私たちの優先事項が何であるかについてあらかじめ合意しておくべきです。

Marisa Huang [午後2時02分]
その通りです。履歴書を見ることはできましたか。

Levi Moreno [午後2時03分]
いいえ、私にそれをEメールで送ってくれましたか。

Marisa Huang [午後2時03分]
ええ、2、3時間前に送りました。

Levi Moreno [午後2時04分]
ありました。会計報告書に関してとてもたくさんのメールを受け取っていたので、あなたからのEメールを見逃したに違いありません。ちょっと待ってください。添付ファイルにさっと目を通します。

149 What are the speakers planning to do together next week?
話し手たちは、来週一緒に何をする予定ですか。

(A) Meet with a client
(B) Complete a payroll-processing job
(C) Interview potential employees
(D) Attend a résumé-writing workshop

(A) 顧客と会談する
(B) 給与支払処理の仕事を終わらせる
(C) 社員候補者を面接する
(D) 履歴書の書き方の研修会に出席する

正解 C　必答解説　詳細（話し手たちの来週の予定）に関する設問。Huang さんは❷で、チャット相手の Moreno さんに、I wanted to talk briefly about the job candidates who are coming in next week.「来週来社する就職応募者についてちょっと話したかった」と書いている。それに対し、Moreno さんは❸でその考えに賛同し、その後も就職応募者の面接に関する話が続いているので、(C) が正解。
(A) 述べられていない。
(B) ❷から、この仕事は Moreno さんの仕事であることが分かるが、2人でそれを来週するとは述べられていない。
(D) 就職応募者の履歴書の話題は出ているが、履歴書の書き方の研修会には触れられていない。

---

150 At 2:04 P.M., what does Mr. Moreno most likely mean when he writes, "There they are"?
午後2時04分に、"There they are" という発言で、Moreno さんは何を意図していると考えられますか。

(A) He found an e-mail containing documents.
(B) He found some accounting reports on his desk.
(C) His colleagues finally showed up for a meeting.
(D) His job candidates are waiting in the lobby.

(A) 文書を含むEメールを見つけた。
(B) 会計報告書を机の上に見つけた。
(C) 彼の同僚たちが会議にようやく姿を見せた。
(D) 彼の担当の就職応募者がロビーで待っている。

正解 A　必答解説　発言の意図を問う設問。下線部は Moreno さんの最後の発言にあるが、ここまでのチャットの流れを確認すると、❹ Huang「履歴書を見ることはできたか」→❺ Moreno「私にそれをEメールで送ってくれたのか」→❻ Huang「2、3時間前に送った」となっていて、Moreno さんは下線部の発言の直前まで履歴書を見ていなかったことが分かる。また、下線部の後では「あなたからのEメールを見逃したに違いない」「ちょっと待って」「添付ファイルにさっと目を通す」と書いているので、Moreno さんはこの発言時に Huang さんからのメールを見つけたことが分かる。これを「文書（＝履歴書）を含むEメールを見つけた」と表現した (A) が正解。
(B) (C) 述べられていない。
(D) ❷に、就職応募者が会社に来るのは来週だと述べられている。

【語注】
❷ payroll　給与支払業務／briefly　手短に／candidate　候補者、志願者／come in　来社する、出社する
❸ priority　優先事項／beforehand　あらかじめ、前もって／so (that)　～するように／right　正しい、的確な
❼ must have *done*　～したに違いない／miss　～を見落とす、～に気が付かない／Give me a minute.　少し待ってください。／have a quick look at ～　～にさっと目を通す／attachment　添付書類
149 payroll-processing　給料支払処理の／potential　潜在的な、可能性のある
150 colleague　同僚／show up　姿を現す

Questions 151-152 refer to the following table.

Top Photoliker Influencers **Week of April 12**				
Rank	**Name**	**Focus**	**Followers**	**Change from Last Week**
1	❶ Ilhan Geary	Action sports	3,900,000	+12%
2	❷ Priscilla Lameure	Beauty	3,350,000	–19%
3	❸ Ken Carzon	Vegetarian cooking	2,900,700	+6%
4	❹ Fred Wabash	Home remodeling	2,850,000	+4%

問題 151-152 は次の表に関するものです。

上位の写真好きインフルエンサー **4月12日の週**				
順位	**名前**	**活動の中心**	**フォロワー数**	**先週からの変化**
1	Ilhan Geary	アクションスポーツ	3,900,000	＋12%
2	Priscilla Lameure	美容	3,350,000	－19%
3	Ken Carzon	ベジタリアン料理	2,900,700	＋6%
4	Fred Wabash	家の改装	2,850,000	＋4%

151 Who experienced a loss of followers during the week of April 12?

(A) Ilhan Geary
(B) Priscilla Lameure
(C) Ken Carzon
(D) Fred Wabash

4 月 12 日の週にフォロワー数の減少があったのは誰ですか。

(A) Ilhan Geary
(B) Priscilla Lameure
(C) Ken Carzon
(D) Fred Wabash

正解 B 詳細（フォロワーが減った人物）に関する設問。この表は、写真の好きなインフルエンサー 4 人の、4 月 12 日の週におけるフォロワー数を示しているが、表の右端に Change from Last Week「先週からの（フォロワー数の）変化」という欄があり、それによると先週からフォロワー数が減ったのは Lameure さんだと分かる。正解は (B)。
(A) (C) (D) いずれも先週より増加している。

152 What is Mr. Wabash most likely to demonstrate on his feed?

(A) Styling techniques for hair
(B) Cooking vegetable curry recipes
(C) Building kitchen cabinets
(D) Snowboarding skills

Wabash さんはタイムラインで何を見せることになると考えられますか。

(A) 髪のスタイリング技術
(B) 野菜カレー・レシピの調理
(C) 食器棚の製作
(D) スノーボードの技能

正解 C 必答解説 詳細（タイムラインで表示されるもの）に関する設問。表の見出しの Focus は 4 人が重点を置いている活動を示している。Wabash さんは❹の人物で、Focus 覧には Home remodeling「家の改装」とあるので、彼がタイムラインで見せると考えられるものは (C) が適切。
(A) 美容を対象とする、❷ Lameure さんに関連するもの。
(B) ベジタリアン料理を対象とする、❸ Carzon さんに関連するもの。
(D) アクションスポーツを対象とする、❶ Geary さんに関連するもの。

【語注】
liker ＜通常名詞を伴って＞～が好きな人／influencer 影響力を持つ人、インフルエンサー／rank 順位／
focus （興味・活動などの）中心、的、重点／follower フォロワー ★ SNS であるユーザーの投稿を受信するよう登録している人
❶ action sports アクションスポーツ ★スノーボードやサーフィンなど、速さ、高さ、華麗さ、危険さなどを競うスポーツ。エクストリームスポーツとも呼ばれる
❹ remodel ～を改装する
151 experience ～を受ける、～を被る／loss 減少
152 *be to do* ～することになっている／demonstrate ～を見せる／
feed フィード、タイムライン ★ウェブサイトの更新情報の配信形式、またその配信データを指す。SNS のタイムラインなど／
styling スタイリング、整髪／kitchen cabinet 食器棚

Questions 153-154 refer to the following e-mail.

① **To:**	Nha Nguyen
From:	NCEO Membership Committee
Date:	June 15
Subject:	Membership renewal

Dear Mr. Nguyen:

② Thank you so much for renewing your National Civil Engineering Organization membership with us. Your membership dues help support our organization. NCEO members enjoy access to the latest articles and studies about civil engineering. Members can also build their professional skills and maintain licensure requirements as well as engage with peers in discipline-specific groups.

③ Your annual membership was renewed on June 1. You are registered in the Utility and Pipelines Engineering interest group. Mark your calendar for August 16–19 for the NCEO annual convention to be held in Seattle this year. We hope to see you there.

Sincerely,

The NCEO Membership Committee
www.nceo.org/membership

問題 153-154 は次の E メールに関するものです。

受信者：Nha Nguyen
送信者：NCEO 会員権委員会
日付　：6 月 15 日
件名　：会員権の更新

Nguyen 様

全国土木工学協会（NCEO）の会員権を更新していただき、大変ありがとうございます。皆さまの会費は私たちの組織を支えるのに役立ちます。NCEO 会員は、土木工学に関する最新の記事や研究を閲覧いただけます。また会員は、ご自分の専門技術を磨いてライセンス交付の要件を維持するとともに、各専門分野のグループの仲間と関わることもできます。

Nguyen 様の年間会員権は 6 月 1 日に更新されました。Nguyen 様は公益設備・パイプライン工学分科会に登録されています。今年シアトルで開催される NCEO の年次大会のために、カレンダーの 8 月 16 日～ 19 日に印を付けておいてください。大会でお目にかかれるのを楽しみにしております。

敬具

NCEO 会員権委員会
www.nceo.org/membership

153 What is one purpose of the e-mail?

(A) To provide a link to licensing study materials
(B) To distribute statistical data to professional engineers
(C) To thank Mr. Nguyen for registering for a convention
(D) To describe the benefits of belonging to the NCEO

Eメールの1つの目的は何ですか。

(A) ライセンス交付用教材へのリンクを提供すること
(B) 統計データをプロの技術者に配布すること
(C) Nguyenさんに大会への登録についてお礼を述べること
(D) NCEOに所属する利点を説明すること

正解 D 概要（Eメールの目的）に関する設問。❶から、このメールはNCEO会員権委員会がNha Nguyenさんに会員権の更新に関する連絡をするためのメールだと分かる。委員会は❷の3、4文目で会員ができることとして、「土木工学に関する最新の記事や研究を閲覧できる」「専門技術を磨いてライセンス交付の要件を維持することができる」「各専門分野のグループの仲間と関わることができる」と述べている。また、❸ではNCEOの年次大会に出席できることも併せて伝えている。よって正解は(D)。
(A) ライセンス交付の条件を維持できると述べられているが、そのための教材には触れていない。
(B) 記事や研究を利用できることは述べられているが、統計データをプロの技術者に配布するとは述べられていない。
(C) 来年シアトルで年次大会があることは述べられているが、Nguyenさんがそれに登録したとは述べられていない。

---

154 What is indicated about Mr. Nguyen?

(A) He recently received his engineering license.
(B) He recruits new members for NCEO.
(C) He is part of a group within NCEO.
(D) He plans to travel to Seattle in August.

Nguyenさんについて何が示されていますか。

(A) 最近、工学のライセンスを受け取った。
(B) NCEOの新規会員を勧誘している。
(C) NCEO内のあるグループの一員である。
(D) 8月にシアトルへ旅行することを計画している。

正解 C 詳細（受信者について示されている事柄）に関する設問。送信者は❸1文目で、Nguyenさんの（NCEOの）年間会員権は6月1日に更新されたことを伝え、直後にYou are registered in the Utility and Pipelines Engineering interest group.「あなたは公益設備・パイプライン工学分科会に登録されている」と現在の登録状況を知らせている。つまり、❷の最後の文でも述べられている通り、NCEOには幾つかのdiscipline-specific groups「各専門分野のグループ」があり、Nguyenさんはその中の一つに登録されていると考えられるので(C)が正解。
(A) Nguyenさんは工学のライセンスを持っている可能性があるが、最近取得したとは述べられていない。
(B) Nguyenさんが新規会員を勧誘しているとは述べられていない。
(D) 8月にシアトルで年次大会があると述べられているが、Nguyenさんがシアトル旅行を計画しているという情報はない。

【語注】
❶ committee　委員会、委員／renewal　更新
❷ renew　～を更新する／dues　＜複数形で＞会費／enjoy access to ～　～を利用することができる／civil engineering　土木工学／build a skill　技を磨く／licensure　免許交付、ライセンス交付／requirement　要件／*A* as well as *B*　AだけでなくBも、AおよびB／engage with ～　～に関与する／peer　仲間／discipline-specific　分野に特化した
❸ register　登録する／interest group　分科会 ★特定の知識や技術に関心を持つメンバーが相互に意見交換をするための会／mark　～に印を付ける
153 link　ハイパーリンク／licensing　免許交付、ライセンス交付／distribute　～を配布する／statistical　統計の／benefit　利益、恩恵、特典
154 recruit　～を新しく入れる、～を勧誘する

Questions 155-157 refer to the following instructions.

VK6200 Instructions

❶ First, remove the speaker from the packaging and place it upright on a flat surface, as shown in the figure on the next page.

❷ Then, using the included adapter, connect the speaker to an electrical outlet. Wait at least one hour for the speaker to charge. The light on the front panel will turn blue when the speaker is fully charged.

❸ Once the speaker is charged, connect the speaker to your radio or mobile phone (or other audio device). Adjust the volume using the + and - buttons on the side panel.

問題 155-157 は次の取扱説明書に関するものです。

VK6200 取扱説明書

最初に、箱からスピーカーを取り出し、次ページの図に示されているように平らな所に真っすぐ立てて置いてください。

次に、同梱のアダプターを使って、スピーカーを電気のコンセントにつないでください。スピーカーが充電されるまで少なくとも1時間待ってください。スピーカーが完全に充電されると、前面のパネルのライトが青に変わります。

スピーカーが充電されたら、スピーカーをラジオや携帯電話（または他のオーディオ機器）につないでください。側面のパネルにある＋と－のボタンを使って音量を調節してください。

155 In paragraph 1, line 2, the word "figure" is closest in meaning to

(A) image
(B) total
(C) person
(D) amount

第1段落・2行目にある "figure" に最も意味が近いのは

(A) 画像
(B) 合計
(C) 人物
(D) 量

正解 A 必答解説 語の意味を問う設問。❶の冒頭から、この取扱説明書がスピーカーに関するものだと分かる。ここでは最初の手順として「箱からスピーカーを出し、平らな所に真っすぐ立てて置く」とあり、直後に as shown in the figure on the next page「次ページの図に示されているように」とあって、スピーカーの置き方を図で補足説明していると考えられるので、(A) が正解。
(B)(C)(D) 文脈に合わない。

---

156 Why most likely would someone use the product?

(A) To light a room
(B) To listen to music
(C) To record a phone call
(D) To make an announcement

人はなぜこの製品を使うことがあると考えられますか。

(A) 部屋を照らすため
(B) 音楽を聴くため
(C) 電話を録音するため
(D) お知らせをするため

正解 B 必答解説 概要（製品の用途）に関する設問。❶で、この製品がスピーカーであることが分かる。さらに❸に、充電完了後に「スピーカーをラジオや携帯電話（または他のオーディオ機器）につなぐ」、そして「側面のパネルにある＋と－のボタンを使って音量を調節する」とあるので、これが何らかの音源を聞くための機器であることが明確となり、自信を持って (B) を正解として選べる。
(A) スピーカーは照明器具ではない。
(C) ❸に携帯電話が登場するが、スピーカーは録音機器ではない。
(D) 述べられていない。

---

157 According to the instructions, why should someone wait before first using the product?

(A) To let the product rise to room temperature
(B) To see whether any error lights turn on
(C) To allow software to fully download
(D) To ensure that the product has enough power

取扱説明書によると、なぜ最初に製品を使う前に待った方がよいのですか。

(A) 製品を室温まで上げるため
(B) エラーライトがつくか確認するため
(C) ソフトウエアを完全にダウンロードするため
(D) 確実に製品に十分な電力があるようにするため

正解 D 詳細（製品の使用法）に関する設問。❷ではまず、スピーカーを電気のコンセントにつなぐように指示し、次に「スピーカーが充電されるまで少なくとも1時間待つ」と述べている。これが設問の「最初に製品を使う前に待った方がよい」理由に当たるので、正解は (D)。
(A) 言及がない。
(B) 充電完了後のライトの点灯については述べているが、エラー表示のライトには触れていない。
(C) ダウンロードについては記述がない。

Section 3 Part 7

【語注】
instructions ＜複数形で＞取扱説明書 ❶ packaging 箱、梱包／upright 直立に／surface 表面／figure 図
❷ connect ～ to … ～を…につなぐ／outlet コンセント／charge 充電される／front 前面の／
turn ～（性質・外観など）が変わる／fully 完全に ❸ device 機器、端末／adjust ～を調節する
157 rise （価格・温度などが）上がる／room temperature 室温／error エラー、誤動作／power 電力

Questions 158-160 refer to the following e-mail.

To:	Edward Cazal <ecazal@morriganbirds.ca>
From:	Adela Rosier <arosier@morriganbirds.ca>
Subject:	Information
Date:	25 January

Dear Mr. Cazal:

1 I'm writing to inform the management team about the field tests for the new version of the bird-watching application. The tests are going well. As you know, the first version of the app was very basic. In particular, it took some time for us to determine how to get the birdsong-identification software to ignore sounds such as traffic, planes, and machinery. Our engineers have finally determined how to do so.

2 Additionally, the database of recorded bird calls and songs was initially quite small, and the accuracy of the app depends on having a large quantity of samples. We have recruited bird-watchers, both professional and amateur, to capture high-quality audio of birdsongs to add to the database. They've logged thousands of hours, and the new version of the app should be significantly more accurate than the last. And as more people submit recordings, it will become even more so.

3 Assuming there are no additional problems, we're on target to release the new version of the app in March.

Sincerely,

Adela Rosier, Project Coordinator

問題 158-160 は次の E メールに関するものです。

受信者：Edward Cazal <ecazal@morriganbirds.ca>
送信者：Adela Rosier <arosier@morriganbirds.ca>
件名　：お知らせ
日付　：1 月 25 日

Cazal 様

バードウォッチング・アプリの新バージョンのための実地テストについて経営陣にお知らせするためにメールを書いています。テストはうまくいっています。ご承知のように、アプリの最初のバージョンはとても初歩的なものでした。特に、鳥の鳴き声識別ソフトに車の往来や飛行機や機械などの音を無視させる方法を突き止めるのに、かなりの時間がかかりました。わが社の技術者はついにその方法を突き止めました。

加えて、録音された鳥の鳴き声のデータベースが当初は大変小さかったのですが、アプリの正確さは大量のサンプルを持っているかどうかに左右されます。私たちは、鳥の鳴き声の高品質音源を手に入れてデータベースに加えるために、プロとアマチュア両方のバードウォッチャーたちを新たに雇いました。彼らは数千時間分を記録してくれたので、アプリの新バージョンは前のバージョンよりもはるかに正確なはずです。そして、もっと多くの人たちが録音物を提出するにつれて、さらに正確になっていくでしょう。

これ以上の問題が何もないとすれば、私たちはこのアプリの新バージョンを 3 月にリリースすることを目指します。

敬具

プロジェクト・コーディネーター Adela Rosier

158 What is the purpose of the e-mail?

(A) To thank someone for a reference
(B) To provide an update
(C) To inquire about field testing
(D) To ask about some research

Eメールの目的は何ですか。

(A) ある人に推薦状へのお礼を述べること
(B) 最新情報を提供すること
(C) 実地テストについて尋ねること
(D) 調査について尋ねること

正解 B 概要(Eメールの目的)に関する設問。受信者と送信者はメールアドレスのドメイン(morriganbirds.ca)が同じであり、❶1文目にI'm writing to inform the management team about the field tests for ...「……の実地テストについて経営陣に知らせるためにメールを書いている」とあるので、受信者と送信者は同じ組織に属していることが分かる。また、同じく❶2文目で実地テストが順調に進んでいること、さらに続く文では、初歩的だった最初のアプリの問題点が解決されたことを述べている。❷、❸の段落でも実地テストやアプリについての最新情報を知らせているので、(B)が正解。
(A) 述べられていない。
(C)(D) 送信者は実地テストや調査を行っている側の人物なので、いずれも不適切。

---

159 What problem does Ms. Rosier mention?

(A) A shortage of engineers
(B) A Web site that crashed
(C) Interference from background noise
(D) Low interest in an app

Rosierさんはどんな問題を述べていますか。

(A) 技術者の不足
(B) 機能停止したウェブサイト
(C) 背景雑音による干渉
(D) アプリに対する関心の低さ

正解 C 詳細(問題点の内容)に関する設問。送信者のRosierさんは❶3文目で「アプリの最初のバージョンはとても初歩的なものだった」と述べ、続く文で特に問題だった点について、to determine how to get the birdsong-identification software to ignore sounds such as traffic, planes, and machinery「鳥の鳴き声識別ソフトに車の往来や飛行機や機械などの音を無視させる方法を突き止めること」に時間がかかったと続けている。これを「背景雑音による干渉」と表現した(C)が正解。
(A) 技術者が抱えた困難については述べられているが、人数の不足は述べられていない。
(B) (D) いずれも記述がない。

---

160 What has the company hired bird-watchers to do?

(A) Submit photographs
(B) Update maps
(C) Report bird sightings
(D) Make recordings

会社は何をしてもらうためにバードウォッチャーを雇いましたか。

(A) 写真を提出する
(B) 地図を最新のものにする
(C) 鳥の目撃例を報告する
(D) 録音する

正解 D 詳細(バードウォッチャーを雇った目的)に関する設問。Rosierさんは❷1文目で、もう1つの問題として、鳥の鳴き声のデータベースが小さくアプリが正確でなかったことを報告しているが、続く文ではその解決策として「私たちは、鳥の鳴き声の高品質音源を手に入れてデータベースに加えるために、プロとアマチュア両方のバードウォッチャーたちを新たに雇った」と、すでに取った対策を述べている。設問のthe companyはRosierさんが所属している会社を指すので、正解は(D)。
(A) 提出するのは写真ではなく録音物なので、不適切。
(B)(C) いずれも鳥の鳴き声の採集に関連のありそうな事柄だが、述べられていない。

【語注】
❶ field test 実地テスト／get ～ to *do* ～に…させる／birdsong 鳥の鳴き声／identification 識別／ignore ～を無視する
❷ bird call 鳥の鳴き声、鳥が仲間を呼ぶ声／initially 当初は／accuracy 正確さ／recruit ～を新しく雇い入れる／amateur アマチュアの／capture ～を捕らえる、～を獲得する／log ～を記録する、～を集める／significantly 著しく／accurate 正確な／the last ★＝the last version「前のバージョン」／submit ～を提出する／recording 録音物
❸ assuming ～であると仮定すれば／be on target to *do* ～することを目標にする
158 reference 推薦状／inquire about ～ ～について尋ねる
159 shortage 不足／crash 機能が停止する／interference 干渉、妨げ
160 sighting 目撃例

Questions 161-163 refer to the following Web page.

https://www.excelekksupply.com

❶ In operation for more than for 25 years, Excelekk Supply specializes in manufacturing customizable computer furniture for clients in diverse industries, from university administration to warehousing and shipping services. — [1] —. With the client's requirements in mind, we can develop a precisely tailored design that will reduce clutter and maximize efficiency. — [2] —. Common to all of our workstations are desktops that are easily adjusted to varying heights. — [3] —. We also understand that clients may need custom products on a last-minute basis, with very tight design timelines. Thanks to our experience and expertise, we can handle these types of orders with confidence.

❷ Excelekk Supply operates Melway City's only computer furniture showroom, centrally located at 10 Franklin Street and open Monday to Friday from 10:00 A.M. to 5:00 P.M. Whether you need a single computer desk for a home office or are seeking to equip an entire IT laboratory, this showroom is a must-visit. Here, you can try out a selection of our most popular products and discuss your design needs with one of our knowledgeable staff. — [4] —.

問題 161-163 は次のウェブページに関するものです。

https://www.excelekksupply.com

Excelekk備品社は25年間を超えて事業を行っており、大学の理事会から倉庫保管業や配送サービス業に至るまで、さまざまな業種のお客さまのためのカスタマイズ可能なコンピューター用家具の製造を専門としています。当社は、お客さまの要件を念頭に、乱雑な状態を軽減し効率を最大化する、正確に調整された設計を行うことができます。当社の仕事机の全てに共通しているのは、いろいろな高さに簡単に調節できる天板(てんばん)です。*この特長により、どんなご利用者でも、立った姿勢で快適に作業をすることができます。当社は、お客さまが非常に厳しい設計日程で、間際に特注品を必要とされる場合があることも承知しています。経験と専門知識によって、当社はこの種のご注文に自信を持ってお応えできます。

Excelekk備品社は、Melway市唯一のコンピューター用家具のショールームを都心部のFranklin通り10番地で運営し、月曜日から金曜日の午前10時から午後5時まで営業しております。お客さまがホームオフィス用に1台のコンピューター用デスクを必要とされているのであっても、IT研究室全体を装備しようとされているのであっても、ぜひこのショールームをお訪ねください。ここでは、当社で最も人気のあるえりすぐりの製品をお試しいただくことができ、お客さまの設計のニーズについて知識豊富な当社スタッフに相談することができます。

*Q163の挿入文の訳

161 What is indicated about Excelekk Supply?
(A) It has two production facilities.
(B) It started at a university.
(C) It can fulfill rush orders.
(D) It offers free shipping.

Excelekk備品社について何が示されていますか。
(A) 2つの製造施設を持っている。
(B) 大学で創業した。
(C) 急ぎの注文をこなすことができる。
(D) 無料配送を行っている。

正解 C 詳細（文書で示されている事柄）に関する設問。❶の最終文にThanks to ..., we can handle these types of orders with confidence.「……によって、当社はこの種の注文に自信を持って応えられる」とあるが、these types of orders「この種の注文」が指しているのは、前文のclients may need custom products on a last-minute basis, with very tight design timelines「お客さまが非常に厳しい設計日程で、間際に特注品を必要とする場合がある」から、「急ぎの注文」のことだと分かる。よって(C)が適切。
(A) 製造施設については触れられてない。❷1文目で説明されている施設はショールームであり、製造施設ではない。
(B) この会社のクライアントの一つに大学の理事会があることは述べられているが、会社自体が大学で創業したとは書かれていない。
(D) 述べられていない。

---

162 What are readers encouraged to do?
(A) Recycle used furniture
(B) Visit a display space
(C) Write an online review
(D) View a digital video

読み手は何をするよう勧められていますか。
(A) 中古家具をリサイクルする
(B) 展示スペースを訪ねる
(C) オンラインレビューを書く
(D) デジタル映像を見る

正解 B 必答解説 詳細（読み手が勧められていること）に関する設問。❷1文目から、この会社がコンピューター用家具のショールームを持っていることが分かる。このショールームについては2文目で、Whether you need ... or ..., this showroom is a must-visit.「……であっても、……であっても、ぜひこのショールームを訪ねてください」と述べている。これが、読み手が勧められていることになるので、正解は(B)。文書内のa must-visitの部分が動詞visitを使って言い換えられ、this showroomがa display spaceと言い換えられていることを即座に読み取り、正解につなげよう。
(A) 家具を扱う会社だが、中古家具をリサイクルするとは述べられていない。
(C) (D) 述べられていない。

163 In which of the positions marked [1], [2], [3], and [4] does the following sentence best belong?

"This feature allows any user to work comfortably in a standing position."

(A) [1]
(B) [2]
(C) [3]
(D) [4]

[1]、[2]、[3]、[4] と記載された箇所のうち、次の文が入るのに最も ふさわしいのはどれですか。

「この特長により、どんなご利用者でも立った姿勢で快適に作業をすることができます」

(A) [1]
(B) [2]
(C) [3]
(D) [4]

正解 C 必答解説 挿入文の位置を問う設問。挿入文の文頭に This feature「この特長」とあり、その特長がもたらす効果は「どんな利用者でも立った姿勢で快適に作業をすることができる」ことだと述べられているので、この会社の家具製品の特長が書かれた部分に入れるのが適切だと分かる。❶の空所 [3] の前文に、Common to all of our workstations are desktops that are easily adjusted to varying heights.「当社の仕事机の全てに共通しているのは、いろいろな高さに簡単に調節できる天板だ」と、製品の特長が述べられている。この後に該当の挿入文を入れると自然なつながりになるので、(C) が正解。

【語注】

❶ in operation 事業を行って、運営されて/specialize in ～ ～を専門にする/manufacture ～を製造する/customizable カスタマイズできる、特注可能な/diverse さまざまな/administration 運営組織、経営陣/warehousing 倉庫業務/shipping 配送/with ～ in mind ～を念頭に置いて/develop ～(新しいもの)を作り出す、～を開発する/precisely 正確に、まさに/tailored あつらえた、ぴったり調整された/design 設計/clutter 乱雑、雑然としていること/maximize ～を最大化する/efficiency 能率、効率/Common to all of our workstations are desktops that ... ★Desktops that ... are common to all of our workstations. の下線部を強調するために文頭に置いた倒置文/workstation (一人に与えられた)仕事場所、コンピュータ用机/desktop (机などの)天板/adjust to ～ ～に合わせて調節する/varying さまざまな/custom product 特注品/on a ～ basis ～ベースで、～基準で/last-minute ぎりぎりの、土壇場の/timeline 日程/expertise 専門知識/handle ～を処理する/with confidence 自信を持って
❷ operate ～を運営する/centrally 中心部に/seek to *do* ～しようとする/equip ～を備え付ける/entire 全体の/must-visit 訪れるべき場所 ★must-～で「必須の～」/knowledgeable 知識豊富な
161 fulfill ～を満たす/rush order 急ぎの注文/offer ～を提供する
162 encourage ～ to *do* ～に…することを勧める
163 feature 特長、特色/in a ～ position ～の姿勢で

Questions 164-167 refer to the following article.

Telling Your Company's Story

By Eva Yavuz

1 The idea for this article came to me about two weeks ago, when I served on the judging panel for the Web Build Awards. The Web sites that won the first and second prizes were designed for video game developers and featured stunning visual design. Indeed, all the submissions were highly innovative, but I noticed one area that Web-based enterprises could concentrate more on—namely, the business description section, or "About Us" page. — [1] —.

2 In my experience, the "About Us" page is one of the most visited sections of any small business's Web site. — [2] —. This page allows a company to distinguish itself from the competition. Writing an "About Us" page is as simple as outlining your company's history. A former client of mine, Marvalian Enterprises, uses this page to tell how the business was started. The inspiration for the company, which focuses exclusively on selling T-shirts and caps with images of rare animals, came after its founders participated in a tour of Costa Rica to observe endangered wildlife. Note, too, that the "About Us" page provides an ideal opportunity for the company to present its guiding principles. — [3] —. Another good topic to cover is your company's future goals.

3 When developing an "About Us" page, many entrepreneurs write their stories quickly, but I would advise doing the opposite. It is better to create your company description at a deliberate pace, allowing ample time to review your writing and ensure your message is clear. — [4] —. Overall, a well-written "About Us" page is key to attracting new customers.

問題 164-167 は次の記事に関するものです。

あなたの会社の歴史を語ること

Eva Yavuz 記

この記事のアイデアが浮かんだのは 2 週間ほど前で、そのとき私は Web Build 賞の審査員を務めていた。1 位と 2 位を受賞したウェブサイトはテレビゲーム開発者向けに作られたもので、目を見張るような視覚的なデザインが特色となっていた。確かに、全ての出品作が非常に革新的だったが、私はウェブを基盤とする企業がもっと注力してもいいある領域——すなわち、会社概要のセクション、別名「会社案内」のページ——に注目した。

私の経験では、「会社案内」のページは、どの小規模企業のウェブサイトでも最もよく閲覧されるセクションの一つだ。このページによって、企業は自社と競合他社の違いを示すことができる。「会社案内」のページを書くのは、あなたの会社の歴史の概要を説明するだけのことだ。私のかつての顧客であるMarvalian事業社は、同社の事業がどのように始められたかを述べるためにこのページを使っている。同社の着想は、珍しい動物の図柄をあしらったTシャツと帽子を売ることだけに特化するというものだが、それは創業者が絶滅危惧種の野生動物を観察するコスタリカ旅行に参加したことから得たものだった。また、「会社案内」のページが企業の基本理念を示すための理想的な機会を提供してくれることも覚えておいてほしい。*中核となる価値観を強調することは、特に環境保護を擁護する企業にとって重要である。取り上げるのに適したもう一つの話題は、あなたの会社の将来の目標だ。

「会社案内」のページを制作するに当たって、多くの起業家は自らの物語を時間をかけずに書くが、私なら逆のことをするように勧める。会社概要は慎重なペースで作り、書いたものを見直し、伝えたいことを明確にするために十分な時間をかけた方がよい。総じて、よく練られた「会社案内」のページは新しい顧客を引き付ける鍵なのである。

*Q167 の挿入文の訳

164 According to the article, what has Ms. Yavuz done recently?

(A) She hired an assistant.
(B) She judged a contest.
(C) She designed a video game.
(D) She launched a Web site.

記事によると、Yavuz さんは最近何をしましたか。

(A) 助手を雇った。
(B) コンテストの審査をした。
(C) テレビゲームを考案した。
(D) ウェブサイトを立ち上げた。

正解 B 詳細（記事の筆者が最近したこと）に関する設問。記事の筆者である Yavuz さんは❶の冒頭で「この記事のアイデアが浮かんだのは 2 週間ほど前だ」と述べ、続けて、when I served on the judging panel for the Web Build Awards.「そのとき私は Web Build 賞の審査員を務めていた」と書いている。(B) が正解。
(A) 述べられていない。
(C) ❶ 2 文目に、Web Build 賞で 1 位と 2 位を受賞したウェブサイトはテレビゲーム開発者向けだと書かれているが、そのゲームが Yavuz さんが考案したものだとは書かれていない。
(D) 記事内に出てくる Web site が含まれる選択肢だが、Yavuz さんがウェブサイトを立ち上げたとは述べられていない。

---

165 What kind of business is Marvalian Enterprises?

(A) A Web site design firm
(B) A specialty tour operator
(C) A photography service
(D) A clothing company

Marvalian 事業社はどのような業種の会社ですか。

(A) ウェブサイト設計会社
(B) 特別企画旅行の運営業者
(C) 写真撮影サービス会社
(D) 衣料品会社

正解 D 必答解説 詳細（ある会社の業務内容）に関する設問。Marvalian 事業社の名前は、❷ 4 文目（右段の 1 行目）に出てくる。この会社については 5 文目以降で、The inspiration for the company, which focuses exclusively on selling T-shirts and caps with images of rare animals「同社の着想は、珍しい動物の図柄をあしらった T シャツと帽子を売ることだけに特化するというものだ」と説明が続いている。T シャツと帽子を衣料品（clothing）と表現した (D) が正解。
(A) 記事はウェブサイトに関するものだが、 Marvalian 事業社はウェブサイトの設計会社ではない。
(B) 同社の創業者が絶滅危惧種観察のコスタリカ旅行に参加したとあるが、同社は旅行業者ではない。
(C) 述べられていない。

---

166 What does Ms. Yavuz recommend doing?

(A) Subscribing to business journals
(B) Hiring outside marketing agencies
(C) Writing Web site content carefully
(D) Creating detailed budgets

Yavuz さんは何をすることを勧めていますか。

(A) 業界誌を定期購読すること
(B) 外部のマーケティング代理店を雇うこと
(C) ウェブサイトの内容を慎重に書くこと
(D) 詳細な予算案を作成すること

正解 C 必答解説 詳細（記事の筆者の提案内容）に関する設問。suggest や advise などの提案表現に注意しながら読むと、❸ 1 文目で筆者は「会社案内」のページを書く際の心得について、I would advise doing the opposite という表現を使って、「多くの起業家は自らの物語を時間をかけずに書くが、私なら逆のことをするように勧める」と述べている。2 文目には具体的に It is better to create your company description at a deliberate pace, allowing ample time to ...「会社概要は慎重なペースで作り、……するために十分な時間をかけた方がよい」と続けている。記事中の表現の at a deliberate pace を carefully と言い換えた (C) が正解。
(A) 記事は企業に関するものだが、業界誌の話題は出ていない。
(B) 外部のマーケティング代理店には触れていない。
(D) 予算に関する話題は出ていない。

167 In which of the positions marked [1], [2], [3], and [4] does the following sentence best belong?

"Highlighting core values is especially important for companies that champion environmentalism."

(A) [1]
(B) [2]
(C) [3]
(D) [4]

[1]、[2]、[3]、[4] と記載された箇所のうち、次の文が入るのに最もふさわしいのはどれですか。

「中核となる価値観を強調することは、特に環境保護を擁護する企業にとって重要である」

(A) [1]
(B) [2]
(C) [3]
(D) [4]

正解 C 挿入文の位置を問う設問。挿入文中の core values「中核となる価値観」に注目する。さらに、挿入文では、その価値観を強調することは、is especially important for companies that champion environmentalism「特に環境保護を擁護する企業にとって重要である」と述べられているので、この挿入文の前で、その他の企業にとっても重要であることを述べていると考えられる。空所 [3] の直前にある文では、Note, too, that the "About Us" page provides an ideal opportunity for the company to present its guiding principles.「また、『会社案内』のページが企業の基本理念を示すための理想的な機会を提供してくれることも覚えておいてほしい」とあり、これを受けて「特に環境保護を擁護する企業にとって重要である」という文脈になる (C) が正解。

【語注】

❶ come to ～ （考えが）～に浮かぶ／serve on ～ ～（委員など）の一員である、～を務める／judging panel 審査員団／developer 開発者／feature ～を特色にする、～を呼び物にする／stunning 目を見張るような、ぼうぜんとさせるような／indeed 確かに／submission 提出物／innovative 革新的な／Web-based ウェブを基盤とする／enterprise （大掛かりな）事業、企業／namely すなわち／business description 会社概要、事業概要／or すなわち、言い換えれば
❷ distinguish ～ from … ～と…の違いを示す／the competition 競合他社／*be* as simple as ～ ～するだけのことだ／outline ～の概略を述べる／former かつての／inspiration ひらめき、素晴らしい着想／exclusively ～に限定して／rare 珍しい／endangered 絶滅危惧種の／wildlife 野生動物／guiding principle 基本理念、指導原理／cover ～を取り上げる、～を取り扱う
❸ entrepreneur 起業家／advise *doing* ～することを勧める／the opposite 正反対のこと／company description 会社概要／deliberate 熟考した上での、慎重な／ample 十分な／overall 総じて、全般的に／well-written よく書かれた、よくまとまった／*be* key to ～ ～にとって鍵になる
164 judge ～の審査をする／launch ～（事業など）を始める、～（新製品）を売り出す
165 firm 会社、事務所／specialty 特色、特殊性、専門領域／tour operator パッケージ旅行業者
166 subscribe to ～ ～を定期購読する／journal 定期刊行物／outside 外部の／content 中身、内容
167 highlight ～を強調する／core 中心となる／values ＜複数形で＞価値観／champion ～を擁護する／environmentalism 環境保護

Questions 168-171 refer to the following text-message chain.

1 **Alex Palakiko (9:16 A.M.)**
Have you both submitted the documents for the governor's budget review meeting on Tuesday?

2 **Kristina Rath (9:18 A.M.)**
I just sent mine in.

3 **Samuel Kubo (9:20 A.M.)**
I am still working with the legislative office to review a few items—I will have my documents in by Friday.

4 **Alex Palakiko (9:21 A.M.)**
Is that the earliest you can manage?

5 **Samuel Kubo (9:22 A.M.)**
I'm waiting on a few expenditure reports from the legislative office.

6 **Kristina Rath (9:23 A.M.)**
I need to go to another meeting soon. Is there anything else either one of you needs from me?

7 **Alex Palakiko (9:24 A.M.)**
Nothing from me. Samuel, we're also reviewing the full state budget report at the Tuesday meeting, so if there's anything you could get to me before Friday, that would be good.

8 **Samuel Kubo (9:25 A.M.)**
I can send you the documents I've completed so far. Then I'll send you the last three by Friday.

9 **Alex Palakiko (9:26 A.M.)**
Yes, please do that!

問題 168-171 は次のテキストメッセージのやりとりに関するものです。

Alex Palakiko (午前 9 時 16 分)
2 人とも、火曜日の州知事の予算審査会議用の書類を提出しましたか。

Kristina Rath (午前 9 時 18 分)
ちょうど自分の分を提出したところです。

Samuel Kubo (午前 9 時 20 分)
私はまだ幾つかの項目を再検討するために立法局とやりとりしているところです——金曜日までには書類を出します。

Alex Palakiko (午前 9 時 21 分)
それが何とかできる最も早い期日ですか。

Samuel Kubo (午前 9 時 22 分)
私は立法局からの支出報告書を何通か待っているところなんです。

Kristina Rath (午前 9 時 23 分)
私は間もなく別の会議に行かなければなりません。お 2 人のどちらかが私から必要なことは何か他にありますか。

Alex Palakiko (午前 9 時 24 分)
私からは何もありません。Samuel、私たちは火曜日の会議で、州の詳細な予算報告書を見直すことにもなっているので、金曜日より前に私に届けてもらえそうなものが何かあればありがたいです。

Samuel Kubo (午前 9 時 25 分)
これまでに出来上がっている書類をお送りできます。その後、金曜日までに最後の 3 つを送ります。

Alex Palakiko (午前 9 時 26 分)
はい、そうしてください！

168 Who most likely employs the writers?

(A) An industrial fishing company
(B) A government office
(C) A financial firm
(D) A law firm

これを書いている人たちを誰が雇用していると考えられますか。

(A) 水産会社
(B) 官庁
(C) 金融会社
(D) 法律事務所

正解 B　必答解説　概要（書き手の雇用者）に関する設問。Palakiko さんは❶で、the documents for the governor's budget review meeting「州知事の予算審査会議用の書類」と言っており、それを提出したかどうかを他の2人に尋ねている。❸では Kubo さんが、I am still working with the legislative office to review a few items「私はまだ幾つかの項目を再検討するために立法局とやりとりしているところだ」と述べている。さらに❼には Palakiko さんの we're also reviewing the full state budget report「州の詳細な予算報告書を見直すことにもなっている」という発言もあるので、3人は官庁で働いていると考えられる。(B) が正解。文書の随所にヒントがあるので、各人の発言に出てくるキーワードをしっかり読み取り、正解を絞り込むことがポイント。
(A) 述べられていない。
(C) テキストメッセージ中に budget「予算」や expenditure「支出」という語が出てくるが、金融会社ではない。
(D) legislative office は法律を作る「立法局」であり、一般的な法律事務所ではない。

---

169 What is indicated about Ms. Rath?

(A) She works in data processing.
(B) She is unwilling to take on another assignment.
(C) She has completed her assigned work.
(D) She does not usually work on Fridays.

Rath さんについて何が示されていますか。

(A) データ処理の仕事をしている。
(B) 別の業務を請け負うことに気が進まない。
(C) 割り当てられた仕事を完了している。
(D) 普段は金曜日には仕事をしない。

正解 C　必答解説　詳細（書き手の一人について示されている事柄）に関する設問。Rath さんについては、❷で自分の書類を提出したこと、❻で間もなく別の会議に行かなければならないことが分かる。❷に関して「割り当てられた仕事を完了している」と表現した (C) が正解。テキストメッセージ上の表現を言い換えた選択肢に気付けるかどうかが重要だ。
(A)(D) 述べられていない。
(B)「別の業務」が❻で述べられた「別の会議」を指すとしても、Rath さんがその会議に行くことをどう思っているかは述べられていない。

---

170 At 9:21 A.M., what does Mr. Palakiko most likely mean when he writes, "Is that the earliest you can manage?"

(A) He knows that the legislative office causes delays.
(B) He wants some documents before Friday.
(C) He thinks Mr. Kubo will arrive soon.
(D) He wants to meet before Tuesday.

午前9時21分に、"Is that the earliest you can manage?" という発言で、Palakiko さんは何を意図していると考えられますか。

(A) 立法局が遅れの原因であることを知っている。
(B) 金曜日より前に書類が欲しい。
(C) Kubo さんはすぐに到着すると思っている。
(D) 火曜日の前に会議をしたいと思っている。

正解 B 発言の意図に関する設問。Palakiko さんは Kubo さんが❸で「金曜日までには書類を出す」と書いたことに対して、❹で下線部のように尋ねている。Kubo さんが❺で遅れている理由を繰り返すと、Palakiko さんは❼で、「Samuel（＝ Kubo さん）、私たちは火曜日の会議で、州の詳細な予算報告書を見直すことにもなっているので、金曜日より前に私に届けてもらえそうなものが何かあればありがたい」と書いているので、Palakiko さんは Kubo さんから金曜日より早く書類をもらいたいと思っていると考えられる。よって (B) が正解。
(A) 下線部の発言の直前の❸で Kubo さんが、まだ立法局とやりとり中であることを説明しているので、Palakiko さんはそれを知っていると思われるが、この後の流れを考えると、この発言の意図はそれを伝えることではない。
(C) ❼2文目にある get to の類語の arrive を含んでいるが、ここでの get to 〜は「〜に届ける」という意味であり、Kubo さんの到着についても述べられていない。
(D) Palakiko さんは❼で、火曜日の会議のために Kubo さんの書類を前もって欲しいとは言っているが、会って話したいとは述べていない。

---

171 What will Mr. Kubo probably do next?

(A) Visit an office
(B) Attend a meeting
(C) Send some documents
(D) Read a budget report

Kubo さんはおそらく次に何をしますか。

(A) ある局を訪問する
(B) 会議に出席する
(C) 幾つかの書類を送る
(D) 予算報告書を読む

正解 C 詳細（書き手の一人の次の行動）に関する設問。Kubo さんは Palakiko さんから❼で、書類を金曜日よりも早く送ることを依頼されると、❽で「これまでに出来上がっている書類を送ることができる」と返答している。よって (C) が正解。
(A) 述べられていない。
(B) これから会議に出席するのは Rath さんである。
(D) ❼から、来週の火曜日に予算報告書を読むのは Palakiko さん。

Section 3 Part 7

【語注】
❶ submit　〜を提出する／governor　（米国の）州知事
❷ send 〜 in　〜を提出する
❸ legislative office　立法局／have 〜 in　〜を提出する
❹ the earliest　最も早い日時／manage　何とかできる
❺ wait on 〜　〜（報告など）を待つ／expenditure　支出
❻ either one of you　あなたたちのどちらか
❼ full　詳細な、完全な／state　州／budget report　予算報告書／get to 〜　〜に届ける、〜に持ってくる
❽ complete　〜を仕上げる／so far　これまでのところ
168 employ　〜を雇う／industrial fishing　（産業としての）漁業
169 work in 〜　〜に従事している／data processing　データ処理／*be* unwilling to *do*　〜することに気が進まない／take on 〜　〜を引き受ける／assignment　任務／assign　〜を割り当てる
170 cause　〜を引き起こす、〜の原因となる

Questions 172-175 refer to the following e-mail.

To:	Ravi Tomboli
From:	Hana Jeong
Sent:	December 12
Subject:	Upcoming projects

Dear Mr. Tomboli,

① I need help from your Technology Support Team with some upcoming projects. First, I would like to borrow one of the office laptops that runs the Zinzer 3D Modeling software. I am traveling to Atlanta to meet a client at their headquarters, so I need something portable. They want us to design a multistory apartment complex in Savannah. My trip will be from January 7 to January 10.

② Secondly, I need to reserve a conference room with full presentation capabilities. The property developers for the Franklinville Shopping Center project are visiting January 15 and 16. They will be coming from their Chicago office to discuss our latest design. The last time they were here, they were not able to connect to wireless Internet in our office. Can you be sure to check on this and have someone available to help them when they arrive?

Thank you,

Hana Jeong
Bivonly, Inc.

問題 172-175 は次の E メールに関するものです。

受信者：Ravi Tomboli
送信者：Hana Jeong
送信日：12 月 12 日
件名　：近く行われるプロジェクト

Tomboli 様

私は、近く行われる幾つかのプロジェクトに関してあなたの技術サポートチームの手助けが必要です。まず、Zinzer 3D 模型製作ソフトウエアを動作させるオフィス用ノートパソコンを 1 台お借りしたいです。私は顧客と先方の本社で会うためにアトランタへ出張することになっているので、持ち運びできるものが必要です。先方は当社に、サバンナの高層共同住宅を設計してほしいと言っています。私の出張は 1 月 7 日から 1 月 10 日までの予定です。

次に、私は完璧なプレゼンテーション用機能を備えた会議室を予約する必要があります。フランクリンビル・ショッピングセンターのプロジェクトの不動産開発業者が、1 月 15 日と 16 日に来社します。彼らは当社の最新の設計図について話し合うためにシカゴのオフィスから来社することになっています。前回の来社時、彼らは私たちのオフィスの無線インターネットに接続することができませんでした。必ずこれを点検して、彼らが到着したら手助けするために誰かが対応できるようにしてもらえますか。

よろしくお願いします。

Hana Jeong
Bivonly 社

172 What is one purpose of the e-mail?
(A) To postpone a project
(B) To request some equipment
(C) To offer help with faulty technology
(D) To solicit suggestions for a new project

E メールの一つの目的は何ですか。
(A) プロジェクトを延期すること
(B) 機器を要請すること
(C) 欠陥のある技術へのサポートを申し出ること
(D) 新規プロジェクトのための提案を求めること

正解 B 必答解説 概要（メールの目的）に関する設問。送信者の Jeong さんは❶ 1 文目で、I need help from your Technology Support Team with some upcoming projects.「私は、近く行われる幾つかのプロジェクトに関してあなたの技術サポートチームの手助けが必要だ」と書いている。そして 2 文目では、「Zinzer 3D 模型製作ソフトウエアを動作させるオフィス用ノートパソコンを 1 台借りたい」と続けている。これがメールを書いた 1 つの目的なので (B) が正解。
(A) 近々のプロジェクトに関するメールだが、延期の話題は出ていない。
(C) Jeong さんは❷ 4 文目で、不動産開発業者が前回来社した際、無線インターネットに接続できなかったことを述べているが、Jeong さんはそれに対する手助けを求めているのであり、手助けを申し出てはいない。
(D) 述べられていない。

---

173 What most likely is Ms. Jeong's job?
(A) Architect
(B) Computer specialist
(C) Sales representative
(D) Human resources manager

Jeong さんの職業は何だと考えられますか。
(A) 建築家
(B) コンピューターの専門家
(C) 営業担当者
(D) 人事部長

正解 A 概要（メールの発信者の職業）に関する設問。Jeong さんは❶ 3 ～ 4 文目でアトランタの顧客のことを述べ、4 文目に、They want us to design a multistory apartment complex「先方は当社に、高層共同住宅を設計してほしいと言っている」と書いている。また、❷ 3 文目ではシカゴから来る不動産開発業者について、They will be coming ... to discuss our latest design.「彼らは当社の最新の設計図について話し合うために……来社することになっている」と述べている。これらの情報から Jeong さんの職業は建築関係だと分かるので、(A) が正解。
(B) Jeong さんは❶でパソコンについて技術サポートチームの支援を求めており、コンピューターの専門家だという情報はない。
(C)(D) いずれも話題に上っていない。

---

174 Where will Ms. Jeong probably be on January 8?
(A) Atlanta
(B) Savannah
(C) Franklinville
(D) Chicago

Jeong さんは、1 月 8 日におそらくどこにいますか。
(A) アトランタ
(B) サバンナ
(C) フランクリンビル
(D) シカゴ

正解 A 必答解説 詳細（Jeong さんの予定）に関する設問。Jeong さんは❶ 3 文目でアトランタへ出張に行くこと、さらに 5 文目で、My trip will be from January 7 to January 10.「私の出張は 1 月 7 日から 1 月 10 日までの予定だ」と、出張の日程を述べている。よって (A) が正解。メールには❶の最後の文の January 7 to January 10 と❷ 2 文目の January 15 and 16 の 2 カ所に日付の記載があるが、❷の方には 1 月 8 日は含まれていないので、見つけやすいだろう。
(B) ❶ 4 文目より 1 つ目のプロジェクトの高層共同住宅の建設場所。
(C)(D) ❷よりそれぞれ、2 つ目のプロジェクトのショッピングセンターと不動産開発業者本社の場所。

---

175 What is suggested about the shopping center property developers?

(A) They are celebrating the opening of the shopping center.
(B) They planned for free wireless Internet in the shopping center.
(C) They have visited Bivonly, Inc., before.
(D) They would like Ms. Jeong to join their company.

ショッピングセンターの不動産開発業者について何が示唆されてますか。

(A) ショッピングセンターの開店を祝うことになっている。
(B) ショッピングセンター内の無料の無線インターネットの計画を立てた。
(C) 以前に Bivonly 社を訪問したことがある。
(D) Jeong さんに彼らの会社に入ってほしいと思っている。

正解 C 詳細（文書から推測できる事柄）に関する設問。この業者の話題は、Jeong さんが書いたこのEメールの❷に書かれている。❷ 2～3文目には彼らが「1月15日と16日に来社する」「最新の設計図について話し合うために、シカゴのオフィスから来社する」とあるが、4文目に The last time they were here「前回彼らが来社したとき」という記述がある。また、メール末尾の Hana Jeong, Bivonly 社から、Jeong さんは Bivonly 社に勤めていることが確認できる。よって正解は (C)。
(A) 不動産開発業者がショッピングセンターの開店を祝う予定があるとは書かれていない。
(B) ショッピングセンター内の無線インターネットの計画は述べられていない。
(D) 述べられていない。

Section 3 Part 7

【語注】
❶ upcoming　近づきつつある、今度の／run　～を動作させる、～（プログラム）を実行する／modeling　模型製作／headquarters　<複数形で>本社、本部／portable　持ち運びできる、携帯可能な／multistory　高層の／apartment complex　集合住宅
❷ full　完璧な、詳細な／capability　機能、性能／property developer　不動産開発業者／the last time ～　この前～したときには ★～には<S + V>が続く／*be* sure to *do*　忘れずに～する、必ず～する／check on ～　～を点検する、～を調べる／have someone available　誰かに対応させる
172 postpone　～を延期する／equipment　機器／faulty　欠陥のある／solicit　～を求める、～を要請する
173 architect　建築家／sales representative　営業担当者
175 celebrate　～を祝う／would like ～ to *do*　～に…してほしいと思う

Questions 176-180 refer to the following Web page and e-mail.

1 ウェブページ

https://www.highdesertassociation.com

Home	Hikes	About Us	Contact Us

1 **May 16: Spring Wildflowers** This moderate hike near Grand Smokey Butte is approximately five miles round-trip.

2 **June 12: Bird-Watching** This challenging hike along Wolf Tree Trail is about eight miles round-trip. The trail is steep and rocky in places.

3 **July 17: Families and Nature** This easy hike at Briton Rock is approximately two miles round-trip. It is perfect for people of all ages and abilities.

4 **August 19: Water Adventure** This moderate hike along Chimney Lake Trail is about six miles round-trip. It includes stops at swimming spots along Chimney Lake.

5 • There is a strict limit of fifteen participants per hike. We understand that there are always many more people who want to come but cannot be accommodated. We have a waiting list for each outing. If you are on a waiting list, you will be notified by e-mail if a place becomes available.

6 • Cost: $15 for members and $25 for nonmembers

2 Eメール

E-Mail Message

To: High Desert Association
From: Annika Pedersen
Date: June 7
Subject: RE: Waiting list for June 12 hike

Hello,

1 Thank you for letting me know there is a spot for me on the June 12 hike. As I reread its description, I realized that it was not suitable for me. I cannot handle a steep and rocky trail. Please remove me from your list of participants.

2 I am also on the waiting list for the August 19 hike. I recently moved here, and I enjoy exploring the many outdoor recreational areas. I hope that you can find a space for me on this hike.

Thank you,

Annika Pedersen

問題 176-180 は次のウェブページと E メールに関するものです。

https://www.highdesertassociation.com

ホーム	**ハイキング**	協会概要	お問い合わせ

5 月 16 日 : 春の野花　Grand Smokey 丘近辺を歩くこの程よいハイキングは、往復およそ 5 マイルです。

6 月 12 日 : バードウォッチング　Wolf 樹木コースに沿ったこの難度の高いハイキングは、往復約 8 マイルです。このコースは急勾配で、所々で岩が多くなっています。

7 月 17 日 : 家族と自然　Briton 岩でのこの気軽なハイキングは、往復およそ 2 マイルです。全ての年齢および技量の方に最適です。

8 月 19 日 : 水辺の冒険　Chimney 湖コースに沿ったこの程よいハイキングは、往復約 6 マイルです。Chimney 湖沿いの遊泳スポットに立ち寄ります。

・1 つのハイキングにつき参加者 15 人という厳格な制限があります。参加を希望しても席が確保できない方々が、いつももっとたくさんいらっしゃることは理解しております。それぞれのハイキングにキャンセル待ちリストがあります。キャンセル待ちリストにお名前がある方には、空席が出たら E メールでお知らせします。

・費用：会員 15 ドル、非会員 25 ドル

受信者：　High Desert 協会
送信者：　Annika Pedersen
日付　：　6 月 7 日
件名　：　RE: 6 月 12 日のハイキングのキャンセル待ちリスト

こんにちは

6 月 12 日のハイキングについて、私のための空きがあることをお知らせいただき、ありがとうございます。そのハイキングの説明を読み直しましたが、私には向いていないことに気付きました。急勾配で岩が多いコースは、私の手には負えません。そちらの参加者リストから私を外してください。

私は 8 月 19 日のハイキングのキャンセル待ちリストにも載っています。私は最近こちらに引っ越してきて、野外レクリエーションができるたくさんの地域を探索するのを楽しんでいます。このハイキングで私に空席を見つけてもらえることを願っています。

よろしくお願いします。

Annika Pedersen

176 What does the Web page suggest about the July 17 hike?

(A) It is a challenging outing.
(B) Children are welcome.
(C) Lunch is provided.
(D) A phone is required.

ウェブページは、7月17日のハイキングについて何を示唆していますか。

(A) 難度の高いハイキングである。
(B) 子どもたちが歓迎される。
(C) 昼食が出される。
(D) 電話機が必須である。

正解 B 必答解説 詳細（文書から推測できる事柄）に関する設問。1 ウェブページ の3 7月17日の項には、見出しの Families and Nature に続いて This easy hike「この気軽なハイキング」とあり、2文目には It is perfect for people of all ages and abilities.「全ての年齢および技量の方に最適だ」と説明されている。よって、「全ての年齢」が示唆する (B) が正解。2文書のうちの参照すべき文書と読むべき項目が特定されている設問なので、確実にクリアしたい。
(A) easy hike とあるので不適切。
(C) (D) 述べられていない。

---

177 What does the Web page indicate about the hikes?

(A) They are popular.
(B) They are for members only.
(C) They all start at the same location.
(D) They are being offered for the first time.

ウェブページは、ハイキングについて何を示していますか。

(A) 人気がある。
(B) 会員専用である。
(C) 全て同じ場所から出発する。
(D) 初めて提供されることになっている。

正解 A 詳細（文書で示されている事柄）に関する設問。1 ウェブページ の5はハイキング全般についての注意書きで、1文目で1つのハイキングにつき15人という人数制限を伝え、続く文では We understand that there are always many more people who want to come but cannot be accommodated.「参加を希望しても席が確保できない方々が、いつも（実際の参加者より）もっとたくさんいることは理解している」と書き、キャンセル待ちリストがあることを伝えている。この状況を They are popular. と表現した (A) が正解。
(B) 6の費用欄に「会員15ドル、非会員25ドル」とあり、非会員も参加できることが分かる。
(C) 各コースの出発地点は明記されていない。
(D) 5に there are always many more people とあることから、初めての提供ではないことが分かる。

---

178 In the e-mail, the word "spot" in paragraph 1, line 1 is closest in meaning to

(A) job
(B) mark
(C) place
(D) problem

Eメールの第1段落・1行目にある"spot"に最も意味が近いのは

(A) 仕事
(B) 目印
(C) 席
(D) 問題

正解 C 必答解説 語の意味を問う設問。2 Eメール の1文目の Thank you for letting me know there is a spot for me on the June 12 hike. は「6月12日のハイキングについて、私のための空きがあることを知らせてくれて、ありがとう」という意味。1 ウェブページ の5 4文目にキャンセル待ちのリストについて、If you are on a waiting list, you will be notified by e-mail if a place becomes available.「キャンセル待ちリストに名前がある方には、空席が出たらEメールで知らせる」とあり、この文の place をEメールでは spot と表現しているので、正解は (C)。

---

179 What does Ms. Pedersen indicate in her e-mail?

(A) She is new to the area.
(B) She has been hiking for a long time.
(C) She wants to be added to a waiting list.
(D) She has recently joined the High Desert Association.

Pedersen さんは E メールで何を示していますか。

(A) この地域に来たばかりである。
(B) 長い間ハイキングをしている。
(C) キャンセル待ちリストに加えてもらいたいと思っている。
(D) 最近 High Desert 協会に加わった。

正解 A 詳細（文書で示されている事柄）に関する設問。 2 Eメール の送信者である Pedersen さんは ❷ 1 文目で、他のキャンセル待ちリストにも名前が載っていることを伝えた後、I recently moved here「私は最近こちらに引っ越してきた」と書いている。これを She is new to the area.「この地域に来たばかりである」と表現した (A) が正解。
(B) ハイキング歴については記されていない。
(C) すでにリストに加わっているので不適切。
(D) Pedersen さんが High Desert 協会の会員になったかどうかは述べられていない。

180 Which hike does Ms. Pedersen hope to participate in?

(A) The Spring Wildflowers hike
(B) The Bird-Watching hike
(C) The Family Nature hike
(D) The Water Adventure hike

Pedersen さんが参加を希望しているのはどのハイキングですか。

(A)「春の野花」ハイキング
(B)「バードウォッチング」ハイキング
(C)「家族と自然」ハイキング
(D)「水辺の冒険」ハイキング

正解 D 必答解説 2 つの文書を参照して解く設問。 2 Eメール の❷で、Pedersen さんはキャンセル待ちのリストに名前を載せている 8 月 19 日のハイキングについて、3 文目で I hope that you can find a space for me on this hike.「このハイキング（= 8 月 19 日）で私に空席を見つけてもらえることを願っている」と書いている。 1 ウェブページ の❹の 8 月 19 日の項には Water Adventure とあるので、(D) が正解。
(A)(C) 2 Eメール の中で、Pedersen さんは (A) 5 月 16 日と (C) 7 月 17 日のハイキングについて何も述べていない。
(B) 6 月 12 日のこのハイキングは、Pedersen さんが 2 Eメール の❶で参加リストから外してほしいと申し出ているので不適切。

【語注】

1 ウェブページ hike　ハイキング
❶ wildflower　野花／moderate　適度の、中くらいの／butte　ビュート、孤立した切り立った山・丘／approximately　およそ／round-trip　往復（旅行）
❷ challenging　挑戦のしがいがある、高難度の／trail　小道、山道、（ハイキングなどの）コース／steep　急勾配の／rocky　岩の多い／in places　所々
❹ stop　立ち寄り／spot　場所、順番
❺ strict　厳格な／participant　参加者／per　～につき、～当たり／many more ～　もっとずっと多くの～ ★この many は more を修飾する副詞で、～には複数を表す名詞が入る／accommodate　～（人）のためのスペースがある／outing　小旅行 ★ここでは hike「ハイキング」を指す／notify　～を知らせる／place　席、（定員の）空き
2 Eメール desert　砂漠、荒野／association　協会
❶ reread　～を読み直す／description　説明／suitable　適した、ふさわしい／handle　～を扱う
❷ explore　～を探索する／recreational　気晴らしのできる、レクリエーションのための
176 *be* welcome　歓迎される／phone　電話機／required　必須の
179 new to ～　～へ来たばかりで

Questions 181-185 refer to the following notice and form.

1 お知らせ

City Water System (CWS): Special Notice of System Maintenance

1 To deliver the highest-quality water, CWS performs a maintenance activity every April and October called water main flushing. In the flushing process, increased amounts of water are pushed through the drinking-water distribution pipes to scrub away minerals and allow for cleaner water.

2 When this maintenance takes place, residents may notice that their water is discolored or contains mineral residue. This is harmless. They may also experience a slight drop in water pressure when they turn on their faucets.

3 Water main flushing will be conducted in our four different districts on the following schedule.

Business: October 1, 9–11 A.M.

South Metro: October 2, 9–11 A.M.

North Metro: October 3, 1–3 P.M.

Rural: October 4, 1–3 P.M.

2 用紙

City Water System (CWS)
Service Turn-On Request Form
(for new residential customers only)

1 Completion of this form authorizes the City Water System (CWS) to turn on water service at the customer's residence, either in the customer's presence or absence. This form also releases CWS from responsibility for any leaks that may occur on a customer's property in the event of the customer's absence.

2 **Name:** Ellen Kitamura　**Account number:** 270-2199
Service address: 71 Cedar Street　**District:** South Metro
Turn-on date: September 28

3 **Fees:**

Security Deposit	$75.00
Initial Water Service Turn-On	$25.00
Total	$100.00
Paid: (✓) In person	( ) Online

4 **Please note:**

- Do less paperwork—customers are invited to enroll in our online billing program.
- If water service is disconnected, a $55.00 restoration fee will be assessed.
- A $6.00 monthly water treatment charge is assessed monthly regardless of consumption.

5 Customer Signature: *Ellen Kitamura*　Date: *September 26*

問題 181-185 は次のお知らせと用紙に関するものです。

市水道システム (CWS): システム保守に関する特別なお知らせ

最高品質の水をお届けするために、CWS は毎年 4 月と 10 月に水道本管洗浄という保守作業を行います。この洗浄過程においては、鉱物をこすり落としてよりきれいな水を供給するために、増量した水が飲料水の配水管の中に押し流されます。

この保守作業が行われる際、住民の皆さまは家の水が変色したり、残留鉱物が含まれていたりすることに気付くかもしれません。これは無害です。また、蛇口をひねったときに、水圧のわずかな低下があるかもしれません。

水道本管洗浄は、当市の 4 地区それぞれで、以下の日程で行われます。

商業地区 : 10 月 1 日、午前 9 時～11 時
都市南部 : 10 月 2 日、午前 9 時～11 時
都市北部 : 10 月 3 日、午後 1 時～3 時
郊外 : 10 月 4 日、午後 1 時～3 時

市水道システム (CWS)
水道開栓申請書
(新入居のお客さま専用)

この用紙にご記入いただくと、お客さまのご在宅もしくはご不在にかかわらず、市水道システム (CWS) がお客さまのお住まいで水道を開栓する許可を与えることになります。またこの用紙は、お客さまがご不在の場合に所有物に対して起こり得るいかなる水漏れについても、CWS の責任を免除します。

名前 : Ellen Kitamura
作業先住所 : Cedar 通り 71 番地
開栓日 : 9 月 28 日

お客さま番号 : 270-2199
地区 : 都市南部

費用 :

保証金	75.00 ドル
初回水道開栓料	25.00 ドル
合計	100.00 ドル

支払方法 : (✓) 直接支払い ( ) オンライン決済

注記 :

- 書類の処理を減らしましょう――お客さまにはオンライン請求プログラムへのご登録をお勧めします。
- 水道供給が停止された場合は、55 ドルの復旧代金が請求されます。
- 毎月 6 ドルの水処理料は、ご使用量にかかわらず毎月課されます。

お客さまご署名 : *Ellen Kitamura*　　日付 : *9 月 26 日*

181 According to the notice, when does water main flushing occur?

(A) In the mornings
(B) As needed
(C) Every month
(D) Twice a year

お知らせによると、いつ水道本管洗浄が行われますか。

(A) 毎日午前中
(B) 必要に応じて
(C) 毎月
(D) 年に2回

正解 D 必答解説 詳細（作業の日程）に関する設問。According to ～で参照すべき文書が指定されているので 1 お知らせ を見る。❶ 1 文目に CWS performs a maintenance activity every April and October called water main flushing「CWS は毎年 4 月と 10 月に水道本管洗浄という保守作業を行う」とあるので、正解は (D)。

---

182 In the notice, the word "drop" in paragraph 2, line 3, is closest in meaning to

(A) stumble
(B) mistake
(C) reduction
(D) delivery

お知らせの第 2 段落・3 行目にある "drop" に最も意味が近いのは

(A) つまずき
(B) 間違い
(C) 減少
(D) 配達

正解 C 語の意味を問う設問。1 お知らせ の❷では、水道本管洗浄中に起こり得ることについて、まず「水が変色したり、残留鉱物が含まれていたりする」ことを挙げ、次に設問の drop を含む 3 文目では、They may also experience a slight drop in water pressure when ...「……ときに、水圧のわずかな drop があるかもしれない」と述べている。水道管の洗浄で水圧に起こり得ることの一つとしては (C) の reduction「減少」が適切。

---

183 What is the purpose of the form?

(A) To pause a regular delivery
(B) To request a repair
(C) To begin a service
(D) To add new features

用紙の目的は何ですか。

(A) 定期配水を一時的に止めること
(B) 修理を要請すること
(C) サービスを開始すること
(D) 新機能を加えること

正解 C 概要（文書の目的）に関する設問。2 用紙 の❶ 1 文目に Completion of this form authorizes the City Water System (CWS) to turn on water service at the customer's residence「この用紙に記入すると、市水道システム（CWS）がお客さまのお住まいで水道を開栓する許可を与えることになる」とあるので、それを「サービスを開始すること」と簡潔に表現した (C) が正解。

(A) 2 用紙 ❹の 2 項目に水道供給が停止された場合の復旧代金が書かれているが、配水中断の申請書ではない。

(B)(D) いずれも述べられていない。

---

184 What does CWS encourage customers to do?

(A) Pay their bills online
(B) Pay their bills ahead of schedule
(C) Submit water quality reports
(D) View videos of a maintenance process

CWSは顧客に何をすることを勧めていますか。

(A) 請求書の支払いをオンラインで行う
(B) 予定よりも早く請求額を支払う
(C) 水質の報告書を提出する
(D) 保守作業のビデオを見る

正解 A 詳細（顧客への提案内容）に関する設問。2 用紙 の❹の1項目に、Do less paperwork「書類の処理を減らそう」という見出しがあり、続けて customers are invited to enroll in our online billing program「お客さまにはオンライン請求プログラムへの登録を勧める」とある。これをPay their bills online「請求書の支払いをオンラインで行う」と表現した(A)が適切。
(B)(C)(D) いずれも勧められていない。

185 When will system maintenance be conducted at Ms. Kitamura's residence?

(A) On October 1
(B) On October 2
(C) On October 3
(D) On October 4

Kitamuraさんの家では、いつシステムの保守が行われますか。

(A) 10月1日
(B) 10月2日
(C) 10月3日
(D) 10月4日

正解 B 必答解説 2つの文書を参照して解く設問。2 用紙 の❷のName「名前」の欄や❺Customer Signature「お客さまご署名」の項にEllen Kitamuraとあるので、この申請書はKitamuraさんのものであることが分かる。また、2 用紙 の❷District「地区」の欄にSouth Metroという記載があるので、Kitamuraさんは都市南部に住んでいることも分かる。そこで 1 お知らせ の❸にある水道本管洗浄の日程を見ると、South Metro: October 2, 9–11 A.M. と記載されている。よって正解は(B)。一方の文書を読むだけでは解けない設問だと気付いたら、必要な情報を両方の文書から素早く探し出して正解を導こう。
(A) 商業地区での日程。
(C) 都市北部での日程。
(D) 郊外での日程。

【語注】

1 お知らせ
❶ deliver ～を届ける／every ～ごとに／flush ～を洗浄する／increased 増量された／push through ～ ～の中を（圧力をかけて）通す／drinking-water <形容詞で>飲用水の、上水の／distribution pipe 配水管／scrub away ～ ～をこすり落とす／mineral 鉱物、無機物、ミネラル／allow for ～ ～を可能にする
❷ *be* discolored 変色する／residue 残留物／harmless 無害な／experience ～を経験する、～を被る／drop （量・価格などの）下落／turn on ～ ～（栓など）をひねる／faucet 蛇口
❸ conduct ～を行う／district 地区、区域／metro 大都市の ★metropolitanの省略形

2 用紙 turn-on 開栓の／residential 居住の
❶ completion 記入／authorize ～ to *do* ～に…することを許可する／either ～ or … ～であろうと…であろうと／in *one's* presence ～のいるところで／in *one's* absence ～のいないところで／release ～ from … ～を…から解放する、～を…から免除する／leak 漏水／property 所有物／in the event of ～ ～の場合
❸ security deposit 保証金／initial 初回の／in person 直接会って、直に
❹ paperwork 書類、書類仕事／enroll in ～ ～に登録する／billing 請求すること、請求書発行／disconnect ～（電気、ガス、水道などの供給）を停止する／restoration 復旧／assess ～（料金・税金など）を（人に）課す、～を請求する／treatment 処理、処置／regardless of ～ ～にかかわらず／consumption 消費量

183 pause ～を一時的に止める／feature 機能
184 ahead of schedule 予定より早く

Questions 186-190 refer to the following announcement, receipt, and article.

1 お知らせ

Local Mural Contest Announced

① To support local artists, the County Cork Arts Commission has announced a mural contest. Four winners will be chosen, and the winning artists will create murals on public buildings in these four cities:

- Carrigaline: Post Office
- Kinsale: Train Station
- Bantry: Tourist Centre
- Bandon: Central Library

② The contest is open to all artists. The project provides the chosen artists with a generous stipend, enabling them to focus full-time on their artwork. Artists will be reimbursed by the council for the cost of paints, but they will need to pay for all other items.

③ Applicants must submit a preliminary sketch they have created by hand depicting their vision for the mural. To ensure fairness, the selection process will be anonymous. A panel of judges will select four submissions based on both concept and execution, while the artists' names are withheld.

For further information, see the County Cork Web site. The deadline is midnight 30 June. Winners will be announced by Arts Commissioner Ciaran Finn on 1 August.

2 領収書

Ardmore Art Supplies

① Date: 11 August
SOLD TO:
Evan McHugh

②

Item	Unit Price	Quantity	Total
Rosslea paint, assorted colours	€9	15	€135
Large brushes	€5	2	€10
2.5 m ladder	€105	1	€105
TOTAL			€250

3 記事

Art Talk

① CORK (21 October)—Last night was the long-awaited unveiling of the mural by artist Evan McHugh, one of the winners of the regional mural contest hosted by the County Cork Arts Commission. Because the work area in the train station was cordoned off behind a curtained wall, no one had a look at the work in progress.

② Last night's unveiling revealed a colourful depiction of the area's rich culture. Cork's music, cuisine, crafts, literature, and fine arts are depicted boldly in both abstract and realistic forms. Some famous figures from Cork's history can be seen at the edges of the mural, but the main focus is on the here and now.

③ McHugh is the first winner of the County Cork Arts Commission mural contest to complete his work. The other winners are scheduled to show their work in December.

問題 186-190 は次のお知らせ、領収書、そして記事に関するものです。

地元の壁画コンテストのお知らせ

地元のアーティストを支援するために、コーク県芸術委員会は壁画コンテストを発表しました。4 人の受賞者が選ばれ、受賞したアーティストは、次の 4 つの町の公共建築物に壁画を制作します。

- Carrigaline：郵便局
- Kinsale：　鉄道駅
- Bantry：　観光センター
- Bandon：　中央図書館

コンテストには全てのアーティストが参加できます。このプロジェクトでは選ばれたアーティストに手厚い給付金を支給し、アーティストたちが自分の芸術作品に終日専念することができるようにします。アーティストたちは委員会から絵の具代の払い戻しを受けられますが、その他全ての品目については自分で支払う必要があります。

応募者は、壁画のイメージ図を描写した手描きの事前素描を提出しなければなりません。公正を期すために、選出過程は匿名で行われます。アーティストの名前は伏せられたまま、審査員団はコンセプトと出来栄えの両方に基づいて 4 点の出品作品を選出します。

詳細は、コーク県のウェブサイトをご覧ください。締め切りは 6 月 30 日午前 0 時です。受賞者は、8 月 1 日に芸術委員の Ciaran Finn により発表されます。

Ardmore 画材店

日付 : 8 月 11 日
販売先 :
Evan McHugh

商品	単価	数量	合計
Rosslea 絵の具、各色詰め合わせ	9 ユーロ	15	135 ユーロ
絵筆（大）	5 ユーロ	2	10 ユーロ
はしご（2.5 m）	105 ユーロ	1	105 ユーロ
合計			250 ユーロ

芸術の話

コーク（10 月 21 日）——昨晩、コーク県芸術委員会主催の地域壁画コンテストの受賞者の一人であるアーティスト Evan McHugh による壁画の待望の除幕式があった。鉄道駅構内の作業エリアは、幕で覆われた壁の後ろで立入禁止になっていたため、制作中の作品を見た者はいなかった。

昨晩の除幕式では、この地域の豊かな文化の色とりどりの描写が姿を見せた。コークの音楽、料理、工芸、文学、そして美術が、抽象と具象の両様式で大胆に描写されている。コーク史上の著名な人物たちが壁画の端々に見られるものの、一番の焦点はコークの現在にある。

McHugh は、コーク県芸術委員会壁画コンテストで作品を完成させた最初の受賞者だ。他の受賞者は 12 月に作品の公開が予定されている。

186 According to the announcement, what are applicants asked to submit?

(A) A résumé
(B) A list of references
(C) An estimate
(D) A drawing

お知らせによると、応募者は何を提出するよう求められていますか。

(A) 履歴書
(B) 照会先のリスト
(C) 見積もり
(D) スケッチ

正解 D 必答解説 詳細（応募者の提出物）に関する設問。参照する文書が指定されているので、すぐ 1 お知らせ を見る。この文書はコークで開かれる壁画コンテストへの参加募集のお知らせで、❶では壁画が描かれる場所、❷では受賞者に対する給付金などが記載されている。続く❸は Applicants must submit「応募者は提出しなければならない」で始まっており、ここに設問の答えが含まれていることが分かる。文中に a preliminary sketch ... depicting their vision for the mural「壁画のイメージ図を描写した手描きの事前素描」とあるので、この sketch を drawing と言い換えた (D) が正解。❸ 1 文目はやや難しい語句を用いた長めの文なので分かりにくいが、主語、動詞、目的語、省略されている関係詞などを見つけ、必要な情報を正確に読み取ろう。
(A)(B)(C) コンテスト応募の際の提出物としてどれもあり得そうだが、いずれも記載がない。

---

187 What does the announcement indicate about the judges?

(A) They are previous contest winners.
(B) They will interview the applicants.
(C) They will be unable to access the applicants' names.
(D) They work for the Bantry Tourist Centre.

お知らせは審査員について何を示していますか。

(A) 以前のコンテスト受賞者である。
(B) 応募者を面接する。
(C) 応募者の名前を見ることはできない。
(D) Bantry観光センターで働いている。

正解 C 詳細（文書で示されている事柄）に関する設問。1 お知らせ の❸ 2 文目に「選出過程は匿名で行われる」とあり、3 文目には A panel of judges will select ... while the artists' names are withheld.「アーティストの名前は伏せられたまま、審査員団は……を選出する」とある。この部分を「応募者の名前を見ることはできない」と表現した (C) が正解。
(A)(B)(D) いずれも述べられていない。

---

188 How much will Mr. McHugh be reimbursed by the County Cork Arts Commission?

(A) €135
(B) €10
(C) €105
(D) €250

McHugh さんは、Cork県芸術委員会によっていくらの払い戻しを受けますか。

(A) 135 ユーロ
(B) 10 ユーロ
(C) 105 ユーロ
(D) 250 ユーロ

正解 A 必答解説 2 つの文書を参照して解く設問。1 お知らせ の❷では受賞者への給付金支給の件のほか、3 文目に、Artists will be reimbursed ... for the cost of paints, but they will need to pay for all other items.「アーティストたちは絵の具代の払い戻しを受けられるが、その他全ての品目については自分で支払う必要がある」と書かれている。この情報を基に 2 領収書 を見ると、設問の McHugh さんの名前が❶ 3 行目にあり、すぐ上に SOLD TO「販売先（～に売った）」とあるので、McHugh さんは Ardmore画材店で何点かの画材を購入したことが分かる。購入品は❷に 3 点記載があるが、上記の 1 お知らせ によれば、払い戻されるのは絵の具代の Rosslea paint, assorted colours のみとなる。この絵の具の合計額は 135 ユーロなので (A) が正解。
(B) 絵筆の金額。
(C) はしごの金額。
(D) 購入した 3 点の合計金額。

189 What does the article indicate about the mural?

(A) It will soon be completed.
(B) It emphasizes the area's agricultural work.
(C) It features images of trains.
(D) It highlights present-day Cork.

記事は、壁画について何を示していますか。

(A) 間もなく完成する。
(B) 地元の農作業に重点を置いている。
(C) 列車の描写を特色にしている。
(D) 現在のコーク県を強調している。

正解 D 必答解説 詳細（記事で示されている事柄）に関する設問。Evan McHugh による壁画の除幕式が行われたことを伝える 3 記事 の❷2文目には、その壁画について、「コークの音楽、料理、工芸、文学、そして美術が、抽象と具象の両様式で大胆に描写されている」と書かれている。続く3文目では「コーク史上の著名な人物たちが壁画の端々に見られるものの、一番の焦点はコークの現在にある」と書かれているので、正解は、記事の the here and now「現在」を present-day「今日の、現在の」に言い換えて表現した (D)。

(A) 壁画の除幕式はもう済んでいるので不適切。
(B) 壁画にはコークの文化が取り上げられているが、農作業については述べられていない。
(C) 壁画は鉄道の駅に描かれたものだが、列車が描かれているとは述べられていない。

---

190 In what city did Mr. McHugh paint a mural?

(A) Carrigaline
(B) Kinsale
(C) Bantry
(D) Bandon

McHugh さんはどの町で壁画を描きましたか。

(A) Carrigaline
(B) Kinsale
(C) Bantry
(D) Bandon

正解 B 2つの文書を参照して解く設問。3 記事 の❶2文目にある the work area in the train station ...「鉄道駅構内の作業エリアは……」から、McHugh さんの壁画が描かれた場所は鉄道の駅であることが分かる。1 お知らせ に戻って壁画制作場所を探すと、❶2文目に「受賞したアーティストは、次の4つの町の公共建築物に壁画を制作する」とあり、リストの2つ目に Kinsale: Train Station と書かれている。よって、McHugh さんが壁画を描いた町は (B) が正解。

(A)(C)(D) いずれの壁画制作場所も鉄道の駅ではない。

Section 3 Part 7

【語注】

1 お知らせ mural 壁画 ❶ county （アイルランドの）県／winning ＜名詞を修飾して＞勝った／these （複数のものを指して）次の／centre センター ★アメリカ英語のつづりは center ❷ generous 手厚い、寛大な／stipend 給付金 ★定期的に給付される支援金／full-time ＜副詞で＞終日／reimburse ～を払い戻す、～を返済する／council 審議会、評議会 ❸ applicant 応募者／preliminary 事前の、予備の、準備の／sketch スケッチ、下絵／by hand 手描きで／depict （絵などで）～を表現する、描写する／vision 心に描く像、構想図、イメージ図／fairness 公正／anonymous 匿名の／panel of judges 審査員団／submission 提出（物）／concept コンセプト、構想／execution 制作、出来栄え／withhold ～（情報など）を伏せる／commissioner 委員

2 領収書 art supplies 画材 ❷ unit price 単価／quantity 数量／assorted 各種取りそろえた、詰め合わせの／brush 絵筆／ladder はしご

3 記事 ❶ long-awaited 長く待ち望まれていた、待ちに待った／unveiling 除幕式／host ～を主催する／cordon off ～ ～を封鎖する／curtain ～を幕・カーテンで覆う／in progress 進行中で
❷ reveal ～を見せる、～を明らかにする／depiction 描写／cuisine 料理／craft 工芸／fine arts 美術、芸術／boldly 大胆に／abstract 抽象的な／realistic 写実的な／form 様式／figure ＜形容詞を伴って＞（～の）人物、名士／the here and now ＜名詞で＞現在 ❸ the first ～ to *do* …した最初の～／*be* scheduled to *do* ～することが予定されている

186 reference 照会先、身元保証人／drawing スケッチ、描画
187 previous 以前の／access ～（情報など）を入手する、～を利用する
189 emphasize ～を強調する、～を際立たせる／feature ～を特徴とする、～を大々的に扱う／highlight ～を強調する

Questions 191-195 refer to the following e-mails and page from a contract.

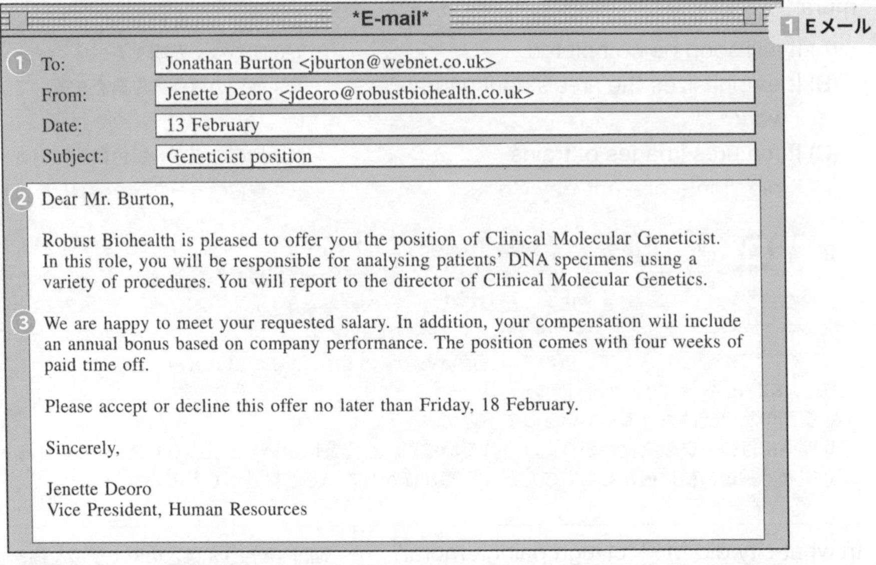

E-mail

1 E メール

① To: Jonathan Burton <jburton@webnet.co.uk>
From: Jenette Deoro <jdeoro@robustbiohealth.co.uk>
Date: 13 February
Subject: Geneticist position

② Dear Mr. Burton,

Robust Biohealth is pleased to offer you the position of Clinical Molecular Geneticist. In this role, you will be responsible for analysing patients' DNA specimens using a variety of procedures. You will report to the director of Clinical Molecular Genetics.

③ We are happy to meet your requested salary. In addition, your compensation will include an annual bonus based on company performance. The position comes with four weeks of paid time off.

Please accept or decline this offer no later than Friday, 18 February.

Sincerely,

Jenette Deoro
Vice President, Human Resources

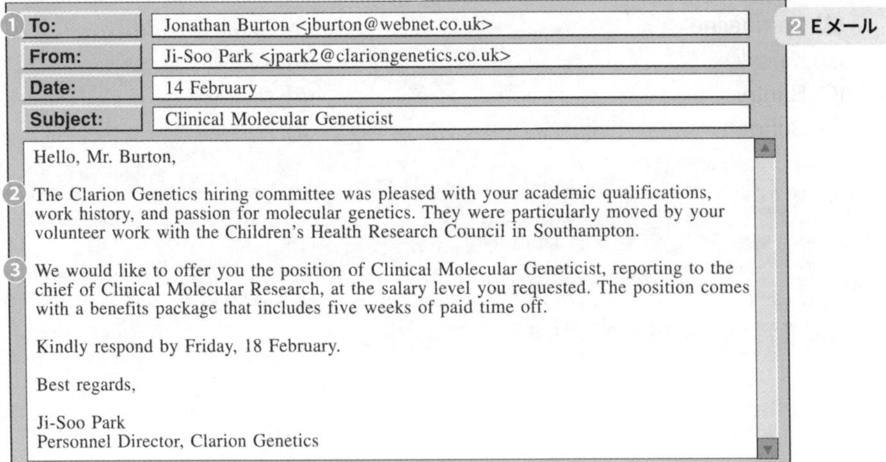

2 E メール

① **To:** Jonathan Burton <jburton@webnet.co.uk>
From: Ji-Soo Park <jpark2@clariongenetics.co.uk>
Date: 14 February
Subject: Clinical Molecular Geneticist

Hello, Mr. Burton,

② The Clarion Genetics hiring committee was pleased with your academic qualifications, work history, and passion for molecular genetics. They were particularly moved by your volunteer work with the Children's Health Research Council in Southampton.

③ We would like to offer you the position of Clinical Molecular Geneticist, reporting to the chief of Clinical Molecular Research, at the salary level you requested. The position comes with a benefits package that includes five weeks of paid time off.

Kindly respond by Friday, 18 February.

Best regards,

Ji-Soo Park
Personnel Director, Clarion Genetics

Signature Page

3 契約書のページ

① This agreement between Jonathan Burton (Employee) and Robust Biohealth (Employer) is effective as of 1 March. The Employer agrees to hire the Employee for the position of Clinical Molecular Geneticist.

② **I. Employee Duties.** The Employee will perform all duties to the best of his ability. The Employee agrees to follow the Employer's policies and procedures.

③ **II. Compensation.** The Employee shall be paid the agreed-upon salary. The Employee will also receive the following benefits:

A. Annual bonus distributed on 30 November
B. Five weeks of paid time off

Jonathan Burton	*17 February*
Employee Signature	Date
Jenette Deoro	*20 February*
Employer Signature	Date

問題 191-195 は次の 2 通の E メールと契約書のページに関するものです。

受信者：Jonathan Burton <jburton@webnet.co.uk>
送信者：Jenette Deoro <jdeoro@robustbiohealth.co.uk>
日付　：2 月 13 日
件名　：遺伝学者の職

Burton 様

Robust バイオヘルス社は謹んであなたに臨床分子遺伝学者の職をご提供いたします。この職務では、あなたはさまざまな方法を用いて患者の DNA サンプル分析を行う責任を持ちます。あなたは臨床分子遺伝学部長の直属になります。

当社は喜んでご要望の給与にお応えいたします。さらに、あなたの報酬には会社の業績に基づく年 1 回の賞与が含まれます。この職には 4 週間の有給休暇が伴います。

2 月 18 日（金曜日）までに、この申し出をご受諾もしくはご辞退ください。

敬具

Jenette Deoro
人事担当本部長

受信者：Jonathan Burton <jburton@webnet.co.uk>
送信者：Ji-Soo Park <jpark2@clariongenetics.co.uk>
日付　：2 月 14 日
件名　：臨床分子遺伝学者

こんにちは、Burton さん

Clarion ジェネティクス社雇用委員会は、あなたの学歴、職歴と分子遺伝学に対する情熱をうれしく思いました。委員たちは特に、サウサンプトンの児童衛生研究会議でのボランティア活動に感銘を受けました。

ご要望の給与水準で、臨床分子研究局長に直属する臨床分子遺伝学者の職をあなたにご提示したいと思います。この職には 5 週間の有給休暇を含む福利厚生が伴います。

2 月 18 日（金曜日）までに、お返事をくださいますようお願いいたします。

敬具

Ji-Soo Park
Clarion ジェネティクス社 人事部長

署名ページ

Jonathan Burton（被雇用者）と Robust バイオヘルス社（雇用者）との間のこの契約は、3 月 1 日付で発効します。雇用者は、臨床分子遺伝学者の職にこの被雇用者を雇用することに同意します。

I. 被雇用者の義務　被雇用者は、全職務を能力の及ぶ限り遂行するものとする。被雇用者は、雇用者の方針と手順に従うことに同意する。

II. 報酬　被雇用者には取り決められた給与が支払われる。被雇用者は以下の手当も受け取る。
A. 11 月 30 日に支給される年 1 回の賞与
B. 5 週間の有給休暇

Jonathan Burton　　2 月 17 日
被雇用者署名　　日付

Jenette Deoro　　2 月 20 日
雇用者署名　　日付

191 According to the first e-mail, in what setting will Mr. Burton most likely work?

(A) In a dental clinic
(B) In a scientific laboratory
(C) In a health food store
(D) In a human resources office

1通目のEメールによると、Burtonさんはどんな環境で働くと考えられますか。

(A) 歯科医院
(B) 科学研究所
(C) 健康食品販売店
(D) 人事部のオフィス

正解 B 必答解説 詳細（受信者の就職先）に関する設問。1 Eメール の❶の受信者の Jonathan Burton や❷の Dear Mr. Burton から、Burton さんはこのメールの受信者であることが分かる。❶の件名には Geneticist position「遺伝学者の職」とあり、❷の本文には「臨床分子遺伝学者の職」「患者の DNA サンプル分析を行う責任」「臨床分子遺伝学部長の直属」という職務内容が書かれているので、Burton さんは科学研究所で働くと考えられる。(B) が正解。

192 According to the second e-mail, what most impressed the Clarion Genetics hiring committee?

(A) Mr. Burton's academic credentials
(B) Mr. Burton's knowledge of history
(C) Mr. Burton's research publications
(D) Mr. Burton's unpaid work for young people

2通目のEメールによると、何がClarionジェネティクス社雇用委員会を最も感心させましたか。

(A) Burtonさんの学歴
(B) Burtonさんの歴史についての知識
(C) Burtonさんの研究の出版物
(D) Burtonさんの、若者のための無報酬の活動

正解 D 必答解説 詳細（委員会を感心させた事柄）に関する設問。2 Eメール の❶から、受信者は 1 Eメール と同じ Burton さんだが、送信者やメール末尾の署名から、送信者は Clarionジェネティクス社という 1 Eメール とは別の企業の人事部長であることが分かる。メール本文の❷1文目で、同部長は同社の雇用委員会が Burton さんの学歴、職歴、分子遺伝学に対する情熱をうれしく思ったことを伝え、続いて「特に、サウサンプトンの児童衛生研究会議でのボランティア活動に感銘を受けた」と書いている。設問は最も感心させたものを尋ねているので、この活動を「Burton さんの、若者のための無報酬の活動」と表現した (D) が正解。
(B)(C) いずれも記載がない。

---

193 According to the contract, when will Mr. Burton begin working?

(A) On February 17
(B) On February 20
(C) On March 1
(D) On November 30

契約書によると、Burtonさんはいつ働き始めますか。

(A) 2月17日
(B) 2月20日
(C) 3月1日
(D) 11月30日

正解 C 詳細（雇用開始日）に関する設問。3 契約書のページ は、❶に記されている社名と末尾の署名から Burton さんと 1 Eメール の送信者が所属している Robustバイオヘルス社との間で取り交わされたものだと分かる。❶1文目に This agreement between Jonathan Burton ... and Robust Biohealth ... is effective as of 1 March.「Jonathan Burton と Robustバイオヘルス社との間のこの契約は、3月1日付で発効する」とあるので、(C) が正解。
(A) 3 契約書のページ の署名より、この日は Burton さんが契約書に署名した日。
(B) 同じく署名より、雇用者側の Jenette Deoro さんが署名した日。Deoro さんは 1 Eメール の送信者で、Robustバイオヘルス社の人事担当本部長。
(D) 3 契約書のページ の❸ II. Compensation「報酬」の項に書かれた、賞与の支給日。

194 What does Robust Biohealth offer Mr. Burton that Clarion Genetics does not?

(A) A bonus
(B) Flexible working hours
(C) A large work space
(D) Temporary housing

Robustバイオヘルス社は、Clarionジェネティクス社が提供しないどんなものをBurtonさんに与えますか。

(A) 賞与
(B) フレックスタイム制勤務
(C) 広い作業スペース
(D) 一時的な住宅

正解 A 必答解説 2つの文書を参照して解く設問。1 Eメール の❸でRobustバイオヘルス社はBurtonさんに、年1回の賞与と4週間の有給休暇を与えると述べている。一方、2 Eメール の❸でClarionジェネティクス社はBurtonさんに、この職には5週間の有給休暇を含む福利厚生が伴うと述べているが、賞与に関する記載はない。正解は(A)。
(B)(C)(D) どちらの会社も提示していない。

---

195 What contract term did Robust Biohealth change?

(A) The deadline for responding
(B) The amount of paid time off
(C) The job duties to be performed
(D) The work location

Robustバイオヘルス社は、どの契約条項を変更しましたか。

(A) 返答の締め切り
(B) 有給休暇の日数
(C) 遂行すべき職務
(D) 勤務地

正解 B 2つの文書を参照して解く設問。3 契約書のページ の❸ II. Compensation「報酬」のBに、Five weeks of paid time off「5週間の有給休暇」と書かれている。Robustバイオヘルス社がBurtonさんに送った 1 Eメール の❸に有給休暇の記載があるが、こちらでは3文目にThe position comes with four weeks of paid time off. とある。ここから、Robustバイオヘルス社はBurtonさんを雇用するために有給休暇の日数を変更したことが分かるので、(B)が正解。
(A) 返答の締め切りが変更されたかどうかは不明。3 契約書のページ を見ると、少なくともBurtonさんは 1 Eメール でRobust社が依頼した返答期限の2月18日より前の2月17日に契約書に署名している。
(C) 3 契約書のページ の❷にはall duties「全職務」としか述べられていないので、変更されたかどうかは不明。
(D) 1 Eメール にも 3 契約書のページ にも勤務地の記載はない。

【語注】
contract 契約(書)
1 Eメール
❶ geneticist 遺伝学者
❷ offer ～ … ～に…を提示する／clinical 臨床の／molecular 分子の／role 役職／*be* responsible for ～ ～に責任がある／analyse ～を分析する ★アメリカ英語のつづりはanalyze／specimen サンプル検体、試料／procedure 方法、手順／report to ～ ～の直属となる
❸ compensation 給与、報酬／performance 業績／come with ～ ～が付いてくる／paid time off 有給休暇／decline ～を辞退する／no later than ～ ～より遅れることなく、～を期限として／vice president (本)部長、副社長
2 Eメール
❷ genetics 遺伝学／academic qualifications 学歴、修了資格 ★qualificationsは<複数形で>「資格、技能、適正」／work history 職歴／council 会議、協議会／Southampton サウサンプトン ★イギリス南部の都市
❸ benefits package (給与外の)諸手当、福利厚生
3 契約書のページ
❶ *be* effective (契約が)発効する／as of ～ (期日について)～時点で
❷ duty 職務／to the best of *one's* ability ～の能力の及ぶ限り
❸ agreed-upon 取り決められた、同意済みの／distribute ～を分配する
191 setting 環境、設定
192 impress ～に感銘を与える／credentials <複数形で>実績／publication 出版物／unpaid 無報酬の
194 flexible 融通の利く、柔軟な／housing 住宅
195 term 条項／duties <複数形で>職務

Questions 196-200 refer to the following e-mails and checklist.

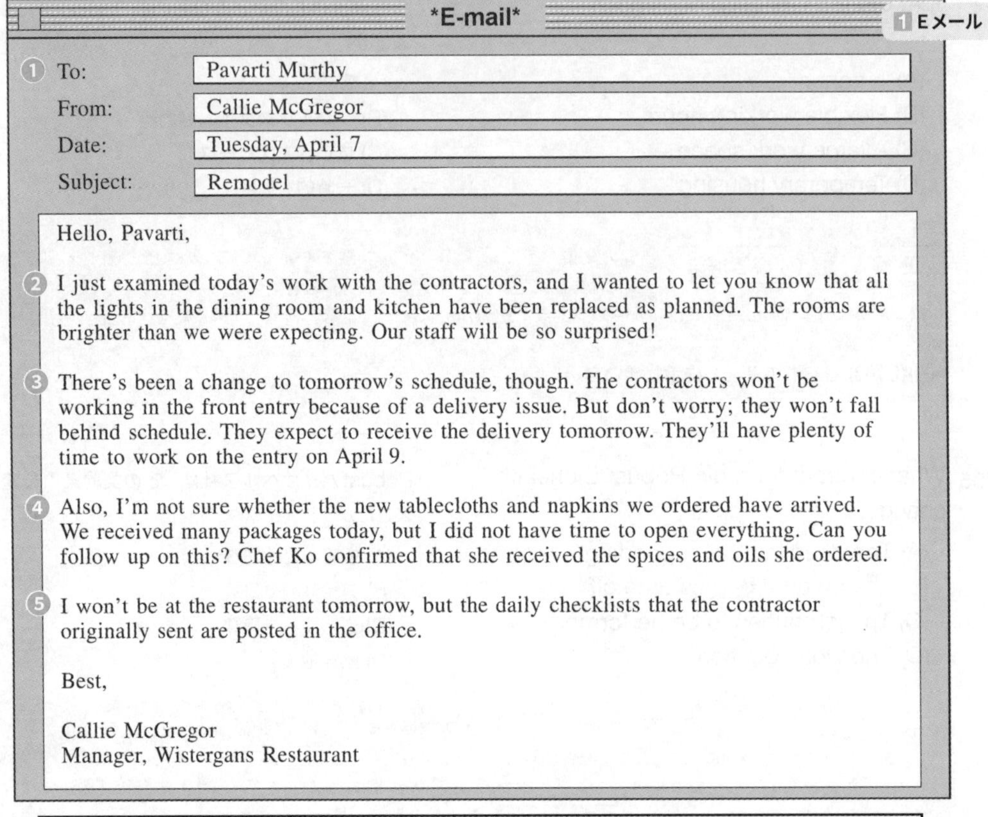

1 Eメール

E-mail

① To: Pavarti Murthy
From: Callie McGregor
Date: Tuesday, April 7
Subject: Remodel

Hello, Pavarti,

② I just examined today's work with the contractors, and I wanted to let you know that all the lights in the dining room and kitchen have been replaced as planned. The rooms are brighter than we were expecting. Our staff will be so surprised!

③ There's been a change to tomorrow's schedule, though. The contractors won't be working in the front entry because of a delivery issue. But don't worry; they won't fall behind schedule. They expect to receive the delivery tomorrow. They'll have plenty of time to work on the entry on April 9.

④ Also, I'm not sure whether the new tablecloths and napkins we ordered have arrived. We received many packages today, but I did not have time to open everything. Can you follow up on this? Chef Ko confirmed that she received the spices and oils she ordered.

⑤ I won't be at the restaurant tomorrow, but the daily checklists that the contractor originally sent are posted in the office.

Best,

Callie McGregor
Manager, Wistergans Restaurant

2 チェックリスト

Wistergans Restaurant Remodel Checklist: Wednesday, April 8

- Patch cracks in walls in dining room
- Replace carpet in dining room
- Repair outdoor lights
- Paint walls in front entry

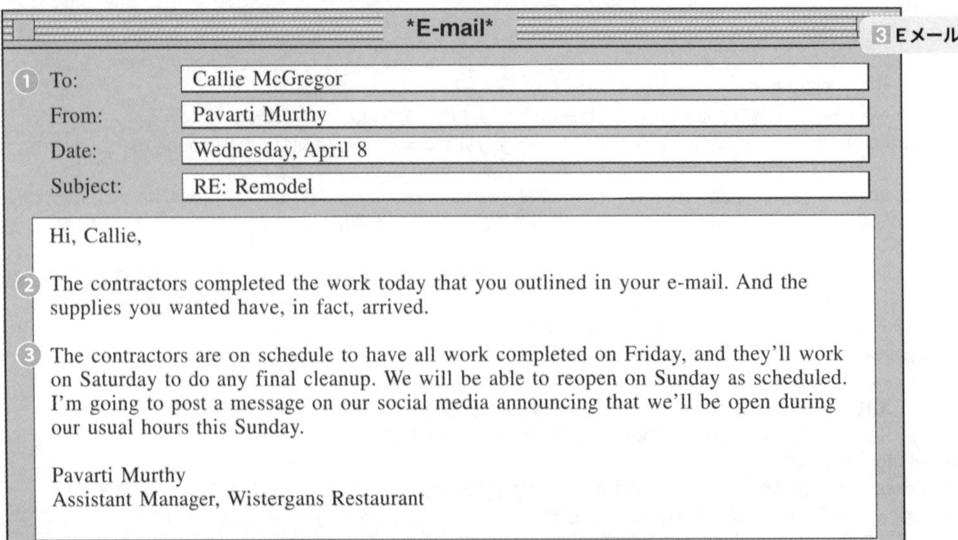

3 Eメール

E-mail

① To: Callie McGregor
From: Pavarti Murthy
Date: Wednesday, April 8
Subject: RE: Remodel

Hi, Callie,

② The contractors completed the work today that you outlined in your e-mail. And the supplies you wanted have, in fact, arrived.

③ The contractors are on schedule to have all work completed on Friday, and they'll work on Saturday to do any final cleanup. We will be able to reopen on Sunday as scheduled. I'm going to post a message on our social media announcing that we'll be open during our usual hours this Sunday.

Pavarti Murthy
Assistant Manager, Wistergans Restaurant

問題 196-200 は次の 2 通の E メールとチェックリストに関するものです。

受信者：Pavarti Murthy
送信者：Callie McGregor
日付　：4 月 7 日（火曜日）
件名　：改装

こんにちは、Pavarti さん

私はちょうど請負業者と一緒に本日の作業を調べたところで、ダイニングルームとキッチンの全ての照明が予定通り交換されたことをお知らせしたく思いました。私たちが予想していたよりも室内は明るいです。スタッフはとても驚くでしょう！

しかし、明日の予定に変更があります。搬入の問題で、請負業者は正面入口の作業は行いません。ただ、心配しないでください。予定より遅れることはないでしょう。彼らは明日には搬入品を受け取れるはずです。4 月 9 日に入り口の作業を行うにはまだ十分な時間があります。

また、私たちが注文した新しいテーブルクロスとナプキンが届いているかどうかは分かりません。本日たくさんの荷物を受け取りましたが、全てを開封する時間がありませんでした。この件を引き続き調べてもらえますか。料理長の Ko は、彼女が注文したスパイスとオイルを受け取ったことを確認しました。

私は明日レストランにはおりませんが、請負業者が当初送ってきた毎日のチェックリストをオフィスに貼ってあります。

よろしくお願いします。

Callie McGregor
Wistergans レストラン 支配人

Wistergans レストラン改装チェックリスト：4 月 8 日（水曜日）

- ダイニングルームの壁のひびの修繕
- ダイニングルームのカーペットの張り替え
- 店外照明の修理
- 正面入口の壁の塗装

受信者：Callie McGregor
送信者：Pavarti Murthy
日付　：4 月 8 日（水曜日）
件名　：RE: 改装

こんにちは、Callie さん

請負業者は、あなたが E メールで概略を書いてくれた作業を本日完了しました。そして、あなたが必要としていた備品は、確かに、届きました。

請負業者は予定通り、金曜日に全ての作業を完了させ、土曜日に仕上げの清掃を行う予定です。私たちは予定通り、日曜日に営業を再開できるでしょう。私は、当店が今週日曜日は通常の営業時間で営業していることを知らせるメッセージを、当店のソーシャルメディアに投稿するつもりです。

Pavarti Murthy
Wistergans レストラン 副支配人

196 Why does Ms. McGregor think the staff will be surprised?

(A) They did not know the restaurant was being remodeled.
(B) The restaurant has created a new menu.
(C) The new lights are brighter than expected.
(D) The project will be done earlier than planned.

McGregor さんは、なぜスタッフが驚くと思っていますか。

(A) 彼らは、レストランが改装されていることを知らなかったから。
(B) レストランが新しいメニューを作ったから。
(C) 新しい照明が予想されたよりも明るいから。
(D) 工事計画が計画よりも早く終わる予定だから。

正解 C 詳細（スタッフが驚くと思う理由）に関する設問。Ms. McGregor とは、1 Eメール の❶の本文末尾の署名から、レストランの支配人だと分かる。また、メールの内容は件名の Remodel「改装」から、レストランの改装工事に関するものと予測できる。なお、このメールの受信者である Murthy さんは、3 Eメール の署名から同じレストランの副支配人だと分かる。1 Eメール の❷で工事の進行状況を知らせている McGregor さんは、全ての照明が交換されて予想よりも店が明るいことを伝え、Our staff will be so surprised!「スタッフはとても驚くだろう！」と続けている。よって (C) が正解。

(A) 1 Eメール の❺で McGregor さんは「請負業者が当初送ってきた毎日のチェックリストをオフィスに貼ってある」と述べているので、スタッフはこの改装作業を知っていると考えられる。
(B) メニューについては述べられていない。
(D) 1 Eメール の❸ 3 文目に「予定より遅れることはない」とあるが、早く終わるとは書かれていない。

---

197 What work was NOT completed on April 8?

(A) Patching the walls
(B) Replacing the carpet
(C) Repairing the lights
(D) Painting some walls

どの作業が 4 月 8 日に完了しませんでしたか。

(A) 壁の修繕
(B) カーペットの交換
(C) 照明の修理
(D) 壁の塗装

正解 D 必答解説 2 つの文書を参照して解く設問。1 Eメール が書かれたのは、❶の日付から 4 月 7 日だと分かる。続いて❸ 1 文目では There's been a change to tomorrow's schedule「明日（＝ 4 月 8 日）の予定に変更がある」とあり、搬入に問題があったため、The contractors won't be working in the front entry「請負業者は正面入口の作業は行わない」こと、そして、それが 4 月 9 日に行われることを伝えている。ここで 2 チェックリスト を見ると、リストの 4 項目に「正面入口の壁の塗装」とある。これが 4 月 8 日に完了できなかった作業になるので、(D) が正解。

(A)(B)(C) チェックリストの他の 3 つの作業については、4 月 8 日に書かれた 3 Eメール の❷ 1 文目に、「請負業者は、あなたが E メールで概略を書いてくれた作業を本日完了した」とあるので、8 日に完了したことが分かる。

---

198 According to the first e-mail, who will probably review the remodeling work on April 8?

(A) Chef Ko
(B) Waitstaff
(C) Ms. McGregor
(D) Ms. Murthy

1 通目の E メールによると、おそらく誰が 4 月 8 日に改装作業を点検しますか。

(A) 料理長の Ko
(B) 接客係
(C) McGregor さん
(D) Murthy さん

正解 D 必答解説 詳細（改装作業の点検者）に関する設問。1 Eメール の❺ 1 文目で McGregor さんは I won't be at the restaurant tomorrow「私は明日レストランにはいない」と書き、「請負業者が当初送ってきた毎日のチェックリストをオフィスに貼ってある」と Murthy さんに伝えている。3 Eメール の末尾の署名から Murthy さんは副支配人であると分かるので、McGregor さんは Murthy さんに、自分に代わって作業の点検をすることを依頼していると考えられる。また 3 Eメール で Murthy さんが納入が遅れていた備品の到着や、請負業者の作業進行を報告していることからも (D) が正解と分かる。

(A) 料理長は 1 Eメール の❹ 4 文目に名前があるが、改装作業の点検をするという情報は述べられていない。
(B) 接客係は話題に上っていない。

199 What supplies does Ms. Murthy refer to?

(A) Tables and chairs
(B) Tablecloths and napkins
(C) Spices and oils
(D) Pots and pans

Murthy さんはどんな備品に言及していますか。

(A) テーブルと椅子
(B) テーブルクロスとナプキン
(C) スパイスとオイル
(D) 深鍋と平鍋

正解 B 2つの文書を参照して解く設問。Murthy さんは McGregor さんに送った 3 Eメール の❷2文目で、the supplies you wanted have, in fact, arrived「あなたが必要としていた備品は、確かに、届いた」と言っている。McGregor さんが必要としていた備品は、McGregor さんが 1 Eメール の❹1文目で I'm not sure whether the new tablecloths and napkins we ordered have arrived.「私たちが注文した新しいテーブルクロスとナプキンが届いているかどうかは分からない」と述べていること、続けて❹3文目で Can you follow up on this?「この件を引き続き調べてもらえるか」と受信者の Murthy さんに頼んでいることから特定できる。正解は (B)。

(A)(D) 1 Eメール の❷1文目に dining room や kitchen とあるが、テーブル、椅子、鍋類に関する記載はない。
(C) 1 Eメール の❹4文目で McGregor さんが、料理長の Ko がスパイスとオイルを受け取ったことを確認済みだと述べており、Murthy さんはこれらについては言及していない。

200 According to the second e-mail, what will Ms. Murthy do next?

(A) Share information online about the remodel
(B) Continue making repairs in the restaurant
(C) Create a schedule for restaurant employees
(D) Call the construction workers to discuss repairs

2通目のEメールによると、Murthy さんは次に何をしますか。

(A) 改装についてインターネットで情報を伝える
(B) レストランで修理を続ける
(C) レストラン従業員のために予定表を作る
(D) 修理について話し合うために建設作業員に電話する

正解 A 必答解説 詳細（Murthy さんの次の行動）に関する設問。3 Eメール の❸3文目に、I'm going to post a message on our social media announcing that ...「私は……を知らせるメッセージを当店のソーシャルメディアに投稿するつもりだ」と述べ、that 以降で、we'll be open during our usual hours this Sunday「当店が今週日曜日は通常の営業時間で営業していること」とメッセージの内容を述べている。これが Murthy さんが次にすることなので、それを「改装についてインターネットで情報を伝える」と表現した (A) が正解。

(B)(C)(D) いずれも述べられていない。

【語注】

1 Eメール
❷ examine ～を（詳細に）調べる／contractor 受託業者、請負業者／replace ～を取り換える
❸ front entry 正面入口／delivery 搬入、搬入品／fall behind schedule 予定より遅れる
❹ follow up on ～ 引き続き～について調べる／confirm ～を確かめる、～を確認する
❺ originally 最初に、元々／post ～を貼り出す、～を投稿する

2 チェックリスト patch ～を直す、～を修繕する／crack ひび／replace ～を取り換える／repair ～を修理する、～を修繕する

3 Eメール
❷ outline ～の概略を説明する／supplies ＜複数形で＞備品
❸ *be* on schedule to *do* 予定通り～する／cleanup 大掃除／reopen 再開する、再び始める／as scheduled 予定通りに／post ～を投稿する／*be* open 営業している／hours ＜複数形で＞営業時間、勤務時間

196 *be* being *done* ～されているところだ／remodel ～を改造する、～を改装する
198 waitstaff ＜集合的に＞接客係（の人々）
199 pot 深鍋／pan 平鍋
200 share ～を共有する、～を伝える

Column

正答率アップのコツ

～同じ間違いを繰り返さない～

実際に TOEIC® L&R を受験したことがある方なら、テスト終了後に、「もう 1 回聞けば分かったのに」、「もう少し時間があれば読めたのに」と悔しい思いをした経験があると思います。しかし、たとえ好きなだけ時間をかけて取り組める問題集であっても、根本的な理解度不足で解けていない問題がかなりあるはずです。一度間違った問題を二度と間違わないようにするためには、解答のチェックだけで終わらせてはいけません。ここでは、一度解き終えた問題集を使った復習法とさらなる活用法をご紹介します。

1. 問題集の復習法

(1) 復習するパートを選ぶ

Part 1 と Part 2、あるいは Part 7 の 1 文書問題のみ、というように、学習時間に合わせて調整します。

(2) 問題を再度解く

ある程度時間を置いてから、正解した問題も含めて、そのパートの全ての問題をもう一度解きます。時間の制約は設けず、リスニングセクションは自信を持って正解の選択肢を選べるまで繰り返し聞きます。リーディングセクションはしっかり読んで英文の内容を理解してから解答します。

(3) 正解をチェックする

解答し終えたら正解を確認します。前回間違えて今回正解した問題は、**時間があれば正解できる**問題です。p. 57、p. 280 のコラムで紹介した学習法を実践することで、時間が限られていても正解できる問題になる可能性が高いです。重要なのは前回に続いて今回も間違えた問題、つまり**時間があっても正解できない問題**です。これらの問題番号をメモしておきましょう。

(4) スクリプトと和訳を精読する

時間があっても正解できない問題を確認します。Part 1、Part 2、Part 5 の設問については聞き取れなかったり、知らなかったりした語句をチェックします。それ以外のパート（Part 3、Part 4、Part 6、Part 7）の設問については、その設問を含む会話やトーク、文書の全体を和訳と共に確認します。Section 2 の Part 3 の会話文（p. 90、音声は 071）を例に取ると、Q47 に確実に正解するには、正解に必須の具体的な情報（下記の色文字部分）だけではなく、補足情報（下線部）の聞き取りも必要なことが分かります。

W　Hello, Mr. Tanaka. Welcome to Bike Solutions Consulting. When I heard that a representative from the Burrville City Council wanted to meet, I was very excited.

M　Well, <u>we</u> know your company helps cities set up their bike-share programs, and <u>Burrville wants to set one up, too.</u> <以下略>

47 Who most likely is the man?
(A) A professional athlete
(B) A store manager
(C) A city official
(D) A television producer

正解 C

リスニングの場合は、まずスクリプトと和訳を見比べて内容を理解します。その際に representative「代表者」、City Council「市議会」など、知らなかった語句があれば意味を確認しておきましょう。

2．問題集の活用法

(1) 単語リストを作成する ▶ 全パート

問題集に出てきた語句をパートごとにリスト化します。Part 3、Part 4、Part 6、Part 7 の場合は、1 つの問題につき特に覚えておきたいもの 10 個前後を目安にします。単語リストは、小さいノートやスマートフォンなど持ち運べるサイズのものにまとめて、隙間時間に繰り返し覚えましょう。

(2) 音声をパートごとに聞く ▶ Part 3、Part 4

Part 3 の会話または Part 4 のトークの音声をスマートフォンなどに取り込んで、パートごとに連続して聞けるように設定しましょう。『公式 TOEIC® Listening & Reading 問題集』シリーズであれば 1 冊分（Part 3 は 26 会話、Part 4 は 20 トーク）を連続して聞くことで、国の違いによる発音のバリエーションや、ネイティブ話者が話す自然なスピードやイントネーションなどにも慣れることができます。

(3) 和訳を熟読する ▶ Part 3、Part 4、Part 6、Part 7

TOEIC® L&R に登場するオフィス会話（社内でのやりとり、社外からの音声メッセージなど）やビジネス文書（E メール、メモなど）は、特に学生の方にはなじみの薄い話題なので、こうした題材に苦手意識を感じる場合があります。これを克服するには、問題集の和訳をなるべく多く熟読して、題材に関する知識をまず日本語でインプットしていくとよいでしょう。

(4) ディクテーションをする ▶ Part 1

ディクテーション（聞こえた音声を文字に書き起こす練習）を行うことで、音声の速度だけでなく、単語の発音や音のつながり、英語の語順にも慣れることができます。例えば、下記の Section 2 の Part 1 の説明文（p. 51、音声は 013）であれば、sink や cashier の発音、in a sink や an item の音のつながりなど、英語特有の音声的特徴に耳を慣らすことができます。

M (A) A customer is placing a tray in a sink.
(B) A customer is handing money to a cashier.
(C) A cashier is holding an item.
(D) A cashier is stacking some cups.

(5) オーバーラッピングをする ▶ Part 3

オーバーラッピングとは、「スクリプトを見ながら英語の音声に自分の声をかぶせる（overlap）ように発声（音読）」する練習法です。会話の音声は少し速いので追い付かないときもありますが、会話の最後まで頑張って発声してみましょう。ちなみに、「スクリプトなしで英語の音声のすぐ後を追って復唱」すればシャドーイングという練習法になります。シャドーイングは聞こえてくる音だけが頼りなので難易度は高くなりますが、一度解いた Part 1 の問題であれば比較的取り組みやすいでしょう。

ここで紹介した方法以外にも、問題集の活用法はたくさんあります。ぜひ自分に合った活用法を見つけて学習を継続し、スコアアップにつなげましょう。

mp3 音声ファイル一覧表

Section 1	
001	Listening Test / Part 1 Directions
002	Part 1 例題 Q1
003	Part 2 Directions
004	Part 2 例題 Q2
005	例題 Q3
006	Part 3 Directions
007	Part 3 例題 Q4-6 会話
008	例題 Q4-6 設問
009	Part 4 Directions
010	Part 4 例題 Q7-9 トーク
011	例題 Q7-9 設問

Section 2	
012	Part 1 Q1
013	Q2
014	Q3
015	Q4
016	Q5
017	Q6
018	Q7
019	Part 2 Q8
020	Q9
021	Q10
022	Q11
023	Q12
024	Q13
025	Q14
026	Q15
027	Q16
028	Q17
029	Q18
030	Q19
031	Q20
032	Q21
033	Q22
034	Q23
035	Q24
036	Q25
037	Q26
038	Q27
039	Q28
040	Q29
041	Q30
042	Q31
043	Q32
044	Q33
045	Q34
046	Q35
047	Q36
048	Q37
049	Q38
050	Q39
051	Q40
052	Part 2 Q41
053	Q42
054	Q43
055	Q44
056	Q45
057	Q46
058	リピート Q8-10
059	リピート Q11-13
060	リピート Q14-16
061	リピート Q17-19
062	リピート Q20-22
063	リピート Q23-25
064	リピート Q26-28
065	リピート Q29-31
066	リピート Q32-34
067	リピート Q35-37
068	リピート Q38-40
069	リピート Q41-43
070	リピート Q44-46
071	Part 3 Q47-49 会話
072	Q47-49 設問
073	Q50-52 会話
074	Q50-52 設問
075	Q53-55 会話
076	Q53-55 設問
077	Q56-58 会話
078	Q56-58 設問
079	Q59-61 会話
080	Q59-61 設問
081	Q62-64 会話
082	Q62-64 設問
083	Q65-67 会話
084	Q65-67 設問
085	Q68-70 会話
086	Q68-70 設問
087	Q71-73 会話
088	Q71-73 設問
089	Q74-76 会話
090	Q74-76 設問
091	Q77-79 会話
092	Q77-79 設問

※CD-ROMに収録の問題音声は全て、TOEIC® 公式スピーカーによるものです。Section 1とSection 2の問題指示文の音声は別途収録したもので、標準的な北米発音を採用しています。

093	Part 3 Q80-82 会話
094	Q80-82 設問
095	Q83-85 会話
096	Q83-85 設問
097	Q86-88 会話
098	Q86-88 設問
099	Q89-91 会話
100	Q89-91 設問
101	Part 4 Q92-94 トーク
102	Q92-94 設問
103	Q95-97 トーク
104	Q95-97 設問
105	Q98-100 トーク
106	Q98-100 設問
107	Q101-103 トーク
108	Q101-103 設問
109	Q104-106 トーク
110	Q104-106 設問
111	Q107-109 トーク
112	Q107-109 設問
113	Q110-112 トーク
114	Q110-112 設問
115	Q113-115 トーク
116	Q113-115 設問
117	Q116-118 トーク
118	Q116-118 設問
119	Q119-121 トーク
120	Q119-121 設問
121	Q122-124 トーク
122	Q122-124 設問
123	Q125-127 トーク
124	Q125-127 設問
125	Q128-130 トーク
126	Q128-130 設問
127	Q131-133 トーク
128	Q131-133 設問
129	Q134-136 トーク
130	Q134-136 設問

Section 3	
131	Listening Test / Part 1 Directions
132	Part 1 Q1
133	Q2
134	Q3
135	Q4
136	Q5
137	Q6
138	Part 2 Directions
139	Part 2 Q7
140	Q8
141	Q9
142	Q10
143	Q11
144	Q12
145	Q13
146	Q14
147	Q15
148	Q16
149	Q17
150	Q18
151	Q19
152	Q20
153	Q21
154	Q22
155	Q23
156	Q24
157	Q25
158	Q26
159	Q27
160	Q28
161	Q29
162	Q30
163	Q31
164	Part 3 Directions
165	Part 3 Q32-34 会話
166	Q32-34 設問
167	Q35-37 会話
168	Q35-37 設問
169	Q38-40 会話
170	Q38-40 設問

171	Part 3 Q41-43 会話
172	Q41-43 設問
173	Q44-46 会話
174	Q44-46 設問
175	Q47-49 会話
176	Q47-49 設問
177	Q50-52 会話
178	Q50-52 設問
179	Q53-55 会話
180	Q53-55 設問
181	Q56-58 会話
182	Q56-58 設問
183	Q59-61 会話
184	Q59-61 設問
185	Q62-64 会話
186	Q62-64 設問
187	Q65-67 会話
188	Q65-67 設問
189	Q68-70 会話
190	Q68-70 設問
191	Part 4 Directions
192	Part 4 Q71-73 トーク
193	Q71-73 設問
194	Q74-76 トーク
195	Q74-76 設問
196	Q77-79 トーク
197	Q77-79 設問
198	Q80-82 トーク
199	Q80-82 設問
200	Q83-85 トーク
201	Q83-85 設問
202	Q86-88 トーク
203	Q86-88 設問
204	Q89-91 トーク
205	Q89-91 設問
206	Q92-94 トーク
207	Q92-94 設問
208	Q95-97 トーク
209	Q95-97 設問
210	Q98-100 トーク
211	Q98-100 設問

公式 TOEIC® Listening & Reading 650＋

（CD-ROM 1 枚付）

2023 年 8 月 30 日　第 1 版第 1 刷発行
2024 年 2 月 25 日　第 1 版第 2 刷発行

著　者　ETS

制作協力　武藤 克彦（東洋英和女学院大学准教授）

編集協力　株式会社 WIT HOUSE

デザイン　山崎 聡

発 行 元　一般財団法人 国際ビジネスコミュニケーション協会
〒 100-0014
東京都千代田区永田町 2-14-2
山王グランドビル
電話　(03) 5521-5935

印　刷　シナノ印刷株式会社

Printed in Japan
ISBN 978-4-906033-70-6

Test
解答用紙

REGISTRATION No. 受験番号							

フリガナ	
NAME 氏名	

LISTENING SECTION

PART 1		PART 2						PART 3						PART 4					
No.	ANSWER A B C D	No.	ANSWER A B C D	No.	ANSWER A B C D	No.	ANSWER A B C D	No.	ANSWER A B C D	No.	ANSWER A B C D	No.	ANSWER A B C D	No.	ANSWER A B C D	No.	ANSWER A B C D	No.	ANSWER A B C D
1	Ⓐ Ⓑ Ⓒ Ⓓ	11	Ⓐ Ⓑ Ⓒ	21	Ⓐ Ⓑ Ⓒ	31	Ⓐ Ⓑ Ⓒ	41	Ⓐ Ⓑ Ⓒ Ⓓ	51	Ⓐ Ⓑ Ⓒ Ⓓ	61	Ⓐ Ⓑ Ⓒ Ⓓ	71	Ⓐ Ⓑ Ⓒ Ⓓ	81	Ⓐ Ⓑ Ⓒ Ⓓ	91	Ⓐ Ⓑ Ⓒ Ⓓ
2	Ⓐ Ⓑ Ⓒ Ⓓ	12	Ⓐ Ⓑ Ⓒ	22	Ⓐ Ⓑ Ⓒ	32	Ⓐ Ⓑ Ⓒ Ⓓ	42	Ⓐ Ⓑ Ⓒ Ⓓ	52	Ⓐ Ⓑ Ⓒ Ⓓ	62	Ⓐ Ⓑ Ⓒ Ⓓ	72	Ⓐ Ⓑ Ⓒ Ⓓ	82	Ⓐ Ⓑ Ⓒ Ⓓ	92	Ⓐ Ⓑ Ⓒ Ⓓ
3	Ⓐ Ⓑ Ⓒ Ⓓ	13	Ⓐ Ⓑ Ⓒ	23	Ⓐ Ⓑ Ⓒ	33	Ⓐ Ⓑ Ⓒ Ⓓ	43	Ⓐ Ⓑ Ⓒ Ⓓ	53	Ⓐ Ⓑ Ⓒ Ⓓ	63	Ⓐ Ⓑ Ⓒ Ⓓ	73	Ⓐ Ⓑ Ⓒ Ⓓ	83	Ⓐ Ⓑ Ⓒ Ⓓ	93	Ⓐ Ⓑ Ⓒ Ⓓ
4	Ⓐ Ⓑ Ⓒ Ⓓ	14	Ⓐ Ⓑ Ⓒ	24	Ⓐ Ⓑ Ⓒ	34	Ⓐ Ⓑ Ⓒ Ⓓ	44	Ⓐ Ⓑ Ⓒ Ⓓ	54	Ⓐ Ⓑ Ⓒ Ⓓ	64	Ⓐ Ⓑ Ⓒ Ⓓ	74	Ⓐ Ⓑ Ⓒ Ⓓ	84	Ⓐ Ⓑ Ⓒ Ⓓ	94	Ⓐ Ⓑ Ⓒ Ⓓ
5	Ⓐ Ⓑ Ⓒ Ⓓ	15	Ⓐ Ⓑ Ⓒ	25	Ⓐ Ⓑ Ⓒ	35	Ⓐ Ⓑ Ⓒ Ⓓ	45	Ⓐ Ⓑ Ⓒ Ⓓ	55	Ⓐ Ⓑ Ⓒ Ⓓ	65	Ⓐ Ⓑ Ⓒ Ⓓ	75	Ⓐ Ⓑ Ⓒ Ⓓ	85	Ⓐ Ⓑ Ⓒ Ⓓ	95	Ⓐ Ⓑ Ⓒ Ⓓ
6	Ⓐ Ⓑ Ⓒ Ⓓ	16	Ⓐ Ⓑ Ⓒ	26	Ⓐ Ⓑ Ⓒ	36	Ⓐ Ⓑ Ⓒ Ⓓ	46	Ⓐ Ⓑ Ⓒ Ⓓ	56	Ⓐ Ⓑ Ⓒ Ⓓ	66	Ⓐ Ⓑ Ⓒ Ⓓ	76	Ⓐ Ⓑ Ⓒ Ⓓ	86	Ⓐ Ⓑ Ⓒ Ⓓ	96	Ⓐ Ⓑ Ⓒ Ⓓ
7	Ⓐ Ⓑ Ⓒ	17	Ⓐ Ⓑ Ⓒ	27	Ⓐ Ⓑ Ⓒ	37	Ⓐ Ⓑ Ⓒ Ⓓ	47	Ⓐ Ⓑ Ⓒ Ⓓ	57	Ⓐ Ⓑ Ⓒ Ⓓ	67	Ⓐ Ⓑ Ⓒ Ⓓ	77	Ⓐ Ⓑ Ⓒ Ⓓ	87	Ⓐ Ⓑ Ⓒ Ⓓ	97	Ⓐ Ⓑ Ⓒ Ⓓ
8	Ⓐ Ⓑ Ⓒ	18	Ⓐ Ⓑ Ⓒ	28	Ⓐ Ⓑ Ⓒ	38	Ⓐ Ⓑ Ⓒ Ⓓ	48	Ⓐ Ⓑ Ⓒ Ⓓ	58	Ⓐ Ⓑ Ⓒ Ⓓ	68	Ⓐ Ⓑ Ⓒ Ⓓ	78	Ⓐ Ⓑ Ⓒ Ⓓ	88	Ⓐ Ⓑ Ⓒ Ⓓ	98	Ⓐ Ⓑ Ⓒ Ⓓ
9	Ⓐ Ⓑ Ⓒ	19	Ⓐ Ⓑ Ⓒ	29	Ⓐ Ⓑ Ⓒ	39	Ⓐ Ⓑ Ⓒ Ⓓ	49	Ⓐ Ⓑ Ⓒ Ⓓ	59	Ⓐ Ⓑ Ⓒ Ⓓ	69	Ⓐ Ⓑ Ⓒ Ⓓ	79	Ⓐ Ⓑ Ⓒ Ⓓ	89	Ⓐ Ⓑ Ⓒ Ⓓ	99	Ⓐ Ⓑ Ⓒ Ⓓ
10	Ⓐ Ⓑ Ⓒ	20	Ⓐ Ⓑ Ⓒ	30	Ⓐ Ⓑ Ⓒ	40	Ⓐ Ⓑ Ⓒ Ⓓ	50	Ⓐ Ⓑ Ⓒ Ⓓ	60	Ⓐ Ⓑ Ⓒ Ⓓ	70	Ⓐ Ⓑ Ⓒ Ⓓ	80	Ⓐ Ⓑ Ⓒ Ⓓ	90	Ⓐ Ⓑ Ⓒ Ⓓ	100	Ⓐ Ⓑ Ⓒ Ⓓ

READING SECTION

PART 5						PART 6				PART 7									
No.	ANSWER A B C D	No.	ANSWER A B C D	No.	ANSWER A B C D	No.	ANSWER A B C D	No.	ANSWER A B C D	No.	ANSWER A B C D	No.	ANSWER A B C D	No.	ANSWER A B C D	No.	ANSWER A B C D	No.	ANSWER A B C D
101	Ⓐ Ⓑ Ⓒ Ⓓ	111	Ⓐ Ⓑ Ⓒ Ⓓ	121	Ⓐ Ⓑ Ⓒ Ⓓ	131	Ⓐ Ⓑ Ⓒ Ⓓ	141	Ⓐ Ⓑ Ⓒ Ⓓ	151	Ⓐ Ⓑ Ⓒ Ⓓ	161	Ⓐ Ⓑ Ⓒ Ⓓ	171	Ⓐ Ⓑ Ⓒ Ⓓ	181	Ⓐ Ⓑ Ⓒ Ⓓ	191	Ⓐ Ⓑ Ⓒ Ⓓ
102	Ⓐ Ⓑ Ⓒ Ⓓ	112	Ⓐ Ⓑ Ⓒ Ⓓ	122	Ⓐ Ⓑ Ⓒ Ⓓ	132	Ⓐ Ⓑ Ⓒ Ⓓ	142	Ⓐ Ⓑ Ⓒ Ⓓ	152	Ⓐ Ⓑ Ⓒ Ⓓ	162	Ⓐ Ⓑ Ⓒ Ⓓ	172	Ⓐ Ⓑ Ⓒ Ⓓ	182	Ⓐ Ⓑ Ⓒ Ⓓ	192	Ⓐ Ⓑ Ⓒ Ⓓ
103	Ⓐ Ⓑ Ⓒ Ⓓ	113	Ⓐ Ⓑ Ⓒ Ⓓ	123	Ⓐ Ⓑ Ⓒ Ⓓ	133	Ⓐ Ⓑ Ⓒ Ⓓ	143	Ⓐ Ⓑ Ⓒ Ⓓ	153	Ⓐ Ⓑ Ⓒ Ⓓ	163	Ⓐ Ⓑ Ⓒ Ⓓ	173	Ⓐ Ⓑ Ⓒ Ⓓ	183	Ⓐ Ⓑ Ⓒ Ⓓ	193	Ⓐ Ⓑ Ⓒ Ⓓ
104	Ⓐ Ⓑ Ⓒ Ⓓ	114	Ⓐ Ⓑ Ⓒ Ⓓ	124	Ⓐ Ⓑ Ⓒ Ⓓ	134	Ⓐ Ⓑ Ⓒ Ⓓ	144	Ⓐ Ⓑ Ⓒ Ⓓ	154	Ⓐ Ⓑ Ⓒ Ⓓ	164	Ⓐ Ⓑ Ⓒ Ⓓ	174	Ⓐ Ⓑ Ⓒ Ⓓ	184	Ⓐ Ⓑ Ⓒ Ⓓ	194	Ⓐ Ⓑ Ⓒ Ⓓ
105	Ⓐ Ⓑ Ⓒ Ⓓ	115	Ⓐ Ⓑ Ⓒ Ⓓ	125	Ⓐ Ⓑ Ⓒ Ⓓ	135	Ⓐ Ⓑ Ⓒ Ⓓ	145	Ⓐ Ⓑ Ⓒ Ⓓ	155	Ⓐ Ⓑ Ⓒ Ⓓ	165	Ⓐ Ⓑ Ⓒ Ⓓ	175	Ⓐ Ⓑ Ⓒ Ⓓ	185	Ⓐ Ⓑ Ⓒ Ⓓ	195	Ⓐ Ⓑ Ⓒ Ⓓ
106	Ⓐ Ⓑ Ⓒ Ⓓ	116	Ⓐ Ⓑ Ⓒ Ⓓ	126	Ⓐ Ⓑ Ⓒ Ⓓ	136	Ⓐ Ⓑ Ⓒ Ⓓ	146	Ⓐ Ⓑ Ⓒ Ⓓ	156	Ⓐ Ⓑ Ⓒ Ⓓ	166	Ⓐ Ⓑ Ⓒ Ⓓ	176	Ⓐ Ⓑ Ⓒ Ⓓ	186	Ⓐ Ⓑ Ⓒ Ⓓ	196	Ⓐ Ⓑ Ⓒ Ⓓ
107	Ⓐ Ⓑ Ⓒ Ⓓ	117	Ⓐ Ⓑ Ⓒ Ⓓ	127	Ⓐ Ⓑ Ⓒ Ⓓ	137	Ⓐ Ⓑ Ⓒ Ⓓ	147	Ⓐ Ⓑ Ⓒ Ⓓ	157	Ⓐ Ⓑ Ⓒ Ⓓ	167	Ⓐ Ⓑ Ⓒ Ⓓ	177	Ⓐ Ⓑ Ⓒ Ⓓ	187	Ⓐ Ⓑ Ⓒ Ⓓ	197	Ⓐ Ⓑ Ⓒ Ⓓ
108	Ⓐ Ⓑ Ⓒ Ⓓ	118	Ⓐ Ⓑ Ⓒ Ⓓ	128	Ⓐ Ⓑ Ⓒ Ⓓ	138	Ⓐ Ⓑ Ⓒ Ⓓ	148	Ⓐ Ⓑ Ⓒ Ⓓ	158	Ⓐ Ⓑ Ⓒ Ⓓ	168	Ⓐ Ⓑ Ⓒ Ⓓ	178	Ⓐ Ⓑ Ⓒ Ⓓ	188	Ⓐ Ⓑ Ⓒ Ⓓ	198	Ⓐ Ⓑ Ⓒ Ⓓ
109	Ⓐ Ⓑ Ⓒ Ⓓ	119	Ⓐ Ⓑ Ⓒ Ⓓ	129	Ⓐ Ⓑ Ⓒ Ⓓ	139	Ⓐ Ⓑ Ⓒ Ⓓ	149	Ⓐ Ⓑ Ⓒ Ⓓ	159	Ⓐ Ⓑ Ⓒ Ⓓ	169	Ⓐ Ⓑ Ⓒ Ⓓ	179	Ⓐ Ⓑ Ⓒ Ⓓ	189	Ⓐ Ⓑ Ⓒ Ⓓ	199	Ⓐ Ⓑ Ⓒ Ⓓ
110	Ⓐ Ⓑ Ⓒ Ⓓ	120	Ⓐ Ⓑ Ⓒ Ⓓ	130	Ⓐ Ⓑ Ⓒ Ⓓ	140	Ⓐ Ⓑ Ⓒ Ⓓ	150	Ⓐ Ⓑ Ⓒ Ⓓ	160	Ⓐ Ⓑ Ⓒ Ⓓ	170	Ⓐ Ⓑ Ⓒ Ⓓ	180	Ⓐ Ⓑ Ⓒ Ⓓ	190	Ⓐ Ⓑ Ⓒ Ⓓ	200	Ⓐ Ⓑ Ⓒ Ⓓ